中国互联网金融发展报告（2015）编委会

组　　编　电子商务交易技术国家工程实验室
　　　　　首都互联网经济发展研究基地
　　　　　中央财经大学中国互联网经济研究院
名誉主编　柴跃廷　孙宝文
主　　编　欧阳日辉
编　　委　（按姓氏拼音排序）
　　　　　顾炜宇　何　毅　黄　震　兰日旭　李军伟
　　　　　刘　兵　刘再杰　栾　婕　逄金玉　苏　治
　　　　　邢文祥　徐晓莉　王立勇　王智慧　赵宣凯

CCIE
中国互联网经济研究院
China Center for Internet Economy Research

中国互联网金融发展报告2015

互联网金融生态：
互联、竞合与共生

Ecosystem of Internet Finance: Connections, Coopetition and Symbiosis

主　编　欧阳日辉

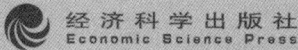

经济科学出版社
Economic Science Press

序　言

目前，新一轮科技革命和产业变革正在创造历史性机遇，催生智能制造、互联网+、分享经济等新科技、新经济、新业态，蕴含着巨大商机。"十三五"开局年之际，2016年"两会"首次将"新经济"写入政府工作报告中："当前我国发展正处于这样一个关键时期，必须培育壮大新动能，加快发展新经济。"如何打造新经济？运用信息网络等现代技术，推动生产、管理和营销模式变革，重塑产业链、供应链、价值链，改造提升传统动能，使之焕发新的生机与活力。

新经济需要新金融。我国现有的金融生态是与工业经济时代相匹配的，服务于粗放型的经济增长方式，适应投资驱动型经济。互联网经济时代的金融革命是"双轮驱动"的革命：技术进步驱动+经济转型驱动。互联网金融将"开放、平等、协作、分享"的互联网精神融入金融服务，通过大数据、云计算、移动互联等技术赋能金融产品，大幅降低交易成本和门槛，加速货币去纸化、促进金融服务碎片化、推动金融系统去中心化，实践普惠金融，适应新经济的发展。

随着互联网金融在国内的飞速发展，各种新的互联网金融主体和模式逐步成型，正在形成互联网金融生态系统。就像大自然的生态系统一样，互联网金融具有蜕变性（突破固有形态或边界后产生新物种）、多样性（业务模式呈现出更为丰富的差异）、进化性（迭代演变速度大大加快）等特征。金融生态系统正从一个相对区隔的、静态的、模块化的工业时代，迈向一个融合的、动态的、分子化的数据时代[1]。未来互联网金融的竞争，既不是一个产品的竞争，也不是一个市场的竞争，而是一种商业模式的竞争，更多的是一种金融生态的竞争。

完善基础设施、实现互联（连接一切、万物相连）是发展互联网金融的底

---

[1] 小微金融服务集团研究院. 从"园丁式监管"走向"大数据监管"[J]. 新金融评论, 2014（2）.

层设施或者技术条件。互联网金融基础设施，包括政策和法律、征信体系、数据中心、支付清算体系、商业云建设等，而且基础设施必须相互连接，连接一切是"互联网+"的重要特征。所以，除了制度环境之外，由于互联网金融的核心特征在于所有交易环节全部是"线上"操作，互联网金融生态所展开的技术环境是"互联网+"。这就需要信息安全和大数据提供技术基础，以及与此配套的法律制度和司法技术。互联网金融发展必须完善互联网金融基础设施。

在互联网金融生态中，生态主体既会有激烈的竞争，更会有大量基于比较优势的分工与合作。互联网金融生态主体包括互联网金融消费者、传统金融机构、电商平台、互联网金融企业、网络运营商及周边供应商、监管机构、媒体、社会组织（法律、审计、会计事务所，评级机构、研究机构）等。在互联网金融生态环境下，互联网金融生态主体的各个要素分工协作，共同完成资金从最终供给者向最终需求者的让渡或转移，推动了互联网金融健康发展。传统金融机构与新兴互联网企业存在激烈的竞争，新兴的互联网金融平台之间也存在激烈的同业竞争，但生态主体都会基于比较优势在系统中找到自身的细分市场。

深度融合和共生是互联网金融生态的均衡状态。互联网金融生态的演化将遵循以下几个规律：生态环境朝着越来越尊重生态主体平等的金融权利的方向演化；互联网金融主体越来越具多样性；互联网金融业务形态越来越具有多样化；互联网金融业务交叉越来越多，混业经营是发展趋势；随着大数据的积累，互联网金融越来越脱离面对面沟通而变成完全的线上交易；互联网金融结构和功能越来越复杂；等等。新技术的渗透和应用以及新商业模式的不断出现和迭代，使得金融与互联网企业之间、金融各子行业之间的跨界增多，互联网金融生态体系的演化行业自我生长、自我纠错和自我完善的能力越来越强，各生态主体必将出现深度融合、和谐共生的均衡状态。这种融合共生的生态系统，既是互联网金融生态演化的趋势，也是互联网金融健康发展的基础环境。

互联网金融生态系统的建设需要假以时日。当前，新金融和传统金融仍然存在激烈的市场竞争与利益博弈，传统金融机构凭借自身的业务垄断优势（金融机构牌照）努力维护自身利益，在一定程度上抑制了金融创新；传统金融服务模式基于机构逻辑和产品逻辑形成了以分业监管为核心的监管体系，机构监管、分业监管为核心的传统金融监管模式，难以适应互联网金融的跨界经营和创新发展；互联网金融市场上也出现了一些反竞争行为，如虚假宣传、垄断协议等。

| 序　言 |

互联网金融生态系统是决定互联网金融规范发展的根本因素。只有形成互联网金融生态系统，才能真正建立起适应新经济发展的金融格局。建立互联网金融生态系统任重而道远，但我们义无反顾。

电子商务交易技术
国家工程实验室　　主任　柴跃廷

2016 年 3 月 18 日

目　录

第一章　互联网金融生态：理论框架 ·· 1
　第一节　互联网金融生态：文献回顾 ·· 1
　　一、金融生态的相关文献 ·· 2
　　二、互联网金融生态的相关文献 ·· 5
　第二节　互联网金融生态：概念框架 ·· 7
　　一、互联网金融 ·· 7
　　二、金融生态 ·· 9
　　三、互联网金融生态 ·· 17
　第三节　互联网金融生态：组织框架 ··· 19
　　一、互联网金融生态环境 ··· 20
　　二、互联网金融生态主体 ··· 22
　　三、中国互联网金融生态格局的基本特点 ······································ 24
　第四节　互联网金融生态：演化框架 ··· 25
　　一、互联网金融生态环境越来越民主化 ·· 25
　　二、互联网金融主体多样性增加 ·· 25
　　三、互联网金融业务形态越来越具有多样性 ··································· 26
　　四、不同金融机构业务交叉越来越多 ··· 27
　　五、从线下配合到完全线上 ·· 28
　　六、互联网金融结构和功能越来越复杂 ·· 28

七、当前中国互联网金融发展的瓶颈 ……………………………………… 29
　第五节　互联网金融生态：评价框架 ……………………………………… 30
　　一、评价互联网金融发展的终极标准 …………………………………… 30
　　二、互联网金融发展的现实表现 ………………………………………… 31
　　三、互联网金融发展的影响因子 ………………………………………… 31

第二章　中国互联网金融生态系统发展综述 …………………………………… 33
　第一节　互联网金融生态主体的发展 ……………………………………… 33
　　一、传统互联网行业巨头 ………………………………………………… 34
　　二、传统金融机构 ………………………………………………………… 39
　　三、新兴互联网金融企业 ………………………………………………… 42
　　四、互联网金融生态主体的发展特征和方向 …………………………… 45
　第二节　互联网金融生态环境的发展 ……………………………………… 47
　　一、法制环境 ……………………………………………………………… 47
　　二、政策环境 ……………………………………………………………… 48
　　三、信用环境 ……………………………………………………………… 50
　　四、监管环境 ……………………………………………………………… 53
　　五、互联网金融生态环境的发展特征和方向 …………………………… 55
　第三节　互联网金融生态系统存在的问题 ………………………………… 58
　　一、生态主体存在的问题 ………………………………………………… 58
　　二、法制环境的问题 ……………………………………………………… 60
　　三、信用环境的问题 ……………………………………………………… 62
　　四、监管环境的问题 ……………………………………………………… 63
　第四节　互联网金融生态系统的演化趋势 ………………………………… 64
　　一、互联网金融发展的新动能 …………………………………………… 65
　　二、互联网金融生态的新势力 …………………………………………… 66
　　三、互联网金融生态的新格局 …………………………………………… 67
　　四、互联网金融监管的新趋势 …………………………………………… 68

第三章　互联网金融基础设施的建设与互联 …………………………………… 70
　第一节　构建良好的互联网金融政策法规体系 …………………………… 70
　　一、我国互联网金融政策法规体系的建立 ……………………………… 70
　　二、我国互联网金融相关重要政策法规 ………………………………… 73

三、我国互联网金融法制建设存在的不足 ·········· 77
　　四、完善互联网金融政策法规体系的建议 ·········· 78
第二节　营造健康的社会信用环境 ················ 79
　　一、社会信用体系及征信 ···················· 80
　　二、我国信用体系建设及发展 ················ 80
　　三、大数据征信的特征与金融领域的应用 ·········· 81
　　四、发展大数据征信促进互联网金融发展建议 ········ 84
第三节　搭建创新的支付清算体系 ················ 85
　　一、支付清算体系概述 ····················· 85
　　二、对非银行网络支付的规范 ················ 86
　　三、第三方支付发展及影响 ·················· 87
　　四、中国支付清算体系发展建议 ··············· 90
第四节　完善保证安全的科技信息系统 ·············· 92
　　一、网络与信息安全是金融发展的基础与保障 ········ 92
　　二、金融领域网络与信息安全问题 ··············· 93
　　三、完善互联网金融网络信息安全的建议 ··········· 96
第五节　提高大数据和云计算等支撑能力 ············ 98
　　一、大数据和云计算在金融领域的应用 ············· 98
　　二、大数据和云计算重构金融生态体系 ············ 99
　　三、提高大数据和云计算对互联网金融支撑的建议 ····· 102

第四章　互联网金融生态主体的竞争与合作 ··········· 105
　第一节　互联网金融生态主体的竞争模式 ············ 105
　　一、商业模式的竞争 ······················· 106
　　二、产品研发的竞争 ······················· 111
　　三、营销策略的竞争 ······················· 113
　第二节　互联网金融生态主体的合作模式 ············ 115
　　一、商业银行与电子商务企业合作的订单贷款模式 ······ 116
　　二、商业保理公司与P2P平台合作的企业融资模式 ······ 117
　　三、第三方支付企业与商业银行合作的资金结算模式 ····· 120
　　四、互联网企业创办的民营银行与商业银行合作的O2O模式 ·· 122
　　五、P2P网贷平台与传统企业合作的农村电商业务模式 ···· 124
　　六、蚂蚁金服的平台模式 ···················· 126

第三节 互联网金融生态环境对主体的制约 …… 127
一、P2P 网贷平台频繁出事 …… 127
二、互联网金融市场准入门槛低 …… 130
三、众筹融资是互联网金融发展的重要风险点 …… 131

第四节 互联网金融生态主体对生态建设的推动 …… 132
一、优化第三方支付企业与传统商业银行的合作渠道 …… 132
二、P2P 网贷平台未来将发展 O2O 模式 …… 133
三、"互联网+金融"催生多种新业态，提出更多新挑战 …… 134

第五章 互联网金融市场结构与市场绩效 …… 136
第一节 互联网金融打破传统金融的垄断 …… 136
一、互联网金融对金融资源配置的作用 …… 136
二、互联网金融对传统金融业的冲击 …… 137
三、互联网金融打破金融垄断 …… 139

第二节 我国互联网金融市场结构与市场集中度测算 …… 140
一、互联网金融市场结构分析 …… 140
二、市场集中度的衡量指标 …… 143
三、第三方互联网支付市场集中度测算 …… 144
四、中国 P2P 网络贷款市场集中度测算 …… 148

第三节 互联网金融的市场绩效评价 …… 150
一、互联网金融对金融体制改革的绩效 …… 150
二、互联网金融对实体经济融资的绩效 …… 152
三、互联网金融对增加居民财产收入的绩效 …… 154

第四节 互联网金融竞争的规制与反垄断 …… 155
一、巨头纷纷布局互联网金融领域 …… 155
二、互联网金融竞争的规制 …… 158
三、互联网金融市场垄断的表现与特点 …… 159
四、互联网金融市场垄断产生的原因 …… 160
五、互联网金融市场上企业垄断的规制 …… 162

第六章 互联网金融产业园建设与生态系统 …… 164
第一节 我国互联网金融产业园区发展情况 …… 164
一、互联网金融产业园区建设概况 …… 165

二、互联网金融产业园区建设特征 …………………………… 169
　三、互联网金融产业园区建设的发展趋势 …………………… 172
第二节　互联网金融产业园区的发展模式 ……………………… 173
　一、自上而下模式 ……………………………………………… 173
　二、自下而上模式 ……………………………………………… 176
　三、混合型模式 ………………………………………………… 177
第三节　互联网金融产业园区存在的问题 ……………………… 180
　一、政府层面的问题 …………………………………………… 180
　二、企业层面的问题 …………………………………………… 182
　三、社会层面的问题 …………………………………………… 184
第四节　互联网金融产业园区发展的对策 ……………………… 185
　一、政府层面的对策 …………………………………………… 185
　二、企业层面的对策 …………………………………………… 189
　三、社会层面的对策 …………………………………………… 190

第七章　互联网金融生态系统的风险控制 ………………………… 192
　第一节　互联网金融生态系统的风险来源 ……………………… 192
　第二节　互联网金融生态系统的风险控制立体构架 …………… 195
　　一、平台自控 …………………………………………………… 196
　　二、行业自律 …………………………………………………… 197
　　三、政府层面的监管 …………………………………………… 199
　　四、舆论监督 …………………………………………………… 203
　第三节　建立完善的风险防范体系 ……………………………… 204
　　一、风险防范体系第一道防线：平台自控 …………………… 204
　　二、平台的运营风险防控 ……………………………………… 210
　第四节　建立互联网金融的数字化监管系统 …………………… 215
　　一、什么是数字化监管系统 …………………………………… 216
　　二、监测预警体系 ……………………………………………… 216
　　三、信息披露体系 ……………………………………………… 218
　　四、大数据征信体系 …………………………………………… 218
　　五、社会评价体系 ……………………………………………… 220
　　六、数据共享机制 ……………………………………………… 221

第八章　2015年中国P2P网贷平台风险评级监测报告 ········· 224
第一节　我国P2P网贷行业的发展现状 ············· 224
一、2015年全国P2P网贷行业概况分析 ············ 225
二、五种类型网贷平台的定性分析 ··············· 226
三、五种类型网贷平台的定量分析 ··············· 228
第二节　2015年中国P2P网贷平台综合评价体系 ······· 232
一、数据获取及平台选取 ··················· 232
二、指标选取 ························ 232
三、方法选取 ························ 235
四、建立模型 ························ 236
五、结果分析 ························ 237
六、评级现有问题 ······················ 239
第三节　案例：积木盒子的风险管理 ············· 239
一、基本情况 ························ 239
二、项目概况 ························ 240
三、贷前贷后管理 ······················ 242
四、保障措施 ························ 243
五、资金托管 ························ 245
第四节　研究结论与建议 ················· 246
一、研究结论 ························ 246
二、建议 ·························· 247

第九章　营造创新的互联网金融生态系统 ············ 249
第一节　创新互联网金融健康发展的政策环境 ········· 249
一、保持发展互联网金融的先进理念 ············· 249
二、夯实互联网金融发展的基础设施 ············· 251
三、推动互联网金融产业链发展 ··············· 254
四、建立健全高效的大数据监管 ··············· 258
第二节　培育互联网金融健康发展的创业创新环境 ······· 260
一、培育互联网金融创客空间 ················ 260
二、推动互联网金融生态主体深度融合 ············ 261
三、推动传统金融机构拥抱"互联网+"转型升级 ······· 263
四、建立互联网金融机构人才培训机制与培养体系 ······· 265

五、建立和完善互联网金融中介服务体系 …………………………… 266
第三节　营造促进互联网金融健康发展的舆论环境 ………………… 268
　　一、互联网金融创新需要适宜的社会舆论环境 ……………………… 268
　　二、构建促进互联网金融发展的舆论引导新格局 …………………… 271
　　三、搭建互联网金融企业声誉体系 …………………………………… 272
　　四、推动学界深入研究互联网金融 …………………………………… 275

附录　2015年互联网金融发展大事记 …………………………………… 277

参考文献 …………………………………………………………………… 294
后记 ………………………………………………………………………… 301

第一章

互联网金融生态：理论框架

自2013年6月余额宝开盘以来，中国就进入到互联网金融的快速发展期，紊乱与风险紧随，受到社会各界的纷纷注目，于是监管也如期而至。似乎互联网金融在中国经济与金融生态中已正式登堂入室，我们只管等待它成为中国经济与金融发展的新发动机就可以了。实际上事情并非如此简单。中国金融生态本来就存在各种各样的问题，虽然它孵育出了中国特色的互联网金融创新，但中国互联网金融就像刚刚出生的雏鸟，离成熟还有很长的路要走，要保障互联网金融长远、健康的发展，还任重道远。本章从互联网金融生态的概念、组织、演化与评估等方面试图为理解互联网金融生态搭建一个理论框架，以便为促进互联网金融生态的健康发展奠定理论基础。

第一节 互联网金融生态：文献回顾

有助于理解互联网金融生态的文献可以由近及远分为以下几个层次：一是直接以互联网金融和互联网金融生态为研究对象的文献，二是研究金融生态的文献，三是有关经济生态的研究，包括商业生态理论和电子商务生态理论，四是一些有助于理解和研究互联网金融生态的理论文献，包括供应链和价值链理论、演化经济学、复杂系统理论、新兴古典经济学、新制度经济学等。由于前两类文献已经很多，因此这里主要对前两类文献作一个大致的回顾。这些文献有一个共同点，就是让人一看，仿佛金融生态（包括互联网金融生态）理论与主流经济学基本原理和基本分析框架没有多少关系,至少金融生态理论框架不同于主流经济学基本分析框架。

一、金融生态的相关文献

2004年,周小川和苏宁提出了研究金融生态的提议,在此之后,学术界有关金融生态的研究逐渐火热起来。10年来,金融生态的文献逐渐丰富,主要有金融生态理论研究、区域金融生态研究、农村金融生态研究、金融生态评估指标体系研究、金融生态环境对金融功能的影响等几个方面。下面分类进行介绍。

(一)金融生态理论研究

徐诺金的《金融生态论》[①] 是中国金融生态研究中的里程碑。该书共分六章,第一章详细考察了传统金融理论的局限性;第二章详细叙述了生态学的基本成果,并类比提出了金融生态的四个特性是进化性、竞争性、创新性和稳定性,同时分析了金融生态的结构和功能;第三章重点叙述了金融生态的政治、经济与法律环境;第四章叙述金融生态主体及其行为特性,这一章实际上主要借用了新制度经济学和产权经济学的研究成果;第五章叙述了金融生态平衡及调节,主要讨论了金融危机和金融监管理论;第六章讨论了中国金融生态状况及优化路径。该书对我国金融生态方面存在的问题和改进建议进行了完整而系统的分析。

阙方平、陶雄华的《中国金融生态制度变迁研究——金融运行中的矛盾与调和》[②] 是从制度经济学的理论框架来分析中国金融生态,主要从制度变迁的视角讨论了我国金融生态发展的路径依赖性,并总结了中国金融生态的十大变化和十大矛盾,可贵的是,该书还专门讨论了互联网金融的兴起及其与传统金融的矛盾。

翟山鹰在《中国金融生态圈——深度揭秘中国金融机构运行内幕》[③] 一书首先从理论上介绍了中国金融生态,然后具体介绍中国近百个金融机构的运作规则和运行机制,包括金融企业、监管机构、政府协调机构等,并且列举了许多金融及相关企业信息。该书可以作为认识中国金融生态和从事金融行业的参考书。

黎和贵通过实证分析发现"不完善的法律体系阻碍了金融生态环境的长效建设与良性发展","不同的执法效率产生不同的金融资源配置效率";"经济发展

---

① 徐诺金. 金融生态论[M]. 北京:中国金融出版社,2007.
② 阙方平. 中国金融生态制度变迁研究——金融运行中的矛盾与调和[M]. 北京:中国金融出版社,2014.
③ 翟山鹰. 中国金融生态圈——深度揭秘中国金融机构运行内幕[J]. 中国商业,2016(1).

水平越高,金融生态的平衡能力越强,经济越是落后,金融生态越具脆弱性";"财政收支缺口的存在刺激行政干预的冲动与偏好","行政干预的强弱影响金融机构信贷资产质量的优劣";"企业诚信的缺失导致金融资产质量的低下","地方政府的诚信缺失导致存贷比例的持续下降"。①

(二) 对区域金融生态进行的研究

伍艳在《中国区域金融生态与区域金融发展》②讨论了区域金融生态发展问题,其中讨论了地方政府在区域金融生态中的主导作用,从而凸显了中国金融生态的特色。

赵立平、邵挺在《金融生态环境概览:以温州金融生态环境建设为例》③一书中认为信用体系建设、多元化融资机制、重商文化传承、行业内部机制创新和品牌建设,是营造良好金融生态环境的关键因素。该书对于金融生态环境的理解实际上有别于徐诺金在《金融生态论》一书对于金融生态环境的界定。

赵国忻在《浙江民营经济金融生态环境研究》④一书中研究了浙江民营经济与金融发展的关系,以及政府在金融生态环境中的地位和作用。

韩大海、张文瑞、高凤英等发现金融生态环境好的省份,其金融生态就更为协调与平衡,金融资源配置也更为合理。⑤

姚耀军、黄林东以经济基础、政府干预和社会发展为三个一级指标对浙江各市金融生态环境进行了测评,测评结果发现杭州市的金融生态环境要远远好于其他地级市。⑥

(三) 对农村金融生态的研究

蒋满霖在《中国农村金融生态优化的制度创新研究》⑦一书中指出新农村建设是目的,而优化农村金融生态是最好的手段。作者认为农村金融生态环境、农村经济主体和农村金融主体构成一个从下到上的金字塔式的农村金融生态体系,金融生态环境决定了农村经济主体和农村金融主体的生存条件,而农村经济主体

---

① 黎和贵. 区域金融生态环境差异与经济增长效率 [J]. 金融论坛, 2007 (3).
② 伍艳. 中国区域金融生态与区域金融发展 [M]. 北京: 中国农业出版社, 2010.
③ 赵立平、邵挺. 金融生态环境概览: 以温州金融生态环境建设为例 [M]. 上海: 上海财经大学出版社, 2008.
④ 赵国忻. 浙江民营经济金融生态环境研究 [M]. 北京: 中国金融出版社, 2015.
⑤ 韩大海, 张文瑞, 高凤英. 区域金融生态影响区域金融资源配置的机理 [J]. 财经研究, 2007 (4).
⑥ 姚耀军, 黄林东. 浙江金融生态环境质量的区域差异: 基于地级市数据的经验分析 [J]. 浙江金融, 2011 (10).
⑦ 蒋满霖. 中国农村金融生态优化的制度创新研究 [M]. 成都: 西南交通大学出版社, 2012.

决定了金融主体。

吴庆田在《金融效率视角下的农村金融生态环境优化研究》① 一书中认为产权制度是其农村金融生态健康发展的基础性制度，这实际上暗示了土地作为贷款抵押等金融用途的重要性。

王文乐认为"给予民营资本正式的资格，让其参与到农村金融领域中，在自己争取到的市场内开展金融活动，将有助于防止农村资金的外流，为农村金融改革保留资源"。②

（四）对金融生态评估指标的研究

王国刚、冯光华的《中国地区金融生态环境评价（2013～2014）》③ 一书从地方政府债务对金融稳定的影响、地区经济基础、金融发展、制度与诚信文化四个方面对中国各省和247个城市的金融生态环境进行了评价，其中上海与北京的金融生态环境最好，而贵州与青海的金融生态环境最差。

中国人民银行洛阳市中心支行课题组用经济发展水平、金融资源水平、社会信用及法制环境作为一级指标建立起一个区域金融生态评估体系。④

（五）金融生态环境对金融功能的影响

这方面文献也有很多。如谢德仁、陈运森发现金融生态环境对于公司治理存在影响，在金融生态环境较好地区，对于最终控制人性质为非国有的上市公司而言，融资性负债具有较好的治理效应，融资性负债能够成为反映公司财务状况和信用水平的正信号；金融生态环境作为市场运行"基础设施"的治理作用虽提高了融资性负债的治理效应，但这一作用被政府作为国有控股上市公司最终控制人所具有的父爱效应所削弱，前者制衡不了后者。⑤

（六）金融生态相关文献的局限性

金融生态的现有文献对于金融生态进行了系统论述，它们充分意识到了生态学对于金融学研究的启示，但它们都没有意识到对于金融研究的生态学类比实际

---

① 吴庆田. 金融效率视角下的农村金融生态环境优化研究 [M]. 北京：经济科学出版社，2012.
② 王文乐. 改善我国农村金融生态环境的路径 [J]. 企业经济，2012 (4).
③ 王国刚，冯光华. 中国地区金融生态环境评价 (2013～2014) [M]. 北京：社会科学文献出版社，2015.
④ 中国人民银行洛阳市中心支行课题组. 区域金融生态环境评价指标体系研究 [J]. 金融研究，2006 (1).
⑤ 谢德仁，陈运森. 金融生态环境、产权性质与负债的治理效应 [J]. 经济研究，2009 (5).

上可能给金融研究带来误导，忽略了金融的道德与福利含义。

二、互联网金融生态的相关文献

目前已有研究涉及互联网金融生态的文献很多，其中直接以互联网金融生态为研究对象的著作已经出版的有 4 部，以互联网金融生态为研究对象的中文文章已有上百篇。这些文献大致可以分为四类，一是从理论上对互联网金融生态进行系统研究，二是以介绍互联网金融为主，或以互联网金融改变金融生态格局的角度进行的研究，三是考察了互联网金融生态本身的发展情况，四是研究互联网金融生态主体之间的竞合关系。

（一）对互联网金融生态的理论研究

对于互联网金融生态系统进行的理论研究较少。

严圣阳系统考察了互联网金融生态的各个方面，他首先把互联网金融生态系统概括为"在一定时间和空间范围内，互联网金融生态主体等要素之间及其与外部生态环境之间相互作用过程中，通过分工合作所形成的具有一定结构特征，执行一定功能作用的动态平衡系统"，并从互联网金融生态主体、互联网金融生态环境、互联网金融生态系统的相互作用几个方面讨论了互联网金融生态系统，考察了中国互联网金融生态存在的问题并提出了改进建议。[①]

陶斐斐在新制度经济学理论基础上认为，互联网金融创新是为降低交易费用而出现的诱致性制度变迁。[②]

（二）互联网金融改变了中国的金融生态

许多学者都撰文强调互联网金融改变了中国的金融生态。

胡晓军的《中国金融新生态：全面解析互联网金融》[③] 一书，书名虽涉及互联网金融生态，但实际上主要内容是有关互联网金融的介绍，并断定互联网金融使得中国金融生态出现新的情况。

陆岷峰、史丽霞[④]等认为，互联网金融打破了银行业对金融的垄断，促进利率市场化和金融脱媒，从而改变了中国的金融生态。

李敏认为，互联网金融的出现丰富了中国金融生态主体，更新了传统金融机

[①] 严圣阳. 互联网金融生态系统建设探析. 中国经贸导刊，2014（4）.
[②] 陶斐斐. 新制度经济学视角下的互联网金融生态 [A]. 2014 全国金融创新与经济转型博士后学术论坛论文集 [C]. 2014.
[③] 胡晓军. 中国金融新生态：全面解析互联网金融 [M]. 北京：人民邮电出版社，2014.
[④] 陆岷峰，史丽霞. 互联网金融、金融生态特征与新常态 [J]. 金融市场研究，2015（5）.

构的服务理念,倒逼传统金融机构进行变革,深化了金融机构跨界合作并形成了金融主体合作共生的新业态。①

(三) 互联网金融生态的发展

许多学者研究了互联网金融生态本身的发展状况。

夏政在对互联网金融发展现状分析之后指出,我国互联网金融发展还处于早期阶段、互联网金融服务安全问题突出、互联网金融服务法律体系建设严重滞后、互联网金融现阶段未能有效实质服务实体经济。②

李麟介绍了互联网金融,并从比特世界、互联网生活、互联网生产和互联网金融自身演进角度讨论了互联网金融生态,并提出了互联网金融生态中的主要模式及市场格局③。

李沛伦叙述了以 SBI 集团为核心的网络金融生态圈,这本书算不上严格的学术著作,但提供了从一个网络金融企业的角度来构建生态圈的案例④。

霍学文在《新金融,新生态:互联网金融的框架分析与创新思考》⑤ 一书中,比较了传统金融和互联网金融两种金融业态,概括了互联网金融与互联网金融生态的七个特征(所谓七个公式),提出了互联网金融发展的六个趋势,即可视化金融、可计算金融、物联网金融、虚拟金融、智慧金融和自金融,讨论了互联网金融治理体系,这实际上涉及互联网金融生态环境与互联网金融的相互关系。

王玉祥等著的《众筹金融大时代系列:众筹金融生态》⑥ 一书是为 2015 年世界众筹大会而系统编写的有关众筹金融的一本书。该书系统论述了大数据金融、移动金融和众筹金融之间的关系,介绍了众筹落地实践为实体创业服务的构想与案例,并介绍了贵阳试图打造世界众筹之都的战略构想。

(四) 互联网金融生态主体之间的关系

有少数学者研究了互联网金融生态主体之间的竞争与合作关系。如王招治从线上支付、线上理财、线上融资三方面讨论了传统金融机构与互联网金融的合作

---

① 李敏. 互联网金融对金融生态体系的影响和对策研究 [J]. 上海金融, 2015 (12).
② 夏政. 基于系统论的互联网金融生态建设 [J]. 财经科学, 2015 (1).
③ 李麟. 互联网金融生态:基于生态视角的互联网金融模式创新 [M]. 北京:中国金融出版社, 2015.
④ 李沛伦. 网络金融生态圈 [M]. 上海:复旦大学出版社, 2015.
⑤ 霍学文. 新金融、新生态:互联网金融的框架分析与创新思考 [M]. 北京:中信出版社, 2015.
⑥ 王玉祥等. 众筹金融大时代系列:众筹金融生态(第1版)[M]. 北京:中信出版社, 2015.

与竞争关系。① 邓俊豪、张越、何大勇认为传统金融机构、互联网巨头、互联网金融新兴业态、通信运营商、基础设施提供商等各类机构针对互联网金融四大制高点——基础设施、平台、渠道、场景——开始布局，展开合作与竞争。② 可以看到，目前纯粹针对互联网金融生态进行的系统研究还不多，因此本书对互联网金融生态进行系统的研究确有必要。

第二节 互联网金融生态：概念框架

互联网金融相对于传统金融而言，其核心特征在于主要交易环节是"线上交易"。金融生态是借用生态学的概念对金融系统所做的拟生化比喻，其目的是强调金融系统中那些与自然生态系统类似的特征，但我们应该更加关注那些金融生态与自然生态不同的特征。结合互联网金融和金融生态，就能够理解互联网金融生态的内涵，关键是明确互联网金融生态与传统金融生态的区别。

一、互联网金融

互联网金融有广义与狭义之分。广义的互联网金融就是"互联网+金融"，只要是互联网技术与金融相结合，皆可称为互联网金融。狭义的互联网金融是指纯粹通过互联网进行信息处理和金融交易的活动，其核心特征是"线上交易"。传统的金融业务如果通过互联网进行信息处理，则只能称为金融互联网，而不能称为互联网金融，因为这些传统金融业务需要依靠线下的信息搜集与合同执行等作为配合，如开通网上银行必须要求客户在银行办公柜台面对面进行身份确认。互联网金融与金融互联网最关键的区别在于"全部线上"与"部分线上"（或弱化为"主要线上"与"主要线下"），互联网金融意味着金融交易的主要环节完全通过互联网进行，完全脱离线下操作，通过线上实现征信调查、支付结算、交易要约、交易谈判、签订合约与执行合约。

互联网金融依赖于两个前提条件：一是主要金融资源已经上网，如电子货币、电子股票、电子保险信息等，这一点目前已基本实现；二是自然人与组织机构的身份信息和历史行为信息都已录入网络数据库，而当前行为信息则已建立起了实时采集技术。在这两个基础之上，人们之间的金融交易就能够完全通过互联网来进行，而不再需要线下手段相配合。由此可见，互联网金融的核心技术是

---

① 王招治. 互联网金融企业与传统商业银行的合作博弈分析 [J]. 海南金融，2015 (5).
② 邓俊豪、张越、何大勇. 互联网金融生态圈新生存法则 [J]. 商学院，2014 (12).

"信息安全"和"大数据",信息安全保证了金融资源不受非法使用,而大数据保证了不用通过线下面对面沟通就能进行征信调查和金融交易。

"互联网金融"主要是技术推动的金融创新,它是与"前互联网金融"相对而言。从互联网金融的角度来看,金融发展历程主要划分为"前互联网金融"与"互联网金融"两个典型阶段。"前互联网金融"不使用互联网作为信息处理的技术手段,典型表现是计算机技术产生之前的金融活动。而典型的"互联网金融"则完全通过互联网搜索信息和进行交易,无须任何线下面对面沟通手段相配合。互联网金融主要以大数据和信息安全作为技术基础,所有参与金融活动的自然人和组织机构的相关信息全部保存在数据库中,金融交易通过互联网发起,征信调查就是通过查询数据库获得相关信息并计算某种形式的征信函数,然后通过计算机网络自动处理完成交易,人工干预只在最必要的时候才介入。

从"前互联网金融"到"互联网金融"不是一蹴而就的突变,而是经过金融信息化(数字化)、金融网络化和金融互联网三个过渡阶段。金融信息化是在计算机技术产生之后,金融活动利用计算机系统进行信息处理,其核心特征是金融活动的信息录入计算机系统并进行处理,但金融交易活动的主要环节仍然依靠传统的面对面沟通,如搜集信息、征信调查、要约谈判、签订合同、执行合同等都需要面对面沟通。金融网络化是在互联网出现之前,金融交易通过局域网或城域网技术进行信息处理,提高信息处理的效率,但金融交易活动的主要环节仍然以线下为主。金融互联网是在广域网特别是互联网技术发展基础上,通过互联网进行信息处理和传输,但信息搜集、征信调查、签订合同等仍然主要通过线下进行。它们之间的关系如图1-1所示。

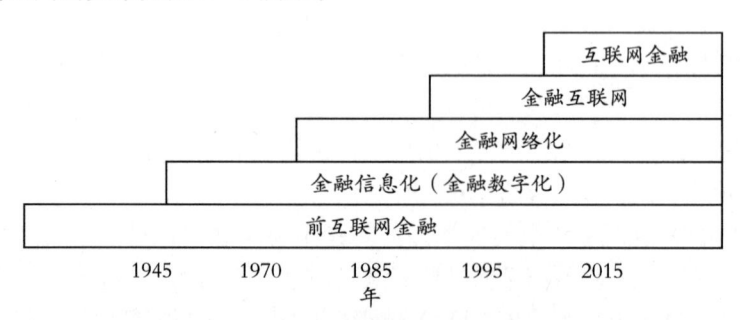

图1-1 从前互联网金融到互联网金融

图1-1表示后产生的金融技术形态总是与先产生的金融技术形态并列存在,如前互联网金融的某些形态(如不通过计算机网络的民间借贷)即使在互联网金融出现的今天仍然存在。而且,下层的金融技术形态是上层的金融技术形态的

基础。

金融交易中存在信息不对称，按照信息经济学理论，代理人是拥有私人信息的一方，而委托人则是不拥有私人信息的一方。在债权债务关系中，债权人是委托人而债务人是代理人；在金融市场上，金融交易中介和资金供给者是委托人，而资金需求者是代理人。在任何交易中，对信息的需求主要来自于信息缺乏的一方。为了突破信息不对称的障碍实现交易，代理人的信号传递和委托人的信息甄别是两种基本手段。在互联网金融交易中，对于大数据的需求主要属于信息甄别；而互联网金融企业展现实力或信誉等则主要属于信号传递。

目前，中国互联网金融处于发展的初期，处于从金融互联网到互联网金融发展的转型或过渡阶段，表现为金融互联网与互联网金融并存，其核心特征是互联网金融交易中进行信息甄别所需要的网络大数据正通过移动通信、上网记录、电子商务、物联网和金融互联网活动等手段逐渐采集和累积，一些互联网金融企业采取线下线上相结合的形式（因为缺乏征信大数据库）进行征信调查也是这种过渡的表现。大数据是互联网金融服务生产的中间产品，在互联网金融发展初期，许多互联网金融企业对于大数据这一中间产品基本上自给自足，通过长期的电子商务或金融互联网活动积累自己的大数据，等大数据积累到一定程度，就能够实现完全通过互联网进行线上的金融交易业务。可预期的是，大数据这一互联网金融服务的中间产品，在未来完全可能或者应该进行专业化生产和进行交易。从信号传递的角度来看，只有那些通过长期的电子商务和金融互联网等活动积累起良好商誉的企业，才可能成为互联网金融的发起者和佼佼者。

二、金融生态

徐诺金认为，金融生态是各种金融组织为了生存和发展，与其生存环境之间及内部金融组织相互之间在长期的密切联系和相互作用过程中，通过分工、合作所形成的具有一定结构特征，执行一定功能作用的动态平衡系统。因此，对金融生态系统的研究需要从有关金融生态环境（主要是政治、经济和法律环境）、金融生态主体（主要是各种自利性的金融企业）、金融生态调节（目的是达成金融生态平衡）三个主要方面展开[①]。

（一）金融生态与自然生态的类似之处

以徐诺金为代表的有关金融生态的定义，绝大多数都是将金融生态定义为一

---

① 徐诺金. 金融生态论［M］. 北京：中国金融出版社，2007. 74.

个系统。既然金融生态是一个系统,为何不直接使用金融系统这一术语而要使用金融生态一词呢?人们之所以要提出金融生态这一术语,是希望借用生态学的概念来表达原有经济学理论术语无法表达的思想。当人们发现金融系统与自然生态系统具有某些类似的特征,而金融系统这一术语又无法揭示类似于自然生态系统的这些特征时,人们才用金融生态来取代金融系统。

金融生态与金融系统相比较,这一术语强调了金融系统具有以下几个类似于自然生态系统的特征:

(1)金融生态强调政治、经济和法律环境对于金融活动具有显著影响,这类似于自然环境对于生物活动具有显著影响。虽然系统理论研究本身就表明系统环境对于系统组成和功能有影响,但金融生态一词无疑更加强调了这一点。

(2)金融生态强调不同金融主体之间的竞争与合作关系,这一点非常类似于自然生态系统中同物种的生物之间、不同物种之间具有竞争与合作的关系。系统理论本身只是说明系统组成要素之间存在相互作用相互影响,但是这些相互作用、相互影响的范围非常广泛,不能体现金融主体之间相互作用的具体类型是竞争与合作。

(3)金融生态强调金融组织在竞争中的优胜劣汰,强调优胜劣汰是金融系统事实上的演化规律,这一点类似于达尔文的进化论。系统理论本身虽然也有演化的含义,但这种演化不一定表现为优胜劣汰[①],很多物理系统的特征并不能说成是优或劣,说是优胜劣汰就更无意义。

(4)金融生态强调金融系统有一个自然演化过程和规律,人为干预可能得不偿失。现代生态学的很多研究表明,人类活动不是改善了而是恶化了自然生态系统,因此金融生态这一术语就隐含着政府对于金融系统的不恰当干预可能恶化金融系统,而金融系统这一术语就没有如此强烈的暗示作用。

(5)金融演化既存在路径依赖性(与系统稳定性含义接近),这类似于生物遗传性;也存在创新性,这类似于生物演化中的变异性。虽然系统理论研究本身也表明系统演化存在路径依赖性(动力系统对于初始条件的敏感依赖性)和变异性(涌现性),但显然生态学的遗传与变异的概念更适合于由人这一生命体组成的金融系统,从而金融生态比金融系统这一术语显得更具有生命性。

[①] 虽然生物演化是否是优胜劣汰,以及优胜劣汰如何定义是非常复杂的事情,我们这里姑且仍然沿用这一习惯。如果预先指明某种特征 A 是优而另一种特征 B 是劣,只要出现相反的演化案例,即满足特征 A 的生物结果却没有在竞争中取胜,而满足特征 B 的生物却在竞争中取胜,则优胜劣汰就被证伪了。这种对优胜劣汰的证伪是很容易做到的。如果把优定义为那些最后胜出的特征,这就犯了同义反复的错误。

（二）金融生态与自然生态的区别

仿生毕竟只是仿生，金融系统毕竟有着与自然生态系统很不相同的特征，因此我们在使用金融生态（系统）这一术语时，在强烈暗示金融系统与自然生态系统相似的特征时，更要从人类社会与普通生物系统相区别的角度弄清楚金融生态与自然生态的差异。

第一，金融生态与自然生态最大的差别在于，金融生态（包括金融生态环境、金融生态主体和金融生态调节）完全是人造之物，而自然生态则出自于上帝之手（基督教的观点）或天造地设自然形成（无神论的观点）。金融生态是人的意识的产物，有意识的目的性与生物的自然本能倾向性存在根本区别，这本质上是人的大脑与动物神经中枢的区别。既然自然生态主要是自然形成，除了上帝，人们就不能谈论自然生态系统优化这样的规范问题，自然生态学研究主要是一种实证研究（与人类活动相关的生态学研究已经不再是自然生态学了）而不包含规范研究。而金融生态既然是人造之物，就存在着一个如何创造才使得它更加适合于人类（或国家、地区等）整体利益的问题或如何创造金融生态才符合道德的问题，因为功利主义的道德标准就是增加每个人的利益和人类整体利益。

在1980年，当最后的天花病毒被科学家封存起来作为科学实验之用时，表明地球上的人类这一物种彻底战胜了所有其他物种；人类之所以成为自然生态演化中最后的获胜者，在于人类不只具有适应自然环境的能力，而且具有改造自然环境的能力；随着基因技术和克隆技术相继问世，表明人类有能力设计自己的进化程序，这表明人类有能力干预自然生态的演化过程。人类连自然生态的演化过程都可以干预，当然更可以干预金融生态的演化过程。

人们经常对于哈耶克的自由秩序原理存有一种潜意识的错误理解，即认为人类社会经济系统最好也由自然演化而成而非进行人为的设计，因此人们不要人为追求设计所谓最好或更好的秩序或制度这样的事情。但我们认为，哈耶克的自由秩序原理的精确含义是指：人类社会经济的自发秩序实际上是指要由所有个人参与这个社会经济秩序的创造，而不是由少数人或少数精英来垄断对于社会经济秩序的创造。金融生态既是人造之物，按照哈耶克的自发秩序原理，就应该由所有个人参与金融生态的创造而不是只由政府或少数金融精英说了算。

因此，金融生态研究不同于自然生态研究的一个很大的区别在于，金融生态要求所有个人参与对什么是最好的金融生态的构想和创造，一个良好的金融生态就要保证所有个人都有参与金融的能力和机会，一个良好的金融生态就要保证所有个人都对塑造金融生态拥有发言权。

第二，金融生态与自然生态最根本的区别在于，自然环境是生态系统中的生物们无法设计和创造的，因此在自然生态学的研究中，将日照、气候、雨水等自然环境当成既定的参数。自然演化最根本的规律不是由生物们设计与改造自然环境，而是生物们如何适应自然环境。相反，金融生态环境（主要是政治、经济和法律环境）则可以通过一定的政治过程进行设计和创造，因此，在金融生态的研究中，与其研究什么是最好的金融结构，不如研究什么样的政治过程能够设计和构建最好的金融生态环境。换言之，金融生态学的研究严重依赖于政治哲学和政治学的研究，没有政治哲学和政治学的研究，经济学与金融学就如浮沙建塔。而哈耶克的自由秩序原理不过是说，一个良好的金融生态环境依赖于一个良好的政治过程，而一个良好的政治过程，不能违背每个人的利益和自私性，应该是一个由所有个人都能参与的政治过程。

2001年著名经济学家杨小凯与林毅夫进行了一场论战，杨小凯的观点是制度兴国论，而林毅夫的观点则是科教兴国论。科教兴国论的主要观点是，一个国家要发展，关键是要发展科学技术和教育。制度兴国论的主要论点是，科学技术和教育固然重要，但是如何形成一个鼓励科学技术和教育持续创新的制度环境更为重要。经济学、金融学、金融生态学研究经济结构、金融结构、经济创新、金融创新固然重要，但研究如何形成一个鼓励经济金融结构优化和创新持续不断的制度环境更为重要。

第三，金融生态的竞争规则是公平正义和人权规则，金融生态要求政府作为中立的立法者和裁判者，而自然生态的竞争规则是弱肉强食的丛林法则，自然生态不存在中立的立法者和裁判者，这是金融生态与自然生态的基本差别。人类之所以能够战胜其他物种成为地球之王，人类的大脑进化这一自然属性仅仅是一个基础，关键在于人类发展起了自己的道德与文化。

按照弱肉强食的丛林法则，金融市场上最终就会出现大公司吃掉小公司，最后最强大的公司就会形成垄断，慢慢地垄断者就失去了发展创新的动力，只剩下打压中小企业的本事，因而垄断会阻碍行业发展，这被斯塔夫里阿诺斯在《全球通史》中称为领先遏制法则。因此，人类社会发明了反对垄断抑制强者（通吃）的制度设计，人类社会发明了保护弱者、反对弱肉强食的丛林法则的公平规则。一个良好的金融生态，不仅要鼓励竞争，鼓励优胜劣汰，还要反对垄断、保护弱者与强者公平竞争的权利。

一个良好的金融生态，需要在优胜劣汰与反对强者垄断之间进行平衡。有些金融生态中所出现的政府人为保护垄断导致国有金融机构竞争力削弱的情况，刚好与人类社会反对垄断保护弱者的公平观念相违背，不仅不是弱化弱肉强食的自然生态法则,反而强化了弱肉强食的自然生态法则。但令人惊奇的是,许多学者反对国有金融机构垄断的理由不是人类社会的公平正义原则,而是援引自然生态的优胜劣汰法则,这显然是找错了理由,由此可见用生态学来启发金融(生态)学的研究所存在的误区。除了上帝之外,自然界并不存在一个超越于各生物个体和各物种生存利益之上的中立的立法者和裁判者来主持公平正义,恃强凌弱正是自然生态的基本法则。

政府作为国有金融机构的所有者保护自己的孩子,让国有金融机构维持垄断地位,打压民营中小金融企业,这正是自然生态弱肉强食竞争法则的体现(在民营中小金融企业初创时,肯定没有原有的国有垄断金融机构优秀和强大),我们怎么能用自然生态的优胜劣汰、弱肉强食的竞争法则来反对政府保护国有金融机构的垄断地位呢?我们反对政府保护国有金融机构的理由,其实应该是人类社会的公平正义原则,是人类社会不同于自然生态系统的独特规则,是因为我们希望政府成为超越于各个企业利益之上的中立的立法者和裁判者。而这些结论的理论基础是伦理学和政治哲学而绝对不是生态学,由此可见中国金融(生态)学研究中存在的逻辑混乱。

严格来讲,我们在运用金融生态这一术语时,要清醒地认识到,金融学实际上应该反对生态学的某些思想方法而不是(全盘)借鉴。马歇尔曾经说过生物学与物理学相比,经济学更应该向生物学寻求借鉴,这是合理的,因为生物学研究的生态系统比物理学研究的自然系统更接近人类社会系统。但是伦理学和政治哲学与生物学相比,经济学更应该向伦理学和政治哲学寻求基础而不是退化到生物学,因为伦理学和政治哲学直接研究的人类社会系统比生物学研究的生物系统要高等。许多金融生态学者没有弄清楚从物理科学到生物科学再到人文社会科学(包括伦理学和政治哲学)的复杂性层次越来越高的递进关系,以为让属于人文社会科学的经济学(金融学)从主要作为生物科学的生态学那里寻求思想资源是一种理论进步,这实在是一大理论误区。

试图从生态学那里汲取营养来解决中国金融发展中遇到的诸多问题,实在是找错了药方;实际上,我们应该从伦理学和政治哲学中汲取营养来解决中国金融发展中遇到的诸多问题。

第四,金融生态与自然生态的分工合作并不相同。金融生态最主要的特征在于个人可以有意识、有目的地分工合作,组织成为金融机构,而同类金融机构构成一个行业。自然生态系统中的个体生物无法有意识地组织成为一个机构,生物之间成群结队也只是本能使然,生物个体在群体中行使职责时也不存在委托代理问题。毫无疑问,人类的组织能力与动物的本能结群能力根本不同。因此,金融生态研究中存在公司治理、委托代理、组织领导等组织行为问题，而自然生态研究中则不存在这些问题。

第五，金融生态与自然生态的竞争与合作并不完全相同。自然生态系统中，种内竞争是对同一资源的争夺，种间竞争既可能是对同一资源的争夺，也可能是你死我活的食物关系。金融主体之间的竞争关系主要有两类：第一类存在于非合作关系中，如同业竞争和非上下游行业之间的竞争；第二类竞争关系存在于交易合作关系之中，是对合作交易创造的剩余收益分配份额的争夺。第一类竞争从金融生态整体来看，仍然是对于潜在的金融交易关系所可能创造的潜在剩余收益的争夺。金融生态系统中，同业竞争与种内竞争类似，主要是对同一资源的争夺。不同行业之间的竞争如果是对同一资源的争夺（如银行业、保险业与证券业争夺一定量的社会冗余资金），则与种间竞争类似。

在没有法制的金融生态中，可能存在一个金融主体抢夺另一个金融主体的情况；但你死我活的食物链关系在现代金融生态中并不存在，一个金融主体不能强行抢夺另一个金融主体的资产。目前许多学者在运用生态学的概念方法来研究金融生态时，时常将自然生态系统中的食物关系拿来类比在金融生态中的兼并关系，这实在是一个重大错误。实际上，食物关系更类似于抢劫关系而不是兼并关系，甚至连剥削关系都完全不同于食物关系。

奥尔森曾经提出一个国家理论，说是一帮流动抢劫的土匪最后定居下来，与居民达成约定，不再抢劫而是收税，同时给居民提供保护不让其他匪帮抢劫，这就是国家。按照这种理论，只要有国家的地方，国家或政府就会保护金融主体的私有财产不受抢夺，因此食物链的比喻实在不适合于金融生态。实际上，一切经济活动与金融活动的根本目的是创造剩余收益，创造比原来的利益状态更大的利益，通俗点讲是把蛋糕做大。而自然生态中的食物关系并不增加新的物质，也不增加新的能量。而兼并，只要不是强行的抢劫，只要是自愿进行的兼并，那么兼并方与被兼并方双方的利益肯定都是增加的——要使组织或个人参与任何经济活动（并非慈善活动），他必须要能够获得预期的剩余收益，否则就不会愿意从事这一活动。

帕累托改进是一切自愿达成的经济与金融交易的本质特征。自然生态系统的物质与能量循环，虽然能够实现生物界的物质与能量的增加（生物界物质最终来源于地球元素，生态系统能量最终来源于太阳），但并不能实现自然生态主体的帕累托改进，因为大部分自然生态主体的生态功能就是被别的生物吃掉而为其他生态主体提供物质与能量。而经济与金融生态的根本目的是创造剩余收益并实现帕累托改进，没有哪一个金融主体的生态功能是被别人吃掉或抢劫，甚至连被兼并也不是金融主体的生态功能。自然生态系统中一个生物个体或物种被消灭，它的利益就完全消失，但在金融生态系统中，即使存在破产或金融机构的死亡，但从长期总体上看，除非事业失败导致个人跳楼自杀，参与金融活动的个人利益总是增加的——在一个拥有个人自由权利的金融生态中，帕累托改进总是金融生态演化的一般规律；在一个优良的金融生态中，帕累托改进应该成为金融生态演化的最低要求。事实上，作为金融重要组成部分的保险业，本质上就是实现风险分担，避免或减少竞争失败者跳楼自杀的行为。或者说，人类能够设计自己的金融生态系统，使得良好的金融生态系统要能够避免个人因为投资或经营失败而使其利益减少到基本生存利益之下的情形（如死亡、乞讨等），而社会保险正是这样的金融制度设计。

金融生态主体之间的交易与合作关系主要是为了创造剩余收益，但交易与合作各方对于剩余收益的分配是此消彼长，存在冲突关系。所有的经济交易与合作关系都同时具有合作与竞争的二重性，而并非所有自然生态主体的关系都存在这样的二重性，如食物链关系在生物个体的意义上并不存在这种二重性。金融产业链关系与食物链关系只有一点是相似的，就是一种产品的价值沿着产业链走向最终消费者时，它的价值会增加，这类似于物质与能量沿着食物链向上传递时会增加。但产业链上下环节之间的交易关系是合作与竞争的二重关系，而食物链捕食者与被捕食者之间的关系不是合作与竞争的二重关系。

通过上面的对比，可以看到，当我们试图用生态学的思想方法来启发我们对金融生态的研究时，我们不仅要注意金融生态与自然生态的类似之处，关键还要注意金融生态与自然生态的本质区别。因此，当我们借用金融生态一词来对金融系统进行拟生化表达时，在含义上就与生态学中的生态既存在相似性也存在本质区别。我们认为，即使我们使用了金融生态这样的术语，但我们对于金融生态研究的理论基础仍然应该主要是伦理学（政治哲学是伦理学的一个分支）和经济学而不能是生态学。

（三）金融生态的内涵与结构

经以上分析我们得出，金融生态是学界试图强调金融系统的类自然生态特征时而提出的拟生化术语，它实质上是人类社会通过一定的政治过程设计一定的金融制度环境来规范和引导各个金融主体在寻求自身利益的目的支配下，通过分工合作、金融交易和相互竞争，所形成的创造剩余收益和分配经济利益的动态系统。

徐诺金对于金融生态的定义，金融组织或金融生态主体处于核心地位和主动地位。但我们对于金融生态的定义，虽然金融生态主体处于中心地位，但设计金融制度环境的政治过程却处于金融生态的发动地位。

我们认为，金融生态学属于主流经济学的一个分支，金融生态学并非否定主流经济学的基本原理，更远非是金融学领域中的一次重大创新，而只是对分散于主流经济学各个分支的理论进行的一种整合。金融生态学研究的一些基本结论，可以借用生态学的一些术语来表达，但在基本思想原理上完全不必从生态学中吸取营养，经济学中本来就存在这些思想。实际上，徐诺金的《金融生态论》中所表达的基本思想，完全可以从经济学自身获得，只是借用生态一词来整合原来分散在各个经济学分支中的理论碎片。更不要说，从经济学和伦理学中能够得出的很多结论难以从对生态学的原理中类比出来。

金融生态的组成结构完全可以从主流经济学的四层次分析框架之中引申出来。1998年，杨小凯在《经济学原理》一书中提出了主流经济学在方法论上实质上是一个四层次分析框架：第一层次是制度环境的设定，包括设定理论模型中有哪些经济主体，每个经济主体可能的行为，每个经济主体的效用函数和生产函数等；第二层次是决策分析，分析经济主体在制度环境下的决策；第三层次是均衡分析，分析经济主体的决策之间如何相互作用相互影响形成均衡。前三个层次是实证分析；第四层次是福利分析或规模分析，分析均衡结果对社会是好是坏，以便提出调整制度环境的建议[①]。

金融生态的组成结构和金融生态学的研究框架就可以根据主流经济学四层次分析框架来进行确定，即包括了四个层次：第一层次：金融制度环境和金融主体事实如何；第二层次：在这样的制度环境之下，按照经济人假定，金融主体事实上将如何决策；第三层次：金融主体决策之间的相互关系事实上将会怎样，金融主体决策之间相互作用的均衡结果在事实上将会如何；第四层次：金融生态优劣的评价标准是什么，金融主体决策之间相互作用的均衡结果对于社会而言到底是好是坏，如果不好，那么应该如何进行调整，而调整的方法很简单，就是对金融制度环境进行优化设计。

经济学的分析方法是假定每个人都是经济人，在一定的制度环境之下，经济人按照追求利益最大化的行事方式必然会按照某种方式进行决策，而这些决策之间相互作用就会形成一个社会的均衡结果。在主流经济学的分析框架中，实际上是制度环境决定了最后的均衡结果。因此，要想优化均衡结果，只能从制度环境的改变上着手，而这正是制度经济学研究最基本的出发点——制度非常重要、制

---

① 参见杨小凯. 经济学原理 [M]. 北京：中国社会科学出版社，1998.5.

度决定人的行为，而这又基于一个最基本的常识——人类社会的所有制度都不是自然形成的，而是人为形成的，因而都是可以设计和改变的[①]。而判断均衡结果优劣的标准，最终来讲就是人均真实收入（杨小凯用基数效用论的人均效用水平来代表人均真实收入）或人均真实利益与社会福利最大化；而评判制度调整的标准就是看能否实现帕累托改进与社会总福利增加。

金融生态结构相关概念定义如下：金融活动是指涉及货币资金在不同经济主体之间流动的经济活动。金融生态主体是直接或间接参与金融活动并分享金融活动创造的剩余收益的经济主体。金融生态环境是指影响金融生态主体的金融活动或金融交易的一切外部因素。金融生态调节是对金融生态制度环境进行调整以改变金融生态主体决策之间相互影响达到的均衡。

三、互联网金融生态

将互联网金融与金融生态结合起来就是互联网金融生态。

（一）互联网金融生态的定义

对于互联网金融生态，我们有两种定义。

定义1：互联网金融生态系统是在一定时间和空间范围内，互联网金融生态主体等要素之间及其与外部生态环境之间相互作用过程中，通过分工、合作所形成的具有一定结构特征，执行一定功能作用的动态平衡系统，促进互联网金融健康发展。

定义2：互联网金融生态是人类社会通过一定的政治过程设计一定的制度环境，以规范和引导互联网金融主体为了追求自己的利益，通过互联网进行线上金融交易，所形成的创造剩余收益和分配经济利益的动态系统。

定义1属于目前金融生态学领域的通行定义，我们仍将采用，但同时我们给出定义2以从经济学基本原理的角度强调互联网金融生态的经济学本质。

（二）互联网金融生态的构成

对于互联网金融生态的构成，按照主流经济学的四层次分析框架，主要从互联网金融生态环境（第一层次）、互联网金融生态主体（第一层次）、互联网金

[①] 说到这里，我想起一个朋友——考古学家白九江的一句话来进行佐证，他说人类吃盐实际上是一种文化现象而不是自然现象。这一开始让我大吃一惊，但后来一想事实的确如此。人们吃盐的行为，我想大部分人一开始都以为是一种生理现象，当然是一种自然现象，但这看起来是人们生理行为，实际上却是一种人类社会形成的习俗，是人造之事物，不是自然之事物。

融生态主体的决策分析（第二层次决策分析）、互联网金融生态主体之间的关系（第三层次均衡分析）、互联网金融生态评价标准（第四层次规范分析）、互联网金融生态调节（第四层次规范分析）等几个方面来分析。理解互联网金融生态的概念要将互联网金融和金融生态两个方面结合起来，关键是要明确互联网金融生态与传统金融生态的区别。

（三） 互联网金融生态环境

互联网金融生态环境是指在互联网金融之外影响互联网金融的一切事物。但这些外部影响有大有小，只有那些对互联网金融具有实质性影响的因素才被认为是互联网金融生态环境的组成部分。

互联网金融生态环境可以划分为制度环境与技术环境，也可以划分为硬环境与软环境。

表1–1　　　　　　　　互联网金融生态环境分类

	硬环境	软环境
制度环境	政治制度、经济制度、法律制度	道德、文化、习俗、社会心理
技术经济环境	互联网技术、实体经济发展状况	社会服务环境

从制度环境来看，互联网金融生态环境与传统金融生态环境包含相同的要素，主要是政治、经济、法律与国际环境。中国互联网金融与传统金融相比，所面临的政策法律环境要更为宽松，因为众筹、余额宝等互联网金融形式按照中国刑法有非法集资和吸储的嫌疑[①]。

中国许多学者都强调金融生态主体必须要能够适应环境才能够生存，并把适应环境当成金融生态主体优秀素质之一。这种观点是将金融生态主体当成金融生态的核心和主导，对于金融生态的研究存在极大的误导作用。我们认为，互联网金融生态系统环境是决定互联网金融生态健康发展的根本因素，应该成为互联网金融生态系统中最重要的要素，对于互联网金融生态环境的研究应该是互联网金融生态系统研究中最重要的组成部分。

除了制度环境之外，由于互联网金融的核心特征在于所有交易环节全部是"线上"操作，因此互联网金融与传统金融相比，互联网金融生态所展开的技术环境是"互联网+"（这在主流经济学模型中相当于便于设定生产函数的具体形

---

① 参见黄震，邓建鹏. 互联网金融：法律与风险控制 [M]. 北京：机械工业出版社，2014.

式),即用互联网连接一切,而传统金融则不必有"互联网+"的技术环境。这就需要信息安全和大数据提供技术基础,以及与此配套的法律制度和司法技术。信息安全主要是为了防范网络犯罪,大数据主要是为了提高征信调查和业务分析的效率。

(四) 互联网金融生态主体

互联网金融生态主体定义为直接或间接参与互联网金融活动并分享互联网金融活动创造的剩余收益的经济主体。徐诺金在《金融生态论》中讨论金融生态主体时认为,金融生态主体主要是各种金融组织,基本上忽略了广大的金融消费者。但互联网金融生态主体比传统金融生态更加强调互联网金融消费者的地位,因为互联网金融正是在与传统金融争夺消费者的过程中稍胜一筹才赢得发展空间的。同时,互联网金融生态主体与传统金融生态相比,多出了一些互联网金融企业,这些互联网金融企业纯粹是为经营互联网金融而生,在传统金融生态中并不存在。

按照在创造互联网金融交易剩余收益过程中的必要程度,互联网金融生态主体可以分为以下几类:(1) 互联网金融生态核心主体(core entities)是直接创造与参与互联网金融交易的互联网金融企业、互联网金融消费者、传统金融机构、需求资金的企业;(2) 扩展主体(expanded entities)是为互联网金融提供技术支持的主体,包括电商平台、网络运营商及周边供应商等,离开了这些主体的技术支持,互联网金融活动无法进行;(3) 外围主体(peripheral entities)是为互联网金融提供非技术支持服务的机构,包括互联网金融统计平台、媒体、各种社会中介组织(法律、审计、会计事务所,评级机构、研究机构)和各个金融监管机构,离开外围主体的支持,互联网金融活动仍然可以进行,但可能会受到影响。

(五) 互联网金融生态评价标准

评价互联网金融生态好坏的标准仍然是经济学的效率标准:一是实现帕累托改进;二是实现社会总福利增加。如果潜在的互联网金融活动所能创造的剩余收益不能全部实现,那就表明存在效率损失。

第三节 互联网金融生态:组织框架

互联网金融生态环境决定了互联网金融生态主体的行为,互联网金融生态主体的行为决定了互联网金融的发展态势。互联网金融生态主体行为和发展态势又

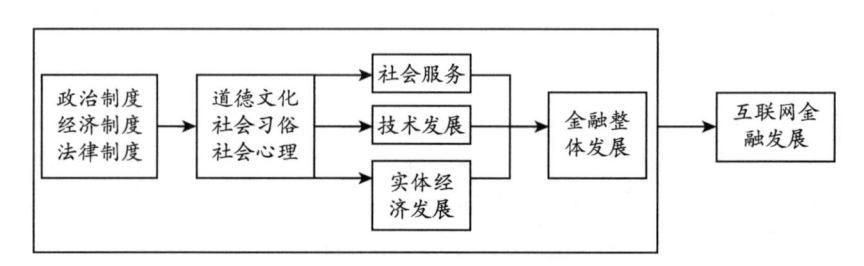

反过来影响互联网金融生态环境。

一、互联网金融生态环境

在中国,"看不见的手"总是在被"看得见的手"所引导。因此,讨论中国的互联网金融生态环境,基本上就等同于讨论互联网金融生态,这也是金融生态一词在开始提出时其含义曾经等同于金融生态环境的原因。

互联网金融生态环境(图1-2)可分为制度环境和技术经济环境,硬环境和软环境,详见表1-1。其中技术经济环境是指互联网金融交易的潜在剩余收益得以存在和实现的技术经济可能性,包括互联网相关技术和资源发展状况、实体经济的发展状况(如社会冗余资金存量、实体经济的成本和市场状况、实体经济发展对于资金的需求数量、资金供给方借出资金愿意接受的最低利率等因素)、传统金融发展的状况,它决定了互联网金融交易所能实现的最大限度,决定着互联网金融交易的潜在剩余收益的上限。

图1-2 互联网金融生态环境

制度环境是指互联网金融生态主体需要遵守的行为规范,它主要限定了互联网金融生态主体能够进行的金融交易的种类范围和交易规模,从而决定了互联网金融交易潜在剩余收益所实现的数量。如假设发展物流业这一实体经济项目的成本和收益决定了借款方需要借款1亿元,愿意支付的最高利率为20%,而某些资金供给者愿意接受的最低利率为6%,这差不多等于银行存款利率加上通货膨胀的大小,通过传统金融进行借贷的交易成本为资金的6%(给银行工作人员回扣、谈判费用等),通过互联网进行借贷的交易成本为资金的1%。于是在这些资金供给者与借款方之间就存在借贷的剩余收益,而借贷交易的潜在剩余收益的大小是由技术和经济环境决定的,通过传统金融能够获得的净交易剩余收益为18%乘以1亿元,通过互联网金融能够获得的净交易剩余收益为23%乘以1亿元,从社会而言,借贷交易的最大潜在剩余收益是由互联网金融交易决定的23%乘以1亿元。制度环境决定了这些潜在剩余收益实现的程度,假设政府规定互联网金融借贷的上限为4000万元,于是有6000万元的资金需求无法通过互联网金融得到满足,于是社会的潜在剩余收益损失或经济效率损失就是6000万元乘以5%（23% – 18%）。

互联网金融生态的硬环境是指互联网金融交易必须遵守的规则,如果不遵守就会受到外在惩罚的制度规则。而软环境是指能够影响到互联网金融交易,但突破软环境因素的影响,不会受到外在惩罚。硬环境包括制度环境和技术经济环境,而软环境主要是一些道德文化、社会习俗和社会心理等。

硬环境会影响到软环境,硬环境甚至能够塑造软环境。比如说,如果政府长期以来用非法集资和非法吸储来打击民间非正规金融（这属于政治法律制度）,会使整个社会逐渐养成一种自律的社会心理,对于涉嫌（但实际上可能没有）非法集资和非法吸储的金融活动不敢创新,逐渐地就会降低社会进行金融创新思维的活力。如果政府长期抑制金融创新,整个社会就有可能形成一种不利于金融创新的社会心理和知识环境。有学者可能认为中国的文化抑制了国人的创新思维,但实际上更可能是政治法律等硬制度环境在塑造中国文化并使得它不适合于技术、经济与金融创新。政治法律制度塑造文化可以从秦始皇焚书坑儒和各朝文字狱对中国权力本位文化的塑造看出来。

政治是对社会资源进行分配的基本权力结构,政治制度规定了社会公共权力和个人权利的来源和运用规则。经济是社会对生产性资源进行配置的活动,经济制度规定了社会管理机构和个人在生产性资源配置中的地位和作用。法律是社会公共权力机构制定的行为规则,是政治制度和经济制度的具体实现。

金融生态的政治环境典型区分为前现代政治环境与现代政治环境。前现代政治环境中具有强大的国家或中央政府,但法治和民主缺乏,因此政府不具有中立地位,在正规税收之外,政府有权力分配社会资源,或者倾向性地扶持和打压某些企业,通俗地讲就是既充当裁判员又是运动员。前现代政治环境中的私有财产保护不力,或者政府能够凭借自己的权力控制大部分社会资源。现代政治环境中,法治保证每个人和每个组织机构都享有平等的政治、经济与文化权利,从而保证每个人和每个组织都有平等权利成立银行等金融机构,享有平等的金融业务经营权利,并负有平等的金融失败的责任。

制度环境从根本上决定了一个国家的技术发展水平。制度环境一方面规定了一个国家的利益分配是导向科技创新和经济创新人才,还是导向有政治权力的人；另一方面制度环境决定了科技创新的成果能否内化为创新者的私人收益。技术发展来自于人的创新活动,如果一个国家的政治制度将一个国家的精英,优秀的智力,都用于寻求政治权力而不是科技创新,那么这个国家的科技创新很难持续。

制度环境同样决定了社会服务的水平。中国严格实行各种组织机构成立的审批制，这使得许多社会服务中介组织如律师事务所、会计师事务所、民间评级机构、民间研究机构、民间慈善机构、民众权利机构等与发达国家相比都非常缺乏，从而使得中国缺乏一个完善的社会服务环境。

制度环境决定了科技创新、社会服务和实体经济发展，而科技创新和实体经济发展最终决定了互联网金融交易所存在的潜在剩余收益，社会服务水平则决定了互联网金融的交易费用，并且制度环境直接决定了这些潜在剩余收益所能够实现的程度。因此，归根结底，互联网金融生态的制度环境，特别是政治环境决定了互联网金融发展的潜力。如果政府将对传统金融资源的全面控制扩展到对互联网金融资源的全面控制，那么互联网金融将难以持续发展。

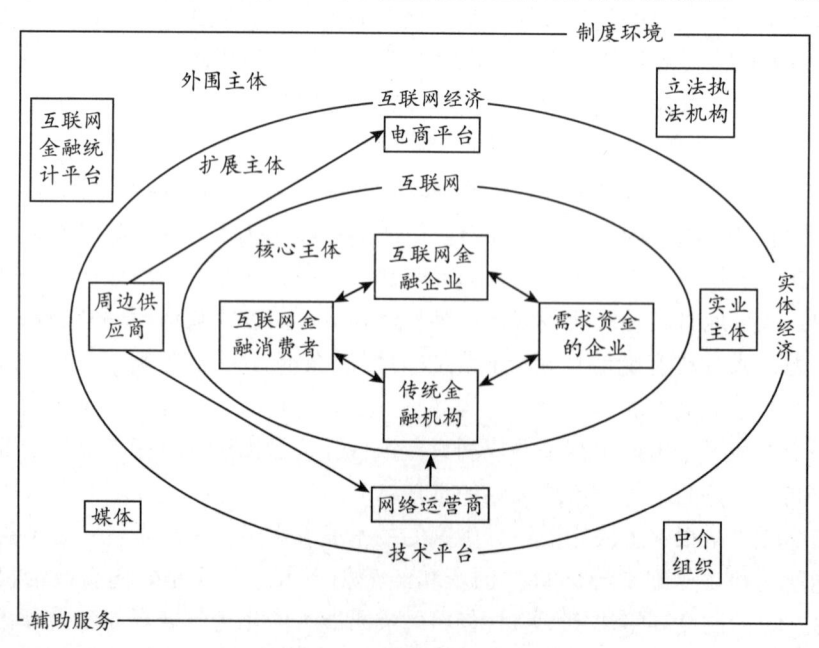

二、互联网金融生态主体

互联网金融生态主体定义为直接或间接参与互联网金融交易活动并分享互联网金融交易创造的剩余收益的经济主体。互联网金融生态主体可以分为三个层次：核心主体、扩展主体和外围主体。互联网金融生态主体之间的关系如图1-3所示。

图1-3 互联网金融生态主体

互联网金融生态核心主体是直接创造和参与互联网金融交易的互联网金融企业、互联网金融消费者、传统金融机构、需求资金的企业，他们创造剩余收益并分享剩余收益，是互联网金融发展的组织者和中坚力量。互联网金融消费者是主要的资金提供者，他们通过传统金融机构或互联网金融平台把资金提供给资金需求者，或者互联网金融企业和传统金融机构为公众提供支付结算、风险管理等金融服务。核心主体之间的互联网金融交易是互联网金融的实质。

扩展主体是为互联网金融提供技术经济支持并分享互联网金融交易剩余收益的主体，包括电商平台、其他参与电子商务的经济主体、实体经济主体、网络运营商及周边供应商等，离开了这些主体的技术经济支持，互联网金融活动无法进行。周边供应商包括如互联网设备供应商、互联网技术供应商等，他们为网络运营商提供互联网运营技术和设备；而网络运营商则直接为互联网金融提供技术支持。周边供应商和网络营运商一起为互联网金融提供技术环境。电商平台和其他电子商务企业则为互联网金融提供互联网经济支持，他们是互联网金融服务的对象；传统实业主体创造了非网络实体经济，他们为互联网金融提供创造剩余收益的经济基础，也是互联网金融服务的对象。电商经济与实体经济为互联网金融提供了经济基础，是互联网金融最终的服务对象和价值目标。扩展主体虽然是互联网金融的必要主体，但他们毕竟不是互联网金融的组织者和中坚力量，他们只是通过分工合作体系，分享核心主体通过互联网金融交易所创造的剩余收益。

外围主体是为互联网金融提供除技术支持和经济基础之外的机构，包括互联网金融统计平台、媒体、各种社会中介组织（法律、审计、会计事务所，评级机构、研究机构）、金融立法机构和金融执法机构等，离开外围主体的支持，互联网金融活动仍然可以进行，但可能会受到影响；外围主体如果不为互联网金融参与者提供服务，他们就很难分享互联网金融交易所直接创造的剩余收益，但他们总能够从互联网金融交易为实体经济所做贡献中受益。立法机构和执法机构是制度环境的构造者和维护者，而互联网金融统计平台、媒体和各种中介组织则为互联网金融提供相关服务，并构造和维护了互联网金融的社会服务环境。

每个互联网金融生态主体的目的都在追求自己的最大利益，按照经济学研究的结论，这不仅符合现实，也能够提高社会交易效率。但从规范的角度来看，政府监管机构不应该追求自己的私利，而应该追求社会公利，处于超越其他金融生态主体利益之上的中立地位，为金融活动创造一个良好的制度环境，这是现代社会对于政府职能不同于前现代社会的特殊定位。如果政府监管机构追求自己的特殊利益或部门利益（可用监管机构或人员的犯罪率来进行测度），那就表明政府运行还未实现现代化而仍然处于前现代阶段。如果政府监管机构的运作模式仍然处于前现代阶段，那么当务之急就是通过一定的政治过程使政府监管机构中立化，为互联网金融主体的正常活动创造一个良好的监管制度环境。但政府和监管机构组成人员并非具有无私利他精神的上帝，能够自动放弃自己的私利而达到相对其他不同金融主体的利益中立化。因此，通过什么样的程序来产生廉洁自律的政府机构，如何监督监管者，就成为互联网金融生态研究中最为根本的问题。

由于互联网金融生态主体与传统金融生态主体在范围上有所扩展，因此互联网金融生态主体之间的关系就比传统金融生态主体之间的关系更加丰富和复杂。

首先，最重要的是互联网金融作为规避传统金融监管的创新事物，在与政府的关系中，面临如何与政府处理好关系。一方面，有些地方政府大力提倡发展互联网金融，但这种非制度性的政策具有不稳定性，应通过制订地方法规明确支持的范围和方式。另外，互联网金融的大力发展，有利于实体经济的振兴，能够为政府增加税源，因此互联网金融与政府之间又存在利益共享的关系。但是，如果政府是为了增加自己税收而扶持互联网金融发展，这恰恰使得政府的地位并非中立化，如果这样，那些对政府税收没有多少贡献的企业就得不到公平竞争的机会了。

其次，互联网金融相对于传统金融而言是一个新生事物，因此，所有互联网金融企业都面临金融消费者如何接受互联网金融的问题，在整体上互联网金融企业就成为一个利益共同体面对与传统金融之间的竞争。反过来，传统金融机构为了不失去市场，也会进入互联网金融领域与新兴互联网金融进行竞争。

互联网金融生态主体之间的关系非常复杂，总体上讲，分工合作的目的是创造剩余收益，而竞争则与分配互联网金融活动所创造的剩余收益有关。金融活动创造剩余收益的特征在于，资金对于需求者的价值增值要大于在资金供给者手里的增值；或者金融服务对于消费者的价值大于金融服务的成本。

三、中国互联网金融生态格局的基本特点

互联网金融已经被中国政府当成又一次弯道超车的机会，中国政府正希望把互联网金融作为主导中国金融生态的新式武器和新的阵地。我们不要把中国政府对互联网金融的鼓励误读为放任不管互联网金融的发展，中国既希望把握发展新兴业态的机会，又希望通过新兴业态倒逼金融体制改革把这两者结合起来，是理解中国互联网金融生态组织和演化框架的基本出发点。

第四节　互联网金融生态：演化框架

互联网金融生态系统是一个动态系统，它在整体上处于不断的演变之中。演化经济学认为经济系统的演化并不存在所谓的均衡状态，但仍然存在某些规律可循。互联网金融生态系统的演化可以从互联网金融生态环境、互联网金融生态主体、互联网金融业务形态、互联网金融生态结构和功能等方面来考察。总体上讲，互联网金融生态的演化遵循以下几个规律：（1）互联网金融生态环境朝着越来越尊重每一个人和企业的平等的金融权利的方向演化。（2）互联网金融主体越来越具多样性。（3）互联网金融业务形态越来越具有多样性。（4）互联网金融业务交叉越来越多，混业经营是发展趋势。（5）随着大数据的积累，互联网金融越来越脱离面对面沟通而变成完全的线上交易。（6）互联网金融结构和功能越来越复杂。

一、互联网金融生态环境越来越民主化

中国互联网金融将会面临越来越宽松、越来越公正透明的政治、经济与法律环境，在这样的环境下，中国互联网金融企业进行技术和业务的创新将比寻求政治法律制度的松绑变得越来越重要。在制度环境越来越宽松的背景下，互联网金融业务形态将越来越丰富，互联网金融主体才可能越来越多样，不同金融机构之间的业务交叉创新才可能逐渐发生。

另外，中国政府不会放弃对于政治、经济和金融全面而精细的宏观调控。因此，中国政府除了仍然会维持金融企业审批制度外，还将会建立起对互联网金融企业财务的全面监管，并可能会在互联网金融的总融资金额上进行监控，平衡民营互联网金融平台或企业融资的数量与国有金融机构融资的关系，对民营互联网金融机构引发的风险会严格控制。那些资产规模和风险越来越大的互联网金融企业将可能成为政府重点监控的对象。

二、互联网金融主体多样性增加

互联网金融主体多样性增加是互联网金融发展的趋势。

能够为互联网金融提供资金的企业和消费者越来越多，涉及的企业类型和职业类型越来越多。由于互联网金融投资的低门槛，通常100元以上就可以进行互联网金融投资，理论上讲这使得所有的网民都可以参与互联网金融投资，从而使

得互联网金融的参与主体与传统金融相比要大很多倍。

由于P2P和众筹融资门槛很低，使得原来通过传统金融难以融资的创客和其他资金需求者能够方便地通过互联网金融进行融资，这大大扩展了融资者的种类和数量。如一个人要兼职创业开一个小门店，在传统金融中很难融资，但通过P2P平台很容易借到钱；又如购新房的人要装修，原来很难通过传统金融获得贷款，但通过P2P也很容易就能借到钱。国内许多大型P2P平台（如宜人贷）的融资项目很快满标，这说明P2P投融资在中国已经非常活跃。理论上讲，任何资金需求者都可以通过互联网金融获得所需资金，这确实无限扩展了金融交易的潜力。

从事互联网金融活动的P2P和众筹平台，在2013~2015年曾经混乱狂热地飞速发展，但随着2015年监管制度正式落幕，P2P和众筹平台的增加将逐渐更加理性趋于平缓。而且互联网金融行业也会通过优胜劣汰的竞争，逐渐走上正轨，行业主体数量将逐渐与实体经济相吻合，形成较为合理的产业结构。由于互联网金融进入门槛并不高，从近几年的发展来看，P2P和众筹平台形成垄断竞争比寡头垄断的可能性更大。

新兴互联网基金在余额宝之外，很难出现其他大的新兴企业，因为余额宝由于其创新性和先入为主的地位，实际上已成为行业的规则制订者。互联网基金到目前为止是一个寡头垄断的行业，这一特征很可能长期保持下去，并逐渐形成几大优良的互联网货币基金企业。第三方支付基本上与互联网货币基金类似。阿里巴巴的创新使之成为引领行业的领袖。

传统金融机构会越来越多进入到互联网金融领域，成为互联网金融主体。也许几年之后，所有传统金融机构都将拥有互联网金融业务。

三、互联网金融业务形态越来越具有多样性

目前互联网金融主要有网上银行、第三方支付、互联网基金、P2P、众筹、网络小贷（如阿里小贷）、互联网保险（典型如网购退货运费险）等几种典型形式，而传统金融机构通过互联网销售保险、理财产品等，属于金融互联网，是传统金融机构通过互联网实行的电子商务，互联网主要是销售渠道。

在互联网金融的七种典型形式中，网上银行和第三方支付实现的是金融的支付结算功能。P2P和众筹在平台的撮合下，本质上是多人联合贷款给一个资金需求者，相当于传统银行的联合贷款（多家银行向一个企业联合贷款以分担风险）。P2P与众筹的区别在于，众筹的贷款人似乎比P2P的贷款人数更多，但实践操作中，二者几乎没有区别。P2P众筹和传统银行联合贷款都是多对一贷款，

区别在于P2P众筹是直接融资而银行贷款属于间接融资。余额宝与支付宝可以方便地相互转换，从而使得余额宝的流动性就比传统的基金要大得多，甚至比传统的银行活期存款流动性还强。而且支付宝与网上银行电子货币支付能力几乎没有区别，这样就使得余额宝取得了货币属性，这是余额宝与传统基金通过互联网销售的区别。阿里小贷是一个机构贷款给多人，而阿里小贷用于贷款的资金来源不能像余额宝那样公开向消费者筹集，而是阿里小贷公司自己的冗余资金，否则就是网络银行了。

可以看到，目前典型的几种互联网金融形式，除了转账支付之外，不涉及存款和贷款同时存在的银行业务。但在2013~2014年P2P和众筹发展的混乱期，有些P2P或众筹平台设立资金池，吸收众多消费者的资金，然后以平台的账户向资金需求者贷款，本质上就是网络银行，只不过这些网络银行没有拿到金融监管部门的银行牌照而已。因此，未来互联网金融进一步发展的方向就是网络银行，即网络银行可以像余额宝那样向广大消费者吸收资金，然后再以自己的名义向资金需求者贷款。现在余额宝相当于只有银行吸储一端，阿里小贷只有银行放贷的一端，可见阿里巴巴距离网络银行只有一步之遥。

目前，我国上市与深市的传统证券市场上，当天买的基金和股票当天不能卖，这种"T+1"机制使得传统基金和股票的流动性比较差，使得在普通证券公司的账户不像余额宝那样具有货币性质。但传统金融发展的趋势应该是改变"T+1"机制为像余额宝那样可随时购买随时赎回的模式，这样传统证券就完全变成余额宝那样的电子货币了，这将使得传统金融完全与互联网金融相融合。

总体上讲，传统金融与互联网金融的各种业务形态之间还需要相互借鉴、相互融合，以更好地实现金融的功能和作用。

四、不同金融机构业务交叉越来越多

随着互联网金融的发展，不同金融机构之间业务交叉将越来越多，分业经营将慢慢向混业经营转化。事实上，分业经营只是政府强行管制的结果，而混业经营才是市场自然发展的产物。随着各国金融竞争越来越激烈，那些仍然坚持分业经营的国家将失去金融战略优势，这就会迫使那些坚守分业经营的国家逐渐放开，让市场自发形成经营模式。

目前，互联网金融主要满足一些小额资金需求，而传统金融主要满足大额资金需求。但这种界限以后可能会被打破，一是传统金融机构可能会进入小额贷款领域；二是互联网金融企业在实力壮大之后也可能会问鼎传统金融所盘踞的大额贷款。

不同金融机构业务交叉的表现主要体现在：（1）传统金融机构会越来越多地利用自己的牌照优势而进入互联网金融领域。（2）互联网金融企业将会慢慢突破限制，进入网络银行业、融资担保业等。（3）银行业、证券业、保险业之间会慢慢相互渗透，最后形成混业经营的金融结构。

五、从线下配合到完全线上

从"前互联网金融"、金融信息化、金融网络化、金融互联网，最后到互联网金融，经历了一个金融业务从线下到完全线上的发展过程。目前，互联网金融处于从金融互联网到互联网金融的过渡阶段。

目前，许多互联网金融平台要利用线下审核来进行征信调查，或者传统金融机构网上银行要利用柜台面对面核实用户身份，这说明互联网金融的发展尚处于初级阶段，处于从线下到完全线上的过渡阶段。这一阶段的主要特征是大数据的积累。未来互联网金融将会过渡到完全线上操作，完全利用前期积累的各种数据进行征信调查和业务决策。

目前，互联网金融所依赖的数据是由各金融机构自行积累，至少存在如下问题：（1）数据标准不统一；（2）不同金融机构的数据缺乏共享机制；（3）数据交换市场还未形成，数据价值评估缺乏可信的操作程序，导致数据的交易成本很高；（4）缺乏数据采集、储存和交换的专业机构；（5）数据共享与个人隐私保护之间如何权衡缺乏共识，相关法律制度缺失。互联网金融的进一步深入发展，依赖于对上述问题的解决。

按照互联网金融发展从线下配合到完全线上的发展规律，在互联网金融发展初期，经济发达地区开展互联网金融更为合理，因为发达地区有更好的实体经济作为支撑。在互联网金融发展初期，由于需要线下配合，这使得互联网金融企业服务范围受到地理距离的限制。这样，落后地区就存在发展互联网金融的比较劣势，此时即使由政府着力引导发展互联网金融，但在落后地区的地理范围之内，实体经济项目难以支撑互联网金融。因此，这将使得互联网金融难以真正飞速发展。但在互联网金融发展后期，当人们的身份信息和行为信息都已进入大数据库，并且已经建立起了完善的数据采集网络时，互联网金融就完全摆脱了地理范围的限制，这时相对落后地区就不再存在发展互联网金融的比较劣势了。

六、互联网金融结构和功能越来越复杂

随着"互联网+"发展纲领的进行，互联网金融普及范围会越来越大，其结构和功能会越来越复杂。互联网金融结构主要是指互联网金融主体构成及相互

关系、业务组成及相互关系。目前，中国互联网金融核心主体种类少，相互之间交叉持股的关系也比较简单，互联网金融业务种类单一，交叉组合业务也比较少。随着互联网金融生态环境的改善，这种情况会逐渐发生改变。

目前，互联网金融的功能主要是支付结算和调剂资金余缺，但在资源配置和转换、风险管理、引导消费、信息处理、公司治理等方面还有很大的发展空间，这正是未来互联网金融发展的方向。

七、当前中国互联网金融发展的瓶颈

中国互联网金融发展主要存在两个方面的瓶颈因素：一是互联网金融生态制度环境中还存在着严重制约互联网金融发展的因素；二是互联网金融需要的大数据技术仍然存在许多急待解决的问题。

从互联网金融生态的制度环境来看，中国政府试图控制一切社会资源和社会行为的惯性严重窒息了实体经济的发展，这既制约了金融交易所可能实现的潜在剩余收益的大小，又进一步限制了这些潜在剩余收益所可能实现的比例。要促进中国实体经济的发展，以便为互联网金融发展创造一个良好的经济基础，中国需要逐步开放金融、石化、航空、钢铁、新闻、出版、文化、教育等各个行业，让民营资本和外国资本能够自由进入这些管制性行业与国有资本进行平等竞争，并且能够自由经营，至少要变事前审查制度为事后追究制度。如影视出版与发行行业，由于存在出版发行的事前审查制度，导致投资于创新文艺作品的风险极高，因为有可能投资生产的影视作品不能公开发行赚钱，这导致国内影视作品题材单一（严重的"古装化"和"后宫化"），此时即使存在互联网金融等融资手段，但却减少了实体经济的投资机会，互联网金融由于缺少实体项目而仍然难以发展。

互联网金融需要联接一切的"互联网＋"和大数据作为技术基础。但大数据的采集、储存和使用缺乏公平的法律规范，有可能侵犯个人隐私。同时大数据作为一种信息产品，其复制成本几乎为零，因此知识产权很难保障，这导致数据的定价极为困难，交易成本极高。同时，虽然我们有政府信息公开法，但政府信息公开的范围仍然不够广泛（对比一下外国政府官员招待客人的菜谱都必须公开，而我国许多本来应该公开的政务信息由公民申请都不能被公开），信息公开的程序仍然不够规范（如 2007～2012 年中国基尼系数统计局不按程序例行公开），这也增加了社会创新的信息成本。

第五节　互联网金融生态：评价框架

互联网金融生态环境影响到互联网金融的现实表现，而互联网金融的现实表现最终影响到人均真实收入和社会福利，或者说发展互联网金融的终极目的是增加每个人的幸福和社会总福利。评价互联网金融，需要从互联网金融的终极目的、现实表现和影响因素三个方面来进行，这也是评价任何经济现象的基本框架。

一、评价互联网金融发展的终极标准

评价互联网金融生态的终极标准是经济效率标准，或功利主义的道德终极标准。王海明在《新伦理学》中提出了新功利主义的道德终极标准，其总标准是增加每个人的利益，分标准是增加社会总福利。用经济学的术语表达就是两种经济效率标准，一是帕累托改进，二是社会福利最大化。但比较而言，帕累托改进的标准比社会福利最大化更为重要，因为帕累托改进必然意味着社会总福利增加，同时不会遭到人们的极力反对。市场的自由交易会导致帕累托改进，即使这种自发演进使得经济增长率不高，但却可以避免以追求社会福利最大化可能导致的社会悲剧。以追求社会福利最大化作为评价经济效率的标准，其问题在于：第一，序数效用论认为人际间效用或利益比较很困难或无法进行，因而社会福利无法定义（阿罗不可能定理）；第二，由谁来代表社会福利一直是一个问题，人类社会发生了太多假追求社会总福利最大化之名而行专制独裁之实的人间悲剧。现代经济学已经证明，政府并不能作为社会总福利的代表，因此政府主导的经济发展并不能取得追求社会福利最大化的效率合法性。

帕累托改进（或帕累托最优）的效率标准意味着经济交易的所有潜在剩余收益完全实现。具体到评价互联网金融生态的效率而言，就是通过互联网金融交易的所有潜在剩余收益完全实现。或者说，互联网金融交易的潜在剩余收益实现程度越大，则表明互联网金融生态的效率越高；互联网金融交易的潜在剩余收益实现程度越小，则表明互联网金融生态的效率越低。潜在剩余收益实现就意味着人们的利益或幸福程度增加，具体可表现为人均收入增加等指标，当然这也意味着社会总福利增加（具体表明为GDP增加等）。从这个标准来看，如果P2P平台设立资金池进行网络银行业务能够增加交易的剩余收益，那就是符合经济效率的帕累托标准，就是合理的，这时候只要按照银行的监管规则对其进行监管就可以了。

二、互联网金融发展的现实表现

评价互联网金融发展状况的核心应该是看其现实表现,这主要可以从互联网金融服务供给和需求两方面来看。从互联网金融服务供给方来看,互联网金融发展具体表现为以下几个方面。

第一,互联网金融企业的种类、数量和规模,包括互联网金融企业的种类多少(目前主要有传统金融机构、第三方支付机构、P2P平台、众筹平台、互联网基金平台、网络小贷企业、互联网保险企业等几种),每种企业的数量,分支机构的数量,注册资本的规模,企业管理人员数量,企业员工数量等。

第二,互联网金融业务的种类和规模,包括业务形态的种类(目前主要有网上银行、第三方支付、P2P、众筹、互联网基金、网络小贷、互联网保险等几种)、每种业务的金额大小。

第三,不同金融机构和金融业务之间的关系网络的拓扑结构和数量特征。如果把每个金融机构和业务看成图的一个顶点,而关系看成图的一条边,则拓扑结构就可以用图的结构来表示。

第四,互联网金融机构的财务表现,包括不良贷款率、金融机构净利润、资产利润率、流动比率、平均吸收资金数量、平均发放贷款数量、营业费用/总资产、营业外支出/总资产等。

第五,互联网金融机构的地理、行业分布情况。

第六,互联网金融机构的违法率、违约率、破产率等情况。

第七,数据仓库建设情况,包括数据仓库的数量与规模,地理分布等。

从互联网金融服务需求方来看,评估互联网金融发展的指标包括:

第一,通过互联网金融获得资金的经济主体类型和数量,包括从网络小贷、P2P、众筹等方式获得资金的企业类型、借款用途和数量,个人借款用途和数量,人均借款数量等。

第二,借款主体的地理、行业、职业、年龄分布等统计特征。

第三,为互联网金融提供资金的企业与个人的地理、行业、职业、年龄等分布情况,提供资金的规模等。

第四,金融消费者和企业的违约率、违法率等情况。

从互联网金融整体表现来看,互联网金融的金融贡献率是最主要的指标。

三、互联网金融发展的影响因子

通过考察影响互联网金融发展的制度和技术经济环境,能够评估互联网金融的发展潜力和未来表现。我们要区分互联网金融发展的两类指标，一是现实表现指标，二是决定未来表现的影响因素指标。决定互联网金融未来表现的影响因素其实就是互联网金融生态环境，因此评估互联网金融生态环境，不是评估互联网金融的发展现状，而是评估互联网金融的发展潜力和未来表现。

评估政治和法律制度环境的指标主要包括政府信息公开程度、公共决策的公众参与度、地方政府对于互联网金融的政策、互联网金融企业市场准入标准、市场退出标准、互联网金融企业审批的平均时间，以及民营资本、外国资本和国有资本是否存在歧视待遇、违法经营的处罚标准、金融债权执行率、金融债权诉讼费用率、金融诉讼效率等。

评估互联网金融监管的指标，主要包括互联网金融监管机制、监管机构的数量、监管人员素质、监管机构违法犯罪率（腐败率）、业务监管标准等。

评估互联网金融发展的经济基础的指标，主要包括人均地区GDP、GDP增长率、人均收入、人均储蓄、投资率、消费率、城镇居民人均可支配收入、农村居民人均可支配收入、进出口总额、外贸依存度、实际利用外资金额、财政收入等。

评估互联网金融教育和人才储备的指标，主要包括金融学院数量、师生数量、开设互联网金融课程的院校数量、参与互联网金融教学的师生数量、学历层次、互联网金融培训情况、互联网金融学术会议数量等。

评估互联网金融相关中介组织发展的指标，主要包括经济法律师事务所数量、规模，会计审计师事务所数量、规模等。

第二章

中国互联网金融生态系统发展综述

2015年,被互联网金融业内称之为"监管元年"。① 互联网金融终于迎来一系列监管政策的密集出台,结束了"无门槛、少规则、缺监管"的发展状态,业务开展与行业监管开始有章可循。规范互联网金融发展,仅仅依靠监管是远远不够的,需要从业机构、行业协会、监管部门共同努力,携手打造一个融合共生的金融生态系统。在这样的系统中,互联网金融各生态主体分工协作,在特定的互联网金融生态环境下,共同完成资金从供给者向需求者的让渡或转移。

第一节 互联网金融生态主体的发展

2015年,是互联网金融从业机构金融生态布局不断深化的一年。阿里、京东、腾讯、百度等传统互联网行业巨头基于技术和流量优势,着力加强金融服务板块,推动互联网金融的集团化发展。银行、保险、证券等传统金融机构快速嵌入互联网基因,或推动传统金融业务的线上化,或基于自身优势拓展电子商务服务打造金融生态闭环,或与互联网企业开展广泛合作。新兴互联网金融企业如雨后春笋,聚焦于网络借贷及其衍生的金融产品在线销售等领域,希望在互联网金

---

① 也有学者或业内人士认为,2015年也是"众筹元年",主要原因大致有两个,一是经历了几年的平淡期之后,2015年国内众筹业务爆发,成为年内最为瞩目的互联网金融业态;二是政府提出"双创"战略,鼓励通过众筹模式改善科技型小微企业、创新性项目的融资难题,众筹融资尤其是股权众筹被寄予厚望。

融领域占得一席之地，分享互联网金融发展红利。

一、传统互联网行业巨头

从蚂蚁金服成立，到京东股权众筹平台——"东家"上线，再到深圳前海"微众银行"运营、"百信银行"设立，2015年，阿里、京东、腾讯和百度等传统互联网行业巨头进一步完善金融生态布局。主要表现在：一是丰富金融服务板块，在第三方支付、理财产品网销、网络借贷等业务线的基础上，进一步向消费金融领域延伸；二是致力打通各金融服务板块，提高用户消费、支付、投资的便捷性与安全性，巩固和增强客户黏性；三是加快向教育、医疗、文化等生活领域渗透，不断丰富平台的生态系统。

（一）阿里

1. 年度大事。阿里一直以来担当互联网金融领域先行者与领先者的角色。2014年9月19日，阿里在纽交所挂牌，首次发行募集资金250亿美元，创下有史以来互联网领域规模最大的IPO交易。2014年10月16日，基于原阿里小微金融服务集团及旗下业务，成立蚂蚁金融服务集团。2015年蚂蚁金服完成了一系列的引战，其中，6月15日，人保财险通过全额认购"人保资本——蚂蚁金服股权投资计划"，作为新增注册资本持有蚂蚁金服部分股权；6月18日，蚂蚁金服完成第一轮私人配售，平台估值超过400亿美元；全国社保基金理事会投资蚂蚁金服，持有股份5%；9月5日，中国邮政旗下全资资本运营平台——中邮资本，战略入股蚂蚁金服，持股5%。同时，蚂蚁金服也开始对外实施战略投资者的角色，2015年10月15日，蚂蚁金服集战略投资"36氪"，承诺向"36氪"全面开放在线支付、私募股权融资、云计算等多个领域模块；11月，蚂蚁金服联合东方资产战略投资天津金融资产交易所。

2. 金融生态布局。蚂蚁金服成立以来，一方面，不断深化已有四个板块的金融服务，包括：以支付宝为代表的网络支付业务；以余额宝、招财宝为代表的互联网理财服务；以网商银行为代表的融资业务和针对小微企业、平台网商的网络小贷业务组成的融资业务；基于支付宝开发的"蚂蚁花呗"消费金融业务。另一方面，蚂蚁金服大力开拓创新性业务。首先，基于阿里、淘宝和天猫用户大数据，构建互联网征信业务；其次，随着阿里上市后开始发力国际化，作为电商体系出海的配套设施，蚂蚁金服在国际上的布局明显加速，相继推出了支付宝海外退税、海外O2O、海外交通卡、国际汇款、海外直购等国际业务；再次，借助先进的数据处理能力与技术，制订"互联网推进器"计划，为企业提供搭建符合金融行业标准的 IT 系统云计算服务。蚂蚁金服金融生态布局如图 2-1 所示。

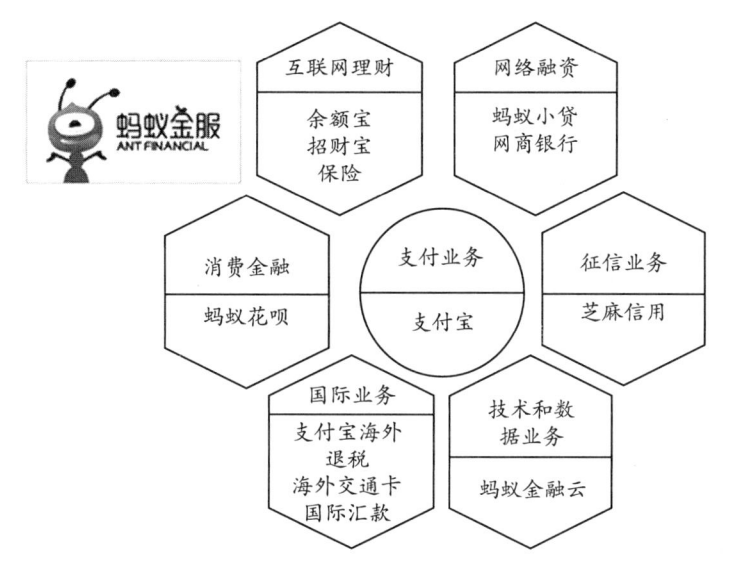

图 2-1 蚂蚁金服金融生态布局

互联网理财：余额宝、招财宝、保险

网络融资：蚂蚁小贷、网商银行

消费金融：蚂蚁花呗

支付业务：支付宝

征信业务：芝麻信用

国际业务：支付宝海外退税、海外交通卡、国际汇款

技术和数据业务：蚂蚁金融云

资料来源：根据蚂蚁金服官方公开资料整理。

专栏 2-1 消费金融场景之争——"蚂蚁花呗"VS 京东"白条"

2014 年 2 月，京东率先推出面向个人消费者的消费金融产品——"京东白条"。"白条"依托京东会员的信用体系，提供"先消费、后付款"的消费信贷服务。京东在线实时评估客户信用，最高授信额度 1.5 万元，用户可选择最长 30 天延期付款或 3~24 个月分期付款两种付款方式，其中，分期付款服务费 0.3%，逾期费 0.03%。2015 年，"白条"业务进一步拓展至校园、旅游、租房等领域。数据显示，"白条"业务对平台商家营业产生了显著利好——"白条"用户月均订单金额增长近 1 倍，"白条"月均下单次数 3.87 次。目前"白条"整体授信额度已超过 3000 亿元。

在"京东白条"推出近 1 年之后，阿里于 2015 年 1 月初也推出了面向个人消费者的信用支付服务——"蚂蚁花呗"。"花呗"在最高授信额度、免息期设置、还款方式方面与京东"白条"略有差异。"花呗"将消费者确认收货后的下一个月的 10 号设置为固定还款日，并设置了 40 天左右的免息还款期。同时，用户只能选择全额还款，逾期费率为 0.05%。数据显示，在月均消费 1000 元以下的中低消费人群中，使用"花呗"后，消费力提升了 50%。2015 年"双 11"期间，"花呗"交易总笔数为 6048 万笔，占到了支付宝整体交易总笔数的 8.5%。

（二）京东

1. 年度大事。在经历了"硕果累累"的 2014 年之后，成立于 2013 年 7 月的京东金融"互联网理财综合服务平台"的商业模式定位进一步清晰。2015 年以来，京东金融重点对现有金融板块进行深入挖掘和完善。2015 年 1 月，京东金融推出"京东派"校园项目，旨在为年轻一代提供电商服务和消费信贷；2015 年 3 月，京东股权众筹平台上线；2015 年 8 月，京东金融与中信银行合作，推出"互联网+"信用卡；2015 年 9 月，京东宣布与线上旅游行业领导者"途牛"共同推出休闲旅游频道。

2. 金融生态布局。截至 2015 年底，京东金融主要涵盖六大业务线：一是以网银在线为代表的网络支付业务；二是针对电商企业、供应商、平台商家及其法人代表的供应链金融；三是囊括基金、票据、定期、固收等多品类的理财业务；四是针对个人消费市场的消费金融业务；五是产品众筹和股权众筹业务；六是互联网保险销售业务。京东金融生态布局如图 2-2 所示。

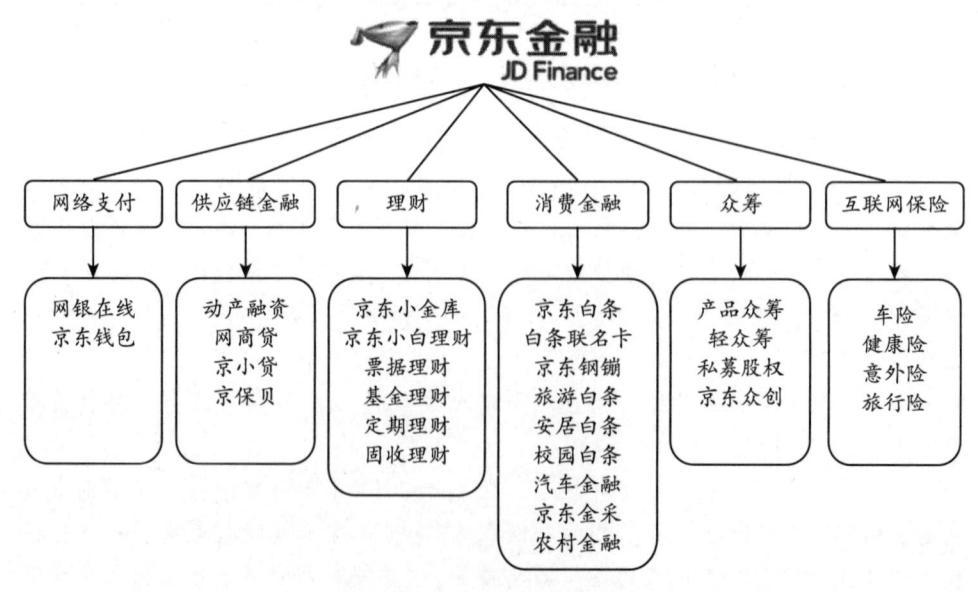

图 2-2　京东金融生态布局

资料来源：根据京东金融官方公开资料整理。

随着2015年3月"京东东家"股权众筹平台的上线，在传统互联网巨头金融业务竞争格局中，京东成为众筹的领先者。京东金融旗下的产品众筹和股权众筹率先上线，凭借京东品牌的影响力与客户黏性，获得了巨大成功。

专栏2-2　京东股权众筹平台——"东家"

"东家"是京东金融打造的股权众筹平台，2015年3月31日正式上线。受限于国内相关法律对股权众筹业务及平台发展的限定，目前"东家"属于私募股权众筹融资平台，采用"领投+跟投"的模式。数据显示，截至2015年6月16日，通过"东家"实现的各类股权融资项目融资额达2.66亿元，部分项目已计划登陆新三板。据悉，"东家"上的股权融资项目除了能够获得直接融资之外，还产生了显著的溢出效应，多个商家在募资成功后经营业绩获得大幅提升。

（三）腾讯

1. 年度大事。2014年12月28日，腾讯旗下微众银行面世，成为国内首家开业的互联网银行。值得一提的是，2015年1月4日，李克强总理在微众银行敲下电脑回车键，成为微众银行完成的第一笔放款业务；2015年8月15日，微众银行正式上线。2015年9月15日，腾讯提出"云+未来"生态规划图，宣布未来5年将投入超过100亿元，用于腾讯云的基础设施建设和运营；2015年10月17日，腾讯与京东宣布推出全新战略合作项目——"京腾计划"，双方将基于各自优势和产品共同打造"品商"创新模式生意平台。

2. 金融生态布局。腾讯的金融生态布局体现出"连接+合作"的战略意图，即以"连接"为中心，把金融机构、金融团队、金融产品和海量用户进行连接。社交、支付、大数据以及云计算能力，为腾讯实施这一战略建立了基础。首先，微信和QQ两大社交工具及其培育的海量用户，为通过社交工具搭载更多场景提供了基础，尤其对于移动金融发展至关重要。数据显示，截至2015年6月底，微信和QQ月度活跃账户数分别达6亿和8.43亿。其次，财付通、微信支付和QQ钱包等支付产品，覆盖了从PC端到移动端的支付渠道。再次，海量用户数据和丰富支付经验，使腾讯可以建立数据库，有助于进一步加快布局云计算市场，加快金融业务的发展。腾讯的金融生态布局如图2-3所示。

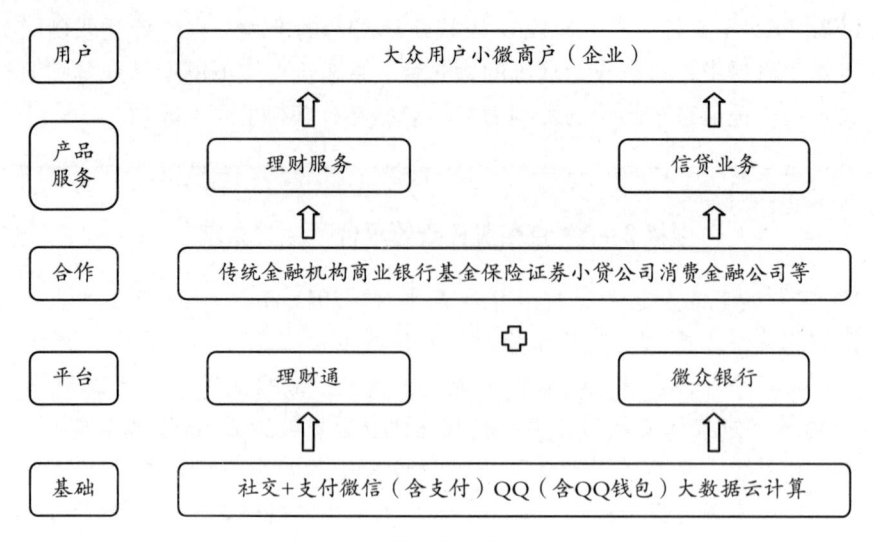

```
用户      ┌─────────────────────────────────┐
          │     大众用户小微商户（企业）     │
          └─────────────────────────────────┘
                    ↑                ↑
产品      ┌──────────────┐   ┌──────────────┐
服务      │  理财服务    │   │  信贷业务    │
          └──────────────┘   └──────────────┘
                    ↑                ↑
合作      ┌─────────────────────────────────┐
          │传统金融机构商业银行基金保险证券小贷公司消费金融公司等│
          └─────────────────────────────────┘
                              ⇵
平台      ┌──────────────┐   ┌──────────────┐
          │   理财通     │   │   微众银行   │
          └──────────────┘   └──────────────┘
                    ↑                ↑
基础      ┌─────────────────────────────────┐
          │社交+支付微信（含支付）QQ（含QQ钱包）大数据云计算│
          └─────────────────────────────────┘
```

图 2-3　腾讯的金融生态布局

资料来源：根据腾讯官方公开资料整理。

（四）百度

1. 年度大事。2015 年 10 月 26 日，百度与携程达成换股协议，百度持有携程 25% 的总投票权，成为携程第一大股东。2015 年 11 月 18 日，百度与中信集团宣布达成战略合作，发起设立"百信银行"，打造直销银行。2015 年 11 月 18 日起，百度钱包推出"常年返现计划"，消费者在百度糯米、百度外卖、百度地图订酒店、Uber、中粮我买网、e 袋洗、汉堡王等众多商家进行消费时，使用百度钱包支付可享受"单单立返现金 1% 起，最高免单"的超值优惠。

2. 金融生态布局。百度以搜索流量为核心优势，在支付领域开发了"百度钱包"，并以此衍生出"百发"等系列互联网理财产品。2014 年 10 月，百度开启了百度金融中心，一方面提供以货币基金为主的理财产品；另一方面针对中产阶层，开发了"百发"系列理财产品。百度 2015 年三季度财报显示，旗下金融服务业务表现亮眼，截至 2015 年 9 月底，百度钱包已激活账号数量达 4500 万个，较上年同期增长超过 5 倍，三季度金融服务业务同比收入提升 82%。目前，通过百度钱包，用户可以实现电商、票务、零售、教育、出行、金融、餐饮以及生活服务等多项业务的支付结算服务。

二、传统金融机构

随着对互联网金融的研习和重视,银行、保险、证券、基金等传统金融机构也纷纷布局互联网金融业务,推动金融产品与金融服务的线上化,加速了互联网与传统金融服务的融合趋势。①

(一) 与互联网企业深化合作

传统金融机构与互联网企业的合作,既是双方发挥各自优势推动业务发展的需要,也体现出互联网金融与传统金融逐步融合的趋势。目前,主要有两种合作模式。

一是互联网企业提供流量入口、传统金融机构开发金融产品,如阿里与天弘基金的合作。在"互联网+基金"的合作模式获得巨大成功之后,"互联网+证券"成为金融机构的新尝试。例如,国金证券与腾讯开展合作,推出产品"佣金宝",投资者通过腾讯股票频道进行在线开户,成功后可享受"万分之二点五"的交易佣金率,同时股票账户内闲置的现金可享受理财服务。借助这一产品,国金证券经纪业务市场占有率快速增长,从2013年底的0.69%增长至2015年5月底的1.07%。②

二是传统金融机构为P2P网络借贷平台提供资金托管服务,如广发银行与宜信公司的合作。2015年6月9日,宜信公司与广发银行达成协议,宜信旗下P2P网贷平台"宜人贷"将P2P网络借贷业务的交易资金交由广发银行托管,在广发银行建立P2P资金托管账户——宜信安享账户,实现平台自有资金与P2P交易资金的隔离,这一合作也成为商业银行对P2P网络借贷资金实施托管的破冰之作。

(二) 自建互联网金融平台

互联网企业在金融服务领域的不断渗透,推动了传统金融机构对零售金融业务的重视和产品创新。部分传统金融机构依托自身技术和渠道优势自建平台,开展金融业务的互联网化。

一是搭建综合性金融服务平台。例如,工商银行于2015年初开始组建互联网金融营销中心,统筹负责全行互联网金融业务,主管"三大平台+三大产

---

① 刘再杰.《指导意见》对互联网金融的影响与金融资产管理公司的应对策略[J]. 国际金融,2015 (10): 54-60.
② 数据来源:Wind资讯.

品",即"融e购"电子商务平台、"融e联"移动金融信息服务平台、"融e行"直销银行三大平台,以及支付、融资、投资理财三大产品,推动"e-ICBC"战略的逐步实施。

二是搭建专业性金融服务平台。例如,平安集团推出的公司化平台"陆金所",该平台采取第三方公司独立运作方式,服务对象定位于小微企业、金融机构及合格投资人,通过下辖的两大平台提供网络投融资和金融资产交易服务。

(三) 传统金融业务的互联网化

针对互联网企业涉足第三方支付、个人信贷、互联网基金销售等业务,商业银行纷纷依托现有部门加大产品和服务创新。

在互联网理财方面,兴业银行将原理财门户"银银平台"升级为互联网理财专业品牌——"钱大掌柜",整合银行理财、信托理财、贵金属交易、银证转账、基金代销等各类财富管理服务,建立网上及移动终端销售、合作金融机构网点销售相结合的全面销售机制,打造"一站式"财富管理平台。

在移动支付方面,民生银行设计推出新版小微手机银行,优化代付工资和企业财务室功能,小微企业可以通过手机银行批量处理工资发放、综合管理各类账户。中国经济网统计数据显示,截至2015年中,已有近200万小微客户开通民生银行小微手机银行,2014年累计交易金额突破8800亿元,显示出小微客户对民生小微移动金融服务的广泛认可。部分传统金融机构参与互联网金融的主要情况如表2-1所示。

表2-1　　　　部分传统金融机构参与互联网金融的主要情况

时间	参与主体	方式	相关事件	主要内容
2014年2月	国金证券腾讯	业务合作	互联网+证券	腾讯提供入口、国金证券开发金融产品,推出"佣金宝",投资者通过腾讯股票频道进行网络在线开户,享受万分之二点五的规费,股票账户内闲置资金还可享受理财服务
2015年7月	中国银行中国联通	业务合作	互联网+银行	中国银行面向中国联通注册代理商推出"沃金融"产品,中国联通代理商可选择使用该产品向中国银行提出融资申请,无抵押、循环贷款、先采购、后付款

续表

时间	参与主体	方式	相关事件	主要内容
2015年6月	工商银行	搭建综合性互联网金融平台	组建"互联网金融营销中心"	正式组建互联网金融营销中心，统筹全行互联网金融业务发展
2011年11月	平安集团	搭建专业性互联网金融平台	成立"陆金所"	陆金所业务涵盖网络投融资、金融资产交易服务等，致力于打造中国领先并具有重要国际影响力的金融资产交易服务平台
2014年2月	兴业银行	业务创新	"钱大掌柜"互联网理财平台	兴业银行将原"银银平台"理财门户升级为"钱大掌柜"互联网金融平台，拓展网络理财市场
2015年6月	广发银行 宜信公司	业务合作	资金托管	宜信公司旗下纯线上P2P平台"宜人贷"与广发银行达成P2P资金托管合作，在业界首发P2P资金托管账户——宜信安享账户
2015年6月	民生银行	业务创新	升级民生银行小微手机银行	立足于移动支付功能，即将推出新版小微手机银行，优化代付工资、企业财务室等功能

资料来源：根据媒体公开资料整理。

专栏2-3 四大金融资产管理公司的互联网金融探索

互联网金融的蓬勃发展也引发了四大国有金融资产管理公司的研究与实践。华融、长城、东方、信达4家资产公司围绕不良资产经营主业，基于初步形成的金融控股集团格局，结合自身特点与需求，积极探索和实践互联网金融业务，主要举措包括：一是与互联网金融企业建立战略合作关系，或合作建设平台；二是积极运用互联网技术和互联网企业的入口，推动不良资产线上处置；三是自建平台开展互联网金融业务。金融资产管理公司参与互联网金融的主要情况如表2-2所示。

表 2-2　　金融资产管理公司参与互联网金融的主要情况

时间	参与主体	主要模式	主要内容
2015年5月	信达资产 阿里	战略合作	双方将在新型不良资产管理、金融产品开发设计、大数据应用及综合金融服务等方面开展合作
2015年5月	东方资产 蚂蚁金服	战略合作	双方将在投融资综合金融服务、信用增级等业务板块加强合作
2015年4月	东兴证券 新浪财经系统	合建平台	东兴证券的网上开户、在线客服、产品销售等终端通过与新浪财经系统的对接和打通,为客户提供更加便捷的证券在线开户和交易、在线金融产品销售和咨询服务
2014年11月	长城资产天交所 淘宝网	合建平台	共同搭建不良资产网络竞价平台,依托互联网、云计算等技术,实现全天候无边界资产交易,促进金融资产交易更加简便、先进、成本更低,流转更加透明、平等、公开
2015年3月	信达浙江分公司 淘宝网	不良资产线上拍卖	信达公司浙江分公司通过淘宝网站实现不良资产线上拍卖
2015年5月	信达浙江分公司 淘宝网	开发资产处置平台	开发推出定位于资产展示与招商功能的资产处置平台二期,未来向所有分公司开放
2014年6月	东方资产	搭建专业性互联网金融平台	东方资产子公司东方邦信建P2P平台"东方汇",采用O2O(线上线下结合)模式运营

资料来源：根据4家资产公司网站公开资料整理。

三、新兴互联网金融企业

在传统互联网行业巨头和传统金融机构之外,随着金融监管的逐步放开,众多互联网企业业务开始涉足互联网金融领域。受自身客户资源以及金融经验和人才不足的状况所限,后发性互联网企业往往以平台模式介入网络借贷领域。从有利的一面来看,拓展了网络借贷及互联网理财的市场;从不利的一面来看,加剧了市场风险和监管难度。

（一）基础性服务

1. 第三方支付牌照成为市场追逐对象。第三方支付违规事件抬头，监管呈现收紧趋势。2014年以来，第三方支付行业接连爆发POS刷卡套现、上海畅购资金链断裂等事件，引发行业监管趋势收紧。2015年8月，易士公司成为首个被人民银行摘牌的第三方支付企业，该企业主要在浙江省内开展多用途预付卡发行和受理业务，因违规挪用客户备付金，造成资金链断裂，被人民银行注销其第三方支付牌照。

支付牌照渐有成为稀缺资源之势，引发企业激烈争夺。2010年，人民银行颁布《非金融机构支付服务管理办法》，并于2011年开始发放第三方支付牌照，支付宝、财付通、快钱等27家公司成为首批持牌的非金融机构。第三方支付牌照分为网络支付、预付卡发行与受理、银行卡收单三种类型，第三方支付公司主要业务包括其中的一项或多项。截至2015年9月，人民银行总计发放270张第三方支付牌照。在行业监管趋势收紧和牌照暂停发放传言扩散的背景下，第三方支付牌照价值飙升，存量牌照收购、行业兼并案例不断涌现。据媒体报道，2014年12月26日，万达集团以3.15亿美元（约20亿元人民币）的价格，获得快钱68.7%的股权。

2. 移动支付领域维系寡头竞争格局。近年来，移动支付展现出惊人的发展速度。从2009~2015年，仅6年时间，移动支付规模从400亿元增至9.07万亿元，占第三方互联网支付的比例从7.72%增长到77.16%。移动支付市场规模情况如图2-4所示。

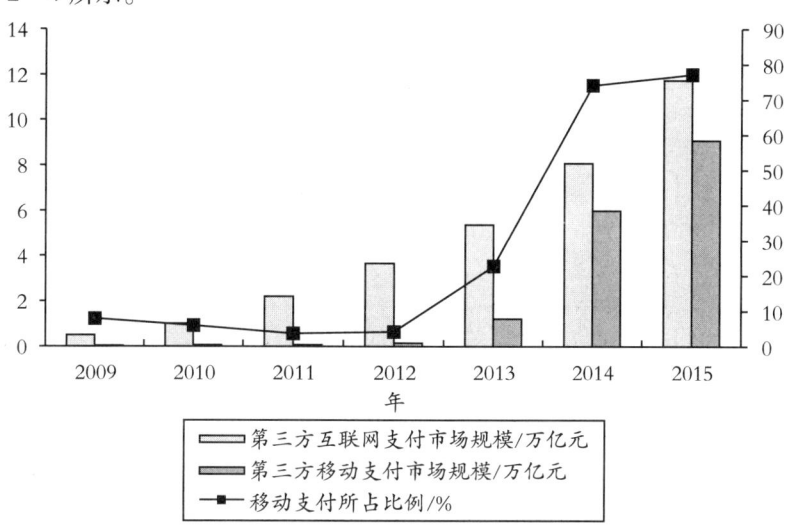

图2-4　2009~2015年第三方互联网支付及移动支付市场规模

资料来源：Wind资讯。

但移动支付市场延续了支付宝与财付通两大工具的寡头竞争格局。网贷之家的数据显示，2014年第三方移动支付市场中，支付宝市场份额占比为82.3%，财付通市场份额占比为10.6%，两大互联网巨头的第三方移动支付产品市场份额占比总计93.4%，占据绝对优势。

移动互联网高速发展的同时，在线支付的触角逐渐向线下延展。对于餐饮、商超等线下支付场景的争夺，将成为第三方支付机构竞争的新热点。从打车软件、餐饮、商超、公交，到菜市场，移动支付无孔不入。与之相应，互联网企业的线下支付场景争夺战愈演愈烈。便利店、商超、打车出行等小额高频的线下支付场景，成为第三方移动支付公司发力拓展和争夺的重点。

（二）投融资业务

1. 网络借贷。网络借贷业务是互联网企业跨界金融的主要选择。北京大学互联网金融发展指数显示，以P2P网络借贷平台为主要构成的互联网投资业务呈现较高的增长率，如图2-5所示。

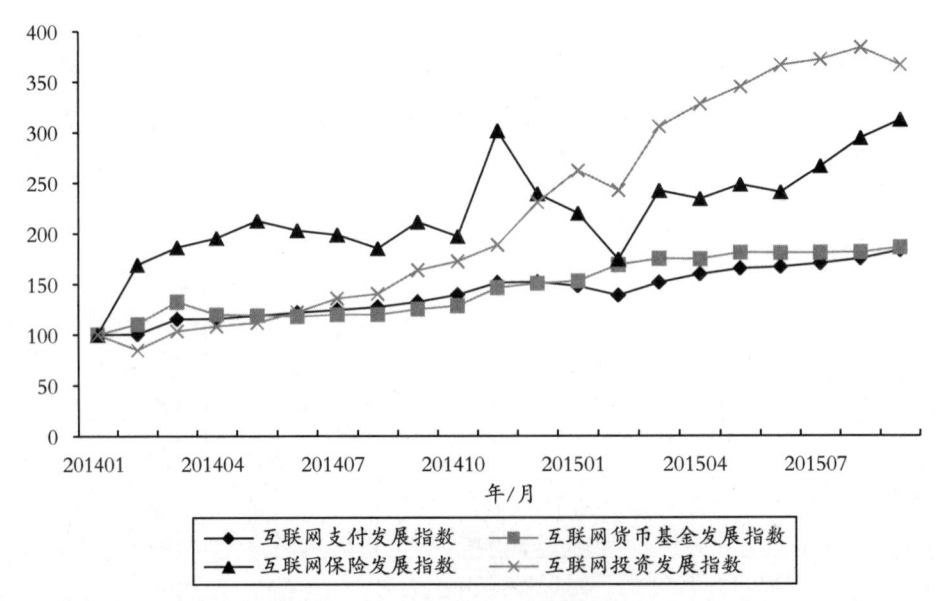

图2-5　2014年1月~2015年9月互联网金融各业务发展指数

资料来源：北京大学互联网金融发展指数报告。

2015年下半年以来，互联网投资发展指数有所下降，可能一定程度上受到P2P网络借贷平台倒闭潮加剧的影响。网贷之家统计数据显示，截至2015年末，国内P2P网贷平台3858家，问题平台累计1269家，占比将近1/3。平台"跑路失联"现象严重，问题平台中的 2/3 出现跑路、失联、诈骗等行为。与此同时，在美国 Lending Club、国内宜人贷等 P2P 网贷平台成功登陆资本市场的激励下，国内众多 P2P 网贷平台也开始把上市融资作为推动平台发展的重要手段，陆金所等部分平台已经制定了上市时间表。

2. 众筹融资。从全球来看，2008 年国际金融危机爆发后，中小微企业特别是初创企业的融资困境进一步加剧。在此背景下，借助于互联网和信息技术的推动，众筹模式开始兴起，其中股权众筹更是在全球范围内掀起了创业企业股权融资的新热潮。截至 2015 年 6 月底，国内正常运营的众筹平台已达 152 家，仅 2014 年就新上线 119 家，新上线平台数量接近前 5 年总和的 3 倍，2015 年上半年行业总体交易额达 50 亿元[①]。

随着京东股权众筹平台的上线，以及"双创"的政策激励，股权众筹逐步成为众筹领域的核心力量，2014 年行业形成爆发态势，全年融资 3091 起，融资金额 10.31 亿元。截至 2015 年 6 月底，股权融资平台 62 家，占比 41%；2015 年 1~6 月交易规模 35 亿元，占比超过 70%[②]。

然而，股权众筹业务的健康发展需要专业性平台维系。我国股权投资市场形成时间短，普通投资者的经验与风险识别能力较为欠缺。在此背景下，股权众筹平台应发挥更为专业和全面的功能，通过建立"领投+跟投"的合投机制，引导普通投资者更好地识别、选择投资项目，并积极探索新的合投模式。

四、互联网金融生态主体的发展特征和方向

（一）从业主体逐步回归平台属性

人民银行等 10 部委联合出台的《指导意见》中，对互联网金融从业机构的"平台"属性作出了明确界定。银监会普惠金融部发布的《网络借贷信息中介机构业务活动管理暂行办法（征求意见稿）》，更是进一步明确 P2P 网络借贷平台作为"信息中介"的定位。这一系列规章制度对于互联网金融从业机构回归"平台"属性，将起到重要的引导与约束作用。

从资本市场的表现来看，立足平台属性的互联网金融企业更加受到市场认可。例如，有研究对比了美国网络借贷机构 Lending Club 与 OnDeck，结论是同样从事 P2P 网络借贷，采用平台模式的 Lending Club 比采用大数据信审放贷模式的

---

① 根据壹零财经统计，截至 2015 年 6 月底，国内上线众筹平台 198 家，其中 35 家倒闭或无运营迹象，11 家平台已转型不再涉及众筹业务。
② 中国众筹服务行业发展简报［R］. 壹零财经，2015.

OnDeck 更受资本市场青睐。从 2015 年前三季度营业收入和净利润看，Lending Club 营业收入 2.94 亿美元，亏损 960 万美元；OnDeck 营业收入 1.87 亿美元，净利润 330 万美元。两者营业收入差别不大，OnDeck 甚至是盈利的。但两者市值差别很大，Lending Club 市值 48.6 亿美元，OnDeck 市值 8 亿美元。两者市值差距巨大的主要原因是，Lending Club 更尊重平台本质，更受到市场和投资者青睐。这一市场性"投票行为"，为互联网金融企业回归平台化属性提供了借鉴。

（二）基于市场需求的产品创新更具活力

一方面，互联网金融行业竞争已经逐步从产品层面上升到战略层面，随着互联网金融商业模式从最初的引流逐步走向探索流量变现的阶段，深度挖掘用户金融需求，并能够及时、快速、安全地向用户提供所需的金融产品和服务，将成为提高企业竞争力的核心要点。从业机构需要深入了解和挖掘市场需求，围绕用户开展多样化金融服务。

另一方面，需要打造多元化的金融产品与金融服务。以综合化理财平台为例，随着居民可支配收入的不断提高，居民理财需求越来越旺盛，传统理财服务难以满足用户对理财的各种需求。互联网的快速发展，为用户提供了更加方便快捷的理财渠道，为了满足用户不同层次的理财需求，需要加快促进互联网理财产品的多元化，打造多元化、多层次的互联网理财平台成为必然趋势。

（三）从业主体技术之争愈演愈烈

传统金融和互联网金融的本质都是服务于负债端的投资人和资产端的借款人。互联网金融肩负"普惠金融"的重任，其作用在于让更多的投资人获得更高的投资收益，让更多的借款人获得更低利息的贷款。进而，互联网金融成立的前提是能够弥补因为提供了资产端和负债端的"普惠"，而压缩了原有金融机构的利润空间。从"收入 – 成本 = 利润"角度看，互联网金融公司首要目标是提高效率，用效率弥补被压缩的利润空间。对于互联网企业而言，技术是提高效率的最佳手段。

对于技术的追逐与市场争夺已在近期有所体现。例如，在云计算布局上，2015 年 8 月阿里宣布将投入 60 亿元发展阿里云业务；9 月 8 日，百度开放云宣布拥抱中国"3600 行"计划，加入公有云市场竞争；9 月 15 日，腾讯宣布，2016 年将投入 20 亿元现金，用于腾讯云的基础设施建设和运营，未来 5 年将保持每年投入 20 亿元的水平，预计将投入超过 100 亿元，同时，规划"云 + 未来"

的生态规划图。①

第二节 互联网金融生态环境的发展

法制、信用与监管，是互联网金融生态环境的重要组成要素。虽然我国目前尚未针对互联网金融进行专项立法，但是，作为信息技术支撑下的金融新业态，互联网金融首先应受现行法律法规体系的约束。互联网金融的信用环境取决于大的社会信用环境，以人民银行征信系统为主导、民营机构为补充的征信体系，将对社会信用环境的构建与优化形成重要支撑。在监管职责与规制条例明确后，互联网金融的监管环境也将得到极大改善。此外，各级政府出台的一系列支持与鼓励举措，也有望为互联网金融发展孕育有利的政策环境。

一、法制环境

（一）既有法律框架体系

我国目前尚未针对互联网金融以及相应细分业态进行专项立法，但是，作为信息技术支撑下的金融新业态，互联网金融仍然要受到现行法律框架体系的约束。首先，《刑法》等基本法对互联网金融从业机构及其行为，具有普遍约束力。例如，《刑法》第176条，对"非法吸收存款罪"作出专项规定，这一条款对以互联网金融从业为名义实施违法犯罪行为的机构作出了约束。其次，《公司法》、《合同法》等基础性法律，《商业银行法》、《证券法》、《保险法》等行业性法律，以及涉及的部门规章，也需要互联网金融业态遵守。②

以第三方支付领域的法律法规为例。除上述法律外，还包括《反洗钱法》、《电子签名法》等法律，以及部门制定的法规制度，如《关于规范商业预付卡管理的意见》、《支付机构客户备付金存管办法》、《非金融机构支付服务管理办法》、《支付机构预付卡业务管理办法》、《银行卡收单业务管理办法》等。③虽然我国已经初步建立了第三方支付监管的框架体系，但是随着互联网金融的发展和金融创新的不断出现，针对第三方支付的监管也出现了一些现实难题，如现有法

---

① 孟庆建. 腾讯5年百亿投向云计算，BAT"烧钱圈地"风云再起 [DB/OL]. 每日经济网，2015-09-16.
② 严圣阳. 互联网金融生态系统建设探析 [J]. 中国经贸导刊，2014 (4)：32-34.
③ 陆磊，刘海二. 第三方支付监管的有效性 [J]. 中国金融，2015 (1)：42-44.

律法规大多数主要针对商业银行的经营行为，专项针对第三方支付机构的非常少。

（二）新增行政性法规

2015年7月18日，人民银行等10部委联合发布《关于促进互联网金融健康发展的指导意见》。该《指导意见》为政府出台的首份互联网金融政策性文件，内容全面、态度鲜明、底线清晰，被业内形象地称作互联网金融"基本法"。《指导意见》包括三个部分、20条规定，旨在围绕"鼓励创新"、"落实监管"、"规范市场"三大主题，形成一系列制度安排。①

一方面，首次以政府文件形式释义互联网金融及相应业态。《指导意见》指出，"互联网金融是传统金融机构与互联网企业利用互联网技术和信息通信技术实现资金融通、支付、投资和信息中介服务的新型金融业务模式"，这是政府首次在文件中界定和阐释互联网金融的含义，此举有助于业界和监管部门对互联网金融及其业务模式理解的一致。这一界定还包含两个要点：一是明确互联网金融从业机构的性质，既包括互联网企业，也可以是传统金融机构；二是划定了互联网金融的业务范围，包括互联网支付、网络借贷（含个体网络借贷和网络小额贷款）、股权众筹融资、互联网基金销售、互联网保险、互联网信托和互联网消费金融等业态。

另一方面，对从业机构拓宽融资渠道给予明确的政策引导。《指导意见》第3条指出，"支持社会资本发起设立互联网金融产业投资基金，推动从业机构与创业投资机构、产业投资基金深度合作"，"鼓励符合条件的优质从业机构在主板、创业板等境内资本市场上市融资"。这一规定借鉴了国际做法，并充分考虑到互联网金融企业创新风险高、资金需求强烈、融资渠道有限的矛盾，为互联网金融从业机构融资和发展提供了私募和公募两个渠道。这一规定将推动从业机构尤其是互联网企业通过私募、并购、上市等方式获得资金支持，促进发展。

二、政策环境

（一）宏观层面的战略与规划

首先，"互联网+"上升为国家战略，"互联网+"普惠金融将成为重要

---

① 刘再杰.《指导意见》的影响与金融资产管理公司的应对策略［J］. 国际金融，2015（10）：54 - 60.

行动。2015年7月4日,国务院印发《关于积极推进"互联网+"行动的指导意见》。按照该《指导意见》,"互联网+"普惠金融是重点行动之一。《指导意见》要求,"促进互联网金融健康发展,全面提升互联网金融服务能力和普惠水平,鼓励互联网与银行、证券、保险、基金的融合创新,为大众提供丰富、安全、便捷的金融产品和服务,更好满足不同层次实体经济的投融资需求,培育一批具有行业影响力的互联网金融创新型企业"。根据该《指导意见》,"互联网+普惠金融"行动的主要举措包括探索推进互联网金融云服务平台建设、鼓励金融机构利用互联网拓宽服务覆盖面、积极拓展互联网金融服务创新的深度和广度等。

其次,互联网金融纳入国家"十三五"规划建议。2015年11月3日,《中共中央关于制定国民经济和社会发展第十三个五年规划的建议》正式发布。《建议》第三节第6条中,明确要规范发展互联网金融。此后,人民银行行长周小川在《十三五规划建议》辅导读本上刊文指出,人民银行将顺应信息技术发展趋势,支持并规范第三方支付、众筹和P2P网络借贷平台等互联网金融业态发展,推进各类金融机构大数据平台建设,建立大数据标准体系和管理规范。①

(二)细分业态的政策支持

各级政府对互联网金融创新及健康发展给予了积极的鼓励与政策支持。以股权众筹发展为例,在鼓励"大众创业、万众创新"的政策举措和践行"互联网+"战略背景下,政府及相关部门积极推动股权众筹融资的阳光化与规范化,并给予积极的政策引导与支持。例如,2014年12月,证券业协会发布《私募股权众筹融资管理办法(试行)(征求意见稿)》,提出了私募股权众筹融资业务的准入、平台、管理职责等内容;2015年3月,国务院办公厅下发《关于发展众创空间推进大众创新创业的指导意见》,指出"开展互联网股权众筹融资试点","发挥财税政策作用支持天使投资、创业投资发展"。②

推动互联网金融发展也获得了金融监管部门的积极响应。例如,2015年11月28日,在第二届中国互联网金融发展高峰论坛上,人民银行调查统计司司长盛松成表示,人民银行已将互联网金融统计纳入金融业综合统计体系,包括五个业态、三大类、近60个统计指标。这一统计指标的构建与完善,将为部门之间

---

① 周小川."十三五"推进股票和债券发行制度改革[A].中共中央关于制定国民经济和社会发展第十三个五年规划的建议(辅导读本)[C].人民出版社,2015.
② 刘再杰.股权众筹:发展基础与现实障碍[J].银行家,2015(12):77-80.

的协同监管、风险管控等举措奠定基础，也将有助于对行业发展形成精准性、前瞻性更强的指导措施。

此外，行政体制机制改革也为互联网金融健康发展创造了更为宽松的环境。行政审批权的下放，注册制、备案制等市场化机制的推行，有助于激发互联网从业机构不断创新。例如，2015年底银监会发布《网络借贷信息中介机构业务活动管理暂行办法（征求意见稿）》，该《征求意见稿》提出网络借贷平台实施备案制，并由机构所属地方金融监管部门负责监管。

三、信用环境

信用状况、信用文化和征信系统构成了社会的信用环境，其中，征信系统是信用环境的基础设施。征信行业在我国起步较晚，经过20余年的发展，目前，基本形成了以人民银行征信中心为主导、民营征信机构为补充的混合经营格局。

（一）公共征信网络初步构建

目前，人民银行已经建立起覆盖全国的公共征信网络，民营征信机构业务逐步向市场化迈进，整个行业进入快速发展期。人民银行征信中心2006年设立，是在原有银行信贷登记咨询系统和上海个人征信试点基础上，建成的全国集中统一的企业征信系统和个人征信系统。人民银行征信系统已经成为世界规模最大、收录人数最多、收集信贷信息最全、覆盖范围和使用最广的信用信息基础数据库，在国内征信行业中居于主导地位。

数据显示，截至2015年9月底，人民银行征信系统共收录8.7亿自然人、2102万户企业及其他组织，个人征信系统和企业征信系统接入机构数分别达2340家和1724家，基本上为国内每一个有信用活动的企业和个人都建立了信用档案。收集的信息以银行信贷信息为核心，包括反映企业和个人信用状况的其他信息，主要情况如表2-3所示。同时，征信系统接入了所有商业银行、信托公司、财务公司、租赁公司、资产管理公司和部分小额贷款公司等，基本覆盖各类正规放贷机构。[1]

---

[1] 征信中心亮相2015中国国际金融展．中国人民银行征信中心官网站，2015．

表 2-3 人民银行企业与个人数据库收录信息

	基本信息	信贷信息	反映信用状况的其他信息
企业征信	机构标识信息 登记注册信息 高管及主要关联人信息 重要股东信息 财务信息	信贷交易合同信息 企业负债信息 企业还款记录 信贷资产质量分类 其他反映信贷特性的信息	公积金缴存信息 养老保险缴存信息 电信缴费 欠税信息 资质信息 行政处罚信息法院判决和执行信息等
个人征信	个人标识信息 身份信息 职业信息 居住信息	贷款信息 信用卡信息 担保信息 特殊交易信息	公积金缴存信息 社保信息 电信信息 税务信息等

资料来源：根据人民银行征信中心官方网站资料整理。

（二）征信行业市场化发展提速

中国的民营征信机构起源于 20 世纪 90 年代中后期，经历 10 余年的发展，业务逐步由地方向全国、由企业征信向个人征信拓展。尤其是 2014 年中国征信行业市场化改革以来，民营征信机构步入加速发展时期。按照现行征信牌照管理办法，企业征信牌照发放实行备案制，个人征信牌照发放实行核准制。数据显示，截至 2015 年 9 月，已经有 84 家面向法人的企业征信机构在人民银行完成备案。民营征信牌照发放情况如表 2-4 所示。

表 2-4 民营征信牌照发放情况

	发放形式	数量	应用场景
企业征信	备案制	84 家	企业信贷、企业投资、贸易往来、市场营销、招标、租赁、保险等
个人征信	核准制	8 家（准备中）	个人贷款、信用卡申请、就业、出国、租房等

资料来源：根据人民银行官方网站资料整理。

2015 年 1 月 5 日，人民银行印发《关于做好个人征信业务准备工作的通知》，要求芝麻信用、腾讯征信、拉卡拉信用、深圳前海征信、鹏元征信、中诚信征信、中智诚征信及北京华道征信共 8 家机构做好个人征信业务准备工作。8 家机构所提供的服务较为类似，主要涉及信用分、信用报告、反欺诈平台和增值服务等。但各家的背景和数据来源各不相同，其中芝麻信用和腾讯征信背靠互联网巨头，拉卡拉信用、北京华道征信和深圳前海征信拥有强大股东背景和丰富的数据资源，鹏元征信、中诚信征信和中智诚征信则拥有一定的业内经验。

专栏2-4 芝麻信用

芝麻信用是蚂蚁金服旗下子公司，信用信息主要来源于阿里、天猫等电商平台交易数据以及蚂蚁金服的互联网金融数据，并与公安网等公共机构及商业合作伙伴建立数据合作。与传统征信信息不同，芝麻信用的信息涵盖了信用卡还款、网购、支付转账、理财、水电煤缴费、租房信息、社交关系等。芝麻信用依托阿里云的大数据分析技术，整合分析用户的个人信息，从用户的信用历史、行为偏好、履约能力、身份特质和人脉关系等维度评价用户的还款意愿和还款能力，对不同的用户给出相应的芝麻分。目前，芝麻信用已经与北京银行签署战略合作协议，并已成为"蚂蚁花呗"等互联网金融领域快速授信、现金分期服务的信用依据，同时与合作伙伴在租车、租房、婚恋、签证等多个生活领域展开合作。芝麻信用的数据来源情况如图2-6所示。

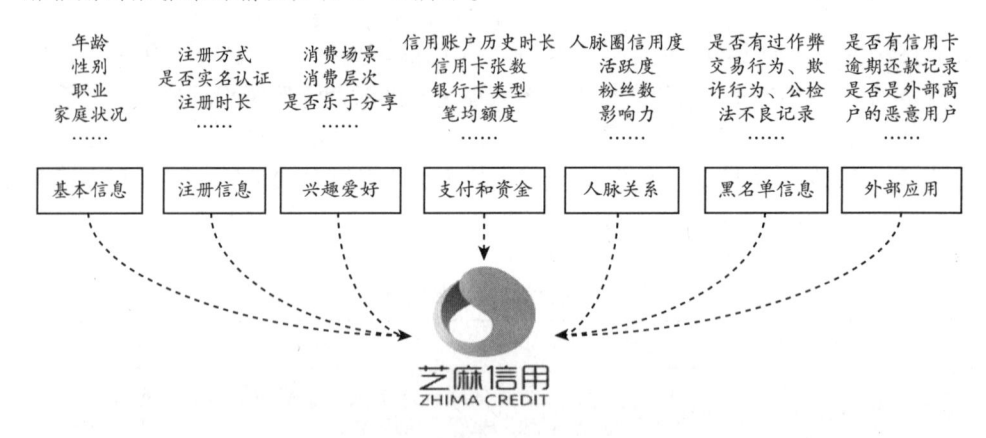

基本信息	注册信息	兴趣爱好	支付和资金	人脉关系	黑名单信息	外部应用
年龄 性别 职业 家庭状况	注册方式 是否实名认证 注册时长 ……	消费场景 消费层次 是否乐于分享 ……	信用账户历史时长 信用卡张数 银行卡类型 笔均额度	人脉圈信用度 活跃度 粉丝数 影响力	是否有过作弊交易行为、欺诈行为、公检法不良记录	是否有信用卡逾期还款记录 是否是外部商户的恶意用户

图2-6 芝麻信用的数据来源

资料来源：根据蚂蚁金服、招商证券相关资料整理。

虽然首批个人征信牌照目前尚未颁发，但多家公司已在积极筹备申请第二批牌照。例如，2015年6月，京东投资美国大数据征信公司ZestFinance，同时推出京东信用评分产品，积极布局个人征信市场。此外，包括上海资信、复星、小米金融、百度、亿微数据、拍拍贷在内的多家机构都在积极备战第二批个人征信牌照。

四、监管环境

(一) 监管原则与职责分工明确

人民银行等 10 部委联合发布的《指导意见》,界定了各业态的业务边界、经营底线,明确了"一行三会"的监管职责分工,提出了"依法监管、适度监管、分类监管、协同监管、创新监管"的监管原则。主要情况如表 2-5 所示。

表 2-5　　互联网金融业务模式与经营底线界定及监管分工情况①

模　式	释　义	经营底线	监管部门
互联网支付	通过计算机、手机等设备,依托互联网发起支付指令、转移货币资金的服务	要向客户充分披露服务信息,清晰地提示业务风险,不得夸大支付服务中介的性质和职能	人民银行
网络借贷	包括个体网络借贷(即 P2P 网络借贷)和网络小额贷款:前者是指个体和个体之间通过互联网平台实现的直接借贷;后者是指互联网企业通过其控制的小额贷款公司,利用互联网向客户提供的小额贷款	个体网络借贷机构要明确信息中介性质,主要为借贷双方的直接借贷提供信息服务,不得提供增信服务,不得非法集资	银监会
互联网信托和互联网消费金融	信托公司、消费金融公司通过互联网开展业务	审慎甄别客户身份和评估客户风险承受能力,不能将产品销售给与风险承受能力不相匹配的客户	
股权众筹融资	主要是指通过互联网形式进行公开小额股权融资的活动	股权众筹融资方应为小微企业,应通过股权众筹融资中介机构向投资人如实披露企业的商业模式、经营管理、财务、资金使用等关键信息,不得误导或欺诈投资者	证监会
互联网基金销售	基金销售机构与其他机构通过互联网合作销售基金等理财产品	第三方支付机构的客户备付金只能用于办理客户委托的支付业务,不得用于垫付基金和其他理财产品的资金赎回	

---

① 刘再杰.《指导意见》的影响与金融资产管理公司的应对策略. 国际金融,2015 (10):54-60.

续表

模式	释义	经营底线	监管部门
互联网保险	保险公司通过互联网销售保险产品	不得进行不实陈述、片面或夸大宣传过往业绩、违规承诺收益或者承担损失等误导性描述	保监会

（二）细分业态监管规章陆续出台

1. 第三方支付。2015年12月底，人民银行发布了《非银行支付机构网络支付业务管理办法》，规定自2016年7月1日起实施。该《办法》的主要措施包括：一是清晰界定支付机构定位，坚持小额便民、服务于电子商务的原则，有效隔离跨市场风险；二是坚持支付账户实名制，针对网络支付非面对面开户的特征，强化支付机构通过外部多渠道交叉验证识别客户身份信息的监管要求；三是兼顾支付安全与效率，根据交易验证安全程度的不同，对使用支付账户余额付款的交易限额作出相应安排；四是突出对个人消费者合法权益的保护，引导支付机构建立完善的风险控制机制，健全客户损失赔付、差错争议处理等客户权益保障机制，降低网络支付业务风险；五是实施分类监管推动创新，建立支付机构分类监管工作机制，对支付机构及其相关业务实施差别化管理，引导和推动支付机构在符合基本条件和实质合规的前提下开展技术创新、流程创新和服务创新。①

2. 货币基金网络销售。2015年12月18日，证监会与人民银行联合发布《货币市场基金管理办法》，规定自2016年2月1日起施行。该《办法》虽然并未要求协议存款需缴纳存款准备金，但明确要求支付机构不得垫资。《办法》第23条规定："从事基金销售支付结算业务的非银行支付机构应当严格按照《支付机构客户备付金存管办法》有关要求存放、使用、划转客户备付金，不得将客户备付金用于基金赎回垫支。"目前，以余额宝为代表的货币基金，赎回时间多以"T+0"方式运行。新办法实施后，若延续"T+0"赎回机制，基金公司必须保有充足的资金池进行运作，基金公司、银行、第三方支付结算机构将有一方为其垫资。

3. P2P网络借贷。2015年12月底，银监会普惠金融部发布《网络借贷信息中介机构业务活动管理暂行办法（征求意见稿）》。这份备受期待的P2P网络借贷监管文件，进一步明确网络借贷平台作为"信息中介"的定位，提出对平台

---

① 人民银行有关负责人就《非银行支付机构网络支付业务管理办法》答记者问。

业务实施负面清单管理,划定了不得非法吸收公众存款、不得归集资金设立资金池等 12 项"业务禁区"。《办法》一经实施,有望积极改善行业发展乱象丛生、风险高企的状态。

4. 股权众筹。2014 年 12 月,证券业协会发布《私募股权众筹融资管理办法(试行)(征求意见稿)》,提出了私募股权众筹融资业务的准入、平台、管理职责等内容。2015 年 7 月,10 部委联合发布的《指导意见》,对股权众筹的定义、功能定位、业务边界、监管部门等也作出了明确规定。

(三) 行业自律组织逐步形成

据媒体报道,由人民银行牵头组建的中国互联网金融协会已获批准,将承担统筹行业行为自律的职责。协会落地上海,办公地点设在北京。协会成员单位涵盖银行、证券、支付、互联网、P2P 网络借贷等多个领域,首批会员单位报名在 2015 年 10 月底完成。协会提出了四大准入门槛:第一,从业人员中必须有 3 人以上在银行做过 5 年风控;第二,公司要具备自有资金;第三,公司注册资金要达到 1000 万元,净资产超过 500 万元;第四,公司技术人员必须通过公安部的二级安全认证。① 此外,各地纷纷组建互联网金融协会,强化行业自律,协调互联网金融的规范发展,目前影响力较大的包括中关村互联网金融协会、江苏省互联网金融协会、广东省互联网金融协会等。

(四) 监管指标体系建设开始启动

2015 年 11 月 28 日,第二届中国互联网金融发展高峰论坛上,中国人民银行调查统计司司长盛松成表示,人民银行已将互联网金融统计纳入金融业综合统计体系,包括五个业态、三大类、近 60 个统计指标。这一举措成为互联网金融监测指标体系的试水之作,有助于为其他监管部门构建监测指标体系提供借鉴。

五、互联网金融生态环境的发展特征和方向

(一) 宽严相济的立法体系逐步完善

从国际经验来看,互联网金融诞生之初,成熟的市场经济国家如英国、美国等国,并未匆忙着手进行专项立法,而是采用包容性原则运用已有金融监管框架对互联网金融予以规范。例如,对第三方支付的监管,美国即是通过充分运用现

---

① 中国互联网金融协会获批 [N]. 深圳商报,2016 - 01 - 16.

有法律法规和多层次的监管框架进行规范和监管。

当互联网金融发展到一定阶段、原有监管框架的条款无法解决互联网金融发展中出现的新矛盾和新问题时,在业界、学界以及监管当局充分酝酿讨论并达成共识的基础上对原有监管框架进行修改和完善。以股权众筹为例,依据其所实现的金融功能以及风险特征,美国和英国都将其纳入证券监管框架:美国通过新的立法——《JOBS法案》,确立了众筹融资的合法性,并主要由 SEC 实施监管,监管重点是信息披露和消费者保护。英国金融行为监管局(ECA)根据投资型众筹的功能特点,提出"不易变现证券"这一概念,将所有推介"非上市股票"或"非上市债券"的投资型众筹活动均纳入监管范围。[1]

与成熟的市场经济国家相比,我国的法律体系特别是金融领域的立法,存在不小的差距。尤其是近年来随着金融创新的加快,现行法律法规体系在管理金融业务方面已显得力不从心,对于以创新为特点的互联网金融更是力有不逮。然而,金融领域的法律风险近年以来有增无减。据悉,《商业银行法》和《证券法》都在抓紧修订的过程中。基于此,预计相关部门将会通过修订和新增立法的形式,加快法律法规体系的完善。

(二)综合多元的征信体系逐步形成[2]

征信体系作为互联网金融的基础设施,是互联网金融业务风险控制、产品定价的基础。互联网金融各业态的迅速扩张,倒逼征信体系跟上发展步伐。随着互联网金融业态爆发式增长,互联网金融逐步从业态创新进入垂直场景渗透阶段,各业态规模迅速扩张,为现有征信体系提出严峻挑战。尽管许多互联网金融公司和民间机构有强烈的征信数据需求,但并不在人民银行征信系统服务对象之内。以 P2P 网贷为例,按照规定,目前既不能直接接入人民银行征信中心查询客户信用信息,也不能向征信中心报送借款人的相关信贷信息,大大增加了平台运营风险。另外,众筹、第三方支付的发展也产生了大量身份识别、反欺诈、信用评估等多方面征信需求。

以大数据为代表的新兴技术为征信产业发展提供了重要支撑。电商网购、在线支付、信用卡还款、水电煤缴费、社交信息等都可以成为互联网征信的信息来源。依托于大数据和云计算技术优势,互联网企业可挖掘大量数据碎片中的关联性,提炼出有价值的信用信息,为征信的有效进行提供更为丰富的数据原料。依托于新兴技术的支撑,征信数据规模越来越大、数据维度越来越广,模型不断迭

---

[1] 于蔚,钱水土. 互联网金融监管的国际经验. 中国金融,2015(1):47-48.
[2] 黄志凌. 征信体系创新发展. 中国金融,2015(21):46-48.

代优化。大数据与云计算等新兴技术正在成为互联网背景征信公司突破传统瓶颈的重要手段。

(三) 协同有序的监管体系逐步构建

鉴于互联网金融的跨界性，"一行三会"等金融行业主管部门需要加强与工信部、公安部的监管协调，建立信息共享机制。在金融监管部际联席会议制度基础上，推动形成专门的互联网金融联席监管机制，充分发挥该项机制在互联网金融监管中的协同作用。互联网金融业态丰富，且具有较强的区域特色，同时电商、P2P网络借贷一般由地方金融办监管，因此，还需要加强与地方金融管理部门的监管协同。

从业机构行为监管着重加强。设定合理的注册资本门槛，要求企业股东和管理层需要具有优良的信用记录，并具备一定的金融知识及从业经验。逐步加强对互联网金融资金托管、交易和清算系统的监管，确保互联网金融企业和客户资金有效隔离，保障客户资金不被挪用和盗取。对互联网金融的产品、销售和平台的业务规范及互联网金融产品的电子合同、规则及其变动情况，应明确在正式实施前向监管部门或行业自律组织备案备查。加强信息披露，如从业机构的治理结构、营业模式、风险控制体系等。加强对互联网金融企业侵犯消费者权益行为的监督处罚，如诱导交易、欺诈、贩卖客户信息等。[①]

(四) 包容理解的舆情环境逐步成熟

从学界及业界的观点来看，对互联网金融本质及其发展趋势的理解逐渐趋同。对互联网金融本质的理解及其发展趋势，曾一度引发国内学者的激烈争论。例如，关于互联网金融未来趋势的判断，学界一度形成了替代论（谢平等，2014）、工具论（殷剑峰，2014；戴险峰，2014）、融合论（张晓朴，2014；王国刚，2015）三种观点。随着互联网金融相关业态模式的逐步清晰，"互联网金融的本质仍然是金融"这一观点，得到学界广泛认可。鼓励创新的同时加强监管，也成为业界与学界的一致态度。

从社会舆情导向来看，对从业机构风险的关注日渐成为焦点。尤其是2015年P2P网络借贷平台问题高发，部分平台涉嫌非法集资且涉案金额巨大的背景下，风险成为媒体舆情的关注重点。2015年7月，10部委联合发布的《指导意见》中，明确了"鼓励创新"、"规范发展"的原则，为行业的风险防范与监管

---

① 邓舒仁. 互联网金融监管的国际比较及其启示 [J]. 新金融, 2015 (6): 56-60.

建立了主基调。随着一系列监管举措的陆续出台,互联网金融风险高发的特点有望得到遏制。从积极的一面来看,媒体舆情的导向,有助于倒逼互联网金融尽快构建健康的生态圈,同时加强投资者教育。

第三节　互联网金融生态系统存在的问题

就生态主体角度而言,目前互联网企业与金融机构之间竞争多于合作。目前,互联网企业主要针对传统金融机构在小微金融领域服务效率不高的短板,集中于传统金融机构的个人金融市场和零售金融服务领域,提供相对基础性、标准化、定价机制简单的产品和服务。这一深层次原因容易导致互联网金融从业机构的产品严重同质化,机构之间往往通过简单粗暴的运营模式争夺客户流量和入口,金融风险意识不足,提供的产品和服务简单复制、缺乏创新。就生态环境而言,在法治、信用、监管等层面,也要结合体制机制改革和社会发展实践,进行深度的研究和完善,通过立法约束、信用建设和有效监管,营造健康的生态发展环境。

一、生态主体存在的问题

(一) 从业机构之间融合程度不足

从传统金融机构与互联网企业各自特点来看,两者之间的融合有助于更好发挥各自优势,提高金融服务效率。传统金融机构更加注重风险防控,长期以来奉行合规经营的理念,对经营风险和业务监管的态度更为审慎。但业务授权、产品开发和事后监督等控制环节较多的问题,也导致传统金融机构对互联网行业发展的适应性不足。[1] 新兴互联网业态更注重客户体验,崇尚技术至上,提倡高效便捷,但是金融风险意识较为欠缺。

然而,从市场表现来看,一方面,新兴互联网金融机构在既有客户和业务结构的基础上,不断强化金融生态圈的打造,拓展和增强客户,加大金融业务规模与市场占有率。另一方面,面对零售业务和个金客户不断流失的局面,传统金融机构通过降低服务门槛、减少服务收费等形式,增强客户黏性,着力强化小微和个人客户的服务领域。目前,双方的主要精力仍然停留在对客户的巩固和营销方

---

[1] 傅平江. 互联网+银行业的实践 [J]. 中国金融, 2015 (23): 48-49.

面，甚至不惜采用补贴等方式获取客户。但是在技术、风控、平台、渠道、场景等互联网金融的核心要素方面，缺乏足够的合作，以致偏离了小微金融服务和普惠金融的本性所在。鉴于此，传统金融思维与互联网金融思维之间仍然需要不断的碰撞和相互渗透，最终逐步走向融合。

（二）部分从业机构风险意识淡漠

一方面，部分从业机构对金融从业和金融风险缺乏敬畏意识，将金融理解为简单的借贷行为，认为只要拥有互联网技术和客户即可颠覆传统金融和传统金融机构，这也是P2P网贷平台大规模兴起的主要原因之一。然而，互联网金融既非兴起于中国，也非中国所独有。互联网金融之所以在中国取得了在其他国家所没有的发展速度与影响效应，深层次原因是我国金融市场发育程度不高，金融服务实体经济的能力没有得到充分体现，从而为互联网金融创造了生存和发展的空间。不难发现，随着金融改革深化的提速，以及金融市场的逐步完善，金融服务实体经济能力与意愿不断增强，传统金融机构也在不断的改革和完善，服务效率和效果也在不断改进。

另一方面，部分互联网企业金融经验和风险意识严重不足，对于法律和监管缺乏足够的认识和警戒。关于互联网金融风险，国内学者在大量研究后指出，互联网金融存在一定的传染性风险，并可能加速各类风险之间的转化（邹传伟、刘海二，2014；刘志洋、汤珂，2014）。[①] 尤其是大量处于模仿者、跟随者地位的新兴互联网金融企业，既不具有互联网的核心技术，更缺乏金融从业经验，风险意识严重淡化，极易造成风险多发和系统性风险隐患。例如，2015年底爆发的"e租宝"和大大集团等事件，对从业机构的风险意识应形成重要的警示意义。

（三）产品同质化严重、缺乏创新

互联网金融产品同质化竞争严重的表现之一是，绝大多数互联网金融平台的理财产品都是从对接货币基金开始。融360的数据显示，截至2015年第三季度末，全国72家互联网理财平台共推出82只宝宝产品，对接69只货币基金。其中，基金系宝宝共32只，银行系宝宝共27只，第三方支付系宝宝共15只，代销系宝宝共8只。

互联网金融产品同质化竞争严重的第二个表现是"万能险"这一类互联网理财产品。"万能险"是保险公司结合互联网理财特点研发的一款产品，其实质

[①] 刘志洋，汤珂. 互联网金融的风险本质与风险管理 [J]. 探索与争鸣，2014（11）：65–69.

是将之前由银行代销的保险产品，通过互联网理财平台进行销售。"万能险"的销售规模在 2015 年呈现爆发式增长，主要原因是货币基金类产品收益率快速下滑的背景下，众多互联网金融平台将其作为高收益、低风险的保本"理财产品"进行发售。然而，"万能险"将保险产品期限由长拆短等做法，虽然使得保险公司募资能力剧增，但是在"资产配置荒"背景下，市场上高收益、低风险的产品难觅，造成保险资金过度追逐股市，极具争议的"万宝之争"即是一个缩影。

总体来看，互联网金融产品创新方面，基于规避监管的产品设计固然可以风光一时，但毕竟难以持久。只有在守法合规的基础上，通过挖掘市场需求开展的创新，才更加具有生命力，也更能够体现金融服务的主旨，充分发挥普惠金融的功能。

二、法制环境的问题

绝大部分互联网金融从业机构都是一些科技型企业，并非专业的金融机构，按照金融机构的标准进行监管，从学理上而言，显然不妥。然而，这些机构开展的部分业务甚至全部业务却是金融服务，例如，P2P 网络借贷和股权众筹，这就为法律法规的完善提出了新的课题。

（一）现行法制体系覆盖性不足

法制是从业机构的经营规范，也是监管的主要抓手。目前，金融行业的现有立法，对非金融机构类的互联网金融企业难以有实质性的影响，从而有法律缺位的风险。成熟的市场经济国家，在互联网金融兴起之初，也并未立即制定专项立法，而是将其监管纳入现有的法律框架体系之内。但是，与成熟的市场经济国家相比，随着近年来金融创新的加快，我国现有的法律法规体系在管理金融创新方面已显得力不从心，对于以创新为特点的互联网金融更是力有不逮。就这一点而言，我国的金融法律法规体系与成熟的市场经济国家相比，与国内金融创新与金融监管的实际需求相比，存在不小的差距。

以第三方支付为例。美国虽未针对第三方支付实施新的立法，但是现有监管法规至少在八个方面对这一业态进行了约束。第一，注册方面，美国绝大部分州都有《货币服务法案》，规范非存款性货币服务机构。第二，电子转账规则，有《电子转账法案》和《监管指令 E》，适用于需从消费者账户（贷记卡或信用卡）进行的支付，规则要求事前明确揭示消费者的权利和义务、争议解决机制等。第三，消费信用规则，主要由《诚实借贷法案》和《监管指令 E》组成，覆盖消费者信用支付类业务。第四，账单信息规则，主要由《诚实账单规则》形成，覆盖无线运营商，要求其提供准确、清晰、详尽的计费账单。第五，公平贸易规则，主要由《反不公平、欺诈和滥用法案》、《公平贸易法案》组成，适用于所有的第三方支付行为。第六，消费者隐私保护，主要由《格莱姆－利奇－比利法案》的隐私和数据安全条款组成，覆盖对象为金融机构。第七，存款保险规则，由《联邦存款保险法案》和《全国信达联盟份额保险法案》确立。第八，反洗钱，尤其是《美国爱国者法案》，汇集了对洗钱及其附属行为的处罚条例。①

（二）部分法律条款限制了业态创新

第三方支付、网络借贷、互联网基金销售等业态主要基于信息技术的创新和监管红利，尚可在现行法律法规体系下，结合主管部门的规章制度进行适当、规范的监管。而基于制度创新为主的互联网金融业态，例如，股权众筹，则在发展过程中遭遇了尴尬的法律障碍。②

股权众筹是依托互联网平台通过股份售让的方式进行融资，从法律层面来看，本质属于股份发行。③ 在我国当前对股票发行实行核准制的背景下，股权众筹首先面临证券发行合法性的障碍。如果股权众筹界定为公开发行证券，根据《证券法》第十条规定，要符合三种情形之一，即"向不特定对象发行证券的"，或"向特定对象发行证券累计超过200人的"，或是"法律、行政法规规定的其他发行行为"，要"依法报经国务院证券监督管理机构或者国务院授权的部门核准"。反之，如果界定为非公开发行证券即私募行为，必须认定投资人的特定性且融资范围限定在200人以内，这一限定与"筹资者众"的优势相悖。

为维护证券发行秩序、保障核准制的有效施行，《刑法》也对股票发行有所规定。《刑法》第一百七十九条规定，"未经国家有关主管部门批准，擅自发行股票或公司、企业债券"，视情况予以相应刑事惩罚。最高人民法院《关于审理非法集资刑事案件具体应用法律若干问题的解释》第六条，"擅自发行股票、公司、企业债券"的认定条件是，"未经国家有关主管部门批准，向社会不特定对象发行、以转让股权方式变相发行股票或者公司、企业债券，或者向特定对象发行、变相发行股票或者公司、企业债券累计超过200人的"。

---

① 鲁政委. 互联网金融监管：美国的经验及其对中国的镜鉴 [J]. 金融市场研究，2014（6）：110－120.
② 刘再杰. 股权众筹：发展基础与现实障碍 [J]. 银行家，2015（12）：77－80.
③ 杨东. 论我国股权众筹监管的困局与出路——以《证券法》修改为背景 [J]. 中国政法大学学报，2015（3）：51－60.

三、信用环境的问题

互联网金融的信用环境取决于大的社会信用环境。信用环境是一个综合性的概念，包括社会的信用状况、信用文化和征信体系等。社会信用状况与信用文化密切相关，注重诚信、自觉守法的信用文化会大大降低道德风险。征信体系则是促进信用状况改善和信用文化形成的重要制度性基石，是互联网金融信用风险控制、生存与发展的技术手段及基础制度保障。结合海外发展经验及我国的市场潜在需求来看，我国征信体系的发展尚存在很多不足。

（一）征信领域立法不足

健全的社会信用体系需要完善的征信法律体系支撑。目前，国内征信行业现行法律体系主要包括国务院2013年下发的《征信业管理条例》和《征信机构管理办法》。人民银行下发的《征信机构监管指引》，进一步明确了征信机构的运行规范。但相比于成熟市场经济国家，我国征信业立法还处于框架构建阶段，未来仍需要在规范授信、平等授信、失信惩戒、个人隐私保护等方面加强立法，进一步完善行业法律体系。

（二）信息覆盖范围有限

人民银行征信中心金融信用信息基础数据库是国内目前最大的征信数据库，但其覆盖范围依然有限。截至2015年4月，企业征信数据库收录2068万户企业及其他组织，其中有中征码的企业及其他组织仅1023万户，有效覆盖率不足一半；个人征信系统虽收录了8.64亿自然人，但有信贷记录的自然人仅为3.61亿人，仅有效覆盖全国26%的人口。民营机构则将用户数据牢牢握在手中，基于自身商业利益的保护，形成了一个个相对分裂的"数据孤岛"。

（三）数据收录标准不一

信用信息是征信行业发展的基础。但长期以来，国内数据孤岛现象严重，即使在政府部门内部也缺乏有效的数据共享，导致信用数据库建设难度大、成本高、信息维度少。同时，国内缺乏类似于美国统一的信用数据收集标准，各机构数据收集尺度不一，质量参差不齐，存储格式混乱。目前，人民银行的个人征信数据库收录信息相对规范，其组成如图2-7所示。征信数据采集存在的问题，很大程度上制约了国内征信体系的建立，影响征信业务的推广。

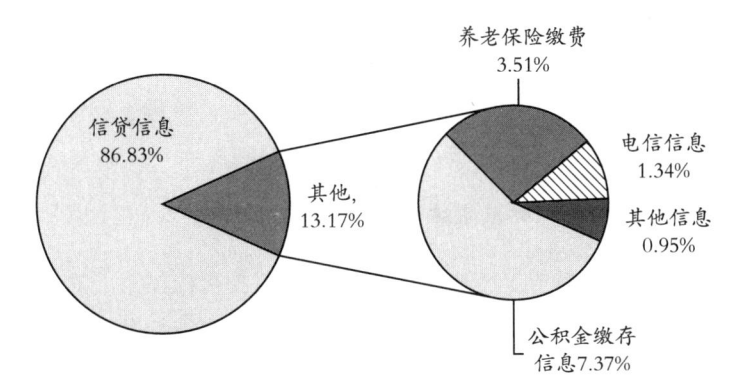

图 2-7 2014 年人民银行个人征信数据库收录信息构成情况

资料来源：根据人民银行征信中心资料整理。

（四）征信产品相对匮乏

我国现有信用产品主要由各类信用报告组成，信用产品相对单一，细化风险评估方案和风险领域之外的增值服务及衍生产品等有待进一步发展。新兴应用领域方面，信用产品对互联网金融领域和生活领域的渗透仍处于初期阶段，针对于不同生活领域的差异化信用产品的设计与推广较为初级，新推出的信用产品也有待市场检验。

四、监管环境的问题

（一）协同监管能否有效发挥存在不确定性

互联网金融业态丰富，且各业态之间存在显著差异性。在当前分业监管体系下，对互联网金融建立统一的监管标准和监管机构可能并不合适。但是，互联网金融具有"跨领域、跨区域、跨时区"的特点，实践中也存在从业机构同时开展多个业态的"混业经营模式"，尤其是 2015 年以来大型互联网金融机构逐步演化为集团化经营，如蚂蚁金服、京东金融等，仅仅依靠分业监管又很难有效发挥监管效果。人民银行等 10 部委联合出台的《指导意见》明确将"协同监管"作为互联网金融监管的五大原则之一，这一原则也获得了业内和学术界的认可。

在协同监管的问题上，"金融监管协调部际联席会议"被寄予厚望。然而，一方面，从功能上来看，部际联席会议主要开展金融领域重大问题和苗头性、倾向性问题的研究，着力加强监管政策、措施、执行的统筹协调，互联网金融的日常监管仍由行业分管部门负责监管。另一方面，即使要重点发挥部际联席会议的作用，但互联网金融快速增长背后隐藏的金融风险集聚、消费者权益保护、违法违规现象突出等问题，对部际联席会议制度信息收集、整理、反馈，重大决策制度与实施等，也将会构成不小的挑战。

（二）数字化监管指标体系构建处于起步阶段

传统金融监管已经形成了较为全面和成熟的监管指标体系，对于金融机构规范经营和系统性金融风险防范具有重要的前瞻性和约束性功能。但是，互联网金融是依托互联网发展的新业态，互联网金融的跨界性和创新性，导致其产品和服务具有游离特征，游离于传统监管指标之外。因此，对互联网金融的监管应该更多地依靠互联网技术形成数字化监管体系，充分发挥大数据、云计算等技术的作用。目前，人民银行已经开始探索并初步构建了互联网金融的统计指标体系，这一举措也成了互联网金融监测指标体系的试水之作，有望为各监管部门构建相关业态的监测指标体系提供借鉴。

（三）完善的多层次监管格局尚未形成

从成熟市场经济国家的经验来看，对互联网金融的监管，不能仅仅依靠某一个部门，而是需要构建一个政府部门法定监管、行业自律、企业自控相结合的多层次的监管体系。以美国为例，美国将第三方支付纳入货币转移业务监管框架，主要由联邦存款保险公司（FDIC）实施监管；P2P网贷和众筹融资纳入证券交易监管框架，由证券交易委员会（SEC）进行监管。[①] 在美国联邦和州双层监管体制下，在州政府注册的互联网金融机构还必须接受州相关监管部门的监管。目前，针对传统金融的监管，我国基本实现了多层次的监管格局。但是，对互联网金融的监管，这一体系仍在构建之中。预计随着相关业态监管规则的出台和实施，部门之间、中央与地方之间、政府与行业之间的职责也有望进一步细化。

第四节　互联网金融生态系统的演化趋势

互联网金融发展能否持续呈现"风景这边独好"，取决于互联网金融生态主体与生态环境共同作用的结果。成熟的生态系统中，每一类生态主体都会基于比

---

① 于蔚，钱水土. 互联网金融监管的国际经验 [J]. 中国金融，2015（1）：47-48.

较优势在系统中找到自身的细分市场。新技术的引入以及商业模式的不断创新，将推动生态主体出现融合趋势。互联网生态环境的优化，也将规范从业机构的经营行为，净化市场环境，促进互联网金融在产品创新、普惠金融领域的功能释放。

一、互联网金融发展的新动能

互联网经济、金融脱媒、利率市场化等大背景下，长久以来的金融压抑，以及信息技术进步、客户需求激发、包容性监管环境等因素的共同作用，促使互联网金融在我国一旦兴起即呈现迅猛发展的态势。未来，新技术、新市场、新思维有望成为激发互联网金融发展的新动能。

（一）新技术：区块链

价值转移的信任问题是互联网金融发展的障碍。现有主流数据库技术架构都是私密且中心化的，无法解决互信问题，但区块链技术有望改变这一状况。区块链通过去中心化技术，基于大数据完成算法背书，用算法来建立交易双方的信任关系，从根本上解决了价值转移的互信问题。通过提供支付、去中心化的交易所、代币的获得和支出、数字资产的调用和转移、智能合约的发布和执行等技术支持，区块链技术可以全面嵌入现实经济层面。区块链在多个领域尤其是金融领域有着变革性的应用前景，目前，美国纳斯达克已经在测试区块链技术，替代既往需要经过大量非正式系统处理交易的过程，以实现一个全新的股票交易系统。四大国际会计师事务所之一的德勤，正在将区块链技术用于自动审计。瑞士联合银行在区块链上试验了20多项金融应用，包括金融交易、支付结算和发行智能债券等。

（二）新市场：农村金融

我国农村人口众多、市场广阔，但金融服务供给严重不足。蕴含普惠金融属性的互联网金融，有望在提高金融资源配置效率、促进农民增收和重塑农村金融信用体系等领域深度发掘市场。同时，近期以来，电商巨头在县域的深入布局也将成为互联网金融进入农场市场的搭载平台。此外，促进互联网金融在农场市场的发展，还具备了国家政策层面的有力支持。2016年1月27日，中央发布一号文件指导"三农"工作，文件第5条"深入推进农村改革，增强农村发展内生动力"中提到，"推动金融资源更多向农村倾斜"，"发展农村普惠金融"，"引导互联网金融、移动金融在农村规范发展"。这一政策引导下，预计未来将有更多的互联网金融和民间金融机构在农村布局。随着农民收入增加、消费能力加大，不断完善的金融服务将进一步释放农村内需，互联网金融将成为支持县域农村经济发展的有效手段。

（三）新思维：传统产业＋互联网

"互联网＋"为传统产业的转型升级提供了新的思维和动力，将推动移动互联网、云计算、大数据、物联网等信息化技术与传统产业相结合，促使传统产业在产业转型升级方面充分利用互联网思维，突破原有产业发展模式，以更高效、更低成本、更灵活的方式发展，实现"互联网＋金融"的跨界融合。传统产业＋互联网，还将推动工业、农业、制造业等传统产业，以及现代服务业领域的众多企业，尤其是国有上市公司，创新商业模式，通过O2O、供应链金融等形式，推动形成"产业＋互联网＋金融"的跨界融合，实现资源与资金的整合，推动产业优化升级，实现创新发展。

二、互联网金融生态的新势力

除传统金融机构和互联网行业企业之外，通信运营商、互联网金融基础设施提供商等也将大量涌入互联网金融领域。P2P网络借贷、众筹融资等新兴业态将通过垂直化和专业化的深耕细作，获得市场认可。

（一）基础设施的构建：蕴含颠覆性创新的可能

支付体系、征信体系和金融资产交易平台构成了互联网金融的主要基础设施，是最有可能产生颠覆性创新的领域。[①] 首先，移动金融背景下，支付介质创新将会推动移动支付的发展和创新。虚拟货币和网络支付协议的兴起，在一定程度上对各国中央银行的中心化地位以及传统的支付汇兑体系构成了挑战。货币形态的发展，以及互联网支付汇兑体系的演变，将充满不确定性。其次，随着移动互联和社交网络的进一步发展，数据的种类、数量以及时效性也将得到极大提高，对个人征信互联的评价体系将更为多元、立体和即时。信用体系建设将在政府主导的中心化和民营机构参与的多元化中做出选择。此外，在改变社会现有融资结构、大力发展直接融资的趋势下，以债权、股权等权益类资产为基础资产的金融资产撮合与交易平台，将迎来新的发展机遇。

---

① 波士顿咨询公司．互联网金融生态系统2020．2014－09．

（二）新势力的崛起：通信运营商的机遇

通信运营商的话费账户本身就是一个资金账户，具备将支付、投资、融资等金融功能融合的条件。支付方面，三大运营商分别推出了"和包"、"沃支付"、"翼支付"等产品。投资方面，尝试与金融机构合作推出宝宝类理财产品。此外手机账户对用户而言是强黏性、高频次使用的账户，凭借手机账户的实名认证，可以获取用户的支付、通信、投资等多维度数据，为运营商涉足征信数据分析和金融服务提供了潜在的巨大空间。

（三）新业态的方向：垂直化与专业化

P2P网络借贷和众筹融资是最具互联网金融特质的业态。监管环境的完善和信用体系的成熟，将为P2P网络借贷平台回归信息中介属性奠定基础。同时，通过探索可行的商业模式，如供应链金融，在垂直领域深耕细作，有望真正成为传统融资渠道的有益补充。垂直化和行业专业性也是众筹融资的发展趋势，尤其在文化、创意、科技等新兴行业方面。在生态圈的构建上，众筹不仅涉及筹资人、平台和出资人三方，还需适当引入法律、财务、咨询等机构，众筹平台自身也需要通过建立行业专长，培育投后管理能力，逐步从单一的信息平台过渡至全方位、综合化的产业支持平台。

三、互联网金融生态的新格局

互联网与金融关系的本质是利益的重新划分与创造。存量利益中，两者合作中蕴含竞争；增量利益中，创新中呈现融合。通过互联网与金融的深度结合，促进金融行业经营理念、商业模式、运营模式的改革与提升。

（一）传统金融机构：思维与机制的转变

商业银行将进一步重视广大的长尾市场客户，以"数字化"服务为核心，建立以客户为中心的数字化战略。例如，运用"数字化洞察"的思维，建立信息"触角"，监控市场趋势和竞争者动向，倾听客户需求，打通内部数据壁垒，更好地利用和分析信息及数据；采用"数字化营销"策略，提高电子渠道业务替代率，借鉴互联网社交和平台思维，借助大数据分析，实现个性化的精准营销。券商对互联网的应用目前主要集中在渠道和产品的优化，未来将基于自身的客户与投资优势，向互联网综合理财平台转型，例如，通过丰富的产品为客户提供"一站式"财富管理服务，聘用或引入专业的理财咨询顾问，打通线上线下渠道，为客户提供投资理财咨询服务。保险往往作为客户的风险对冲工具，保险企业在围绕产品的核心进行创新的同时，在多渠道整合和跨界合作方面或许会产生革新的机会。

（二）互联网企业：探索差异化发展路径

平台是传统互联网行业巨头的商业模式核心，也是其在互联网金融领域获得巨大成功的主要依托，预计几大巨头在互联网金融领域的探索仍将延续这一模式，但在基础设施领域可能会产生差异化的发展。例如，百度需要解决的关键问题是如何将大量的信息搜索流量转换为具有金融价值的资金账户，阿里面临的问题是如何将支付、基础设施创新转换为有效的盈利模式，腾讯要考虑如何在核心的社交、游戏场景中将金融应用做强。

（三）生态主体：竞生与融合

市场主体参与者在竞争的同时，将越来越多地发现和发掘合作机会。基础设施领域，互联网企业和运营商所掌握的数据信息有助于形成新的征信体系，进而为P2P网络借贷、众筹、银行信贷等业务提供新的工具；互联网企业的云计算等基础服务的输出能够帮助中小金融机构降低运营和创新成本。产品领域，传统金融机构与互联网企业的合作，有助于产生更多契合用户需求的创新金融产品。平台和渠道领域，互联网平台能够为金融机构提供低成本的获客渠道，助力产品营销。可以预见，互联网金融价值的发挥将建立在深度融合的基础上。

四、互联网金融监管的新趋势

互联网金融监管服从于中国金融体系整体的监管框架。金融体系监管框架的调整也将促使互联网金融监管形成新的思路、机制与组织体系。

2015年10月，十八届五中全会审议通过《中共中央关于制定国民经济和社会发展第十三个五年规划的建议》。《建议》指出，"加强金融宏观审慎管理制度建设，加强统筹协调，改革并完善适应现代金融市场发展的金融监管框架，健全符合我国国情和国际标准的监管规则，实现金融风险监管全覆盖"。[①] 预计金融监管框架将发生重大变革：一是强化金融监管协调部际联席会议制度，构建常态化、制度化的沟通机制，必要时有可能提高政策协调层级，建立大金融监管体

---

① 参见习近平总书记关于《中共中央关于制定国民经济和社会发展第十三个五年规划的建议》的说明。

系，即包括"一行三会"、财政部、发改委、公安部等多部门参与的国家金融稳定委员会，重在强化健全跨行业、跨市场的风险预警和处置机制。二是加快监管公共基础设施的统一，包括重要的支付系统、清算机构、金融资产登记托管机构、金融业务统计信息的共享等。

第三章

互联网金融基础设施的建设与互联

  金融基础设施是支持金融可持续发展的重要条件，主要包括金融组织体系、金融服务体系、金融环境保障体系和金融交易体系等。互联网金融的基础设施主要包括政策和法律、大数据、云计算、支付清算、征信、信息安全等。随着我国互联网金融的快速发展，在注重狭义的"硬件"系统建设同时，也要重视金融法律、定价机制、规则体系等"软实力"建设，这就要求构建和完善互联网金融的相关法律体系，建设以大数据征信为特征的社会信用环境，搭建创新的支付清算体系，在安全的科技信息系统保障下，以大数据和云计算等技术手段为支撑，通过良好的互联网金融基础设施建设与互联，为互联网金融健康发展保驾护航。

第一节 构建良好的互联网金融政策法规体系

  互联网金融作为一种新型金融业态，结合了互联网与金融的特点，既具有互联网的虚拟性与匿名性，又兼具金融的逆向选择与道德风险的特征，因而对政策法规体系的建设提出了更高的要求。目前，我国互联网金融处于高速发展阶段，暴露的风险及问题也层出不穷，相应的政策法规体系建设正处于逐步完善中。

一、我国互联网金融政策法规体系的建立

  2013年是互联网金融兴起元年，2014年互联网金融的风口在波折之中逐步

确立,并且逐步进入金融监管层的视野,监管的力度与节奏逐渐加快,互联网金融方面的政策法规也相继出台。主要内容包括:

(一) 互联网支付

互联网支付方面,2014 年 4 月 3 日,中国银监会及中国人民银行印发《关于加强商业银行与第三方支付机构合作业务管理的通知》,从保障客户资金和银行账户安全角度,明确银行要对客户风险承受能力作出评估,确定客户与第三方支付机构相关的账户关联业务类型、交易限额等,包括单笔支付限额和日累计支付限额。

2015 年 7 月 31 日,中国人民银行发布《非银行支付机构网络支付业务管理办法及有关条款释义(征求意见稿)》,强化客户身份信息核实,通过外部渠道对客户信息进行多重验证;降低支付机构账户余额支付的限额。该意见稿在于规范第三方支付的业务,与 7 月 18 日的《关于促进互联网金融健康发展的指导意见》相呼应。

2015 年 12 月 28 日,中国人民银行发布了《非银行支付机构网络支付业务管理办法》(中国人民银行公告〔2015〕第 43 号),自 2016 年 7 月 1 日起实施。

(二) 网络借贷

网络借贷发展初期,其法律性质尚不清晰,2015 年 8 月 6 日,上海市互联网金融行业协会、上海金融信息行业协会发布《上海个体网络借贷(P2P)平台信息披露指引(试行)》,对上海的个体网络借贷的信息披露进行具体的规范与指导。

2015 年 12 月 28 日,银监会会同工业和信息化部、公安部、国家互联网信息办公室等部门研究起草了《网络借贷信息中介机构业务活动管理暂行办法(征求意见稿)》,在征求相关部门的意见后,开始向社会公开征求意见。

(三) 网络众筹

网络众筹方面,2014 年 2 月 20 日,最高人民法院出台关于《中华人民共和国公司法》若干问题的规定。2014 年 8 月 21 日,发布了《私募投资基金监督管理暂行办法》。

中国证券业务协会网站 2014 年 12 月 28 日颁布《私募股权众筹融资管理办法(试行)(征求意见稿)》,明确规定股权众筹应该采取非公开发行方式,通过一系列管理满足相关规定,并指出众筹项目不设定投融资额度,充分体现风险自担、宽松的平台准入条件。

中国证监会于 2015 年 8 月 3 日发布《关于对通过互联网开展股权融资活动的机构进行专项检查的通知》，对网络众筹平台开始关注。

（四）互联网保险

2014 年 1 月 6 日，保监会印发《加强网络保险监管工作方案》的通知。该方案明确加强网络保险监管工作，防范化解网络保险创新风险，维护保险消费者合法权益，提出要加快制定并逐步完善保险公司、中介公司监管制度；同年 4 月 15 日，保监会印发《关于规范人身保险公司经营互联网保险有关问题的通知》，《通知》为经营互联网保险的人身保险公司设置准入门槛，要求信息披露以及对其保险业务进行规范指导；2015 年 7 月 22 日，保监会发布《互联网保险业务监管暂行办法》，该《办法》是在《中华人民共和国保险法》的基础上进行制定的，同时也是对《关于规范人身保险公司经营互联网保险有关问题的通知》的具体展开及补充。

（五）互联网基金销售

2014 年 7 月 7 日，中国证券投资基金业协会印发《基金管理公司及其子公司特定客户资产管理业务电子签名合同操作指引（试行）》，对基金管理公司及其子公司的电子签名合同的签署、流转、核对、保管及查询等进行详细的规定。

（六）互联网信托和互联网消费金融

互联网信托与互联网消费金融在《关于促进互联网金融健康发展的指导意见》中第一次纳入互联网主要业态的监管体系内，《指导意见》主要明确了互联网信托和互联网消费金融的监管主体是银监会，强调了产品销售方面的风险管理等。近年主要政策及监管内容如表 3-1 所示。

表 3-1　　　　　互联网金融主要业态分类监管主体及内容

主要业态	监　　管	监管内容
互联网支付	中国人民银行	清晰界定各方的权利义务关系 建立有效的风险隔离机制和客户权益保障机制 充分披露服务信息 清晰提示业务风险 不得夸大支付服务中介的性质和职能

续表

主要业态	监管	监管内容
网络借贷	银监会	明确信息中介性质 不得提供增信服务 不得非法集资
股权众筹投资	证监会	必须通过股权众筹融资中介机构平台进行 如实披露企业关键信息
互联网基金销售	证监会	不得通过违规承诺收益方式吸引客户 有效防范资产配置中的期限错配和流动性风险 不得与基金产品收益混同 第三方支付机构的客户备付金只能用于办理客户委托的支付业务，不得用于垫付基金和其他理财产品的资金赎回
互联网保险	保监会	建立管理制度 建立必要的防火墙 不得进行不实陈述、片面或夸大宣传过往业绩、违规承诺收益或者承担损失等误导性描述
互联网信托	银监会	审慎甄别客户身份和评估客户风险承受能力，不能将产品销售给与风险承受能力不相匹配的客户 制定完善产品文件签署制度，保证交易过程合法合规、安全规范
互联网消费金融	银监会	制定完善产品文件签署制度，保证交易过程合法合规、安全规范

资料来源：中国人民银行，申万宏源研究。

二、我国互联网金融相关重要政策法规

我国互联网金融高速发展，互联网金融的政策法规体系处于逐步确立和完善之中，其中2015年出台的重要政策法规包括：

（一）《关于促进互联网金融健康发展的指导意见》

2015年7月18日，《关于促进互联网金融健康发展的指导意见》出台。《指导意见》与2014年7月的征求意见稿相比，有三点创新之处：一是新增互联网信托与互联网消费金融两大业务领域；二是鼓励符合条件的优质从业机构在境内资本市场上市融资，推动互联网金融企业通过上市兼并收购等方式获得发展；三

是工信部网部办等加入监管主体,进一步加强风险防范与管理。①

《指导意见》为互联网金融建立了较为完善的法规体系。提出,法制监管的原则是鼓励创新、防范风险、趋利避害以及以市场为导向、遵循服务好实体经济、服从宏观调控和维护金融稳定的总体目标、切实维护公平竞争的合法秩序。②

《指导意见》按照"依法监管、适度监管、分类监管、协同监管、创新监管"的原则,确立了互联网支付、网络借贷、股权众筹融资、互联网基金销售、互联网保险、互联网信托和互联网消费金融等互联网金融主要业态的监管职责分工,落实了监管责任,明确了业务边界。③

《指导意见》在互联网行业管理,客户资金第三方存管制度,信息披露、风险提示和合格投资者制度,消费者权益保护,网络与信息安全,反洗钱和防范金融犯罪,加强互联网金融行业自律,以及监管协调与数据统计监测等方面提出了具体要求。在监管主体方面,《指导意见》中明确,"一行三"会对互联网金融的不同业态进行分业监管以法律形式明确互联网金融分业监管原则,对于明确监管责任及确定各业态具有纲领性的指导意义。《指导意见》的主要内容如图3-1所示。

(二)《非银行支付机构网络支付业务管理办法》

为规范网络支付业务,防范支付风险,保护客户合法权益,同时促进支付服务创新和支付市场健康发展,在向社会公开征求意见后,最终在2015年12月出台了正式的管理办法。主要内容包括:

在支付机构分类监管的思路方面,中国人民银行按照"依法监管、适度监管、分类监管、协同监管、创新监管"原则,建立支付机构分类监管工作机制。

监管措施方面,按照统筹科学把握鼓励创新、方便群众和金融安全的原则,结合支付机构网络支付业务发展实际,人民银行确立了坚持支付账户实名制、平衡支付业务安全与效率、保护消费者权益和推动支付创新的监管思路。主要措施包括:一是清晰界定支付机构定位;二是坚持支付账户实名制;三是兼顾支付安全与效率;四是突出对个人消费者合法权益的保护;五是实施分类监管推动创新。

个人支付账户分类方面,《办法》将个人支付账户分为三类。其中,Ⅰ类账户只需要一个外部渠道验证客户身份信息(如联网核查居民身份证信息),账户余额可以用于消费和转账,主要适用于客户小额、临时支付,身份验证简单快

---

① 《意见》将推动互联网金融差异化发展[R].申万宏源研究,2015-7-20.
②③ 见人民银行等10部门发布《关于促进互联网金融健康发展的指导意见》,中央政府门户网站。

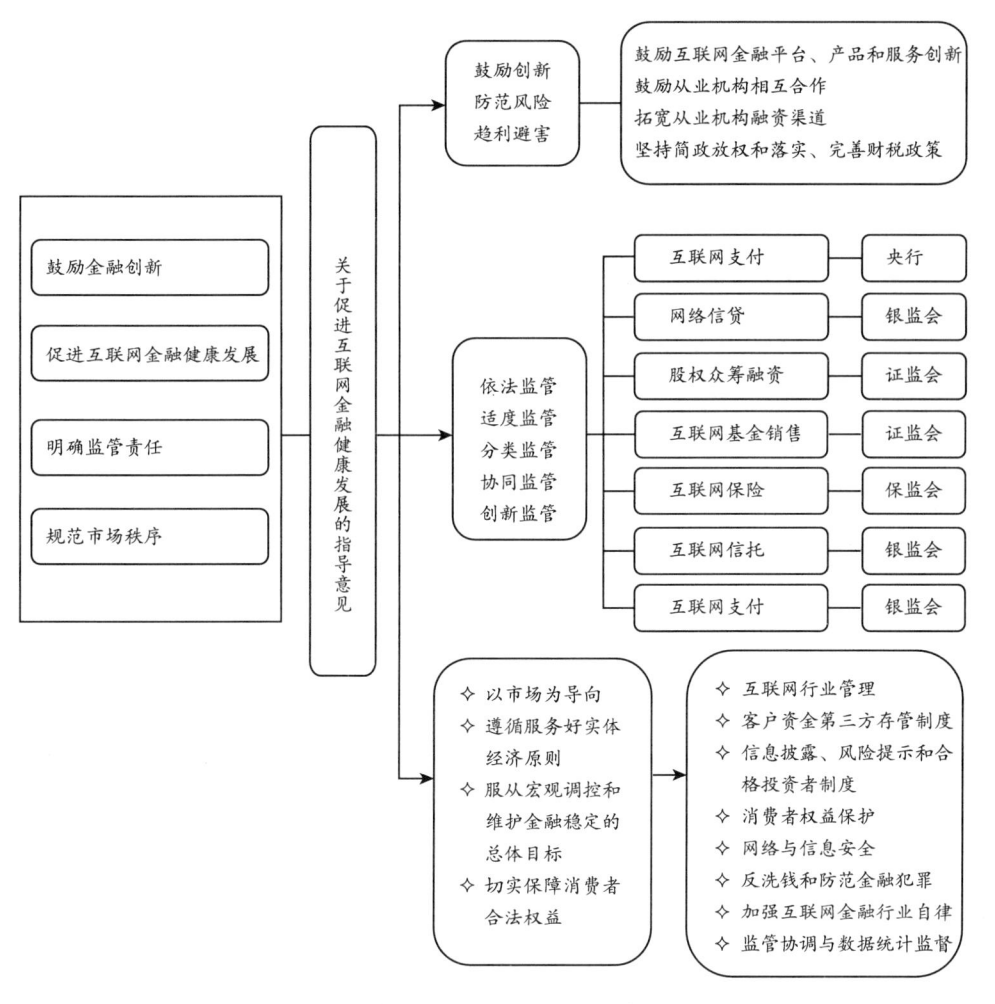

第三章 互联网金融基础设施的建设与互联

```
                                                    ┌─ 鼓励互联网金融平台、产品和服务创新
                              ┌─ 鼓励创新 ─┤   鼓励从业机构相互合作
                              │   防范风险       │   拓宽从业机构融资渠道
                              │   趋利避害       └─ 坚持简政放权和落实、完善财税政策
                              │
                              │                        ┌─ 互联网支付 ─── 央行
                              │                        │
                              │                        ├─ 网络信贷 ───── 银监会
┌─ 鼓励金融创新 ─┐          │                        │
├─ 促进互联网金融 │  关于    ├─ 依法监管       ├─ 股权众筹融资 ─ 证监会
│   健康发展      │─ 促进互 ─┤   适度监管 ─────┤
├─ 明确监管责任  │  联网金融│   分类监管       ├─ 互联网基金销售 证监会
├─ 规范市场秩序  │  健康发展│   协同监管       │
└─────────────────┘  指导意见│   创新监管       ├─ 互联网保险 ─── 保监会
                              │                        │
                              │                        ├─ 互联网信托 ─── 银监会
                              │                        │
                              │                        └─ 互联网支付 ─── 银监会
                              │
                              │   ◆ 以市场为导向        ◆ 互联网行业管理
                              │   ◆ 遵循服务好实体      ◆ 客户资金第三方存管制度
                              │     经济原则            ◆ 信息披露、风险提示和合
                              └─ ◆ 服从宏观调控和 ────→  格投资者制度
                                  维护金融稳定的        ◆ 消费者权益保护
                                  总体目标              ◆ 网络与信息安全
                                  ◆ 切实保障消费者      ◆ 反洗钱和防范金融犯罪
                                    合法权益            ◆ 加强互联网金融行业自律
                                                        ◆ 监管协调与数据统计监督
```

图 3-1 互联网金融的法律监管体系

资料来源：根据相关政策整理制作。

捷。为兼顾便捷性和安全性，Ⅰ类账户的交易限额相对较低，但支付机构可以通过强化客户身份验证，将Ⅰ类账户升级为Ⅱ类或Ⅲ类账户，提高交易限额。Ⅱ类和Ⅲ类账户的客户实名验证强度相对较高，《办法》规定，仅实名验证强度最高的Ⅲ类账户可以使用余额购买投资理财等金融类产品，以保障客户资金安全。上述分类方式及付款功能、交易限额管理措施仅针对支付账户，客户使用银行账户付款（如银行网关支付、银行卡快捷支付等）不受上述功能和限额的约束。

（三）《网络借贷信息中介机构业务活动管理暂行办法（征求意见稿）》

2015年12月28日，为规范网络借贷信息中介机构业务活动，促进网络借贷行业健康发展，更好满足小微企业和个人投融资需求，银监会会同工业和信息化部、公安部、国家互联网信息办公室等部门研究起草了《网络借贷信息中介机构业务活动管理暂行办法（征求意见稿）》，并向社会发布。主要内容:①

监管原则方面，按照"依法、适度、分类、协同、创新"的监管原则，《办法》确定了网贷行业监管总体原则：一是以市场自律为主，行政监管为辅。引导网贷行业更好地满足小微企业、创新企业和百姓投融资需求。二是以行为监管为主，机构监管为辅。明确网贷机构本质上是信息中介机构，不是信用中介机构，但其开展的网贷业务是金融信息中介业务，涉及资金融通及相关风险管理。对网贷业务的监管，重点在于业务基本规则的制定完善，监管部门应着力加强事中事后监管，以保护相关当事人合法权益。三是坚持底线思维，实行负面清单管理。通过负面清单界定网贷业务的边界，明确网贷机构不能从事的12项禁止性行为，对符合法律法规的网贷业务和创新活动，给予支持和保护；对以网贷名义进行非法集资等非法金融活动，坚决予以打击和取缔；加强信息披露，完善风险监测，守住不发生区域性系统性风险的底线。四是实行分工协作，协同监管。发挥网贷业务国家相关管理部门、地方人民政府、行业自律组织的作用，促进有关主体依法履职，加强沟通、协作，形成监管合力。

基本管理体制及各方职责方面，界定中央和地方金融监管职责分工的有关规定，对于非存款类金融活动的监管，由中央金融监管部门制定统一的业务规则和监管规则，督促和指导地方人民政府金融监管工作；由省级人民政府对机构实施监管，承担相应的风险处置责任，并加强对民间借贷的引导和规范，防范和化解地方金融风险。《办法》明确银监会作为中央金融监管部门负责对网贷机构业务活动制定统一制度规则，督促和指导省级人民政府做好网贷监管工作；同时，明确工业和信息化部、公安部、国家互联网信息管理办公室、地方人民政府金融监管部门承担的具体监管职能。

主要监管措施方面，一是对业务经营活动实行负面清单管理。明确了包括不得吸收公众存款、不得设立资金池、不得提供担保或承诺保本保息等12项禁止性行为。同时在政策安排上，允许网贷机构引入第三方机构进行担保或者与保险公司开展相关业务合作。二是对客户资金实行第三方存管。为防范网贷机构设立

---

① 参见中国政府法制信息网。

资金池和欺诈、侵占、挪用客户资金，增强市场信心，《办法》对客户资金和网贷机构自身资金实行分账管理，规定由银行业金融机构对客户资金实行第三方存管，便于做好风险识别和风险控制，实现尽职免责。三是限制借款集中度风险。《办法》规定网贷具体金额应当以小额为主，同一借款人在网贷机构上的单笔借款上限和借款余额上限应当与网贷机构风险管理能力相适应。

三、我国互联网金融法制建设存在的不足

1. 立法滞后。互联网金融的创新在推动金融发展的同时，也对互联网金融立法提出了挑战。互联网的虚拟性加大了监管难度，加之互联网金融发展和传播迅速，新的互联网创新业务层出不穷，导致我国在互联网金融方面立法滞后，无法适应互联网金融的发展。目前，我国在该领域的立法多为事后立法，即当风险出现后再有针对性地进行相应地规范，滞后性的立法对于正处于高速发展的互联网金融来说不利于风险的防控。同时，法律法规尚缺乏可执行性。到目前为止，"三会一行"颁布的条法多为指导性意见，缺乏具有执行性的民事相关的法律法规。这种指导性文件对于司法执法部门而言不易践行。

2. 分业监管存在交叉与空白。《关于促进互联网金融健康发展的指导意见》虽然明确了对互联网金融实行分业监管，但分业监管会衍生两个问题：监管交叉与监管真空。互联网金融业态复杂，可能出现跨市场交易，由此产生的监管交叉问题使得监管主体难以确定。实际上就许多互联网金融业态来看，都难以简单纳入到现有分业监管框架之中。无论是积极蓬勃的有益创新，还是"挂羊头卖狗肉"的灰色创新，过去都主要发生于不同监管部门的视线交叉或空白领域。如对接保险产品的娱乐宝，用户通过购买其保险产品获得投资影视作品的权利，并获得股权或资金以作为回报，这种业务既涉及互联网保险又关系到众筹，是由保监会监管其保险业务还是由证监会监管其众筹业务是值得商榷的。

3. 创新与风险界定困难。《关于促进互联网金融健康发展的指导意见》虽然强调要鼓励创新和风险控制并重，但立法司法部门对于风险和创新的界定是不明确的。若对互联网金融进行较多的干预，则会抑制其发展，导致效率低下，与服务于实体经济的原则相违背；若监管松弛，则会给不法分子有机可乘，催生风险事件。如类似于余额宝的理财产品，极有可能演变为"非法集资"的金融犯罪，游走于合法与非法的边缘，因此如何拿捏创新与风险界定对于立法司法执法部门是巨大的挑战。

《关于促进互联网金融健康发展的指导意见》在法律上属于行政规范性文件，其效力低于现行的法律、行政法规。亦即《指导意见》仍须在现有的法律

框架之下规范互联网金融行业，仍须接受现有的《合同法》、《民法通则》、《证券法》，以及最高人民法院有关司法解释的规制。应该看到，《指导意见》确立的监管原则，仍是在目前分业监管的大框架之下，针对一些互联网金融平台的混业经营业态，《指导意见》仍有待实践的检验和后续监管细则的完善。

四、完善互联网金融政策法规体系的建议

互联网金融的发展离不开监管法制的规范与保障，政策法规体系的完善是互联网金融健康发展、创新发展的保障。我国的互联网金融政策法规体系仍需要不断完善，以适应和引导互联网金融的健康发展。

1. 落实互联网金融监管原则。一是互联网金融创新必须坚持金融服务实体经济的本质要求，合理把握创新的界限和力度。互联网金融中的网络支付应始终坚持为电子商务发展服务和为社会提供小额、快捷、便民的小微支付服务的宗旨；P2P和众筹融资要坚持平台功能，不得变相搞资金池，不得以互联网金融名义进行非法吸收存款、非法集资、非法从事证券业务等活动。

二是互联网金融创新应服从宏观调控和金融稳定的总体要求。包括互联网金融在内的一切金融创新，均应有利于提高资源配置效率，有利于维护金融稳定，有利于稳步推进利率市场化改革，有利于央行对流动性的调控，避免因某种金融业务创新导致金融市场价格剧烈波动，增加实体经济融资成本，也不能因此影响银行体系流动性转化，进而降低银行体系对实体经济的信贷支持能力。

三是要切实维护消费者的合法权益。互联网金融企业开办各项业务，应有充分的信息披露和风险揭示，任何机构不得以直接或间接的方式承诺收益，误导消费者。开办任何业务，均应对消费者权益保护作出详细的制度安排。

四是要维护公平竞争的市场秩序。在线上开展线下的金融业务，必须遵守线下现有的法律法规，必须遵守资本约束。不允许存在提前支取存款或提前终止服务而仍按原约定期限利率计息或收费标准收费等不合理的合同条款。任何竞争者均应遵守反不正当竞争法的要求，不得利用任何方式诋毁其他竞争方。

五是要处理好政府监管和自律管理的关系，充分发挥行业自律的作用。抓紧推进"中国互联网金融协会"的成立，充分发挥协会的自律管理作用，推动形成统一的行业服务标准和规则，引导互联网金融企业履行社会责任。互联网金融行业的大型机构在建立行业标准、服务实体经济、服务社会公众等方面，应起到排头兵和模范引领作用。

2. 加快互联网金融监管法制的立法建设。我国互联网金融相关法律法规取得一定成绩，但远远落后于互联网金融的发展。加快立法建设方面，一是加大互

联网金融的立法力度,填补法律空白,从法律层面对互联网金融及其各个业态的性质进行明确,赋予互联网金融以合法的地位。二是对于《刑法》、《证券法》、《公司法》、《商业银行法》等现有法律法规应结合我国互联网金融的实际发展情况及业务特点,适时作出相应的修改,为互联网金融的繁荣提供法律上的支持和保障。立法机关应加紧在电子交易的合法性、网络信贷电子商务的安全性、众筹融资等新型互联网金融业务方面的立法,以适应司法实务的需要,做到有法可依。三是进一步建立与完善消费者权益的保护机制,增强消费者的防范与维权意识,及时完整地披露产品信息,确保消费者的知情权,加大侵犯互联网消费者权益行为的打击力度。

3. 细分不同互联网金融业态的具体监管。因为《指导意见》尚未理顺和覆盖现实中混乱的互联网金融概念范畴,实践中有诸多的组织机构、产品、渠道等要素掺杂在一起,各自的业务运行与风险特点差异较大,难以进行一致性监管。对此,还需要在深入梳理合理的业态划分基础上,进一步落实相应监管细则。特别需要注意的是,监管细则的制定必须跳出监管主体分割、围绕机构对象的传统思路,真正以功能监管、业务监管为主,通过加强监管协调和配合,真正解决互联网信息技术所导致的混业型金融创新带来的潜在风险与不确定性。[①]

4. 构建多层次的监管协调机制。首先,现有的"分业监管"模式不一定最佳,但是在既定格局下,加强部门协调就成为重中之重。许多投融资类互联网金融业态,由于无法纳入到现有自上而下的监管框架中,而且各地方情况千差万别,因此地方金融监管机制的介入也非常重要,建议明确地方政府在其中的责任、权利和义务。其次,互联网金融的发展应该以自律监管为重中之重,一方面,制定和完善法律予以约束互联网金融往往成本高、效率低;另一方面,在各国都面临互联网金融形态不断变化的情况下,"一步到位"的规则显然难以形成,更需要以市场主体自律来构建良好的互联网金融发展的生态环境。

第二节 营造健康的社会信用环境

随着中国特色社会主义市场经济的逐步完善,具有市场经济特征的社会信用

---

① 辩证看待互联网金融新监管时代 [N]. 中国证券报, 2015 - 7 - 18.

体系也在不断发展和完善中。互联网金融的快速发展,对我国的社会信用体系建设提出了更高的要求,其中以大数据征信为主要工具推动互联网金融的发展,营造健康的社会信用环境是互联网金融健康发展的重要环节。

一、社会信用体系及征信

社会信用体系是在一国(或地区)范围内,在市场经济条件下,为形成和维护良好的社会信用秩序,由一系列与之有关的相互联系、相互促进、相互影响的法律法规、规则、制度规范、组织形式、运作工具、技术手段和运作方式而构成的综合系统。社会信用体系是一种社会机制,它以道德为支撑、产权为基础、法律为保障,通过对失信行为的有效防范和惩戒,保证经济活动的正常秩序。社会信用体系包括企业信用、个人信用和公共信用(主要指政府行政和司法公信力)等内容,企业信用是重点,个人信用是基础,政府起推动和表率作用[①]。

征信是指为了满足从事信用活动的机构在信用交易中对信用信息的需要,专业化的征信机构依法采集、保存、整理、提供企业和个人信用信息的活动。我国使用"征信"一词来概括对企业和个人的信用调查。征信是促进守信、提高信用意识的手段和措施。

二、我国信用体系建设及发展

我国征信体系大致经过了"从封闭到开放,从小众到大众"的发展趋势,当前正是连接"过去"和"未来"的飞速发展时期。过去我国征信体系接入对象单一,由中国人民银行集中管理,是收录以信贷信息为主的封闭、小众的征信系统。目前则规范了征信业发展的法律框架,明确了征信行业的进入机制,同时在各种需求的倒逼下,行业迅速发展并建立了网络金融征信系统(NFCS)、小额信贷行业信用信息共享服务平台征集系统(MSP),成为央行征信系统的重要补充。

2014年6月,国务院发布了《社会信用体系建设规划纲要(2014~2020)》。这为提供有效的信用信息支持、构建诚实守信的社会氛围和环境创造了条件。

我国征信制度发展历程如表3-2所示。

---

① 刘湘梅. 我国社会信用体系构建的研究[D]. 华中师范大学,2004.

表 3-2　　　　　　　　　　我国征信制度发展历程

20世纪80年代后期：探索起步阶段	1997年，上海开展企业信贷资信评级 1999年，成立第一家信用评级公司：上海远东资信评级有限公司
2003~2011年：快速发展阶段	2003年，批准设立征信管理局 2004年，建立全国个人信用信息基础数据库 2006年，全国金融机构信贷征信系统基本建立 2008年，将征信管理职责调整为：管理征信业 2011年，牵头单位中增加国家发展改革委员会
2013年以来：进入市场化发展阶段	2013年，中国人民银行发布《征信管理条例》 2013年，中国人民银行发布《征信机构管理办法》 2014年，国务院发布《社会信用体系建设规划纲要（2014~2020）》 2015年，中国人民银行发布《关于做好个人征信业务准备工作的通知》 2015年，国务院发布《2015年社会信用体系建设工作要点》（发改财金〔2015〕1104号）

资料来源：中国征信业发展报告，根据相关资料整理。

三、大数据征信的特征与金融领域的应用

（一）大数据征信数据来源广泛

目前中国人民银行现有征信数据覆盖面较为有限，信息基本是来自于金融机构，主要内容是个人身份信息、银行信贷记录、逾期记录等，内容较为单一。大数据征信的应用及发展，不仅体现在创新信用评级模型上，更重要的是在传统征信数据之外，积极整合各平台累计的商家和用户的海量信息，不断扩展信用信息数据来源，尤其是引入互联网行为记录、客户评价、社交等非结构化数据，并且能够得到快速处理。

从表3-3中可以发现，大数据征信收集的数据类型一定程度上弥补了传统征信所存在的数据及时性方面的不足，又十分多样化并且拥有广泛的来源，能更好地营造社会的良好信用体系，推动互联网金融的发展。

表3-3　　　　　大数据征信报告主要收集的数据类型

信息类型	数据类型	典型实例
金融数据	商业银行账户	信用卡、储蓄卡账户流水
消费记录	移动支付、第三方支付、电商平台账户	快钱、支付宝、财付通、汇付天下、拉卡拉、京东、淘宝等
社交行为	网络化的社交账户信息	微信、微博、博客、人人网、贴吧等
日常行为	日常工作、生活信息	公用事业缴费记录、移动通信、社保缴纳记录等
特定行为	特定环境下抓取的行为数据	互联网访问记录、特定网页停留信息、检索关键词等

资料来源：李真. 互联网征信模式：经济分析、应用研判与完善框架[J]. 宁夏社会科学，2015（1）.

（二）大数据征信与传统征信的比较

从表3-4可以看出，大数据征信在服务对象及数据挖掘与来源方面显示出了与传统征信相比明显的优越性，适应了互联网金融的发展。将征信发展到内部，可提供给银行使用，信息覆盖面广，数据来源也更为广泛和多样化。网络数据的挖掘是大数据征信的一大优势，在降低征信成本的同时还提高了征信的效率。

表3-4　　　　　大数据征信与传统征信的比较

	传统征信	大数据征信
代表机构	中国人民银行	芝麻信用、腾讯信用等
征信对象	有贷款记录的	无贷款记录的
数据格式	结构化数据	结构化与非结构化数据
数据来源	信贷数据	信贷数据和各种网络数据
数据挖掘	基本不需要	需要
理论基础	逻辑回归	机器学习
变量个数	相对较少	较多
服务对象	银行为主	内部使用，也可提供给银行

资料来源：参见：刘新海，丁伟. 大数据征信应用与启示——以美国互联网金融公司ZestFinance为例[J]. 互联网金融，清华金融评论，2014（10）. 刘新海. 阿里巴巴集团的大数据战略与征信实践[J]. 征信，2014（10）.

（三）大数据征信在金融领域的应用

大数据征信的基础是多元化、大体量、大样本的异构数据，其原理是通过对信息主体的行为习惯进行全方位、综合性的搜集整理，建立针对性的数据模型，由该模型演算、倒推出信息主体的信用特征，最终得到较为精确的信用评估结果。中国金融行业数据量巨大，是继互联网及运营商之后大数据产生最为庞大的热点行业之一，其中非结构化数据迅速增长，加上金融行业雄厚的资本背景，互联网金融领域已经成了大数据应用的一片沃土。

伴随互联网金融产品需求的增加，应用大数据将使得征信数据来源更加多元化、多层化和科学化，能够更加真实全面地反映消费者或投资者的信用状况，这也会为互联网金融提供更加全面可靠的信用保障。随着国家对互联网金融的相关指导意见的出台，以大数据为基础的征信系统将成为市场征信的发展趋势。例如，2015年年初，中国人民银行印发《关于做好个人征信业务准备工作的通知》，要求芝麻信用管理有限公司、腾讯征信有限公司等8家机构做好个人征信业务的准备工作。

大数据征信推动金融业发展表现在：

1. 传统商业银行。当互联网企业依托云计算、大数据等技术平台和优势加速向全领域金融服务进军的时候，传统商业银行已经意识到大数据征信的重要性，商业银行开始组建自身的数据平台、收集数据分析消费等行为，从而推出针对性产品。如招商银行就致力于构建互联网金融"平台、流量、大数据"的整体结构布局，将大数据应用前置到业务场景中，在规模化客户获取、互联网实时风险授信和预警等领域寻求突破[1]。

2. P2P行业。在P2P行业中，大数据不单是海量数据的汇集，更多的是通过一种技术手段来实现信贷服务。就国外的应用情况来说，大数据应用已经能够准确地表现出借款人的5CS（还款意愿、还款能力、稳定性、是否可以抵押担保以及生活状况）等信用标准。P2P公司可以利用大数据征信来研究客户价值、预测未来风险及承受能力等，达到风险管理和控制的目的。例如，通过数据集中及数据分析，可以了解客户的征信报告查询次数与逾期率的相关关系，从而推动互联网金融更好地发展[2]。

3. 保险行业。随着互联网金融发展趋势的日益明显，互联网保险平台也层出不穷。与金融领域的其他企业相比较，保险企业更需要深耕海量数据，进行精

---

[1][2] 九次方大数据研究院. 探索大数据推动金融体系变革之路 [J]. 国际融资. 2015 (9).

确分析、清洗和建模，才能逐渐走向个性化的服务范畴，实现独特的商业模式。大数据征信的个性化数据群正迎合这一需求，从而加速互联网保险的成熟发展。

四、发展大数据征信促进互联网金融发展建议

（一）构建完善的相关制度与法规

随着大数据时代的到来，信息数据的泛滥及多样化也给征信监管制度带来了巨大的挑战，而大数据征信在探索中，自律方面有待加强，鲜有机构或企业个人一致对外，诚实守信，坚决保护用户个人信息与隐私，在利益与金钱的诱惑下，总是会出现违背社会信用的事。因此，国家必须加强对大数据征信方面的具体法律法规建设，明确公民在个人信用数据分享与公开环境下的隐私权的保护问题，制定具体的征信条例的隐私权保护的法律法规。

（二）提高信用监管水平

互联网金融这一浪潮使得当前社会信用环境受到冲击，以央行为代表的征信行业的主管机关，必须紧跟时代发展的潮流，密切关注大数据征信的动态，对于监管从业人员也应该明确相关规定与职责，保护信用隐私安全，央行作为征信业的主要监管机构要切实提高自身监管能力，在充分了解行业现状、问题的基础上，制定金融信用信息基础数据库的用户管理规范和征信业的信息安全规范标准，加强对信息主体权益的保护、保障征信机构运行中的信息安全；建立统一的信息主体标识规范、征信基本术语规范，为扩大信息采集范围，促进信用信息共享和应用提供统一的信息技术参考；尽快出台符合大数据征信业发展的监管措施和法律规范；研究层级清晰、结构完善的征信业总体标准和基础类标体系，提高征信标准化工作的适用性和科学性；同时要建立多部门联动、协调合作的监管机制，推动大数据征信业的规范、有序、稳健发展[①]。

（三）鼓励产品创新，提高技术服务水平

传统征信企业应该顺势抓住互联网金融契机，利用大数据挖掘现有资源，创造新的金融征信产品，更好地服务于社会信用。鼓励新兴互联网企业创新信用体系，打造新的服务模式，以自身特长开辟特定征信细分市场，推进大数据技术创新，培养高精尖科技人才，加强征信系统安全，提高征信服务水平。

---

① 黄玺. 互联网金融背景下我国征信业发展的思考 [J]. 征信, 2014 (5): 50-52.

随着区块链技术的演进,新信用方式的建立具有颠覆性的意义。区块链系统本身能产生信用,这种信用的产品不是来自第三方,而是来自程序(算法),因为区块链记录信息的产生是需要全网络节点确认的,一旦生成将永久记录,无法篡改。区块链技术本质是去中心化、分布式结构的数据存储、传输和证明的方法,用数据区块取代了目前互联网对中心服务器的依赖,使所有数据信息都被记录在一个云系统之上,理论上实现了数据传输中的数据自我证明,深远来说,这超越了传统和常规意义上需要依赖第三方的信息验证模式,降低了全球信用的建立成本。例如,将区块链技术用于数据保管,确保数据的完整性和一致性,可以促进数据透明化;用区块链上的虚拟货币标记资产,包括证券、黄金和房产,也意味着可以在区块链上发行和交易证券。目前,这些资产的交易需要大量的公正、登记工作,而区块链技术的运用可减轻这部分的工作量。

第三节　搭建创新的支付清算体系

一、支付清算体系概述

(一) 我国支付清算体系

支付清算体系是一个国家的金融基础设施,是中央银行向金融机构及社会经济活动提供资金清算服务的综合安排。我国由中国人民银行主管,目前大体维持"结算—清算"二级制的支付体系,具体的支付清算系统主要分为商业银行行内资金汇划系统、同城票据交换所、中国现代化支付系统(包括大额支付系统和小额支付系统)和人民银行全国手工联行系统4个系统。其系统架构是以中央银行的现代化支付系统为核心,商业银行行内资金汇划系统为基础,各地同城票据交换所并存,人民银行全国手工联行系统为中国现代化支付系统的备用系统。从其运行的层次看,我国现有支付清算系统的第一个层次是商业银行的每家分支机构在所在地人民银行分支机构开设准备金账户;第二个层次是以票据、信用卡为主体,以电子支付工具为发展方向的支付清算工具体系;第三个层次是各方相对独立的分系统,包括中国人民银行管理的2000多家同城票据交换清算所、四大国有商业银行内部的全国电子资金汇兑系统等。

(二) 互联网金融相关支付清算体系

互联网金融体系中,由央行和各商业银行所组成的支付清算系统处于最为核心的位置,是整个互联网支付行业的中心枢纽。商业银行、第三方支付机构、通信运营商是互联网支付体系中的主要参与者,直接为用户和商户提供服务,拥有庞大的交易规模。支付软硬件提供商和收单代理商则是辅助作用的主体。整个互联网金融体系由中国人民银行、银监会、支付清算协会等监管方进行监督管理,确保无论金融产品、服务或者工具如何更新换代,资金的结转、融通都在央行统一清算体系之下,以保障对货币的监控能力。

在互联网线下支付领域,为了满足收单机构(最初只有银行)线下跨行交易清算需求建立了中国"银联"。中国银联成立于2002年,是经央行批准并由80多家国内金融机构共同发起设立的股份制金融机构。银联的主要职责是为国内银联卡提供跨行交易清算服务。长期以来,线下支付形成了发卡机构(银行)—清算机构(银联)—收单机构(银行)—商户的"四方模式"。在这一过程中,银联扮演了资金信息交互和清算信息交互两个枢纽的功能,其盈利全部来自于交易手续费,而2015年6月起实施的《关于实施银行卡清算机构准入管理的决定》,对全面开放银行卡清算市场作出了安排,在银行卡清算业务领域形成具体明确的准入规则和管理制度。根据相关规定,符合条件的企业法人可依程序申请成为专门从事银行卡清算业务的机构,境外机构也可通过申请设立银行卡清算机构参与我国人民币的银行卡清算市场。

虽然目前"银联"在线下支付方面的地位十分牢固,还没有其他公司能对其构成实质性挑战,银行卡清算市场放开在短期内对"银联"影响不大,但这也意味着中国银联作为市场化的商业主体,将与其他银行卡清算机构在同样的监管条件下,依法合规开展平等的市场竞争。对"银联"垄断地位的逐渐打破,正体现了我国现行央行支付清算体系鼓励市场化竞争,促使参与市场的卡组织加快技术创新和组织完善。最终在我国形成多层次、高效率、低风险的支付清算服务体系。

二、对非银行网络支付的规范

2015年12月28日,中国人民银行正式发布了《非银行支付机构网络支付业务管理办法》,《办法》将于2016年7月实行。

《办法》首次对整个网络支付业务流程和核心环节的风险管理提出了全面系统的要求。针对不同机构的风险等级实行差异化监管,对风险高的机构实行严格监管,对风险小的实行宽松监管。《办法》明确了支付机构的风险底线,划清了支付机构和银行业务的界限,以限额和账户安全级别分类的方式界定了类银行业务(如支付、转账、理财)和消费业务的界限,强调支付机构不能越界,亦不得为金融机构和类金融机构如P2P等机构开立支付账户。

《办法》要求,支付机构对同一客户在本机构开立的所有支付账户进行关联管理,并根据客户身份核实方式对个人账户进行分类管理,根据实名认证开户的落实情况,从功能和限额方面将账户分为Ⅰ、Ⅱ、Ⅲ三类(表3-5)。此外,《办法》规定,综合评级较高且实名制落实较好的支付机构单日支付限额最高可提升到现有额度的2倍,进而满足客户需求。对于指纹、人脸识别等生物特征识别技术,作为核验存款人身份信息的主要手段的条件尚不成熟。

表3-5　　　　　　　　　　个人支付账户分类

账户类别	余额付款功能	余额付款限额	身份核实方式
Ⅰ类账户	消费、转账	自账户开立起累计1000元	以非面对面方式,通过至少一个外部渠道验证身份
Ⅱ类账户	消费、转账	年累计10万元	面对面验证身份,或以非面对面方式,通过至少三个外部渠道验证身份
Ⅲ类账户	消费、转账、投资理财	年累计20万元	面对面验证身份,或以非面对面方式,通过至少五个外部渠道验证身份

三、第三方支付发展及影响

(一)互联网支付的定义及模式

根据国际清算银行的定义,"支付是付款人向收款人转移可以接受的货币债权。货币债权通常表现为现金、商业银行或中央银行存款等形式"。基于该定义,互联网支付,即以互联网平台为主要媒介,运用现代化的信息技术、电子化等手段在付款人和收款人之间进行的货币债权转移。根据不同的分类标准,互联网金融支付可以被分为以下几种不同的模式。

1. 以业务主体为标准进行的划分。如果以开展互联网支付业务的主体为标准(表3-6)进行划分,可基本分为网上银行和第三方支付两种基本形式,而移动支付又分别是两种基本模式演进的高级阶段。其中,网上银行的开展主体为银行金融机构,可以说是传统银行机构通过网络平台的延伸。第三方支付是非金融机构基本互联网平台开展的支付业务,是构建于网上银行基础之上,服务于网上交易的个性化支付系统,其具体又可以分为独立型第三方支付平台、非独立型和纯网关型支付平台。

表3-6 以业务主体为标准的互联网支付模式

业务主体	构建基础	业务内容	移动化趋势
网上银行	传统金融机构	央行支付清算系统	转账、汇款、生活缴费等	可向移动支付拓展
第三方支付	非金融机构	商业银行网上银行系统	支撑电子商务交易、转账汇款、生活服务等	可向移动支付拓展

2. 按支付终端及采取的具体支付方式进行的划分。以互联网支付所使用的终端来划分，可基本分为两种模式，即电脑终端模式和移动终端模式。如果按具体的支付方式来划分，上述两种模式均可采用账户充值和快捷支付绑定的方式进行支付。其中，移动支付又可以分为近场和远程两种，近场支付具体的支付介质又可划分为非接触式感应、声波支付、二维码扫描等，具体的分类如表3-7所示。

表3-7 以支付终端为标准的互联网支付模式

	支付方式	支付介质
电脑终端	账户充值、快捷支付绑定	在线数据加密传输
移动终端	账户充值、快捷支付绑定	非接触式感应、声波支付、二维码扫描等

（二）第三方支付市场发展现状

1. 第三方支付市场交易规模。从2013年第一季度到2015年第三季度，第三方支付的交易规模呈爆发式的增长，2015年第三季度交易规模已经达到了9万亿元，是2013年第一季度的3倍（表3-3）。依托于互联网市场经济逐渐成熟及移动互联时代崛起的大背景，第三方支付的市场规模正快速扩张，各支付平台特有的简单、快捷、安全的支付特点使其越来越受到用户的欢迎。第三方支付市场将会在经历蓬勃发展时期之后，在现有的格局下整个行业都将进入较长时间的稳定增长时期。

2. 第三方支付企业分类。根据央行颁布的《非金融机构支付服务管理办法》中对第三方支付的分类，将其按业务类型划分为网络支付、预付卡的发行与受理、银行卡收单等。我国第三方支付企业分类如表3-8所示。

表 3-8　　　　　　　　　我国第三方支付企业分类

类	别	服务内容	企 业
网络支付	互联网支付	通过互联网进行货币支付或资金流转	支付宝、快钱、易宝支付、汇付天下等
	移动电话支付	利用移动终端向银行等金融机构发送支付或资金转移的指令,完成支付行为	钱袋宝
	数字电视支付	利用智能电视通过遥控器选择支付项目,进行支付操作,交易内容包括电视节目付费、电视购物、公用事业缴费等	银视通
预付卡发行与受理		第三方支付机构向消费者发行的由持卡人预付货币资金的预付卡,持卡人可凭该卡跨行业到各特约商家刷卡消费,第三方支付企业负责特约商户的开发和管理、账款清算	资和信
银行卡收单	传统银行卡收单	经银行等金融机构授权负责开发和管理特约商户,为特约商户代收持卡人的货币资金,进行账单清算,并在清算时先垫付持卡消费者的交易金额	银联商务
	创新银行卡收单		拉卡拉

（三）第三方支付对支付清算体系的影响

一方面,对于企业和消费者而言,第三方支付满足了新兴经济发展中日益增长的支付需求。第三方支付在目前的电子支付增量市场已占有多数市场份额,服务了超过百万企业和数以亿计的消费者,通过为各个行业量身订制支付解决方案,引导传统行业开展电子商务,对发展内贸、拉动消费、创造就业发挥了巨大的推动作用。第三方支付企业特有的产品创新和便捷服务,可以满足大量中小企业和零散卖家的支付需求,而广大中小企业正是中国新兴经济发展的中坚力量。在我国社会信用普遍缺失的情况下,第三方支付企业还在网上交易过程中承担了担保作用,促进了电子商务交易在早期的快速发展和普及。

另一方面,对于银行而言,第三方支付只是代替客户与银行为核心的支付清算体系建立关联性。即第三方支付机构代替客户称为商业银行支付清算的对手方,通过在不同银行设立中间账户来实现资金轧差,在传统三层支付体系"客户-银行-客户"中加入新的层级,变成"客户-第三方支付机构-银行-客户"的四层支付清算体系。可以看出,第三方支付体系并没有本质脱离传统支付体系并最终要依靠传统支付清算体系。也就是说,在支付清算领域,第三方支付和移动支付对传统支付体系的整体影响并不是冲击性的,而是补充性的。第三方支付对银行小额、零售支付业务具有一定的替代性,但对于金融体系基础设施完善整体却是一种有益补充。第三方支付服务产品的广泛应用,促使银行、商家、第三方支付企业的专业分工,使产业参与各方,各司其职,专注于自己的主业。这种支付领域中的专业化分工使社会经济、金融支付服务的运作更加高效,并扩大了商业银行电子银行业务、零售业务的渠道和范围,最终还会给银行带来更多的存款和储户。

整体而言,第三方支付已经成为中国现代化支付体系不可或缺的一部分。第三方支付企业的大量出现,填补了我国电子支付基础设施建设应用层的空白,有利于我国建立完善多层次、市场化的支付服务体系。并且,从支付系统的功能和作用上看,它也成为中国支付体系发展过程中的一个重要组成部分,并从整体上降低了支付体系的运行风险和金融风险。

四、中国支付清算体系发展建议

1. 完善第三方支付转型与规范化运作。由于发展速度快于互联网金融基础设施建设的速度,第三方支付行业面临的机遇和挑战日益突出,如何更好转型并实现行业规范化运作成为重要的主题。一方面,随着第三方支付行业的参与者越来越多,各企业在互联网支付、移动支付、收单等业务领域的竞争越来越激烈、越来越同质化,导致业务规模和利润增速的下滑,这促使第三方支付机构积极转型谋求创新,超越竞争对手以占领市场。例如,支付宝和财付通两家企业就占据了93.4%的市场份额,并均构建起个性化的支付链条来争夺移动支付市场。同时,由于监管机构的严格监管和大力整顿,促使第三方支付企业在实现收付款功能的基础上,将原业务基础与财务管理、市场营销、金融服务等业务进行叠加,为客户提供全方位服务。尤其是一些行业领先的支付机构,正计划将对多年发展积累的大量客户数据信息进行挖掘、整理和利用,对用户账户变动规律、用户支付习惯、用户关注商品类型等进行深度研究,以传统的支付业务为中心,不断实现业务的拓展。

另一方面,在整个第三方支付体系今后的发展中,规范运行也十分重要。首先在支付产品和服务创新、机构运营和内部管理、备付金的安全保障、与银行业机构的关系等方面,需要建立一个更加健康、共赢、规范的支付生态协作体系。

在此之外，第三方支付既能够给用户提供更有效的支付体验，也带来一些新的问题，如部分支付企业实际上已经介入到了清算环节。长远来看，在新技术冲击下，各种类型的转接清算组织出现融合趋势，整个支付清算体系将更加具有开放性。以提供网络支付服务为代表的第三方支付企业来看，虽然仍面临依据的规则缺位、信息不够透明、结算最终性的信用支撑有所不足等矛盾，但也能够一定程度上提高小额、零售支付交易的清算效率，并且提供基于大数据的增值服务和信用支持。

2. 推动支付清算企业完善与发展。支付不仅仅是互联网金融的重要基础，还占了互联网金融发展的上风口，既掌握了账户，又能够和互联网的入口无缝对接，因此，基于支付的金融增值服务前景广阔。

现在的支付公司，已不是以前纯粹意义上的支付清算公司，而更多是以支付清算为核心，同时辐射多个行业领域业务的综合性公司。支付清算企业在谋划布局互联网金融业务的同时，也不能背离小额便民和安全高效的初衷。支付机构本身还存在一定的风险隐患，从银行卡收单市场乱象到个别预付卡出现风险，支付机构违规经营，甚至是挪用客户备付金等事件偶有发生，直接影响了支付市场的秩序和客户资金安全。支付行业的发展不能以扩大金融风险、牺牲客户资金安全，损害消费者权益为代价，而是要结合服务与支付便利化，服务于支付安全，以推动普惠金融的发展和实现金融多层次服务体系的目标，避免走向通过违规来获利的歧途。

3. 迎接区块链技术对支付方式的挑战。比特币产生后，近两年人们开始重视对区块链（blockchain，公开的分布式记账簿系统）的研究。区块链技术是一种将传统加密技术和互联网分布式技术相结合的网络应用技术，重点用于对各个设定区块的成员身份验证、资产和交易的确认，以及对不同区块之间成员资产交易的认证和记录，由此形成区块之间相互勾连的区块链，确保交易真实性和记录完整性。

作为一种使用去中心化共识机制去维护一个完整的、分布式的、不可篡改的账本数据库的技术，区块链技术能够让区块链中的参与者在无须建立信任关系的前提下实现一个统一的账本系统。其优点：一是能够降低金融机构运作的成本。在区块链上，交易被确认的过程就是清算、结算和审计的过程，这相对于金融机构的传统运作模式来说能够节省大量的人力和物力。二是能够降低信任风险。在区块链技术下，由于每个数据节点都可以验证账本内容和账本构造历史的真实性和完整性，确保交易历史是可靠的、没有被篡改的，这相当于提高了系统的可追责性，降低系统的信任风险。三是能够驱动新型商业模式的诞生。区块链技术的特点让它能够实现一些在中心化模式下难以实现的商业模式。四是具有灵活的架构。根据不同的应用场景和用户需求，区块链技术可以划分为公有链、私有链和联盟链几大类型。五是实现共享金融的有力工具。通过使用区块链技术，金融信息和金融价值能够实现更高效、更低成本的流动，即信息和价值的共享。六是开放性鼓励协作和创新。通过源代码的开放和协作，可以实现更高效、更安全的解决方案。[①]

中国人民银行从 2014 年起就成立了专门的研究团队，并于 2015 年初进一步充实力量，对数字货币发行和业务运行框架、数字货币的关键技术、数字货币发行流通环境、数字货币面临的法律问题、数字货币对经济金融体系的影响、法定数字货币与私人发行数字货币的关系、国际上数字货币的发行经验等进行了深入研究，已取得阶段性成果。[②] 因此，区块链技术应用于我国商业银行或互联网金融领域的可行性，以及发展的制度障碍和前景，特别是对未来支付方式的影响，都有待于管理部门、学界和相关行业及企业作进一步的探讨和研究。

第四节　完善保证安全的科技信息系统

我国在"十二五"规划中提出了"加强网络与信息安全保障"的发展目标。2013 年 11 月，中央国家安全委员会成立，信息安全被正式纳入到国家安全体系中。2014 年 2 月，中央网络安全和信息化领导小组成立，信息安全上升为国家战略。2015 年 7 月，《国家安全法》通过，明确提出国家网络空间主权的概念。同一时期，《中华人民共和国网络安全法（草案）》在中国人大网站公布，从立法的角度彰显了我国保护国家网络和信息安全的决心和意志。随着互联网和经济社会融合发展等要求，对我国科技信息系统的安全性提出了更高要求。

一、网络与信息安全是金融发展的基础与保障

国家互联网应急中心（CNCERT）在 2015 年 4 月发布的《2014 年我国互联网网络安全态势报告》数据显示，中国网络安全形势不容乐观，2014 年 CNCERT 通报的漏洞事件达 9068 起，较 2013 年增长 3 倍。2014 年第一季度，境内感染网络病毒的终端数为 220 万余个；境内被篡改网站数量为 12428 个；信息

[①] 左永刚. GSF100 发起成立中国区块链研究联盟 [N]. 中国日报，2016 - 1 - 5.
[②] 中国央行表示要争取早日推出央行发行的数字货币 [DB/OL]. 中国人民银行官网，2016 - 1 - 20.

系统安全漏洞为 699 个。

报告指出,在基础网络方面,虽然我国基础网络安全防护水平进一步提升,但基础网络设备仍存在较多安全漏洞风险,云服务日益成为网络攻击的重点目标。在域名系统方面,面临一些严重拒绝服务攻击威胁,一些重要网站频繁发生域名解析被篡改事件。在公共互联网网络安全环境方面,存在着:(1)木马僵尸网络。(2)拒绝服务攻击(传统拒绝服务攻击主要依托木马僵尸网络,通过控制大量主机或服务器对受害者目标发起攻击。近年来,拒绝服务攻击的方式和手段不断发展变化,分布式反射型的拒绝服务攻击日趋频繁)。(3)安全漏洞。包括涉及重要行业和政府部分的高危漏洞事件增多。包括基础应用或通用软硬件漏洞风险凸显、漏洞威胁向传统领域泛化演进、漏洞威胁向新兴智能设备领域延伸等。(4)网络数据泄露。包括网站数据和个人信息泄露仍呈高发态势、移动应用程序成为数据泄露的新主体。(5)移动互联网恶意程序。包括移动恶意程序逐渐从主流应用商店向小型网站蔓延、具有短信拦截功能的移动恶意程序大量爆发等。(6)网页仿冒。特别是针对金融、电信行业的仿冒事件大幅增长;钓鱼站点逐渐向云平台迁移。(7)网站攻击。网络攻击频度、烈度和复杂度加剧,出现了向网站植入钓鱼页面、有针对性地实施拒绝服务攻击、窃取网站数据等情况。

二、金融领域网络与信息安全问题

随着信息技术的广泛应用和电子商务的快速发展,金融行业对信息技术的依赖性越来越强,我国金融行业正经历金融信息化向信息化金融的转变,金融行业信息安全保障工作的难度也在不断加大,尤其是互联网的应用加大了信息安全风险的扩散性,互联网金融业务面临网络攻击、病毒侵扰、非法窃取账户信息、内部信息泄露等新的信息安全挑战。

(一)商业银行的网络与信息安全

银行业历来对信息技术的应用高度重视,紧跟信息技术革命的浪潮,持续投入大量人力和资金,推进银行信息化建设。20 世纪 90 年代以来,随着互联网技术的风起云涌,银行服务逐步向互联网迁移,通过网上银行提供各种银行产品和服务,并发展到手机银行、短信银行、微信银行等多种方式,取得了显著的成效,目前商业银行通过网上银行和手机银行等电子银行渠道办理的业务量占比已超过80%。① 同时，我国银行业网络安全和信息化建设仍存在核心技术受制于人、网络安全威胁加剧等风险和挑战，存在着"重建设、轻管理、重开发、轻运维"等不平衡问题，因此要积极落实"自主可控、持续发展、科技创新"三大战略，坚持"监管与指导并举"的思路，建立了银行业信息科技发展与风险管理专家库，组建银行业安全可控信息技术创新战略联盟和技术实验室，为银行业进一步落实自主可控打造坚实的支撑平台。②

2014年9月3日，中国银监会、国家发展改革委、科技部、工业和信息化部联合发布了《关于应用安全可控信息技术加强银行业网络安全和信息化建设的指导意见》，提出了建立银行业应用安全可控信息技术的长效机制，制定配套政策，建立推进平台，大力推广使用能够满足银行业信息安全需求，技术风险、外包风险和供应链风险可控的信息技术。提出到2019年，掌握银行业信息化的核心知识和关键技术；实现银行业关键网络和信息基础设施的合理分布，关键设施和服务的集中度风险得到有效缓解；安全可控信息技术在银行业总体达到75%左右的使用率，银行业网络安全保障能力不断加强；信息化建设水平稳步提升，更好地保护消费者权益，维护经济社会安全稳定。

（二）互联网金融的网络与信息安全

互联网金融作为一种新兴业态，依托于支付、云计算、社交网络以及App等互联网工具，实现资金融通、支付和金融中介等业务，是金融行业与互联网的有机结合，必然要涉及网络安全、信息安全等问题。

互联网金融面临的信息与网络风险表现如下：

第一，安全基础设施薄弱风险。随着网上支付、网上投资、网上转账、网上借贷等互联网支付、P2P模式、众筹为主要特征的互联网金融业务的发展，互联网金融面临的网络威胁也日趋严重。除了传统互联网风险外，国内的互联网金融还面临新形势、新技术、新业态的安全风险挑战，正在经历着来自黑客团体、经济犯罪、地下产业等安全威胁。由于支撑互联网金融的云计算、大数据等新技术发展还不完全成熟，安全机制尚不完善；且多数平台都是以快速发展客户，持续扩大规模为主，在IT基础设施建设方面投入不足，还有很多P2P平台在初创时期出于成本压缩的考虑，直接购买第三方的IT系统，后期又没有在安全问题上足够重视，导致平台维护周期慢，这一切直接导致大量的P2P网贷、互联网金融产品成为"黑客光临"的重灾区。互联网金融应用系统安全基础较薄弱表现在：

---

① 张艳. 商业银行互联网+金融的探索与实践 [J]. 中国信息安全. 2015（6）.
② 郭利根在中国银行业信息科技风险管理2014年会上的讲话。

(1) 同行业全部漏洞中，高、中危级别的漏洞数量总和占比高达 97.2%；(2) 逻辑漏洞占比极高，这会直接影响用户的账号和资金安全；(3) SQL 注入漏洞存在数量巨大，暴露在业务发展尤其迅猛的互联网金融业，产品及应用在安全开发实践方面存在较大欠缺。

第二，移动互联网金融风险。随着移动互联网高速发展，从事移动应用开发的人群数量也在快速增长，其中 Android（安卓系统）是移动开发者最主要的开发平台。全球安卓开发者数量不断飙升，与此同时，移动应用恶意程序数量也急剧增长，这些恶意程序一般包括恶意扣费、恶意破解与剽窃、信息窃取、远程控制、资费消耗等行为。

据相关数据显示，第三方支付类、电商类、团购类、理财类、银行类这五大手机购物支付类 App 下载量持续走高，与此同时恶意程序数量也急剧增长，其中，资费消耗、流氓行为、诱骗欺诈和隐私获取是主要危害类型。电商类、理财类应用和银行客户端分别是受害最严重的移动应用。

同时，金融应用成为网络攻击的新目标，通过挖掘 App 漏洞、制造木马病毒、截屏窃取账号密码等，网络犯罪分子可能获取金融敏感信息或劫持账户。截至 2015 年 6 月，安卓平台的恶意应用总量为 451 万，2014 年同期仅有 215 万，新增手机病毒是过去数年的总和。

第三，互联网金融平台风险。其隐患方表现在，一是资金本身存在风险。平台有资金流动，就会被人盯着，有的平台资金总量非常大，除了法定货币，还有虚拟货币如比特币等，2014 年国外最大的比特币交易平台 Mt. Gox，因为黑客入侵偷走了价值 20 多亿元人民币的比特币，最终导致平台倒闭。P2P 网贷平台交易的是人民币，也可能会发生黑客盗取人民币的风险。二是黑色产业链会盯上互联网金融平台的大量用户信息。现在互联网金融平台众多、竞争激烈，如果有人可以通过一些简单的手段获得这些信息，实际上是在降低自己平台的运营成本、增加商业机会。这让一些地下黑色产业链找到了"商机"，数据进入到一些黑色产业链的流程里面，如最后被一些骗子收购，用来做欺诈之类的违法事件。三是各家平台之间的竞争带来的技术攻击风险。这类攻击的诉求是用一些暴力型的流量攻击手段，目的是让用户无法访问对方的网站。①

《关于促进互联网金融健康发展的指导意见》中，就网络与信息安全要求，提出从业机构应当切实提升技术安全水平，妥善保管客户资料和交易信息等，同时也要求推动信用基础设施建设，培育互联网金融配套服务体系。支持大数据存

---

① 参见马杰. 详解互联网金融平台三大安全隐患资金风险黑色产业链技术攻击［DB/OL］. 2015.

储、网络与信息安全维护等技术领域基础设施建设。①

三、完善互联网金融网络信息安全的建议

在目前互联网金融一些模式进入门槛较低，技术、开发、安全保障等投入非常有限的情况下，如何保障、防范技术性风险也就显得尤为重要，这既需要国家层面的政策支持、引导，也需要金融机构、互联网企业、信息技术服务企业等参与者的共同努力。

1. 健全信息网络安全管理体系。健全国家网络安全组织架构，强化中央网络安全和信息化领导小组的统一协调指挥；强化国家网络安全管理手段，完善关键基础设施网络安全保护条例、政府信息安全保护条例等法规；坚持安全底线思维，提升安全保障能力，有效维护金融安全和金融稳定持续。加强金融业与国家网络安全主管部门、安全支撑单位、公共事业管理部门之间的沟通协调，在信息共享、应急处置、资源保障等领域密切协作。

2. 强化基础设施安全支撑。采用安全可信产品和服务，提升基础设施关键设备安全可靠水平。建设国家网络安全信息汇聚共享和关联分析平台，促进网络安全相关数据融合和资源合理分配，提升重大网络安全事件应急处理能力；深化网络安全防护体系和态势感知能力建设，增强网络空间安全防护和安全事件识别能力。开展安全监测和预警通报工作，加强大数据环境下防攻击、防泄露、防窃取的监测、预警、控制和应急处置能力建设。

3. 健全大数据安全保障体系。加强大数据环境下的网络安全问题和基于大数据的网络安全技术研究，落实信息安全等级保护、风险评估等网络安全制度，建立健全大数据安全保障体系。建立大数据安全评估体系，切实加强关键信息基础设施安全防护，做好大数据平台及服务商的可靠性及安全性评测、应用安全评测、监测预警和风险评估。明确数据采集、传输、存储、使用、开放等各环节保障网络安全的范围边界、责任主体和具体要求，妥善处理发展创新与保障安全的关系，审慎监管，保护创新，探索完善安全保密管理规范措施，切实保障数据安全。

建设网络安全信息共享和重大风险识别大数据支撑体系建设。通过对网络安全威胁特征、方法、模式的追踪、分析，实现对网络安全威胁新技术、新方法的及时识别与有效防护。强化资源整合与信息共享，建立网络安全信息共享机制，推动政府、行业、企业间的网络风险信息共享，通过大数据分析，对网络安全重

---

① 中国人民银行等十部门发布的《关于促进互联网金融健康发展的指导意见》，银发〔2015〕221号。

大事件进行预警、研判和应对指挥。

4. 改善信息安全技术自主创新环境。一是改进互联网金融的运行环境。在硬件方面加大对计算机物理安全措施的投入，增强计算机系统的防攻击、防病毒能力，保证互联网金融正常运行所依赖的硬件环境能够安全正常地运转以及互联网金融门户网站的安全访问。二是开发具有自主知识产权的信息技术。重视信息技术的发展，大力开发互联网加密技术、密钥管理技术及数字签名技术，提高计算机系统的关键技术水平和关键设备的安全防御能力，降低我国互联网金融发展面临的技术选择风险。三是推动全产业链协同发展。大力支持自主可控信息安全产业发展，通过资金和其他优惠政策鼓励有实力的企业介入开发周期长、资金回收慢的信息安全基础产品，如安全操作系统和安全芯片等。四是依托高校、研究机构和企业自主创新平台，加大核心信息技术的投入，严格管理研究资金，推动研究成果转化。

5. 加强互联网金融运营风控。一是互联网金融工程在开展网络金融安全管理设计时，要坚持综合性整体原则、效能投资相容原则、易用性与交互性原则、有限授权原则、全面确认制度、安全跟踪稽核原则、应急及持续经营等原则。二是互联网金融网络必须采用综合性的智能网络管理系统，提供一体化的网络管理服务，通过协调和调度网络资源，对网络进行配置管理、故障管理、性能管理、安全管理、灾难恢复管理等，以便网络能可靠、安全和高效地运行。三是互联网金融的安全必须建立完善的内控管理制度，使系统的安全管理能得到有效的实施。四是互联网金融机构需要建立一个网络金融安全管理的综合、可循环的管理过程控制系统；建立具备保护、监测、反应的动态自适应的金融监管和预警系统。

6. 加强互联网金融的技术风险管理。信息安全管理包括物理安全、网络互联的隔离和网关病毒过滤、数据传输加密、网络入侵行为及病毒的传播控制、操作系统的安全管理、其他安全设施等。在互联网金融的技术管理策略中，需要金融高级管理层对网络金融业务的技术性风险管理给予高度重视，有形的物理设施诸如对计算机系统、网络设备、密钥等关键设备及信息必须进行安全防卫措施，对数据管理和网络通信安全管理是网络金融业务技术风险的核心部分，应设计和配置不同的服务器和防火墙，采用合适的加密技术确保数据传输的真实性和保密性。应用程序安全主要涉及对交易客户的身份认证和对交易的确认，这是网络金融业务运作的关键环节。系统平台安全必须符合安全标准，事态安全检查须纳入网络金融业务风险控制中。互联网金融业务的安全管理的具体需求有物理层安全、网络层安全、系统层安全、数据层安全，以及应用层安全需求等。

第五节　提高大数据和云计算等支撑能力

由于信息技术和互联网的新发展带来了大数据的爆发式增长，数据正在成为驱动经济增长和社会进步的重要基础和战略资源。大数据是以容量大、类型多、存取速度快、应用价值高为主要特征的数据集合，正快速发展为对数量巨大、来源分散、格式多样的数据进行采集、存储和关联分析，从中发现新知识、创造新价值、提升新能力的新一代信息技术和服务业态。[①] 云计算则是推动信息技术能力实现按需供给、促进信息技术和数据资源充分利用的全新业态，是信息化发展的重大变革和必然趋势。[②]

一、大数据和云计算在金融领域的应用

1. 大数据。大数据也是需要新处理模式才能具有更强的决策力、洞察发现力和流程优化能力的海量、高增长率和多样化的信息资产。大数据应用领域中，超大规模数据仓库、分布式存储和计算、基于人工智能的大数据分析、大数据基础设施、基础软件、行业应用等环节一批领军企业快速成长，已形成大数据产业集群先发优势。同时，大数据推动社会生产要素的网络化共享、集约化整合、协作化开发和高效化利用，改变了传统的生产方式和经济运行机制，提升经济运行水平和效率。

相较于一般数据，大数据是动态实时数据流。作为涵盖日常生活方方面面的动态实时数据，大数据能够进行对客户偏好、信用等多维度的分析并捕捉到系统风险。以国内互联网巨头 BAT（百度、阿里巴巴、腾讯）为例，百度拥有用户搜索表征的需求数据和公共 Web 数据；阿里巴巴拥有具有商业价值的交易数据和信用数据，以及通过投资等方式掌握的部分社交数据、移动数据；腾讯拥有用户关系数据和基于此产生的社交数据，能够用来分析人们的生活和行为，但这仅仅体现了大数据的两个特性：体量大、多样性，更重要的意义则是速度快、价值大。互联网金融企业通过接收来自平台的实时数据，将关联信息系统整合到数据网络中，能实现客户数据的及时更新和价值信息的充分获取。通过对数据有效的管理和整合，进行智慧的分析与预测，从而制定相应的决策，提高服务效率和质量。

---

① 促进大数据发展行动纲要 [S]. 国务院，2015 – 08 – 31.
② 国务院关于促进云计算创新发展培育信息产业新业态的意见（国发〔2015〕5 号）.

2. 云计算。云计算作为一种模式,提供了便捷的、可随时通过网络访问来配置计算资源(包括网络、服务器、存储、引用和服务)共享池的能力。美国国家标准与技术研究院(NIST)将云计算总结为"三类服务方式、四种部署方式和五个特点":三类服务方式为 IaaS(基础设施即服务)、PaaS(平台即服务)和 SaaS(软件即服务);四种部署方式为私有云、公有云、混合云和社区云;五个特点包括按需自助、网络访问、资源池、快速弹性配置、可计量服务。

二、大数据和云计算重构金融生态体系

目前金融云呈现混合云、云服务、核心云三大趋势:(1)混合云:云模式从私有云到混合云,平衡公有云及私有云特点,将业务分类部署,做到低成本、低风险特性。(2)云服务:金融机构角色变化,成为数字化云计算服务供应商,云计算不仅重新定义了金融机构的技术部门,也有能力帮助业务单位进行数字化产品和服务的创新。(3)核心云:蓄势待发,随着行业接口标准的成熟以及业务发展与运营优化的需求,核心产品上云是大趋势。具体表现在:(1)基础方面:互联网海量数据和大数据技术助力建立全社会征信体系,首批个人征信牌照的发放预示着个人征信体系建设有望迎来跨越式发展;(2)产品方面:互联网金融产品,如在线理财、在线支付、电商小贷、P2P、众筹、征信服务以及金融服务平台等层出不穷,满足了用户多层次和个性化的金融需求;(3)用户方面:传统商业银行服务往往是针对20%的高净值人群,互联网低交易成本的特点让金融服务覆盖到80%的长尾用户,契合了用户碎片化、草根化的需求。

(一)传统银行业的应用

互联网对银行业的渗透,可以分为三个阶段:第一阶段,银行渠道的互联网化,各大商业银行纷纷推出网上银行业务,方便用户更加快捷的办理业务;第二阶段,随着互联网创新的加速,支付、借贷、征信等传统的银行业务开始互联网化,出现了大量的第三方公司从事此类业务,如余额宝、P2P 等;第三阶段,微众银行、网商银行等纯互联网银行出现,其银行的所有业务将全部在线上完成。

在银行业自身的发展上,进入 20 世纪 90 年代后,全球互联网和其他数据网络的发展引发了商务革命和经营革命。电子商务成为时代潮流,从而推动了网上支付以及网上银行发展。商业银行也充分利用信息技术改造银行业务流

程，建立管理信息系统和数据库，并开始对银行海量数据进行分析和挖掘，而随着云计算和大数据在商业银行的应用，将使得商业银行在及时感知和洞察客户需求、精准实时的营销、个性化的客户体验、信贷风险控制等方面更加智能和智慧。大数据能够使得银行为每个用户贴上合理标签，对用户进行全方位信息的深入理解与认知。例如，交通银行大数据体系分为三大块：数据分析、数据实验室、数据提取。数据分析能够实现精准营销、客户行为分析、客户管理、风险管理等方面的业务优化；数据实验室能够深化探索各部门数据、满足客户多样化服务需求。通过数据分析以后，可以有针对性地选择一些客户进行投放，包括一些新的在网上银行做新的交叉销售和相应的营销，以及基于大数据分析的其他应用。

（二）互联网金融的应用

随着互联网的普及和互联网金融时代的到来，金融业务呈现随时在线，小额频发等特点，但传统IT架构成本高昂、并发能力弱、可扩展性差的特点难以应付这种转变。互联网金融通过技术与制度两大驱动力为主线。一方面，适应IT（信息技术）向DT（数据技术）的变革，能在很大程度上改变金融资源的生产（产品设计与制造）、分配（风险收益的归属与控制）、交换（直接或间接的金融交易）、消费（客户对产品的使用及反馈）业态，并可带来效率的提升、成本和费用的下降、系统可控性的强化、不确定性的减少等。

2014年12月16日，深圳前海微众银行正式开业，标志我国正式进入了纯"互联网银行"时代。在2015年6月25日，浙江网商银行也宣布正式开业。这两家银行都是主打互联网概念，做纯网上银行。其不设物理网点，不做现金业务，服务长尾客户，从而有条件通过对海量数据进行深入挖掘分析，加快信息处理速度，提高服务效率。

其中，阿里巴巴集团的"蚂蚁金服"通过把整个金融生态圈所需要的一些基础元素进行解构，然后把通用的非常重要的元素沉淀到金融云的平台上来，再通过它把各种各样的金融服务提供给合作伙伴。因此其金融云是一个在整个金融生态结构下的，由基本元素构建成的平台，通过平台可以辐射到合作伙伴，并为各类金融机构提供各种服务。

阿里巴巴在从IT向DT过渡的发展中，蚂蚁金融旗下的网商银行是将核心系统架构在金融云上的银行，作为由蚂蚁金服自主研发的云服务平台，蚂蚁金融云继承了阿里云将5000台机器连接成一个集群的能力，它提供的分布式计算服务，能让金融机构摆脱传统IT架构的束缚外，可以有效克服传统IT的缺点，为金融机构，尤其是缺乏财力和技术能力的中小金融机构应对转变提供帮助。

2015年"蚂蚁金服"启动了"互联网推进器"计划，未来将在渠道、技术、数据、征信乃至资本层面上与金融机构合作，预计在5年内助力超过1000家金融机构向适应互联网时代的新型金融机构转型升级。如果计划得以实现，那么作为利益共同体中的核心成员，蚂蚁金服将首先享受到转型成功所带来的红利。

微众银行借鉴在互联网多年积累的经验，其IT架构的分布式架构设计原则是：（1）通过数据分布实现海量数据处理能力，把这些数据打散到不同的节点，来实现横向扩展以及处理能力的提高。（2）数据汇集机制支持全行集中管理模式，把数据汇集到全行集中管理模式的应用上，这些应用都是基于大数据平台来实现的。（3）通过将数据复制至备份节点实现高可靠性，节点跟节点之间有数据复制的机制，来实现数据出现异常的情况下快速恢复。（4）可靠消息总线（RMB），它是基于硬件的信息总线，每秒能有五六十万消息的处理能力，而且我们可以通过增加硬件的设备来提高它的处理能力。（5）随着用户规模增长需要，系统处理能力可以无限横向扩展，未来可以不断地通过新增加的资源，包括数据中心的资源，来满足业务发展的需要。

（三）提高大数据和云计算支撑互联网金融的能力

随着信息经济的加速发展，信息基础设施的巨变也日益彰显，云、网、端三部分发挥着重要的作用。云计算作为新信息基础设施的核心，有望推动传统的计算机+软件范式转向云计算+数据模式的转型。同时，云计算与大数据是密不可分的，这就像一枚硬币的两面，云计算服务为大数据应用提供了成本低、灵活性强、性能好的海量存储和大规模计算环境，大数据则基于云计算平台才能实现数据流动、共享、开放，释放巨大潜力。具体而言，源源不断的数据生成到云计算服务平台的存储、处理、分析，然后将处理和分析后的数据提供给用户，实现特定的社会和经济价值。

大数据的演变过程，第一阶段是整个信息化基础设施建设阶段；第二阶段是基于大数据的存储、管理以及云计算等基础结构、技术架构的发展、升级；第三阶段是整个大数据共享，包括政府、行业数据等；第四阶段是大数据对各个行业和产业商业模式和生态的深刻影响。①

根据IDC的预测，2015年，82%的新应用都将运行在云计算平台上，而到2020年，云计算业务将占到所有IT系统的27%。近阶段，通过对比国内外云计

---

① 刘洋，刘智. 云计算大数据：最大趋势全面验证阶段到来 [R]. 申万宏源研究，2015 – 10 – 26.

算+数据的应用情况，中国云计算产业应用正在加速落地，正从移动互联网、电子商务、游戏等中小企业用户用云为主，发展到传统大中型企业上云加速，金融、政府、能源、交通、制造等行业用户纷纷着手采购云计算服务，未来云计算+数据的市场应用前景广阔。①

三、提高大数据和云计算对互联网金融支撑的建议

1. 促进互联网金融的应用创新。金融创新过程中，随着技术进步和利率市场化的发展趋势，移动、社交、云、数据是金融创新的主要要素。其中云计算是上述其他三者的基础，其能够满足移动接入社交要求，并沉淀大数据。云计算是弹性的基础设施，具有低成本（降低30%甚至70%的成本）、快速投放市场（部署传统银行IT系统需要2~3年，金融云部署时间为3~5个月）、打破应用、数据孤岛，易于构建云生态的特点。

在国外，大数据已经在金融行业的风险控制、运营管理、销售支持和商业模式创新等领域得到了全面尝试。② 在国内，金融机构对大数据的应用还基本处于起步阶段。根据应用对比，国外银行开始基于多种渠道，主动进行数据的采集和分析，并最终起到指导决策的作用，例强调风险预防、提升用户体验、感知用户等。国内各商业银行重点多放在多渠道拓展、主动或被动地收集数据、不太明确需要什么数据，以及缺乏以数据支撑决策的机制和流程。③ 同时，数据整合和部门协调等关键环节也是金融机构将数据转化为价值的主要瓶颈。

例如，虽然同样发端于互联网，但百度、阿里、腾讯等互联网公司的基因和发展道路各有不同，百度面临的关键问题是如何将大量的信息搜索流量转换成真正具有金融价值的资金账户；阿里面临的问题是如何将支付、基础设施创新转换成有效的盈利模式；腾讯面临的问题则是如何在其核心的社交、游戏场景中做强金融应用；大数据在金融领域真正有突破性的应用，目前看到比较典型的是蚂蚁的小微企业贷款，是以一个纯数据的体系，基于用户、基于商户在网络上的一些经营行为数据，去作风险的评估，去作定价。

2. 加快完善大数据产业链。我国大数据发展目前还是处于初期阶段，无论是顶层设计，还是产业支持政策，都才刚刚开始。因此，《国务院关于印发促进大数据发展行动纲要的通知》中提出，要完善大数据产业链，支持企业开展基于

---

① 侯佳林. 奠基信息经济2.0，云计算+数据产业展翅正当时[R]. 爱建证券主题策略报告. 2015-10-28.
② 邓俊豪，张越，何大勇. 回归"价值"本源：金融机构如何驾驭大数据[R]. BCG报告，2015.
③ 数据堂（北京）科技股份有限公司[R]. 大数据产业调研及分析报告. 2015.

大数据的第三方数据分析发掘服务、技术外包服务和知识流程外包服务。鼓励企业根据数据资源基础和业务特色，积极发展互联网金融和移动金融等新业态。推动大数据与移动互联网、物联网、云计算的深度融合，深化大数据在各行业的创新应用，积极探索创新协作共赢的应用模式和商业模式。因此，一是应完善产业链各环节，包括数据传输、数据存储、数据安全、数据分析等细分产业链。二是形成互联网金融大数据产品体系。围绕数据采集、整理、分析、发掘、展现、应用等环节，支持大型通用海量数据存储与管理软件、大数据分析发掘软件、数据可视化软件等软件产品和海量数据存储设备、大数据一体机等硬件产品发展，带动芯片、操作系统等信息技术核心基础产品发展，打造较为健全的大数据产品体系。三是信息技术公司与产业创新企业、金融机构加强深度合作，促进社会资本通过数据风控有序进入产业，使产业资金成本有较大下降，产业创新升级不断活跃。

3. 以大数据推动征信体系建设。当前，金融业的竞争格局正在快速重构，互联网金融对传统金融的冲击主要在于互联网技术的渗透在显著提升金融服务效率的同时，改写了金融交易规则和组织形式。金融分工和专业化色彩被淡化，金融交易脱媒，具体表现：一是价格市场化；二是产品长尾化；三是渠道多元化；四是风险管理数据化。虽然在互联网社交效应影响下，金融的民主化、普惠化特征充分显现，但同时，金融信息不对称现象并没完全消除，特别是在P2P和众筹领域，不时有风险事件发生。

腾讯的互联网大数据征信由财付通完成，主要运用社交网络上海量信息，如在线时长、登录行为、虚拟财产、支付频率、购物习惯、社交行为等，为用户建立基于线上行为的征信报告。具体说来，征信体系将利用其大数据平台TD-BANK，在不同数据源中，采集并处理包括即时通信、SNS、电商交易、虚拟消费、关系链、游戏行为、媒体行为和基础画像等数据，并利用统计学、传统机器学习的方法，得出信用主体的信用得分。

蚂蚁金融云打造了综合、智能、个性化的安全云服务平台，有效解决互联网金融业务安全与风险问题，每天实时保障支付宝平台上亿笔交易的安全运行。阿里小贷则以"封闭流程+大数据"的方式开展金融服务，凭借电子化系统对贷款人的信用状况进行核定，发放无抵押的信用贷款及应收账款抵押贷款，通过其云计算能力及多种模型，为阿里集团的商户、店主时时计算其信用额度及其应收账款数量，依托电商平台、支付宝和阿里云，实现客户、资金和信息的封闭运行，有效降低了风险因素。

但是针对数量众多的P2P及众筹企业，如何通过大数据和云计算建立一个管理有效的征信系统，是一个应尽快解决的课题。通过大数据的运用，不仅针对每一个人的消费行为和风险偏好，为每一个人提供投资或资产管理服务，更重要的是在海量数据中针对投资者或企业有关的数据进行实时分析、风险评判，并及时采取应对措施。建议主要由第三方支付机构发起，由监管部门统筹建立一个针对P2P及众筹的大数据风险控制系统，以信用信息资源共享为基础，政府引导并调动市场主体参与，最终建立起一个支撑互联网金融发展较为完善的征信体系。

第四章

互联网金融生态主体的竞争与合作

在互联网金融生态中,传统金融机构与新兴互联网企业存在激烈的竞争,新兴的互联网金融平台之间也存在激烈的同业竞争,但生态主体都会基于比较优势在系统中找到自身的市场定位,激发各生态主体的分工与合作。因此,本章从互联网金融生态主体的竞争模式、合作模式、生态环境对主体制约、主体对生态环境推动,这四个维度展开详细探讨。

第一节 互联网金融生态主体的竞争模式

互联网金融生态主体包括传统金融机构、互联网企业、通信网络运营商、互联网金融消费者、电商平台、监管机构、媒体、社会组织(法律、审计、会计事务所,评级机构、研究机构)等[1]。其中,传统金融机构运用互联网技术,基于线上平台开展银行服务、理财、网购等业务。例如,开设网上银行业务、开拓网络理财业务、借助社交网络和电商等渠道扩展业务等。所以,我国传统商业银行往往是互联网金融的资金来源、渠道与后台。

互联网企业是互联网金融的创新力量。互联网金融的兴起源于电子商务交易平台的蓬勃发展,目前已形成了渠道金融服务和自主金融业务两种功能。互联网企业开展的互联网金融业务有第三方支付、P2P网络借贷、网络理财等,这些业

---

[1] 严圣阳. 互联网金融生态系统建设探析[J]. 中国经贸导刊, 2014 (11).

务聚集了国内外海量用户,增加了用户对互联网金融支付产品的黏度。

通信网络运营商主要为互联网金融提供信息技术的支持。同时,也在移动支付介入互联网金融的产品和服务。截至 2015 年第三季度,中国第三方移动支付市场交易规模达 43914 亿元,环比增长率为 26.39%[①]。

总之,传统金融机构、互联网企业和通信网络运营商,三个生态主体的竞争模式具有一定的结构特征,各生态主体之间的竞争既有商业模式的竞争,又有产品研发的竞争,还有营销策略的竞争,这对于整个互联网金融生态系统的动态平衡非常重要。

一、商业模式的竞争

(一) 传统金融机构开展的网上银行业务模式

从概念来看,传统银行借助 Internet、大数据、云计算等信息技术,为客户提供传统银行业务和因信息技术所引致的新兴业务。这一部分的网上银行服务,当前在中国得到了快速发展,基本覆盖了所有的银行机构。本章所谈到的国内网上银行,就属于这一范畴。

从网上银行的发展历程来看,传统金融机构开展的网上银行是"鼠标加水泥"型银行[②]。"鼠标加水泥"型银行(clicks and Mortar Bank)是以传统银行为基础,通过电子渠道使有限的营业网点延伸到无限的客户中去,实质上就是将银行业务拓展到互联网上完成的,从而使得有限的营业网点通过互联网延伸到无限的客户中去。比较典型的国外银行如美国的花旗银行和 Wells Fargo 银行,国内银行如工商银行、招商银行等也采用这种模式。这也是目前网上银行所采取的主流模式。根据雷曼公司的调查,世界排名前 1000 家的大银行中,70% 以上设立了这种"鼠标加水泥"型网上银行,占网上银行的 80% 以上。

总之,传统金融机构开展的网上银行业务模式,用户可以不受上网方式(PC、PDA、手机、电视机机顶盒等)和时空的限制,只要能够上网,无论身在何处,都能够安全、便捷地管理自己的资产和享受到银行的服务。网上银行以互联网为平台,业务不受地域、物理网点、营业时间等限制,可以随时随地在互联网上,甚至通过一个移动互联网终端就可以完成银行为主体业务的存款、贷款、结算、支付、理财等各类业务。由于网络银行没有物理网点,节省了巨额的网点

---

① 中国第三方移动支付市场季度监测报告(2015 年第 3 季度)[D]. 易观智库,2015.
② 欧阳日辉,王立勇,王天梅. 互联网金融监管:自律、包容与创新[M]. 北京:经济科学出版社,2015.

运营费用和人员开支。据美国咨询机构 Tower Group 的数据，通过互联网金融方式办理的交易成本仅为传统柜面模式的约 1/50，是通过 ATM 方式的约 1/10。正因为如此，网上银行的便捷、高效等特性，必将成为我国银行业今后商业模式转变的重要方向之一。

（二）互联网企业开展的网上银行业务模式

这类网络银行是借助 Internet 等信息网络所开设的银行。属于纯网上银行（后文提到的网络银行都是这种类型），完全依赖互联网开展银行业务，没有线下的物理网点，也被称为"没有银行的银行"。互联网企业开展的网上银行是纯网上型的银行。纯网上银行（Internet-only Bank）是一种纯虚拟模式。一种完全建立在互联网上的虚拟银行，采用此类模式的电子银行没有数量众多的分支机构和营业网点，只有一个办公地点。在这种模式下，所有的银行业务都依赖互联网来完成，通过互联网或电话等电子渠道来完成几乎所有业务，而需要人工处理的业务如现金存取、客户投诉等，通过采取委托代理机构、ATM 机等手段来解决。如美国安全第一网上银行（SFNB）就是一家典型的纯网上银行，也是世界上最早的一家采取了这种模式的网上银行。比较著名的还有 Egg，ING Direct，Bank of Indiana 等纯网上银行。

（三）互联网企业开拓的第三方支付业务模式[①]

1. 第三方支付的定义。根据国际清算银行的定义，"支付是付款人向收款人转移可以接受的货币债权。货币债权通常表现为现金、商业银行或中央银行存款等形式"，以此定义为基础，第三方支付，即是以互联网平台为主要媒介，运用现代化的信息技术、电子化等手段在付款人和收款人之间进行的货币债权转移。在此，应该引起注意的是，当前我国以第三方支付为代表的非金融机构，提供的支付服务扩展和丰富了传统支付的内涵和外延，在现金、商业银行或中央银行存款形式之外创造了新的债权形式，即"预付价值"[②]。

2. 第三方支付的业务模式。

（1）支付宝[③]。支付宝（中国）网络技术有限公司是国内领先的第三方支付企业，致力于提供"简单、安全、快速"的支付解决方案。支付宝公司从 2004

[①] 欧阳日辉，王立勇，王天梅. 互联网金融监管：自律、包容与创新 [M]. 北京：经济科学出版社，2015.
[②] 欧阳卫民. 非金融机构支付市场监管的基本原则 [J]. 中国金融，2011（40）.
[③] 支付宝的服务内容 [EB/OL]. 百度百科，2014.

年建立开始,始终以"信任"作为产品和服务的核心。旗下有"支付宝"与"支付宝钱包"两个独立品牌。自 2014 年第二季度开始成为当前全球最大的移动支付厂商。

支付宝主要提供支付及理财服务。包括网购担保交易、网络支付、转账、信用卡还款、手机充值、水电煤缴费、个人理财等多个领域。在进入移动支付领域后,为零售百货、电影院线、连锁商超和出租车等多个行业提供服务。还推出了余额宝等理财服务。支付宝与国内外 180 多家银行及 VISA,MasterCard 国际组织等机构建立战略合作关系,成为金融机构在电子支付领域最为信任的合作伙伴。

(2) 微信支付。微信支付是集成在微信客户端的支付功能,用户可以通过手机完成快速的支付流程。微信支付以绑定银行卡的快捷支付为基础,向用户提供安全、快捷、高效的支付服务。用户只需在微信中关联一张银行卡,并完成身份认证,即可将装有微信 App 的智能手机变成一个全能钱包,之后即可购买合作商户的商品及服务,用户在支付时只需在自己的智能手机上输入密码,无须任何刷卡步骤即可完成支付,整个过程简便流畅。

目前微信支付已实现刷卡支付、扫码支付、公众号支付、App 支付,并提供企业红包、代金券、立减优惠等营销新工具,满足用户及商户的不同支付场景。微信支付支持以下银行发卡的贷记卡:深圳发展银行、宁波银行。此外,微信支付还支持以下银行的借记卡及信用卡:招商银行、建设银行、光大银行、中信银行、农业银行、广发银行、平安银行、兴业银行、民生银行。①

(四) 通信网络运营商拓展的移动支付业务模式

移动支付的业务规模逐渐增多,但业务模式仅有近场支付和远程支付两种。其中,近场支付(Near Field Communication,NFC)是指移动通信设备通过短距离的高频无线通信技术,进行非接触式点对点支付方式,如二维码支付、声波、移动"和"包、电信翼支付、联通沃易付、Apple Pay、拉卡拉支付等。远程支付(remote payment)是指交易双方无序考虑地理位置,通过手机发送支付指令进行的支付方式,如 P2P、国际汇款、P2SB、移动支付账单、移动电子商务等。移动支付具体的分类如图 4 - 1 所示。

1. 近场支付。近场在交易方式、硬件等方面拥有更高的安全性且应用场景所受限制少、使用频率更高,因此近场支付更具便捷性。手机近场支付在便利性

---

① 微信支付的服务内容 [EB/OL]. 百度百科,2015.

第四章　互联网金融生态主体的竞争与合作

```
                    ┌─→ 近场支付 ─→ 二维码支付、声波等
         移动支付 ──┤
                    └─→ 远程支付 ─→ 国际汇款、P2SB等
```

图 4-1　移动支付的业务模式划分

方面有典型的优势，但在用户使用习惯、普及程度上均不及银行卡刷卡和远程支付。因此手机近场主要应用在金额相对较低且频次高的细分市场中，如便利店、自动售货机等。

常见的近场支付技术还包括声波、蓝牙、红外线等。在能耗方面，NFC 对能耗要求更低，即使在电池没电的情况下，具有 NFC 功能的手机依然可以通过其射频模块激发来完成电子支付；在便捷性方面，红外线信号具有方向性，低能耗蓝牙建立时间很短，NFC 所需的建立时间也非常短，尤其适合地铁、公交等快速通过类应用场景；在传输距离方面，NFC 小于 0.1m 达到厘米级，而蓝牙和红外线的传输距离都在米级甚至 10 米级，较短的控制距离使 NFC 精确度较高，在近场支付中独具优势；在安全性方面，红外线保密性差，蓝牙通过软件加密，而 NFC 的卡或终端内置 SE 安全芯片，通过密钥认证来保证安全性。由此，我们可以看出，无论是功耗，还是便捷性、精确度，甚至还有安全性，NFC 都是目前最适合近场支付的一种技术，未来或将居于主导地位。[1]

（1）二维码支付。

——二维码支付的定义。二维码支付是一种基于账户体系搭起来的新一代无线支付方案。在该支付方案下，商家可把账号、商品价格等交易信息汇编成一个二维码，并印刷在各种报纸、杂志、广告、图书等载体上发布。[2]

用户通过手机客户端扫拍二维码，便可实现与商家支付宝账户的支付结算。最后，商家根据支付交易信息中的用户收货、联系资料，就可以进行商品配送，完成交易。同时，由于许多二维码扫码工具并没有恶意网址识别与拦截的能力，这给了手机病毒极大的传播空间，需要针对在线恶意网址、支付环境的扫描与检测来避免二维码扫描渠道染毒。[3]

——业务概述。二维码可以分为堆叠式/行排式二维条码和矩阵式二维条码。堆叠式/行排式二维条码形态上是由多行短截的一维条码堆叠而成；矩阵式二维条码以矩阵的形式组成，在矩阵相应元素位置上用"点"表示二进制"1"，用

---

[1] 中国移动支付市场年度综合报告（2015）[D]．易观智库，2015．
[2] 二维码支付 [EB/OL]．百度百科，2015．
[3] 支付宝将推二维码支付 [EB/OL]．腾讯网，2015．

"空"表示二进制"0",由"点"和"空"的排列组成代码。①

二维码在中国已发展了两三年的时间,目前国内二维码的应用,大致可分为被动扫码型和主动扫码型两种业务形态。

(2)声波支付。

——声波支付的定义。利用声波的传输,完成两个设备的近场识别。其具体过程是,在第三方支付产品的手机客户端里,内置有"声波支付"功能,用户打开此功能后,用手机麦克风对准收款方的麦克风,手机会播放一段"咻咻咻"的声音。②

——业务概述。对于消费者而言,利用手机的声波支付不涉及金额、账户号等信息,所以消费者无须害怕隐私泄露问题。而针对卖家,"声波支付"售货机虽然成本较高,但它能有效解决假钞、找零、银行兑换及售货机运营商点钞成本等问题,一次性投入,有效提升销售便捷性,如图4-2所示。

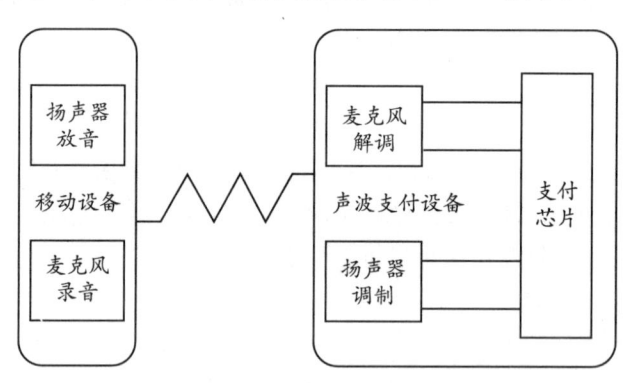

图4-2 基于硬件的声波支付设备

另外,"声波支付"对小额支付便捷性的提升具有较大意义。现在大型超市结账排队现象非常严重。即使信用卡、预付卡购物能省去找零环节,打印单据、签字仍要耗费不少时间。因此,国内几个大型的传统零售企业相继开展了"声波支付"的业务功能,针对超市每笔收银业务都可进行快速结账,显然增加了超市购物者的数量。例如,2013年4月,支付宝与青岛易触在杭州展示声波售货机。开启了国内首个声波支付的时代。2013年11月,银泰百货收银台全线支持支付宝声波付款。一个月后,中国银行"中银易商"客户端在同业中率先推出"声波支付"实现手机转账。2014年2月,Google收购声波密码验证技术公司Slick

---

① 二维码支付原理[EB/OL]. 网络营销教学网站,2015.
② 声波支付[EB/OL]. 百度百科,2015.

Login。

2. 远程支付。移动远程支付由于技术成熟且不需要改造终端,产业链和软硬件的配套完善,以及智能手机的普及,因此短期内即可产生联动效应,获取先发优势,比近场支付具有更高接受度和适用性。移动远程支付根据交易双方主体及交易目的,可分为个体之间的资金转移、国际汇款、个体非正式支付、商品和服务支付、移动缴费、移动购买付款、企业之间的资金流动七类①。

二、产品研发的竞争

(一)传统金融机构推出的网络理财产品业务模式

2005年9月中国银行业监督管理委员会颁布的《商业银行个人理财业务管理暂行办法》,对于"个人理财业务"进行了全面界定——商业银行为个人客户提供的财务分析、财务规划、投资顾问、资产管理等专业化服务活动。商业银行个人理财业务按照管理运作方式的不同,分为理财顾问服务和综合理财服务②。所以,传统商业银行的"银行理财产品",其实是指其中的综合理财服务。

截至2014年12月31日,中国银行业理财市场存续理财产品共计55012只,理财资金余额15.02万亿元,较2013年末增长4.78万亿元,增幅为46.68%。其中,从运作模式看,虽然封闭式理财产品仍占主要地位,但开放式理财产品增长迅速。截至2014年末,开放式理财产品存续3604只,资金余额5.24万亿元,占全市场的比例分别为6.55%和34.91%。开放式理财产品资金余额较2013年末增长3.56万亿元,增幅为210.51%,占市场的比例提高了18.43个百分点。在全部开放式理财产品中,非净值型理财产品资金余额4.68万亿元,较2013年末增长3.15万亿元;净值型理财产品资金余额5607.5亿元,较2013年末增长4079.7亿元。③

(二)互联网企业推出的网络理财产品业务模式④

互联网企业推出的网络理财产品业务模式是指互联网企业和基金公司共同发布的金融产品服务,根据基金公司对股市、债券、基金、货币等金融产品的投资

---

① 张静. 移动远程支付的智能终端研究[D]. 北京交通大学,2013.
② 中国银行业监督管理委员会. 商业银行个人理财业务管理暂行办法[Z]. 2005.
③ 中央国债登记结算有限责任公司全国银行业理财信息登记系统. 中国银行业理财市场2014年年度报告[D]. 2015.
④ 欧阳日辉,王立勇,王天梅. 互联网金融监管:自律、包容与创新[M]. 北京:经济科学出版社,2015.

情况,以实现个人或家庭资产收益最大化的一系列活动。

1. 余额宝。作为互联网理财的开山之作,自 2014 年 6 月中旬开始上线不足 1 年时间,余额宝就将天弘基金的增利宝货币基金推向了全球十大货币市场基金行列,后者也一举成为中国最大的公募资金。余额宝的成功,被各界视为互联网企业进军金融产业的成功范例,颠覆了长期以来个人零散资金只能投资于收益率严重偏低的活期储蓄的现状。①

余额宝之所以能够成功,在于让用户充分利用自己的闲散资金进行投资,且操作简便。用户只需把钱存入余额宝,就默认自动购买了货币基金,且每日能看到资金收益状况。此外,余额宝的赎回还可以享受"T+0"交易的便捷。与传统购买货币基金的方式相比,余额宝利用支付宝平台沉淀的巨量资金为用户创造价值。由于产品收益率高,且不需要投资者专门花心思比较不同基金的业绩情况,因此吸引了大量网民加入。

2. 理财通。理财通的便捷性较为明显。用户点击微信"我的银行卡"之后,便可发现"理财通"栏目,打开"查看全部基金",就可以看到易方达易理财、华夏财富宝、汇添富全额宝等基金产品,十分便捷。而多只基金的上线,也意味着可以在一个平台上挑选多只优秀的基金产品,能够更好地满足用户的多样化需求。

从流动性来看,理财通上线的 3 只基金申赎规则一致,均具备较佳流动性。易方达易理财在理财通上的普通赎回通常"T+1"日到账、不设上限,"T+0"快速赎回设单笔上限 2 万元、单户单日累计上限 6 万元,这一特点非常契合移动端客户管理小额流动现金。

3. 现金宝。"现金宝"是汇添富基金旗下互联网金融的专属货币市场基金,成立于 2009 年 6 月,除了具备基础的余额理财功能外,汇添富基金的现金宝产品更加注重基金财富增值及财富管理的本质,使基金首次既具备金融的专业性,又非常重视用户体验,是基金行业走向市场的先驱。

汇添富基金在余额理财模式上的布局比较超前。自 2009 年推出现金宝以来,积累了大量的互联网基金销售经验,现在无论是电子商务团队还是技术团队都占领了先机。同时,除了余额理财模式外,汇添富基金先后在 2011 年和 2012 年创新实现货币基金信用卡还款业务和货币基金"T+0"交易,其中,货币基金信用卡还款业务首次打通了"货币"与"资产"之间的界限,是历史性的突破。②

---

① 张明,杨晓晨. 必读:余额宝:现状、镜鉴、风险与前景 [EB/OL]. 中国社会科学网,2014.
② 新华社《金融世界》,中国互联网协会. 互联网基金销售创新与发展研究 [J]. 互联网天地,2014 (10).

三、营销策略的竞争

(一) 传统金融机构采取的渠道营销业务模式

随着国内电子商务交易平台数量的不断增多,除互联网企业外,传统零售业、传统制造业、传统商业银行等一大批传统企业,也纷纷推出自己的电子商务交易平台,尤其是传统商业银行,利用本行银行信用卡积分兑换和信用卡消费折扣的潜在优势,吸引本行客户到平台进行消费。

1. 善融商务。2011年之前,中国建设银行一直与互联网企业的电子商务平台合作,如淘宝网、天猫网、金银岛等电子商务平台。其中,与淘宝网和天猫网的合作,主要是根据网商的信用信息,为这些平台的客户提供银行信贷服务。这种合作效果较好,大大降低了淘宝网和天猫网不还贷款的问题。实际上,阿里巴巴避免还款违约率的主要原因有两点,一是阿里巴巴集团自推出支付宝后,强大的资金池足以支撑网商贷款的系统内部循环;二是淘宝网和天猫网的商户,不可能为了一小笔贷款而丢失自己网上开店的经营权。

在中国建设银行和电子商务交易平台合作的几年中,银行与互联网企业相互学习,淘宝网和天猫网从建设银行学到了大量专业的信贷风险控制的依据和方法。学完之后,它认为这里面有大量长尾机会是自己该赚取的,不应该分给别人;另外,它肯定也意识到跟大型国企合作非常困难,部门之间的效率低,真正想做创新性强、革命性的业务,在银行层面很难推动。[1]

随着2010年3月,阿里巴巴拿到了小贷牌照,面向小微企业的信贷业务蓬勃发展。据相关机构的数据统计,仅2012年上半年,阿里金融就完成了170万笔贷款,累计投放贷款130亿元。而中国建设银行的信贷服务业务开始下滑,虽然这个业务量对建设银行来说还不足为惧,但面向企业客户的在线信贷服务,是一块战略性的新兴市场,有可能影响未来银行业的竞争格局。由此,2011年4月中国建设银行与淘宝网、天猫网的在线信贷服务业务合作逐渐停止。

为了弥补这款业务的空缺,突出几年来中国建设银行所学的电子商务平台经营业务流程和方法,2010年下半年开始,建设银行就开始探索大型国有商业银行如何在电子商务环境下提供金融服务的课题。终于在2012年6月,建设银行找到开展电商业务的契机,并高调推出善融商务,开启了传统商业银行走电子商务交易平台的道路,发挥在线信贷服务业务的独特优势。

---

[1] 银行们,要做哪门子电商?[EB/OL]. 虎嗅网,2012.

善融商务是中国建设银行推出的以专业化金融服务为依托的电子商务金融服务平台，融资金流、信息流和物流为一体，为客户提供信息发布、在线交易、支付结算、分期付款、融资贷款、资金托管、房地产交易等全方位的专业服务。

"善融商务"以"亦商亦融，买卖轻松"为出发点，面向广大企业和个人提供专业化的电子商务服务和金融支持服务。在电商服务方面，提供 B2B 和 B2C 客户操作模式，涵盖商品批发、商品零售、房屋交易等领域，为客户提供信息发布、交易撮合、社区服务、在线财务管理、在线客服等配套服务；在金融服务方面，将为客户提供从支付结算、托管、担保到融资服务的全方位金融服务。①

2. 融e购。随着淘宝网、京东商城等电子商务平台的出现，线上平台交易的业务量逐年增加。在中国建设银行推出的善融商务后，互联网的应收账款融资和应付账款融资业务不断拓展，中国工商银行于 2013 年 5 月 10 日，开始筹备往电子商务交易平台进军的相关工作。终于在 2014 年 1 月 12 日，中国工商银行电商平台"融e购"正式上线，标志着工商银行试水应收账款融资和应付账款融资的业务。

"融e购"平台将坚持"名商、名品、名店"的定位，有机整合客户与商户，有机链接支付与融资，有机统一物流、资金流与信息流。其中，重点突出银行业支付灵活、融资便捷的金融服务优势，凸显"购物可贷款，积分能抵现，品质有保障，登录很便捷"的优势特色。

在中国工商银行的规划中，融e购的定位是打造消费和采购平台、销售和推广平台、支付融资一体化的金融服务平台，希望做到用户流、信息流、资金流"三流合一"的数据管理平台。融e购商城将工商银行逸贷产品与网上购物结合起来，订单高于 600 元即可在线申请逸贷消费贷款业务，全线上，全自助，瞬时到账。未来融e购将成为工商银行转型互联网的重要平台。②

（二）互联网企业采取的 P2P 网贷营销业务模式③

1. P2P 网络借贷的定义。P2P 网络借贷不以传统金融机构作为媒介的借贷模式，是以互联网企业通过互联网搭建个人信贷平台，借款人和出借人可在平台进行注册，需要钱的人发布信息，有闲钱的人参与竞标，如果借款人和出借人双方意愿相投，就能够在更广阔的时间和空间实现资金的有效配置。

---

① 善融商务的服务内容 [EB/OL]. 百度百科, 2012.
② 融e购的服务内容 [EB/OL]. 百度百科, 2014.
③ 孙宝文, 欧阳日辉, 王天梅. 互联网金融元年：跨界、变革与融合 [M]. 北京：经济科学出版社, 2015.

2. P2P 网络借贷的业务模式。

（1）无担保模式。P2P 网贷改变了个人借款都是通过中介来实现，存款汇集到传统银行，由传统银行统一放款的方式。当今 P2P 网贷最为典型的模式之一是无担保模式，就是借助 P2P 融资平台，出借人可以自行将钱出借给平台上的其他人，平台不给出借人提供承诺保障本金的服务，平台只通过制定各种交易制度来确保放款人更好地将钱借给借款人。同时，平台还会提供给出借人一系列服务性质的工作，帮助其更好地进行借款管理。在这类 P2P 网贷平台中，所有的制度和服务其实都是围绕着搭建更为安全、稳定、长效的融资平台，以吸引更多的人参与交易。

P2P 信贷平台的出借人和借款人双方的地位相对独立，平台作为纯中介方，只提供各种有利于双方交易的服务，并不参与交易的主体行为，也不会对交易双方有倾向性意见，更不可能作为借款方式里的一个主体。款项出借的最终决定权，由出资人掌控。出资人可以根据平台所设定的一系列交易制度作为基础，独立判断出资行为，同时承担出资后的后果。无担保型的 P2P 信贷平台，利用优秀的交易制度和交易服务吸引更多出资人的进入。

（2）担保模式。担保模式是最安全的 P2P 信贷模式，这种担保模式主要是 P2P 网贷平台与保险公司合作，为出借人提供保障本金和利息的服务，假设贷款方出现违约行为，那么 P2P 网贷平台承诺先为出资人垫付本金。国内具有担保模式较为典型的 P2P 网贷平台是平安陆金所，它是大型金融集团推出的互联网服务平台。它与其他平台仅仅几百万元的注册资金相比，陆金所 4 亿元的注册资本显得尤其亮眼。

（3）债权化交易模式。债权化交易模式是我国 P2P 网贷的特有模式，以宜信为代表，采用 P2P 平台下的债权合同转让模式，也可称为"多对多"模式。借款需求和投资都是随机组合的，甚至有可能由宜信负责人唐宁自己作为最大债权人将资金出借给借款人，然后获取债权对其分割，通过债权转让形式将债权转移给其他投资人，获得借贷资金。

第二节　互联网金融生态主体的合作模式

为了互联网金融健康发展，必须整合互联网金融行业发展资源，加强传统金融机构、互联网企业、通信网络运营商等企业间的沟通交流，实现优势互补、合作共赢、协同创新，营造良好的生态产业链环境。具体而言，金融机构拥有客户、研究和资本优势,而互联网公司拥有技术、数据和创新优势,通信网络运营商拥有管道优势、掌握了大量的移动终端。通过组合产业链上下游不同优势资源,实现互联网金融融合创新发展。

一、商业银行与电子商务企业合作的订单贷款模式

传统商业银行作为主要的互联网金融生态主体之一,通过与电子商务交易平台合作,负责平台上所有消费者借款、货物贷款、供应链融资等金融服务,为电子商务平台中的个体卖家或供应商提供资金支持业务,弥补一些小型电子商务企业不能提供借贷金融服务的空缺,这样的网上商城就变为了金融服务平台。举个例子,消费者在某个电子商务交易平台上买一部价格为5000元的空气净化器,其实这位消费者买的是一笔5000元的贷款。由于买家一次性拿不出去5000元购买这款空气净化器,他只有通过电商平台的信用卡分期付款服务进行结算。所以银行与电子商务企业合作挣的是贷款手续费,而不从电商交易中挣商品差价。

因此,有些国有大型商业银行为了追求更多的利益,他们搭建电子商务交易平台来提供电商全流程服务,撮合交易,买卖交割,以后将涉及物流配送与售后服务。在电子商务交易过程中,传统商业银行把金融服务渗透进去。实际上,银行做电子商务交易平台,是以银行客户资源和品牌资源为依托,让银行的个人客户和企业客户在平台上完成电子商务交易,这样所有商品购买的资金流出与回收,都会在自身银行系统里完成,如金融服务产生的一系列收入,将归结于银行追求的利益。

银行做电子商务,并不是为了与互联网公司、电商企业竞争,从长远来说,未来所有的电商从业者,都是银行期待的客户,银行要做的是,在电商环境下,以电商的方式,为价值链的各方提供金融服务。[①]

银行的优势是有全金融牌照,可以在符合银监会规定的同时,向有资质的企业发放贷款,并让他们到平台上经营。初期这些企业贷款需要抵押,时间长了凭它在电商平台的信誉积累,就可以没抵押了。以此类推,作为电商平台的老大哥,阿里巴巴集团花费10年,积攒了2000万家中小企业的买卖交易数据,通过交易数据计算的信用积分排名,筛选出150万家比较优质的中小企业提供给银行,银行根据排名向他们发放一定额度的贷款金额,以确保中小企业拥有良好的偿债能力。

---

① 善融商务的服务内容 [EB/OL]. 百度百科, 2012.

专栏 4-1　工行与阿里巴巴共助电子商务企业发展①

2007年6月29日，中国工商银行与阿里巴巴签订合作协议，将在B2B、B2C及C2C网商融资服务、B2B网上信用支付中介平台建设、联名信用卡和银企互联等多个领域开展深入合作。这是双方继2005年5月建立战略合作伙伴关系、2006年5月签订整体合作框架协议之后的又一次强强联手。浙江省副省长陈敏尔、中国工商银行行长杨凯生和阿里巴巴董事局主席马云出席了双方合作协议签字仪式。

根据双方合作协议，中国工商银行将联合阿里巴巴向B2B、B2C、C2C市场上有一定信用级别的商户提供融资服务。工行将以阿里巴巴及其旗下的淘宝、支付宝会员的网络信用和网上交易金额为参考依据，为其提供授信评价，并推出多种融资产品。

据介绍，本次融资服务将首先以面向浙江省内的服务为试点，进而推向全国。目前，阿里巴巴已建立了一套信用评价体系与信用数据库，同时研发了贷前、贷中、贷后三个阶段的风险控制系统，在协助银行控制信贷风险方面具有良好的应用前景。

此外，工行和阿里巴巴将共同研究开发集在线支付和多种信用支持、贸易融资、咨询服务于一体的B2B网上信用支付中介平台，为阿里巴巴网商提供网上交易支付中介服务及各种由网上交易衍生的融资及信用服务。

这一平台将有效解决网络交易买卖双方互不信任的贸易障碍，同时以安全、快捷、方便的"线上交易+线上支付"的贸易新模式取代了以往B2B领域"线上交易+线下支付"的贸易模式，真正实现B2B电子商务的信息流、资金流和物流三者合一。

业内分析人士认为，工行与阿里巴巴的本次合作将传统贸易融资手段进行有效创新，利用工行与阿里巴巴先进的信息平台，实现了电子商务与网络贸易融资的有机结合。把网络信用度作为贷款的重要参考标准，以及网上自助融资的服务方式，将使许多电子商务中小企业快速便捷获得贷款的愿望成为现实。

二、商业保理公司与P2P平台合作的企业融资模式

保理业务，是指卖方、供应商或出口商与保理商之间存在的一种契约关系。

---

① 工行与阿里巴巴共助电子商务企业发展［EB/OL］. 新华网，2007.

根据契约，卖方、供应商或出口商将现在或将来的基于与买方（债务人）订立的货物销售或服务合同所产生的应收账款转让给保理商，由保理商为其提供贸易融资、销售分户账管理、应收账款的催收、信用风险控制与坏账担保等服务中的至少两项。①

传统商业银行对保理业务的收缩，促使部分商业保理公司开始寻求与P2P平台合作。P2P平台也将这一合作视作降低资产端业务风险的新选择。2014年下半年以来，已经有十几家P2P平台陆续上线了保理业务，例如，积木盒子、礼德财富、众利网、旺财谷等平台。由于应收账款融资类项目相较其他项目，具有风险低、周期短、收益高的优势，更易受到投资人的青睐，由此，也成为P2P平台探索资产端优质项目的新选择。目前，这一业务的融资成本介于银行与私募基金之间，平均约12%。

目前针对保理与P2P平台的合作，主要有两种合作模式。一种是企业将应收账款转让给保理公司，保理公司负责为企业融资，形成保理资产后收益权再通过P2P平台向投资者出售，到期后由保理公司再负责回购。这种模式更加体现出P2P平台资产端业务的创新。另外一种则是保理公司为平台推荐客户，融资企业通过网络直接为企业融资，在这种模式中，保理公司只是起到反担保的作用。该种模式只是P2P资产端客户群体的拓展，对业务创新的推动意义有限。在前一种合作模式中，标的资产是债权方企业的应收账款。债权方通常是处于供应链上游的中小微企业，债务人一般是处于供应链中的核心企业，如国企、央企、上市公司等。

以厚朴保理推出的"普惠理财"I2AR（投资人对企业应收账款）模式为例。该公司官方网站在2014年底发标了一个投资项目，融资方为北京一家风力发电机轴承制造商企业，该公司对中国南车、东方电气、京城新能源、新誉集团等风力发电机厂商的应收账款为6644万元，本期产品融资金额为50万元。该项目中，融资企业与投资人及厚朴保理签订《应收账款转让合同》及《保理协议》，约定将本笔融资对应的卖方企业对中国南车、东方电气、京城新能源、新誉集团等的应收账款债权转让给投资人，并由厚朴保理为卖方企业提供应收账款管理和催收服务。

这一业务模式中，P2P平台资金到期收回风险相对较小。作为供应链中的核心企业承担第一债务人的责任，即应收账款的债务人；第二还款来源是融资企业；此外，基于应收账款转让合同及服务协议，保理公司也要承担还款责任。

---

① 保理业务 [EB/OL]. 百度百科, 2014.

专栏4-2 商业保理公司与P2P网贷平台合作渐成趋势[①]

2014年11月3日，中国银行业协会（简称"中银协"）保理专业委员会年会在北京顺利召开。中银协副会长杨再平指出，今年，我国保理业最大的创新亮点在于商业保理业务与互联网金融的"交叉融合"，商业保理公司与国内P2P网贷平台合作越来越多。这不，广东兴信投资控股旗下的互联网金融平台悦投融与中信保理联合打造的"悦融保"产品今年11月17日将正式上线。

国内保理业务发展迅猛

根据中银协保理专业委员会年会成功发布的《中国保理产业发展报告(2013)》显示，2013年中国大陆保理业务量已达5219亿美元，同比增长15%，与同期我国外贸和GDP增速7.6%～7.7%相比，保持了较高的增长速度，其中国内保理4078亿美元，占比78%；国际保理1141亿美元，占比22%。今年以来的数据也颇为抢眼。据中国银行业保理专业委员会数据统计显示，2014年1～3季度，保理专业委员会成员单位保理业务量折合人民币2.09万亿元。其中，国际保理业务量760.44亿美元，国内保理业务量1.62万亿元人民币。

商业保理公司与P2P网贷平台合作成趋势

目前我国保理市场的主力仍是银行保理，商业保理（截至2013年末，全国共有注册商业保理企业284家，综合业务量在200亿以上）占比还较小。但银行保理侧重于融资，而商业保理机构更专注于提供调查、管理、结算、融资等一系列综合服务，聚焦于某个行业或领域，为企业提供更有针对性的服务。未来商业保理的发展潜力和空间更大，也更符合中小企业融资需求。目前国内商业保理与P2P网贷平台之间的合作越来越多，如悦投融等。

商业保理公司与P2P网贷平台的合作模式主要是：企业将应收账款转让给保理公司，形成保理资产后收益权再通过互联网金融平台向投资者出售，到期后保理公司负责回购。保理公司业务核心是对已发生贸易的真实性进行确认，重点在于应收账款债权企业的经营情况与规模，以及应收账款的真实性，不仅需要有完整的证据链证明融资企业应收账款的真实性，包括合同、发票、生产单、采购单、入库单、出库单等，还要证明与国内核心企业的真实合作关系。

[①] 工行与阿里巴巴共助电子商务企业发展［EB/OL］. 新华网，2014.

三、第三方支付企业与商业银行合作的资金结算模式

第三方支付是通过与银行直连方式发展起来的支付结算体系。第三方支付企业的大量出现，填补了我国电子支付基础设施建设应用层的空白，有利于我国建立完善多层次、市场化的支付服务体系。而中国银联通过建立跨行转接系统，作为一个特许参与者，加入大小额支付清算系统，完成银行卡交换业务的资金划拨，目前两者都成为我国支付体系发展过程中的一个重要组成部分。

然而，我国已建成以人民银行大、小额支付系统为中枢，银行业金融机构行内业务系统为基础，票据支付系统、银行卡支付系统、证券结算系统和境内外币支付系统为重要组成部分，行业清算组织和互联网支付服务组织业务系统为补充的支付清算网络体系。我国国家现代支付体系对于加快社会资金周转、降低支付风险、提高支付清算效率、促进国民经济健康平稳的发展，发挥着举足轻重的作用。我国国家现代化支付体系的总体架构如图4-3所示。

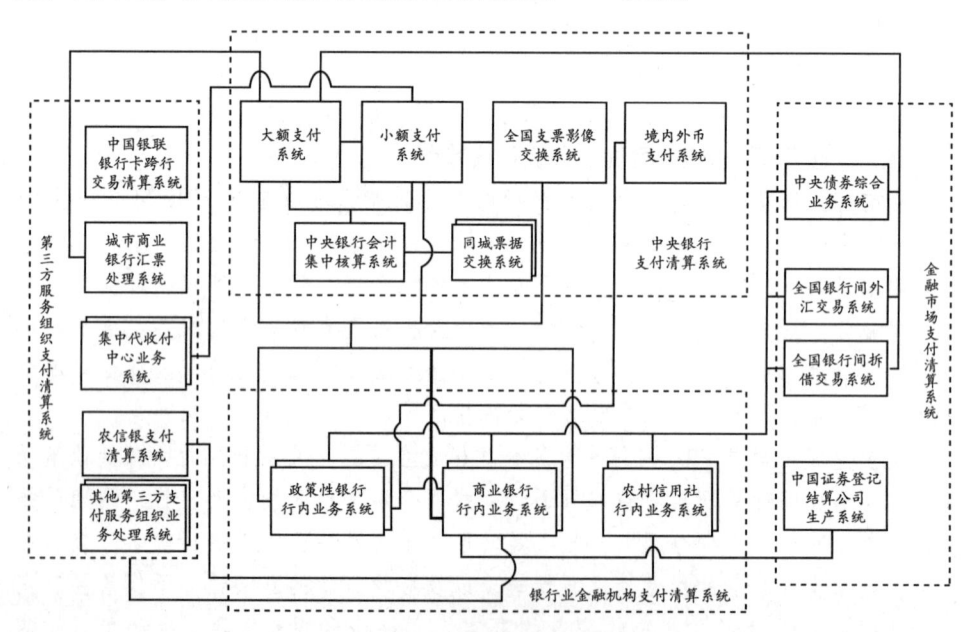

图4-3 我国支付清算网络体系总体架构

资料来源：中国国家现代化支付系统报告（2013）。

其中，我国的大额实时支付系统采取逐笔转发支付指令，全额实时清算资金。通过与各银行机构、金融市场以及其他支付服务组织的业务系统连接，主要为各银行、广大企事业单位以及金融市场提供快速、高效、安全的支付清算服

务。此外，我国现已建成了包括小额批量支付系统、银行卡跨行支付系统、全国支票影像交换系统、同城票据交换系统，以及其他第三方支付服务组织的业务系统等在内的较为完善的零售支付服务网络，可以为广大社会公众提供高质量、全方位的零售支付服务。实际上，第三方支付企业与传统商业银行合作，是构建于传统商业银行行内业务系统之上的支付结算子系统。

第三方支付企业与传统商业银行的联系是密不可分的，没有网上银行，缺少了资金流动通道，第三方支付就无法正常运转。同样第三方支付企业日益完善，尤其是在交易过程中提供了信用担保服务，极大地促进了我国电子商务市场的发展，也在一定程度上促进了网上银行业的进一步完善和发展。迄今为止，我国法律还不允许非银行的金融机构直接吸收存款，社会资本如果要进入非金融机构的账户，则必须通过银行来进行开户存款和资金划转。因此，传统商业银行在支付产业链上有着无法替代的地位。

第三方支付企业与传统商业银行合作有三大优势，其一是充分发挥了银行为第三方支付机构提供的最终结算服务，第三方支付机构不能开设实体账户，业务流程也不够完善，支付结算功能都是通过与银行对接完成。所以电子商务市场中大部分的流转资金，通过第三方支付进、出口，可还是在传统商业银行体系中流动。其二是传统商业银行为第三方支付机构提供了信用担保。第三方支付为买卖双方提供的信用担保，实际上是商业银行给予的信誉额度，这种信用担保的实现是第三方支付与传统商业银行的互联、互通。其三是传统商业银行为大部分第三方支付企业提供间接的技术支持。网上支付最重要的是保证支付的安全性，如不能保证网上支付的安全性，第三方支付企业将举步维艰。第三方支付企业想要建立强大的安全支付系统，必须具备先进的技术和充足的资金支持。第三方支付公司单凭自身实力开发安全的支付系统存在一定难度，只有与传统商业银行合作，借助银行的风险控制能力，完善自身的电子商务交易平台，从而保证对第三方支付的安全技术提升。

总之，第三方支付企业的介入，促使电子商务市场空间的急剧扩大，尤其是互联网金融业务的不断增多，让所有人看到了第三方支付的市场前景和市场竞争力。第三方支付企业对网上银行支付业务的巨大冲击，导致传统商业银行逐步调整网上银行支付业务的发展策略。但第三方支付为了快速稳固自身支付业务的地位，他们与传统商业银行合作，采取"取长补短"的发展策略，构建于传统商业银行行内业务系统之上的支付结算子系统。由此争取更多的客户群，并推广其他的互联网金融业务，获取较大的市场利益空间。截至2015年第3季度，移动支付市场总体格局继续保持稳定，支付宝以71.51%的市场占有率继续占据移动支付市场首位；财付通位列第二，市场份额为15.99%，比第二季度增加2.91个百分点；拉卡拉本季度市场份额为6.01%，位列第三。①

四、互联网企业创办的民营银行与商业银行合作的O2O模式

2015年1月18日，我国首批互联网企业创办的民营银行成立，这类银行没有具体的营业网点，仅是依靠互联网的新型银行。趁着国家允许民营企业开办中小银行，让民间资本以独立身份进入到银行业，充分体现了国家对传统金融机构全面深入开发的开始。例如，微众银行借着开闸的东风，从2014年7月开始筹备，到10月召开创立大会，再到或得到成立的批复文件、金融许可证、成功进行工商注册获取商业执照等一系列大动作。

互联网企业创办的民营银行，明显贴上了"互联网"的标签，开展的风控、服务、存款客户等行为都是纯线上完成。用户可享受通过"刷脸"开户、无抵押信用贷款、一元钱起存起贷的金融服务，但根据央行颁发的《关于规范银行业金融机构开立个人人民币电子账户的通知》征求意见稿，没有在银行柜台与个人当面办理的电子账户，被称为弱实名电子账户，可以利用远程进行开户，但仅能购买银行发行或代销的理财产品，不能进行转账结算、交易付款和现金收付。因此，互联网企业创办的民营银行服务将给当今金融监管提出更高的要求。

此外，民营银行纷纷开始发放线上信用卡。例如，微众银行在试营业时推出了首款金融产品——"信用付"，这种付款方式在某些消费应用场景中，微众银行进行全额担保，消费者可先消费后支付，14天内免利息和手续费，这类产品就与传统商业银行发行的信用卡相似。为了严格审核申请"信用付"的消费者资质，微众银行基于微信支付、手机QQ支付、腾讯征信信息，依靠数据分析与信息筛选，审核通过的消费者就属于新产品的试用者。"信用付"的消费流程和支付原理，与阿里巴推出的"花呗"，以及京东商城发布的"京东白条"类似。

为了保障更多贷款业务所需的资金，民营银行开始试水与传统商业银行合作的O2O模式。传统商业银行与民营银行签订战略合作书，合作内容主要涵盖企业放贷和个人信用卡两方面。其中，对于企业放贷，传统银行就能向民营银行授信一定的贷款额度，并共享商业银行本身的线下网点资源，双方合作给企业发放贷款，即民营银行负责贷款风控的审批，传统商业银行负责出资，双方共建一条完整的线上审核线下放贷O2O模式。在个人信用卡方面，消费者申请一张民营银行和传统银行合作的信用卡，必须通过线下向传统银行提交申请，由民营银行

---

① 中国第三方移动支付市场季度监测报告2015年第3季度［D］．易观智库，2015.

负责信用卡的风控模型审批,获得审批的消费者可得到传统银行寄出的联名信用卡,未来这类信用卡的消费环境更为广泛。传统银行与民营银行共同建立一个线下提交线上审批的个人信用卡发放 O2O 模式。

专栏 4-3 华夏银行与微众银行达成战略合作[①]

2015 年 2 月 12 日,华夏银行与深圳前海微众银行在京签署战略合作协议。根据协议内容,两家银行将在资源共享、小微贷款、信用卡、理财、同业业务、生态圈业务等多个领域开展深入的合作。此合作开启了现代商业银行与新兴互联网银行合作的大幕,是两种银行形态的首次战略牵手。

华夏银行行长樊大志在签约仪式上表示,"微众银行有三个地方是我们追随的,也是我们双方合作的契合点:第一个是网络,微众银行有强大的网络支撑,特别是强大的股东背景和强大的网络上的白领人群,而华夏银行 3 年前就提出了第二银行战略,就是把我们的电子银行和网络银行打造成第二银行。第二个就是微众银行的战略定位:小小微。我们 2012 年就在战略规划里面明确把'中小企业金融服务商'作为我们的一个品牌和战略,这一点上,华夏银行也有和微众银行很契合的战略定位。第三个就是'众',微众银行可以讲普罗大众,我们对个人零售业务的定位就是大众理财银行,就是这个'众',双方是一模一样的。从这三个方面,两家银行战略上有高度的契合点。另外,双方也有很强的互补性,微众银行有很强大的网络优势和网上的消费人群,华夏银行有很多的实体网点和我们 23 年积累的金融服务的经验。所以这个战略合作绝不是赶时髦,我们有很好的合作基础和很好的合作土壤。"

微众银行行长曹彤表示,"微众银行秉承普惠金融为目标,个存小贷为特色,数据科技为抓手,同业合作为依托的服务宗旨,是一家致力于服务微小企业和普罗大众的互联网银行。微众银行以普惠金融为目标,致力于服务工薪阶层、自由职业者、进城务工人员等普罗大众,以及符合国家政策导向的小微企业和创业型企业。此次与华夏银行签订战略协议是我们践行'同业合为依托'这一服务宗旨所迈出的第一步,我们将与华夏银行共享双方渠道,共同服务双方客户,让每一位客户都成为银行互联网化的受益者。"

值得注意的是,两家银行此次携手创造了两个"第一":微众银行是首家开业的互联网银行,华夏银行是第一家与其签订战略合作协议的商业银行,两者的

[①] 华夏银行与微众银行达成战略合作 [EB/OL]. 新浪财经网, 2015.

合作是商业银行与新兴互联网银行战略合作的第一次牵手。

签约双方还透露，未来双方将通过合作着力发展普惠金融，造福广大小微客户，让此次合作成为商业银行与互联网银行合作的典范，为支持实体经济发展发挥更重要的促进作用。

五、P2P 网贷平台与传统企业合作的农村电商业务模式

农村市场是一个潜力巨大的市场，在过去的一年中，不断受到互联网企业的关注。由于农村电脑和互联网普及的速度较慢，加上农民对于物流选择和电脑操控能力欠缺，金融消费在农村基本停滞，与城市之间的数字鸿沟越来越大。随着我国互联网技术的不断成熟，乡镇及农村地区将成为互联网开发的蓝海。

国内做农村互联网金融较好的 P2P 平台——翼龙贷，从 2007 年成立至今，发展近 8 年的历程，翼龙贷一直走农村路线，一直探寻一个金融服务企业采用的加盟模式。虽然加盟模式对于平台的风控能力要求很高，但这种模式能帮助平台发展农村金融战略部署，增加资金支持，如 2014 年 11 月 3 日联想集团与翼龙贷进行战略合作，把翼龙贷纳入核心资产，翼龙贷用加盟的方式做农村金融，获得了巨额资本。

从已经公布的数据来看，翼龙贷市级运营中心需要缴纳 200 万元作为风险准备金。如果超过 30 天的逾期借款，加盟者必须用这风险准备金对债权进行回购，并及时补足风险准备金。至于风控方面，翼龙贷总部直接为各地区加盟商提供风控技术。有数据显示，翼龙贷目前成交额已经超过 18 亿元，借款人平均借款额度不足 6 万元，也就是说翼龙贷现在已经至少为 3 万个农户家庭及个体工商户提供了借贷服务，在量上已经有了一定积累。①

翼龙贷在开展农村金融业务过程中，遇到过某个地区借款不还的情况，但翼龙贷严格的风控审批流程，加强了翼龙贷开创更大农村借贷市场的魄力。翼龙贷入驻农村金融，已经对农村经济发展有推动作用。正应为农村借贷巨大的市场"蛋糕"，和翼龙贷 8 年农村金融路的丰富经验，再加上联想控股对翼龙贷一年的战略投资"考察期"，2014 年 11 月，联想集团宣布与翼龙贷进行战略合作，联想集团是中国电脑市场的最大"掌舵者"，联想集团拥有一套完整的分销体系，翼龙贷通过加盟的方式，获得联想集团的资金支持，同时在渠道建设方面也得到联想集团的熏陶。根据联想集团的规定，加盟商能定期得到集团组织的免费技术

---

① 从阿里与翼龙贷谈同城 O2O：农村是新的互联网革命之地 [EB/OL]．搜狐证券，2014．

指导等相关经验,支持翼龙贷占领国内三农业务地位。

另外,翼龙贷服务我国三农市场的P2P借贷金融业务,受到各级地方政府的关注,尤其是急于实施农村包围城市发展战略的地区政府。

专栏4-4 联想控股正式宣布战略投资翼龙贷[①]

2014年11月3日,联想控股正式对外宣布战略投资北京同城翼龙网络有限公司(简称翼龙贷)。

联想控股表示,选择与翼龙贷进行战略合作,主要基于两方面原因:首先,互联网领域是联想控股的重点关注方向之一,传统行业与互联网的深度融合,产生了巨大的商业机会,联想控股对此进行了长期跟踪和研究。此次联想控股进军P2P领域,既是在互联网领域的一次重要尝试,同时也进一步丰富了公司在金融服务领域的业务布局。此外,翼龙贷还将与联想控股的现有业务,如现代农业形成良好的协同效应。

有消息称,联想控股投资9亿元控股P2P企业翼龙贷,联想控股战略投资部某高管将被派任翼龙贷总裁。据称,联想控股起初在投资范围圈定在翼龙贷、红岭创投等几家大型P2P企业。红岭创投由于放贷总量比翼龙贷大,更受联想控股关注,随后红岭创投1亿元坏账,双方谈判搁置。随后联想控股与翼龙贷展开为期数月的接触,最终敲定投资事宜。

资料显示,翼龙贷成立于2007年,注册地为温州。

翼龙贷之前的股东结构为翼龙贷创始人、CEO王思聪占46%,法人代持员工股18%,北京同城翼龙网络科技有限公司36%。本轮融资完成后,王思聪个人持股被稀释到20%左右。这意味着翼龙贷原来的创始团队将失去对公司的控股权。但王思聪之前跟媒体表示,融资完成后新任大股东同意保留原创始团队50%以上的运营决策权。

对于融资的用途,王思聪之前谈道"我们要进行这个行业的快速扩张、并购,以及整个IT系统上升到云技术来操作,省得将来我们各地的运营商还要自己搞电脑、搞系统,我们可能就在一个云平台上来实现数据、存储、传输等。"

[①] 联想控股正式宣布战略投资翼龙贷 [EB/OL]. 网易科技,2014.

六、蚂蚁金服的平台模式

2014年10月16日，阿里小微金融服务集团以蚂蚁金融服务集团的名义正式成立，旗下的业务包括支付宝、支付宝钱包、余额宝、招财宝、蚂蚁小贷和网商银行等。2016年1月11日，蚂蚁金服安全应急响应中心（AFSRC）正式上线。①

蚂蚁金服发展近一年半的时间里，蚂蚁金服逐渐探寻自身的市场定位和未来发展空间。最终，选定平台模式的发展战略，主要做渠道平台、数据平台和技术平台②。其中，在渠道平台方面，中央政府多次提出"大众创业，万众创新"的理念，把众创、众筹、众包思想贯入互联网金融的发展轨迹中。显然，渠道平台与数据处理的相结合，能够高效利用互联网的特征属性，匹配借贷双方的供需资源，但对于平台的风控把握性有待提高。因此，众筹、P2P等互联网金融服务平台，作为金融服务平台虽然解决了部分借贷双方的资源配置问题，可仍需针对平台自身的风险有较强的评估和定价能力。例如，一些国外众筹、P2P等互联网金融服务平台，拥有良好的征信基础作背景，通过完整的数据风险评级系统，发放资金，平台只单纯做渠道融资，不提供任何担保服务。当今中国做纯平台的金服公司较少，蚂蚁金服做渠道平台的战略选择，视为未来发展互联网金融业务的一个机遇。

针对数据平台方面，国内拥有很多互联网金融服务平台，蚂蚁金服通过各种渠道把数据汇聚起来，分析不同的数据结构，挖掘不同的数据维度，发挥出数据最大的价值。例如，天猫商城与保险公司合作，推出网购消费者的退换货保险业务，这是针对大多数消费者为了减少网购交易的退换货快递损失而制定的。保险公司开始施行这样的业务之前，是基于天猫商城的订单数据，通过分析计划得到一个较为精确的风险值。所以，蚂蚁金服数据平台将是互联网金融业务开展的风向标，利用平台的数据分享，开发一些新型金融产品。

在技术平台方面，蚂蚁金服基于支付宝的云计算、大数据处理能力，可能成为世界一流的技术平台。蚂蚁金服拥有渠道平台和数据平台，将较为精准判定未来企业发展所遭遇的风险概率，这是互联网金融安全的标杆。现阶段，蚂蚁金服利用技术处理数据的能力大幅度提高，逐渐遗弃了国外IBM服务器、Oracle数据库和EMC存储，建立蚂蚁金服集团的数据库服务器，从而发挥快速处理数据的高端技术，提高数据运算效率，为企业推出新的互联网产品奠定数据处理基础。

---

① 蚂蚁金融服务集团［EB/OL］. 百度百科，2016.
② 蚂蚁金服要做什么样的平台？［EB/OL］. 蚂蚁金服评论，2016.

专栏 4-5　陈龙：蚂蚁金服"不做银行做平台"[①]

2014 年 12 月 1 日，蚂蚁金融服务集团首席战略官陈龙近日表示，蚂蚁金服不会涉及所有金融业务，其定位不是"做另外一个银行，而是做技术、数据、渠道的平台"。

陈龙是在新供给金融圆桌——"加快发展互联网时代的普惠金融"研讨会上作出上述表示的。"我们希望跟监管者、消费者和机构一起创造一个普惠金融的未来"，陈龙说。

陈龙认为，理解互联网金融首先要考虑"商业是不是需要金融"。商业和金融的结合是非常自然的，做金融需要考虑第一个问题是不是有足够的商业场景支持，商业对金融是不是有需求；其次是金融产品是不是有渠道，"开发一个新的产品，到哪里卖，客户在哪里"；再者，是不是能搜集和处理信息来降低风险。陈龙说，金融机构核心的竞争力是风控和风险定价的能力，谁能搜集和处理信息谁就能把金融做好。

脱胎于阿里巴巴集团的蚂蚁金服于 10 月成立，将服务人群锁定为小微企业和个人消费者，并将通过互联网的技术和理念打造金融开放平台。目前蚂蚁金服是阿里巴巴的关联公司，二者是两家独立的法人实体。

第三节　互联网金融生态环境对主体的制约

金融生态主体在金融生态环境下生存、发展，其生长结果必然受到金融生态环境制约。良好的生态环境会促进互联网金融的发展，抑制性的环境则形成制约发展，当然这种制约也可能激发创新。

一、P2P 网贷平台频繁出事

P2P 网络借贷是一种依托于网络而形成的新型金融服务模式，性质上属于小额民间借贷，其方式灵活、手续简便，打破时空障碍，拓宽借贷对象，为个人或小微企业提供新的融资渠道，推进"普惠金融"实践，是现有银行体系的有益

[①] 陈龙：蚂蚁金服"不做银行做平台"［EB/OL］.新华网，2014.

补充。随着 P2P 网络借贷平台数量的不断增多，P2P 网贷平台频发圈钱跑路、融资诈骗等现象，根据网贷之家《2015 年中国网贷行业年报》显示，截至 2015 年 12 月底，网贷行业运营平台达到了 2595 家，相比 2014 年底增长了 1020 家，绝对增量超过去年再创历史新高。其中，2015 年全年问题平台达到 896 家，是 2014 年的 3.26 倍，以 6 月、7 月、12 月问题平台数量最多，3 个月份的问题平台数量总数超过 2014 年全年问题平台数量。①

银监会在 2011 年 8 月曾针对"哈哈贷"倒闭事件发布《关于人人贷有关风险提示的通知》，颁发文件的目的在于防止 P2P 网贷业务的风险向银行体系传递和蔓延，避免风险进一步扩散影响金融体系的稳定。但从这份文件中也可以看出，银监会的监管范围并不包含 P2P 网贷业务。除此之外，自律组织在互联网金融行业的发展也不容乐观。2013 年 1 月，《个人对个人小额信贷信息咨询服务机构行业自律公约》由中国小额贷款联盟颁布，但在行业内并没有取得良好的反响，加入自律联盟的机构非常少。②

随着我国 P2P 网贷平台的快速发展，平台相继出现了流动性风险、信用风险、市场风险等问题。据统计，截至 2015 年 12 月底，国内 1302 家 P2P 网贷平台已经退出行业舞台，其中，跑路的 668 家占 51%，提现困难的 436 家占 34%，倒闭 108 家占 8%，清盘 79 家占 6%，经侦调查 14 家占 1%。此外，山东省出事平台数量居首共 257 家，其次是广东省 229 家，浙江省 138 家。③ 我国 P2P 网贷平台出现此类现象的原因是平台为了盈利，不断推出时间短、收益高的标的项目，例如，"秒标"是 P2P 网贷平台在短时间内，为募资者吸引更多资金，为投资者创造更多投资机会，以高利率的资金回报率为诱饵，虚构的一笔借款标的，通常多数 P2P 网贷平台为提高营业额使用的常用手段。"秒标"的特点就是时间短、收益高、标的多、投资者容易出手、募资者较快获资的项目。由于"秒标"项目成为每个 P2P 网贷平台开拓市场的必要方式，大多数投资者也被称为"秒客"，导致 P2P 网贷平台的周期长、收益中等标的没有竞争市场。

正是因为"秒标"项目的诱人之处，多数投资者蒙蔽了双眼，无法判断标的背后隐藏的大量风险问题，国内震惊一时的"秒标"圈钱跑路典型案例，例如，2014 年 6 月 27 日上午，一个自称"恒金贷"的 P2P 平台，在各个网贷论坛发帖称将于 6 月 27 日开业，并举行连续 3 天的优惠活动。其中，27 日上午的标的总金额为 20 万元，年利率为 8.8%，最低投资额为 50 元。因条件优惠，不少

---

① 网贷之家. 2015 年 P2P 网贷行业年报 [D]. 2016.
② 格桑央吉. 我国互联网金融存在的问题分析 [J]. 经济与社会发展研究，2014（10）.
③ P2P 死亡跑路全名单：1302 家！[EB/OL]. 新金融，2015.

投资人试水"打新"。但当天下午,这个平台网站就打不开了,随后,该平台工作人员建的客户群解散,另外,拨打该公司座机号码的回应一直是"您所拨打的电话已关机"。①"恒金贷"正是利用了大多数投资者,想在短期内获得高收益的投机心理,上午打开"秒标"下午就跑路,达到圈钱的目的。

类似"秒标"这样短期的 P2P 网贷平台融资项目非常多,但这类项目不会产生实际的价值和效益,帮助 P2P 网贷平台创办人带来巨大的套利空间,他们通过"秒标",短期内迅速筹集资金,在没有任何监管的环境中,私自挪用资金投资别的项目,为个人谋取最大的利益,严重危害了我国互联网金融的健康发展。据数据显示,截至 2015 年 3 月 8 日,在线金融平台融 360 的调研发现,71.5% 的受调研网友收到过各种诈骗短信,49% 网友表示曾遭遇理财产品虚假宣传,64% 网友在办理房贷过程中曾遭遇"忽悠"。融 360 日前正式对外推出一个名为《金融防骗手册》的类似"字典"的金融骗术案例库。该手册从上千个真实案例中归类、总结出 33 个典型案例,帮助消费者一眼识别存款、理财、信用卡、贷款产品等领域的骗术②。

目前,我国 P2P 网贷平台将面临道德风险、系统性风险、市场风险、信用风险等众多金融风险,导致多数商业银行或第三方资金管理机构,对 P2P 网贷平台的资金无法接受托管。一旦 P2P 网贷平台出事,第一个遭受打击的将是投资者本人,投资者的本金无法挽回,投资者的合法权益更无法得到保障。然而,随着国家银监会出台的 P2P 网贷金融监管办法,2016 年 1 月 3 日,重庆金融办公室发布了《关于加强个体网络借贷风险防控工作的通知》(以下简称为《通知》),这是继监管细则出台后的首个地方网贷监管政策。《通知》强调了开展个体网络借贷业务的机构要严格执行"十不准"的规定,即:不准进行自融自保;不准直接或间接归集资金和发放贷款;不准代替客户承诺保本保息;不准向非实名用户推介项目;不准进行不实宣传、强制捆绑销售和设立虚假标的;不准将融资项目的期限进行拆分;不准销售理财、资产管理、基金、保险或信托产品;不准从事股权众筹业务和股票配资业务;不准非法买卖或泄露客户信息;不准从事非法集资和吸收公众存款等违法违规活动。此外,《通知》还就信息真实、分账管理、风险自担、联合监管四项原则和实施业务报告制度、规范小额贷款公司和融资担保公司开展个体网络借贷业务合作等方面做出了具体规定。③

---

① P2P 平台恒金贷现雷人骗局:上午开业下午跑路 [EB/OL]. 网易财经,2014.
② 捅破 P2P 贷款骗术警惕以"秒标"招揽人气平台 [EB/OL]. 和讯网,2015.
③ P2P 监管细则后重庆市出台首个地方网贷政策 [EB/OL]. 网贷之家,2016.

二、互联网金融市场准入门槛低

互联网金融的蓬勃发展，给广大消费者提供了个性化的金融服务、精细化的金融产品和批量创新的业务模式。2013年是互联网金融发展的元年，互联网金融发展至今，准入门槛低的特点，已经成为金融普惠性的标志。为了避免互联网金融的一些风险问题，需要准确了解消费者的信用状况，包括消费者的购物喜欢、风险偏好等行为。在传统商业银行给消费者进行贷款时，必须对消费者的资质展开一系列的严格审查，通过信用评级报告，评估每笔贷款金额发放承受的压力、消费者是否能偿还这笔贷款、消费者最大的偿还额度是多少、一旦消费者发生违约商业银行需要承担多大金额的损失等问题，如果消费者通过审核，将能获得银行的贷款金额。同时，还需要偿还银行借款的利率。往往传统商业银行的放贷标准门槛较高，一般中小微企业很难触碰。再则，国内大型传统商业银行的贷款多数放给本行的大客户，先帮助他们解决资金难的问题，即使这些大客户出现违约情况，银行也能根据大客户抵押的资产变卖获得相应贷款金额。最后，四大国有传统商业银行基本处于国内某些领域放贷的垄断地位，针对少数小微企业或贷款者，不愿意贷款给他们，因为这些贷款者贷款金额、支付利息、出现违约等情况，将给传统商业银行带来困扰。

随着互联网技术的不断成熟，传统商业银行也意识到互联网金融业务的市场空间，它们推出一些理财产品、网上银行与互联网企业开展的金融业务抗衡。互联网企业利用大数据、搜索和云计算等技术，收集平台借方和贷方信息数据，相继推出互联网金融创新和升级的产品，这类产品是对传统金融产品的优化。例如，互联网理财产品，互联网企业直接和基金公司合作，推出基于货币基金的互联网理财产品，该产品时间周期灵活、进入门槛非常低、回报利率较高等特征，适合于国内多数不同年龄段的人群。2013年6月，阿里巴巴集团与天弘基金合作推出理财产品——余额宝，余额宝是支付宝打造的余额增值服务，它可以灵活提取，没有手续费，用于网购支付。天弘增利宝货币基金（余额宝）的规模突破1000亿元，用户数近3000万户。天弘增利宝成为国内基金史上首只规模突破千亿关口的基金，在全球货币基金中排名51位。旗下天弘增利宝货币基金由9月底的556.53亿元，1个多月规模增长近1倍，此时距离余额宝上线才刚刚5个月。截至2015年4月数据，余额宝"全球第二"规模逆市增千亿。①

然而，互联网金融市场的准入门槛较低，给消费者带来或互联网企业带来一

---

① 余额宝[EB/OL]. 百度百科, 2015.

些"冷水"。例如,P2P网贷平台,截至2016年1月新增问题平台93家,环比上升了13.41%,同比上升24%。93家问题平台分布在全国18个地区,相比2015年12月略微下降。2016年1月问题平台依旧以失联为主,据统计本月93家问题平台中,有62家平台失联,占问题平台总数的66.67%,比2015年12月有所上升。其次为提现困难,共29家,占问题平台总数的31.18%。另外有1家平台停止运营、1家平台暂停运营。① 因此,国家应适当提高互联网金融市场的准入门槛,尤其是互联网金融平台的借贷业务,针对不同募资者的资质设立防线,综合考量每一位募资者借款的目的、意图。同时加强法律层面的柔性监管,不同产品的监管力度应适当调整,以鼓励互联网金融发展为主,以监管和防控互联网金融为辅,刚性和柔性兼顾的法律治理手段。

三、众筹融资是互联网金融发展的重要风险点

众筹融资是继P2P网贷平台融资模式的第二个互联网金融的融资模式。2016年1月12日,中关村众筹联盟和融360大数据研究院1月12日联合发布《2016中国互联网众筹行业发展趋势报告》。数据显示,截至2015年12月底,全国正常运营的众筹平台达303家,全国众筹平台分布在21个省份。北京的平台聚集效应较为明显,有63家平台,其中38家为股权类众筹平台。②

众筹融资产生的风险,是投资行为中相辅相成的产物,消费者只要参与了众筹融资,就必然遭受到一些风险点,主要分为三个方面。第一方面,众筹融资的投资行为产生本金损失风险。通过股权众筹运行的上市公司,如果股东退出机制较为完善,每笔交易都是自由的,股东只需根据特有程序,把持有公司的股票卖出即可。但公司遇到某种事件,导致公司的股价出现波动,这种股权流动性弱,持股人为了减少风险,变卖自身的股票,之前众筹融资的资金较难还给投资者,投资者本金受损。

第二方面,众筹融资的公司运营风险。首先,有些众筹融资的公司,在贷款前尽职调查做得不到位,不能明确融资金额占公司股权多大比例,如果比例偏大,导致投资者掌管公司经营活动,但投资的比例过小,将对募资公司所需资金的运营效率递减,如何判别比例是一个重要问题。其次,众筹融资平台一般属于中介平台,不参与实际的投融资活动,但在中国融资不确定性、时间差等原因,平台把融来的资金沉淀下来,通过平台高层投资管理这批资金,为平台创造一定收益。一旦高层投资管理决策错误,将给投资者的本金造成损失,投资者很有可

---

① 天眼报告:P2P开年遇冷,成交额再次下降[EB/OL]. 网贷天眼,2016.
② 2016中国互联网众筹发展趋势报告出炉[EB/OL]. 网易新闻,2016.

能拿不到支付的本金。再次，由于众筹融资归证监会负责，众筹融资结束后的监管问题浮出水面。为了防止众筹融资项目"流产"，众筹平台应加强监管，随时跟踪每个众筹融资项目：成功后，资金运用是否合理，募资企业的管理层工作是否认真，公司股东有没有滥用法人资格等情况。

第三方面，众筹融资的操作风险。与P2P网贷平台类似，众筹融资项目也有领头人和跟投人两种角色，针对众筹融资平台上每个融资项目的条件，募资方会找到一些投资行业内经验丰富的人认购部分股权，让他们成为领头人，帮其他跟投人判别本项目的投资情况，一旦其他跟投人都认购满额后，领头人和跟投人成立普通合伙制的公司，领头人代表公司执行运营事务。如果领头人存在诈骗的行为，他会让跟投人先出资，针对整个项目的收益预期处于高估值状态，当众筹融资项目认购满额后，他就利用筹集的资金以个人名义进行投资，赚取利润，可投资若失败，所有投资者的本金将付之东流。这种对领头人行为不严格约束的方式，容易引发众筹融资平台的操作风险。

第四节 互联网金融生态主体对生态建设的推动

互联网金融生态主体的生存和竞合状态，不仅需要生态主体适应生态环境，反过来生态主体也应具有改造环境的能动性。例如，第三方支付的崛起，改变了金融市场的运行和传导机制。

一、优化第三方支付企业与传统商业银行的合作渠道①

银行更应当加深与第三方支付的合作力度，由第三方支付平台来发掘客户，一些第三方支付平台不能做的或者说他们的资质不够做的业务交由银行来做，第三方支付平台在前方，银行来做后方，通过与第三方支付的信息共享来进行利益划分。第三方支付平台，尤其是有购物平台背景的第三方支付机构，对个人及企业间的结算非常了解，同时对个人用户及小微型客户的融资需求更为清楚，商业银行与第三方支付合作的内容由单纯的对接转向对由第三方支付机构挖掘客户，合作银行根据对客户需求的分析有针对性地进行营销，将有助于银行开拓资产业务。现阶段银行之间的竞争也很严重，同质化现象更是十分明显，如何在传统的拓客渠道外找寻客源是值得银行考虑的问题。对第三方支付机构而言，虽然掌握

---

① 杨宁. 第三方支付与银行的竞合关系研究［D］. 江西师范大学，2014.

了大量客户信息，但是对信贷业务的风险把控能力并不能迅速得到提升，盲目地涉足可能导致巨大的风险问题。所以，在满足融资需求方面，两者进行深入合作，再根据两者的贡献度进行利益分成，将有助于双方的发展，实现创造更多利益的目的。对产业的发展，将蛋糕一起做大会比相互抢蚀对方蛋糕更有利，促进专业化才能良性发展。

银行应当与第三方支付平台充分合作，而不仅仅是做第三方支付平台的对接。合作除了上述的客户开拓工作，还应就开拓的目标客户分析及后续融资方式进行合作。银行在互联网的数据掌控上可能并没有第三方支付全面，尤其是客户习惯、客户的品质等方面，第三方支付平台拥有一手资料，直接进行数据统计就能查到有融资需求的客户是否满足银行的授信标准。除此之外，在风险把控上两者也可以实现进一步的合作，部分大型第三方支付机构拥有自己的小额贷款公司，但风险的把控能力仍然不足，不具备信贷实力的第三方支付机构可以考虑与商业银行充分合作，将客户的融资担保方式进行多样化变更，可以通过第三方支付机构与物流公司合作，进行货权质押的方式实现担保，也可以通过以第三方支付平台做担保的方式进行合作。

二、P2P 网贷平台未来将发展 O2O 模式

随着国务院提出"互联网+"行动计划，国内部分 P2P 网贷平台开始试水 O2O 模式，互联网金融行业的改革正在逐渐进行。传统金融和互联网金融的本质属性都是金融，作为普惠金融的代表——互联网金融，扩充市场份额的方向是与 O2O 模式进行融合。P2P 网贷平台问题频发，加上国内几个地区已经颁布了 P2P 网贷平台监管对策，未来 P2P 网贷平台将出现较大规模的整合行为，或者是向纯平台型的一站式投资理财平台转型，逐渐变成传统商业银行的线上补充。

"互联网+"行动计划的发布，对国内传统金融机构掀起了"互联网+"模式的合作浪潮，多数传统商业银行为寻求发展契机，借助互联网金融平台的开放、共享、创新精神，打开线上销售渠道，慢慢实现去中心化的状态，各金融主体之间形成串联，组合成金融生态圈。与传统金融机构相比，互联网金融为了突出线上成长的优势资源，为了向传统金融机构进行竞争，为了解决竞争中资金吃紧问题，他们逐渐和基因互补的传统金融机构开展渠道拓展合作，这些互联网金融平台不再做单一的投融资理财业务品类，开始朝着多元化的互联网金融服务平台转化。例如，2015 年上半年，陆金所曾向机构投资者披露，其未来发展战略为"9158"开放型平台结构，"9"即为九类端口，B 端占了 8 个，即包括银行、信托、证券、保险、公募基金、私募基金等传统金融机构。2015 年 9 月 14 日，

阿里巴巴集团旗下的蚂蚁金服宣布启动"互联网推进器"计划，未来5年助力1000家金融机构向新金融升级。①

互联网金融业内专家提出，在传统金融为主体下的新融合下，O2O的发展战略是最佳的模式创新，O2O模式给线上的投资者提供了美好的线下体验，这种模式类似于iPhone专卖店的模式，苹果的销售采取了线上网站、手机App以及线下体验店的模式。P2P平台邦帮堂董事长寇权也认为，互联网金融归根结底还是金融，目前国内最成功的金融商业模式就是银行，其线下门店的VIP金融服务体验已经深得投资人之心，在给客户提供安全、尊贵的体验方面值得P2P平台学习。互联网金融的价值在于将传统金融产品以最便捷、直接的方式展现给用户，方便用户的投资，形成"自下而上"的创新改革。未来，在一站式财富管理服务模式下，投资人不仅可以通过平台投资P2P标的，还可以选择公募基金、融资租赁等传统金融机构的产品。寇权透露，邦帮堂也在为未来转型一站式财富管理平台做积极准备。②

三、"互联网+金融"催生多种新业态，提出更多新挑战

互联网金融发展至今已有3年的光景，在"互联网+"的宏观政策环境下，"互联网+金融"未来将出现三种新业态③。其一是普惠金融的业态发展。互联网金融贴近于民众、贴近于市场、贴近于小微企业。当我国多数小微企业急需资金渡过难关时，传统金融机构因各种审批条件未达到为由把它们拒之门外，只有互联网金融平台基于大数据的挖掘和分析，帮助它们寻找投资者，在没有实体抵押、没有身份要求、没有时间限制的情况下，给它们放贷，解决大部分小微企业或个体经营者的"缺钱荒"。

其二是多维数据的征信体系，降低行业风险的业态发展。虽然央行近期公布了部分个人征信系统的相关内容，覆盖的人群有几亿条信息，但中国13亿人口，还是有几亿人没有完整的征信记录。此外，我国P2P网贷平台、众筹融资平台等互联网金融的融资平台，基本没有引入个人征信记录。个人信用是商业和服务的基础，是证明个人诚信问题的关键，即使国内38家征信机构的全部个人征信数据汇总在一块（各家机构数据维度不同），也较难解决互联网金融融资平台的征信审批。建立多维数据的征信体系，是降低互联网金融行业风险的重点。

其三是互联网金融服务密度的业态发展。"互联网+金融"是基于大数据、云计算等计算机技术作为基础设施，通过整合互联网上金融平台的资源，拓展业

---

①② 中国互联网金融发展报告发布O2O或为P2P未来模式［EB/OL］. 网易财经，2015.
③ 互联网+金融的三种趋势［EB/OL］. 新浪财经，2015.

务渠道。我国正处于互联网金融快速发展时期，金融服务密度远比不上那些欧美国家的成长状态。"互联网+金融"为每位需要金融服务的消费者，提供个性化的服务要求，有助于消费者解决创业和自身企业创新的资金难问题，极大地降低了投融资门槛。"互联网+金融"基于大数据、云计算等计算机技术的基础设施，通过互联网金融服务平台，组合公共的优质资产，以推出全新创造、设计、研发的金融产品，此类产品的风控管理措施是对互联网金融服务密度极大地考验。

总之，2016年是"互联网+金融"创新发展的重要一年，传统和新兴金融行业将以创新为支点走向平衡。随着互联网金融改革持续深化，消费、投资、贸易、股市、债市、汇市、大宗商品交易等领域都将产生变化，人民币也被国际货币基金组织特别提款权成为补充性国际储备资产的组成部分。我国经济将对世界经济的发展产生重要影响，在当今第三方支付、P2P网贷平台、众筹融资平台、互联网银行、互联网理财、线上直销银行、互联网保险等互联网金融业态的基础上，未来中国将产生更多新兴业态，如普惠金融的业态、征信数据降低行业风险的业态、互联网金融服务密度的业态等，不断为"互联网+金融"提供更加便捷的优质资产。

第五章

互联网金融市场结构与市场绩效

互联网金融能够有效打破金融垄断，促进金融市场竞争，实现金融普惠。但是，互联网金融市场上也出现了一些反竞争行为，如虚假宣传行为、垄断协议行为等。这些行为影响了金融消费者和相关金融主体的利益，甚至可能影响金融秩序和国家的金融利益，因此需要对互联网金融市场的反竞争行为进行规范。规范互联网金融企业的反竞争行为除了加强行业监管外，还应当加强反竞争规制，通过行政罚款、行为禁令、资格禁止、市场禁入等手段遏止互联网金融企业的反竞争行为，维护良好的金融竞争环境。

第一节 互联网金融打破传统金融的垄断

在互联网金融出现之前，人们习惯上把银行所从事的存款、贷款和结算三大业务称之为传统金融活动，因此，就把从事这三大传统金融活动的银行业称为传统金融业。互联网金融实现金融普惠（金融普及化、平民化和民主化，打破金融垄断，消除金融不平等服务，让市场主体平等地获得金融服务），互联网金融促进交易脱媒，互联网金融促进利率市场化（互联网金融企业如果能够深度挖掘相关数据，甚至可以形成完全由市场决定的"利率指数"，从而完善贷款定价基础）。

一、互联网金融对金融资源配置的作用

互联网金融演变和发展让整个金融体系的架构和体系都发生了巨大变化，包

括金融业态、金融产品（包括金融衍生品）、风险分布，以及金融业竞争与合作的方式等都呈现出不一样的发展态势。它不仅打破了传统金融机构原有的竞争格局，促进了金融业务创新与发展，提升了服务意识，还促进了资本市场监管制度的更新与完善，推动了利率市场化和金融业的发展。从市场竞争和金融资源配置的角度分析，互联网金融呈现出了以下新特点：

一是资源可获得性增强。传统金融业具有"嫌贫爱富"的特征，这种特点被界定为金融排斥，描述的是部分群体在金融体系中缺少分享金融服务资源的一种状态。在传统金融业中，受时间和空间等的限制，部分个人客户、中小微企业等金融弱势群体被排斥在金融服务领域之外，其个性化的金融资源需求很难得到满足。而在互联网金融领域，借助互联网技术或互联网平台，金融资源实现了跨时空配置，金融资源的可获得性增强，有效地排解了金融排斥，增进了社会福利。

二是交易信息更加对称。在传统的金融活动中，由于缺乏获取交易信息的媒介，金融机构很难获得融资企业的信用信息，金融机构和融资企业之间交易信息不对称的情况比较普遍。在互联网金融中，虽然也存在交易信息不对称的情况，但是由于许多信用信息通过社交网络生成并传播，交易主体的一方更容易通过互联网获得交易主体的另一方的交易信息，因此，交易信息不对称的情况大大减少。

三是资源配置去中介化作用明显。传统融资模式下，资金供求双方信息经常不匹配，需要银行等中介去减少和弥补由于信息不匹配导致的风险，但这会增加融资成本。互联网金融模式下，资金供求双方很少需要银行或交易所等中介机构的撮合，可以通过网络平台自行完成信息甄别、匹配、定价和交易，去中介化作用明显。

二、互联网金融对传统金融业的冲击

近年来，由于互联网金融的出现，"金融脱媒"现象日益明显，部分资金绕开了商业银行开始单独运作，商业银行的中介功能被削弱。传统商业银行的获利主要来自于存贷利差，在互联网金融理财产品出现之前，商业银行对于利率的调整具有很大的主动权，并且存贷利差相对较高，传统商业银行的获利颇为丰厚。表5-1显示了10次央行一年期基本存贷利率的调整及存贷利差。

表 5-1　　　　　　　　近 10 次一年期存贷利率变化表

调整日期	存款基准利率/%			贷款基准利率/%			存贷利差/%
	调整前	调整后	幅度	调整前	调整后	幅度	
2015/10/24	1.75	1.50	-0.25	4.60	4.35	-0.25	2.85
2015/8/26	2	1.75	-0.25	4.85	4.60	-0.25	2.85
2015/6/28	2.25	2	-0.25	5.10	4.85	-0.25	2.85
2015/5/11	2.50	2.25	-0.25	5.35	5.10	-0.25	2.85
2015/3/1	2.75	2.50	-0.25	5.60	5.35	-0.25	2.85
2014/11/21	3.00	2.75	-0.25	6.00	5.60	-0.40	2.85
2012/7/5	3.25	3	-0.25	6.31	6.00	-0.31	3.00
2012/6/8	3.50	3.25	-0.25	6.56	6.31	-0.25	3.06
2011/7/7	3.25	3.50	0.25	6.31	6.56	0.25	3.06
2011/4/6	3	3.25	0.25	6.06	6.31	0.25	3.06

资料来源：中国人民银行。

在 2013 年 6 月 13 日，阿里巴巴正式推出余额宝，标志着互联网金融一个新的里程碑的建立。2013 年 6 月 30 日，余额宝的 7 日年化收益率高达 6.3%，比当时的一年期银行存款利率高出了 3.3 个百分点，其规模为 66 亿元，随后数月，余额宝规模剧增，在 2014 年底达到 5897.97 亿元，2015 年底达到 6739.30 亿元，天弘基金也因此一跃成为中国排名第一位的公募基金。图 5-1 显示了余额宝推出以来的 7 日平均年化收益率的变化情况。

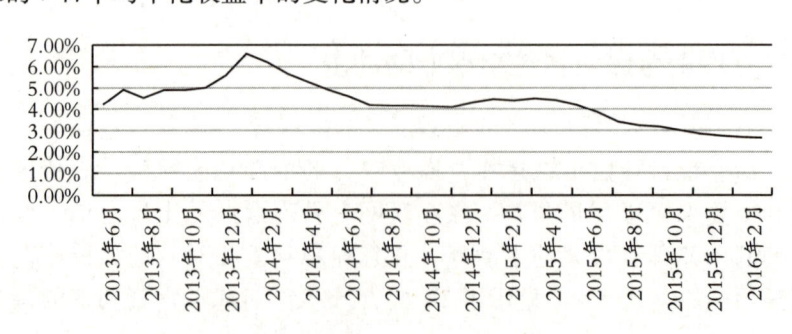

图 5-1　余额宝 7 日平均年化收益率

资料来源：理财收益网。

由表 5-1 和图 5-1 可以看出,随着余额宝类的货币基金类理财产品的问世,银行的基本利率在逐步降低,余额宝推出的 7 日平均年化收益率一直高于银行的一年期基本利率。余额宝除了在利率方面占有优势,它的便利性也使得许多民众把存款从银行转移到了余额宝。如此一来,传统商业银行显得十分被动,于是开始纷纷改革创新,有的银行也开始推出自己的"宝宝类"产品,如民生银行的如意宝,兴业银行的兴业宝等。

除此之外,P2P 网络贷款平台的建立,使得中小企业融资困难的问题大幅度得到缓解,民间资本的借贷通过 P2P 网络贷款平台日渐合法化。截至 2015 年 12 月 31 日,P2P 平台数量达到 3657 家,2015 年的交易总规模约为 9750 亿元。这是互联网金融对于传统商业银行的又一冲击。

三、互联网金融打破金融垄断

互联网金融的特点在于资源可获性强,信息对称度高,资源配置去中介化作用明显。基于这些特点,互联网金融非常有助于打破传统金融的垄断。

首先,互联网金融有助于实现金融普惠。目前,普惠金融已成为全球普遍倡导的金融模式,我国政府也把金融普惠作为金融改革的重要目标。实质上,普惠金融就是金融普及化、平民化和大众化,打破传统金融垄断,消除金融不平等服务,让市场主体能够平等地获得金融服务。而这正与互联网金融的精神不谋而合。互联网金融颠覆了传统金融"贵族"的特性,将广大中小微企业和个人客户作为服务对象,催生了"自下而上"的金融内生化与平民化力量,无形当中消除了金融排斥,实现了金融普惠。

其次,互联网金融促进交易脱媒。传统金融中,受金融资源配置的中介化特征等影响,国家采取金融垄断政策,规定从事金融业务的只能是经过批准的少数金融机构。而互联网金融的资源配置去中介化特征使金融脱媒成为可能,企业不再局限于通过银行或其他金融中介机构在市场上借款,部分金融主体对金融业务的垄断被打破。P2P 网络贷款、众筹融资等商业模式使直接融资变成了普遍现象。

再次,互联网金融促进利率市场化。有学者指出,存款利率管制是互联网金融发展的根本原因[①]。长期以来,我国银行业金融机构高度依赖利差盈利,这是金融垄断的典型体现。互联网金融凭借其交易平台,资金借方报价,贷方依据其对流动性、风险等因素的偏好选择贷款对象,双方议价成交,可以实现交易完全

---

① 戴国强,方鹏飞. 监管创新、利率市场化与互联网金融 [J]. 现代经济讨论,2014 (7).

市场化，能够客观反映市场供求双方的价格偏好。互联网金融企业如果能够深度挖掘相关数据，甚至可以形成完全由市场决定的"利率指数"，从而完善贷款定价基础。

第二节 我国互联网金融市场结构与市场集中度测算

互联网金融市场是资金融通的一种新模式，它使金融活动的交易成本大幅度降低。互联网金融市场是一个双重概念，从狭义上讲，互联网企业利用互联网技术和移动通信技术等一系列现代信息科学技术实现资金融通的一种新兴的金融服务模式；广义上认为，互联网金融是在互联网上开展的所有金融业务。从一个新兴的市场来说，本章考察的互联网金融是前者。

一、互联网金融市场结构分析

金融的基本功能是为了解决两个维度价值交换的问题，一个是空间的维度，一个是时间的维度。解决空间维度的价值交换问题产生了支付，如不同地区客户的资金划汇结算；解决时间维度的价值交换问题产生了信用，现在不用的闲置资金可以用于放贷，支持未来的生产消费。支付或信用是金融市场所具有的基本功能。互联网金融的功能仍然如此，主要形成了网络支付、网络存款理财、网络融资等几类功能性市场。其中，网络支付市场、网络融资市场是基本功能市场，网络存款理财市场是由网络支付派生的功能性市场。

1. 网络支付市场。网络支付市场分为前端市场和后端市场，后端市场仍然由商业银行主导，提供支付底层服务和接口，而前端市场是由以第三方网络支付为代表的新兴市场。前端市场的快速成长最初根植于网络购物的繁荣。2003年，支付宝的诞生打响了第三方企业竞争网络支付市场的"第一枪"。截至目前，共有270家公司获得第三方支付牌照，其中近百家获得网络支付牌照。来自艾瑞咨询的数据显示，2015年，网络支付市场交易量预计超过15万亿元，其高速增长的态势不容小觑。

总体而言，网络支付市场的发展呈现三个趋势：

一是由"固定"向"移动"发展。由于手机网民的快速增长，网络支付的终端由固定PC端逐步向手机等移动终端转变，2012年移动支付规模还仅为1151亿元，而到2013年年末移动互联网支付整体交易规模就达到1.2万亿元，增长率高达707%，2014年达到8万亿元。

二是由"线上"向"线下"发展。由于传统的网络购物、在线旅游和机票订购等线上市场进入成熟发展期，互联网企业急需拓展新的增长"蓝海"，于是线下的商务机会成为发展重点，O2O 模式日益兴起。随着 NFC、二维码支付、条码支付、声波支付、摇一摇支付等支付技术的发展，应用场景由线上延伸到线下技术积累已经完成。互联网巨头掌握着线上的门户入口，在线下则采用 LBS + SNS 的拓展模式，即用位置定位服务推荐线下客户的周边商户，吸引客户进入线上入口，同时通过微信等社交网络服务口碑相传，来扩大营销影响力，这样一来互联网企业能够进一步增强对线上、线下入口的掌控力。

三是由"账户"向"终端"发展。尽管互联网企业拥有庞大的账户群，但却无法兑换成线下的真实客户群。线上金融生态系统如果想要延伸到线下，还是要借助终端的力量。手机等移动终端无疑是最佳的选择，如果借助终端将账户从虚拟世界引入真实世界，可以拓展的市场外延将会发生爆炸式增长。互联网企业、商业银行都意识到这一点，占领手持终端的"圈地运动"拉开了大幕，BATJ 互联网四巨头（百度、阿里巴巴、腾讯、京东）已经分别推出自己的基于手机的电子钱包运用，建设银行、招商银行、平安银行等商业银行也陆续跟进。

目前，网络支付市场主要包括三类：一是网络购物市场，网络购物是目前规模最大的网络支付市场，占比接近九成，不仅包括商品买卖，还包括各类充值、缴费服务。二是在线旅游市场，包括机票、火车票、酒店、旅行安排预订以及在线租车等，这是第二大线上支付市场。三是 O2O 市场，O2O 也是近几年兴起的市场，虽然规模不大但包罗万象，并且增长潜力巨大。线上市场主要是针对不用见面也可以完成消费的场景，而 O2O 则是解决必须客户亲临现场的场景。目前的线下应用场景包括：餐饮买单（大众点评、美团等），百货、超市、卖场购物支付，公交、地铁、的士支付（滴滴快车），自动售货机支付，美容美发等。可以看到，这些市场并不是孤立的，而是包含在互联网企业的线上线下整体生态圈中。

2. 网络存款理财市场。网络存款是网络理财的资金源头，两者密不可分，所以可将其归为一类市场来看。互联网企业本身无权吸收存款，所以网络存款一般都是衍生品。从互联网金融的演进来看，网络存款的主要来源是支付账户的沉淀。据统计，在没有推出余额宝之前，仅支付宝上沉淀的活期资金就达 300 亿元，由此推测整个互联网支付账户的活期存款规模可能超过千亿元。如果有合适的诱因，网络存款的规模还会爆炸式的增长，如高收益网络理财的推出。网络理财产生的直接诱因是客户提升网络活期存款收益的诉求。

目前网络理财主要有两种市场运作模式：一种是纯中介式，如"天天基金网"、酷基金网、123基金网和中国基金网等，它们为客户提供各类基金信息，同时还可以进行基金产品代销，手续费率、产品的灵活性均要高于银行，这些网络理财的特点是不参与产品设计，只提供信息和代理销售。第二种是嵌入产品式，是将既有的金融产品与互联网特点相结合而形成投资理财产品或保险产品，这些产品不仅仅是简单的代销，而且进行了二次开发，被嵌入了互联网的基因。这种嵌入产品式的网络理财市场运作模式以阿里巴巴的"余额宝"、腾讯的"理财通"、苏宁的"零钱宝"，以及"众安在线"的运费险、快捷支付盗刷险等为代表。

虽然网络理财异军突起，但还是要清醒地看到部分网络理财特别是"宝"类理财运作模式存在的弊端，其本质是一种"监管套利"行为。"宝"类理财能够快速吸引人气，得益于理财产品的高收益，而高收益的源泉来自于商业银行，"宝"类理财通过募集银行低端客户的小额资金，汇聚成大额资金存入银行协定存款，获得较高收益。以余额宝为例，"余额宝"将超过90%的资产投向了银行的协议存款，也就是说，"余额宝"收益绝大部分是来自银行协议存款。如果中国监管部门能够部分放松"存贷比"监管，银行冲时点存款的动机削弱，这种套利行为就会失去存在的土壤，网络理财收益将回归正常的资金收益水平。

3. 网络融资市场。网络融资主要有三种形式：

一是P2P网络贷款。P2P网络贷款是指通过互联网平台实现借贷双方资金的匹配，其又可以细分为平台、担保和项目批发等三种模式。平台模式是互联网企业采取的主要模式，但由于门槛较低，最近出现了不少卷款跑路的风险事件，仍需规范。担保模式下，网站线下购买债权，再将债权转售给投资人赚取利差，引入保险公司或小贷公司，为交易双方担保，这是P2P网贷发展的主流模式，典型的网站有宜信。目前银行进入主要是项目批发模式，即将线下小贷公司的融资项目上网证券化，典型的是平安的陆金所、招商银行的"小企业e家投融资业务"平台，农行、浦发、广发等银行也在研究开展P2P平台业务。

二是电商小贷。最有代表性的是阿里小贷，其产品线分为针对B2B会员的小微商户贷款、针对B2C和C2C的消费贷款，以及针对航旅商家的保理业务。阿里小贷最具颠覆性的创新是信贷风险管理模式，传统金融借贷业务主要依靠客户的财务数据，而阿里小贷是依靠客户的行为数据。通过大数据模型将客户行为数据映射为信用评价等级，阿里小贷向这些通常无法在传统金融渠道获得贷款的弱势群体批量发放"金额小、期限短、随借随还"的小额贷款。同时将大数据运用嵌入贷后管理，通过数据分析监控企业经营动态和行为，任何影响正常履约的行为都将会被预警，最严厉的将导致网络店铺被关停，违约成本极其高昂。若客户逾期还款,将被收取罚息,通常是日息的1.5倍。在阿里金融的示范性作用下,越来越多的电商平台开始开展网络小额信贷业务。京东商城推出"京宝贝"快速融资服务,京东的上万家供应商可凭采购、销售等数据快速获得融资;苏宁易购推出苏宁小贷公司,解决其线上合作小微企业的融资问题。

三是"网络信用卡"。阿里金融在2013年4月中旬正式推出"信用支付"业务,该业务利用大数据和云计算对每一位客户评级,根据评级提供不超过5000元的额度,客户可以利用该信用额度在淘宝或者天猫上消费,免息期38天。2014年2月13日,京东宣布推出"京东白条",白条用户最高可以获得15000元信用额度,享受30天免息期和3~12个月的分期付款等两种不同的消费付款方式,分期的费率为0.5%。相较于传统银行,京东白条可以在一分钟内在线实时完成申请和授信过程,服务费用也较为低廉。这些带有信用的支付功能,被市场认为正是银行信用卡的功能,更被业界称为"网络信用卡"。

二、市场集中度的衡量指标

行业集中度是决定市场结构最基本、最重要的因素,集中体现了市场的竞争和垄断程度,经常使用的集中度计量指标有:行业集中率(CRn指数)、赫尔芬达尔—赫希曼指数(Herfindahl-HirschmanIndex,HHI)、洛伦兹曲线、基尼系数、逆指数和熵指数等,其中集中率(CRn)与赫希曼指数(HHI)是常用的两个指标。

1. 行业集中度(CRn)。

计算公式为:

$$CR_n = \sum_{i=1}^{n} S_i$$

式中:S_i是第i个企业所占的市场份额;n是这个行业中规模最大的前n家企业数。表5-2是美国经济学家贝恩创立的贝恩指数表。

表5-2　　　　　　　　　贝恩的市场结构分类

市场结构	集中度	
	C_4值(%)	C_8值(%)
寡占Ⅰ型	$85 \leq C_4$	—
寡占Ⅱ型	$75 \leq C_4 < 85$	或$85 \leq C_8$
寡占Ⅲ型	$50 \leq C_4 < 75$	$75 \leq C_8 < 85$

续表

市场结构	集中度	
	C_4值（%）	C_8值（%）
寡占Ⅳ型	$35 \leq C_4 < 50$	$45 \leq C_8 < 75$
寡占Ⅴ型	$30 \leq C_4 < 35$	或 $40 \leq C_8 < 45$
竞争型	$C_4 < 30$	$C_8 < 40$

资料来源：苏东水．产业经济学 [M]．北京：高等教育出版社，2010. 97.

2. 赫芬达尔—赫希曼指数（HHI）。赫芬达尔—赫希曼指数是指一个行业中各市场竞争主体所占行业总收入或总资产百分比的平方和，用来计量市场份额的变化，即市场中厂商规模的离散度。赫芬达尔指数是产业市场集中度测量指标中较好的一个，是经济学界和政府管制部门使用较多的指标。

计算公式为：

$$HHI = \sum_{i=1}^{N} (X_i/X)^2 = \sum_{i=1}^{N} S_i^2$$

式中：X 为市场的总规模；X_i 为 i 企业的规模；$S_i = X_i/X$ 为第 i 个企业的市场占有率；N 为该产业内的企业数。

表 5–3 为日本公正交易委员会对以 HHI 指数衡量的市场结构的分类。

表 5–3　　　　　以 HHI 指数为基准的市场结构分类

市场结构	寡占型			
	高寡占Ⅰ型	高寡占Ⅱ型	低寡占Ⅰ型	低寡占Ⅱ型
HHI	$HHI \geq 3000$	$1800 \leq HHI < 3000$	$1400 \leq HHI < 1800$	$1000 \leq HHI < 1400$
市场结构	竞争型			
	竞争Ⅰ型		竞争Ⅱ型	
HHI	$500 \leq HHI < 1000$		$HHI < 500$	

资料来源：苏东水．产业经济学 [M]．北京：高等教育出版社，2010. 100.

三、第三方互联网支付市场集中度测算

iResearch 艾瑞咨询统计数据显示，2014 年中国第三方互联网支付交易规模达到 8 万亿元，同比增速 50.3%。第三方互联网支付竞争格局微调，支付宝仍然

第五章 互联网金融市场结构与市场绩效

占据半壁江山。2015年第一季度中国第三方互联网支付交易规模达到24308.8亿元，同比增长29.8%，环比增长3.4%。

图5-2显示了从2014年第一季度到2015年第一季度共5个季度的中国第三方互联网支付业务交易规模。

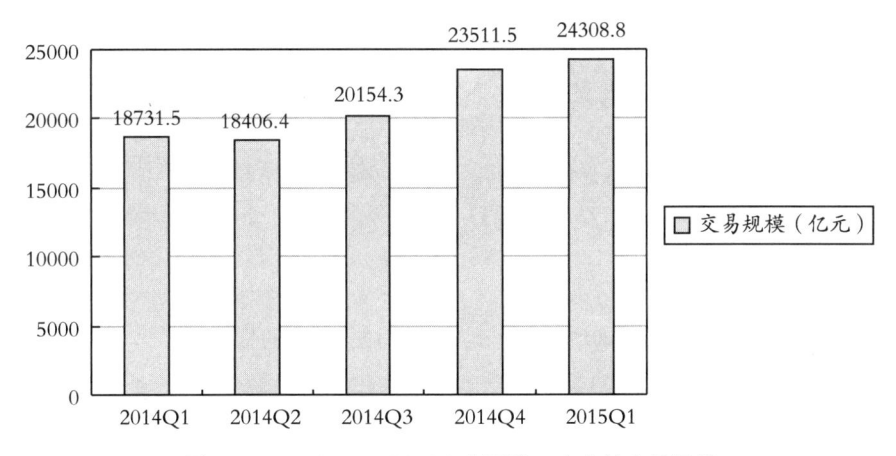

图5-2 2014Q1~2015Q1中国第三方支付交易规模

从2014年一季度起，截至2015年三季度，每个季度的第三方互联网支付交易规模依次为18731.5亿元、18406.4亿元、20154.3亿元、23511.5亿元和24308.8亿元。2014年第一季度和2015年第一节度的公司统计数据如图5-3和图5-4所示。

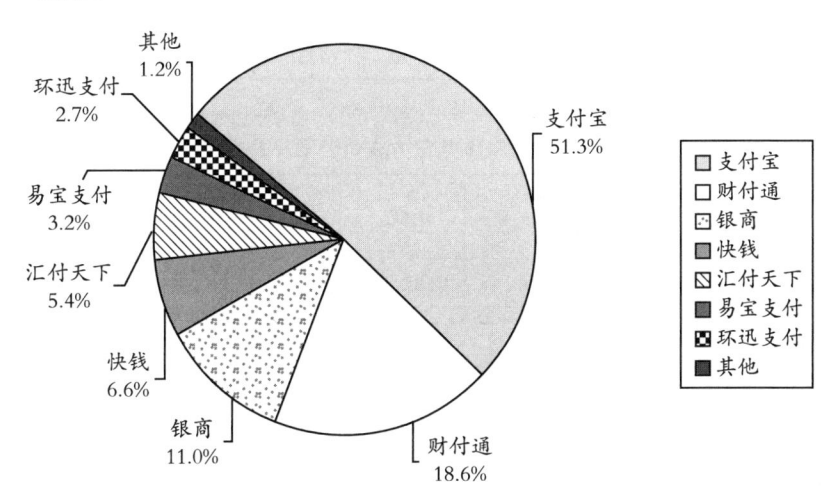

图5-3 2014年第一季度第三方支付市场份额分布

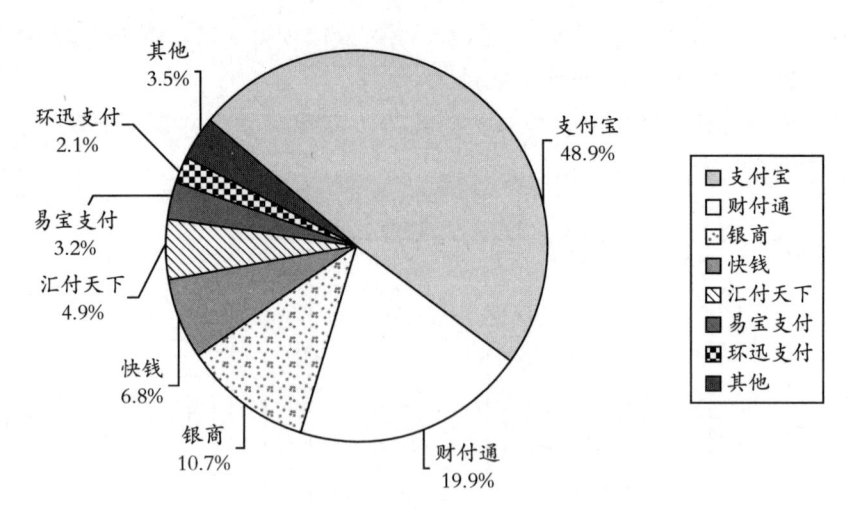

图 5-4 中各项占比：
- 支付宝 48.9%
- 财付通 19.9%
- 银商 10.7%
- 快钱 6.8%
- 汇付天下 4.9%
- 易宝支付 3.2%
- 环迅支付 2.1%
- 其他 3.5%

图 5-4　2015 年第一季度第三方支付市场份额分布

表 5-4　2014Q1~2015Q1 第三方支付公司交易规模市场占比　　单位：%

名称 时间	支付宝	财付通	银商	快钱	汇付天下	易宝支付	环迅支付	其他
2014Q1	51.30	18.60	11.00	6.60	5.40	3.20	2.70	1.20
2014Q2	48.80	19.80	11.40	6.80	5.30	3.20	2.70	2.00
2014Q3	49.20	19.40	11.60	6.90	5.30	3.20	2.70	1.70
2014Q4	49.21	20.07	11.55	6.87	4.88	3.20	2.70	1.52
2015Q1	48.90	19.90	10.70	6.80	4.90	3.20	2.10	3.50

表 5-5　2014Q1~2015Q1 第三方支付公司交易规模　　单位：亿元

名称 时间	支付宝	财付通	银商	快钱	汇付天下	易宝支付	环迅支付	其他
2014Q1	9609.26	3484.06	2060.47	1236.28	1011.50	599.41	505.75	224.78
2014Q2	8982.42	3644.51	2098.35	1251.65	975.55	589.01	496.98	368.13
2014Q3	9915.92	3909.93	2337.90	1390.65	1068.18	644.94	544.17	342.62
2014Q4	11571.14	4718.26	2714.93	1616.09	1146.57	752.37	634.81	357.33
2015Q1	11887.00	4837.45	2601.04	1653.00	1191.13	777.88	510.48	850.81

第五章 互联网金融市场结构与市场绩效

在表 5-6 五个季度的数据统计中,只有市场份额排名前七位的公司,其相对于贝恩所设定的前八位企业市场占有率 CR8 这个指标少了一个公司,但是这并不妨碍我们对这五个季度的统计数据进行分析测度,因为从表 5-6 中可以清晰的看出,各个季度的 CR7 数值已经超过 85%,所以可以推断出 CR8 一定都是高于 85% 的。表 5-6 中还显示出,所列出的五个季度的市场前四位企业占有率 CR4 均远高于贝恩市场结构分类法中极高寡占型的界限 85%。并且 CR4 在这五个季度中的波动幅度很小,在 2% 以内。因此分析得到,2014Q1~2015Q1 中国第三方互联网支付市场结构为极高寡占型。

表 5-6 2014Q1~2015Q1 第三方支付市场集中度 单位:%

项目	CR_1	CR_2	CR_3	CR_4	CR_5	CR_6	CR_7	CR_8
2014Q1	51.30	69.90	80.90	87.50	92.90	96.10	98.80	·
	支付宝	财付通	银商	快钱	汇付天下	易宝支付	环迅支付	其他
2014Q2	48.80	68.60	80.00	86.80	92.10	95.30	98.00	·
	支付宝	财付通	银商	快钱	汇付天下	易宝支付	环迅支付	其他
2014Q3	49.20	68.60	80.20	87.10	92.40	95.60	98.30	·
	支付宝	财付通	银商	快钱	汇付天下	易宝支付	环迅支付	其他
2014Q4	49.21	69.28	80.83	87.70	92.58	95.78	98.48	·
	支付宝	财付通	银商	快钱	汇付天下	易宝支付	环迅支付	其他
2015Q1	48.90	68.80	79.50	86.30	91.20	94.40	96.50	·
	支付宝	财付通	银商	快钱	汇付天下	易宝支付	环迅支付	其他

由表 5-7 的数据可以看出,这五个季度的第三方互联网支付市场的 HHI 值在 3000 上下波动。上一章中的 HHI 市场结构划分表中给出,HHI 值高于 3000 属于高寡占 I 型,HHI 值位于 1800~3000 之间属于高寡占 II 型。因此可得,2014Q1~2015Q1 中国第三方互联网支付市场的市场结构处于高寡占 I 型和高寡占 II 型之间。

表 5-7 第三方互联网支付 HHI 值

时间	2014Q1	2014Q2	2014Q3	2014Q4	2015Q1
HHI 值	3189	2996	3025	3047	2987

综合以上两种指标，我国第三方互联网支付市场目前是一个集中度非常高的市场。中国人民银行总共发放了270张第三方支付牌照，但是真正有实力并且有影响力进行第三方互联网支付业务的公司屈指可数。而且第三方支付的展开需要有雄厚的经济实力与安全、快捷的第三方支付软件，支付宝具有此方面的优势，其市场份额占据了半壁江山。腾讯旗下的财付通占有约1/5的市场份额。

四、中国P2P网络贷款市场集中度测算

从2007年中国第一家P2P网络贷款平台——拍拍贷在上海成立以来，截至目前，中国P2P平台的数量已经超过1500家，行业交易规模也迅猛增加，2014年全年P2P网络贷款市场规模达到2012.6亿元。图5-5显示了2014年第一季度至2015年第二季度中国P2P网络贷款市场的规模。图5-6和图5-7分别显示了分季度的P2P网络贷款市场中企业份额占比。

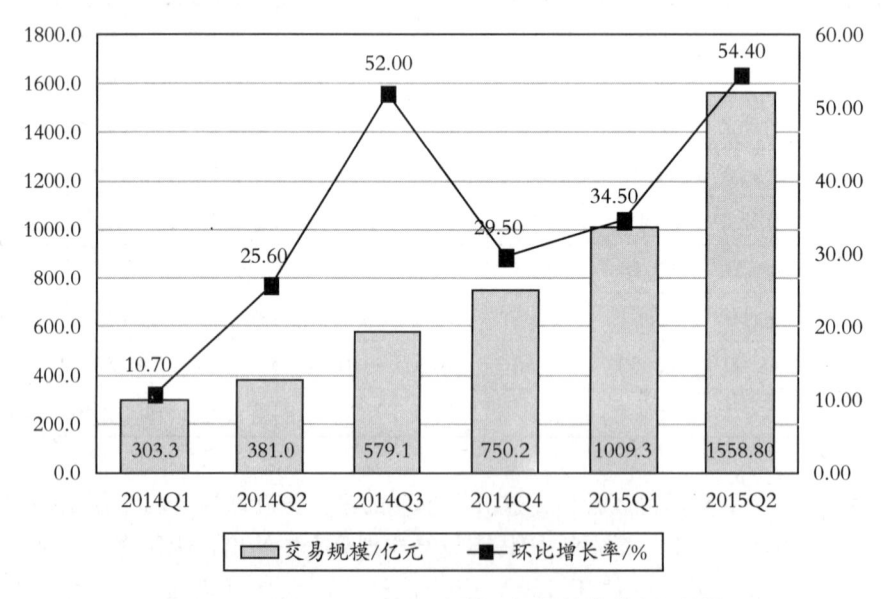

图 5-5 2014Q1~2015Q2 中国 P2P 网络贷款市场规模

由表5-8可以看出，P2P网络贷款市场贝恩指数CR8均小于30%，由表5-9可以看出，P2P网络贷款市场的HHI值均小于500。从两种行业集中度数据中可分析出，我国的P2P网络贷款市场处于竞争型的范围内。有以下几方面的原因：一是P2P网络贷款市场的进入门槛较低，从而有较多的公司加入到这一行业参与市场业务，市场中的企业数量较多。二是P2P网络贷款市场是一个新市场，其出现时间较短，尚无企业可以形成较大的垄断势力。三是大型集团投资建立的P2P网络贷款公

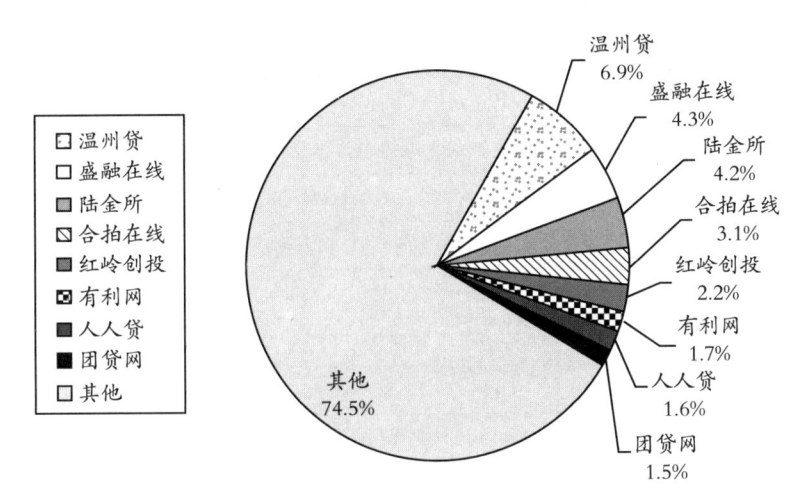

第五章 互联网金融市场结构与市场绩效

图 5-6 2014 年第一季度 P2P 网贷市场交易份额

司数量很少，许多公司是新建立的，通过自身发展起来的小型公司。

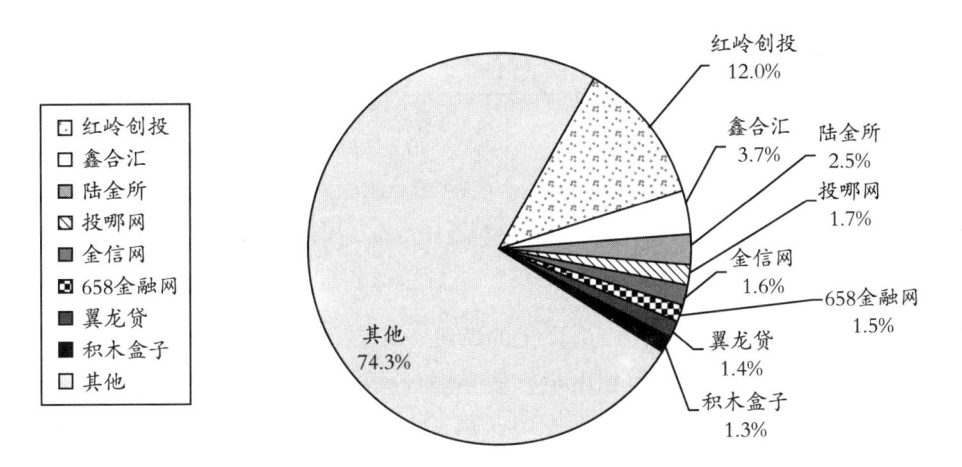

图 5-7 2015 年第二季度 P2P 网贷市场交易份额

表 5-8 P2P 网络贷款贝恩市场分类 单位：%

项目	CR_1	CR_2	CR_3	CR_4	CR_5	CR_6	CR_7	CR_8
	温州贷	盛融在线	陆金所	合拍在线	红岭创投	有利网	人人贷	团贷网
2014Q1	6.90	11.20	15.40	18.50	20.70	22.40	24.00	25.50
	合拍在线	红岭创投	鑫合汇	盛融在线	陆金所	微贷网	积木盒子	爱投资
2014Q2	3.89	7.72	11.32	14.82	18.27	20.63	22.80	24.88

续表

项目	CR_1	CR_2	CR_3	CR_4	CR_5	CR_6	CR_7	CR_8
2014Q3	红岭创投 7.37	陆金所 13.10	鑫合汇 16.67	盛融在线 19.40	人人贷 21.38	爱投资 23.27	合拍在线 25.07	积木盒子 26.53
2014Q4	红岭创投 9.60	陆金所 16.00	有利网 19.17	鑫合汇 22.24	积木盒子 24.64	人人贷 26.59	爱投资 28.15	合拍在线 29.39
2015Q1	红岭创投 13.50	陆金所 17.20	积木盒子 19.00	有利网 20.80	鑫合汇 22.50	宜人贷 24.10	人人贷 25.50	爱投资 26.80
2015Q2	红岭创投 12.00	鑫合汇 15.70	陆金所 18.20	投哪网 19.90	金信网 21.50	658金融网 23.00	翼龙贷 24.40	积木盒子 25.70

表5-9　　　　　　　　　P2P网络贷款HHI值

时间	2014Q1	2014Q2	2014Q3	2014Q4	2015Q1	2015Q2
HHI值	106	81	120	167	212	176

第三节　互联网金融的市场绩效评价

互联网金融以其大众化、平民化的特征，拓展了传统金融市场的边界，使中小客户的理财投资需求得到满足，使金融行业成为一个开放的市场，让"高大上"的金融业务走进平民百姓家中，惠及大众。理论上说，互联网金融可以有效地缓解我国中小微企业融资难、融资贵的问题，促进实体经济发展；互联网金融打破了传统金融业高门槛，加速了利率市场化的进程，推动金融体制改革。

一、互联网金融对金融体制改革的绩效

金融体制改革指国家对货币、信贷、证券、保险、外汇、银行和非银行金融机构等金融活动进行管理的一系列制度和组织形式的改革。在我国，主要是指对计划经济体制下以高度集中和统一为主要特征的金融体制所进行的与发展社会主义市场经济相适应的改革。

第五章 互联网金融市场结构与市场绩效

一是我国的金融业态发展态势不均衡，金融市场资金配置效率低，巨额民间资金无法被充分利用，资金周转速度慢。一方面实体经济中最具活力的大量中小微企业得不到资金；另一方面大量资金闲置或流入地产等领域，增加价格泡沫。二是目前的银行结构中，全国性大银行过多，区域性的中小银行，以及小微金融机构短缺。其结果是由于竞争不充分，资金集中在大型商业银行，低廉的成本资金流入房地产、证券等高回报行业，中小微企业难以从大银行获得贷款，转而取向各种民间的非法融资渠道，催生了畸形发展的民间金融体系。三是当前资本市场存在的主要问题，是股票市场所占比重偏高，债券、基金、融资租赁等非股票类融资市场发育不充分。直接融资的比重偏低，资本市场层次较少。

正是由于互联网金融的出现，促使金融体制进行改革，放宽民间资本的准入机制，使得民间资本开始自由地进出金融市场，形成竞争机制，才能保证金融市场有效率、稳定的发展。在P2P网络贷款、众筹等融资等平台，把民间资本引入金融市场；"余额宝"、"理财通"等货币类基金的出现，有效地促进了利率市场化改革。从2002年中国开始汇率改革开始，利率市场化就提上了进程。但是在初期，改革进度十分缓慢，2004年后8年内，只有贷款利率下浮0.9倍，存款利率改革并未启动。2012年后，利率市场化改革的步伐明显加快，到目前，贷款基准利率已经取消下限，存款利率在2015年5月放宽至上浮1.5倍，中国利率完全市场化只差临门一脚。具体进程如图5-8所示。

存贷款利率市场化进程

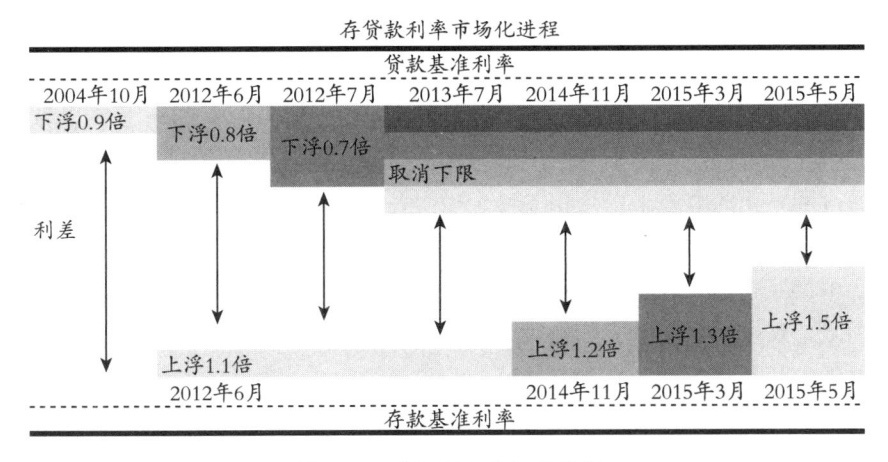

贷款基准利率						
2004年10月	2012年6月	2012年7月	2013年7月	2014年11月	2015年3月	2015年5月
下浮0.9倍	下浮0.8倍	下浮0.7倍	取消下限			
	上浮1.1倍			上浮1.2倍	上浮1.3倍	上浮1.5倍
	2012年6月			2014年11月	2015年3月	2015年5月
存款基准利率						

图5-8 我国利率市场化进程

资料来源：中国人民银行。

互联网金融将受到利率管制的活期存款转变为货币市场投资，纠正了资源配置的扭曲，这是互联网金融的经济贡献①。正是互联网金融市场中"余额宝"、"理财通"等产品的出现，对银行的活期存款造成一定的冲击，2014年后央行逐渐放宽存款利率上浮限额，一年之间做了三次调整，真正加大了利率改革的步伐。

二、互联网金融对实体经济融资的绩效

银行、基金、证券、信托、风险投资，以及融资租赁等金融融资机构构成了当今中国市场经济体系下全部完整的中小企业融资系统。除了一部分资信良好、资产规模大的中小企业可以从银行或者债券、股票市场获得融资资金之外，大部分中小企业只能凭借内源资金进行扩大生产甚至紧急情况下借助民间成本代价高的借贷融资，这大大地限制了我国中小企业扩大规模、购买机械设备，以及升级生产技术的能力。中小企业是国民经济体系中最活跃的细胞，也是吸纳社会就业人数最多的市场经济体。政府多次会议提出，要大力发展中小企业，中小企业的蓬勃发展，在国民经济和社会发展中的地位举足轻重。

近年来，银行业民间资本显现上升趋势，但是与国有资本相比，其占比仍然非常低，而且国资处于垄断地位，注重担保和抵押，各银行间的竞争也是非常激烈，导致金融供给不足，难以满足市场的需求，特别是中小微企业，金融服务满足率比较低。有数据显示，中小企业的信贷满足率只有20%左右，而大型企业的信贷满足率则达95%以上。中小企业融资主要面临这样几个问题：一是融资申请难；二是融资成本高；三是融资风险高。

技术革命催生了互联网技术的迅猛发展，互联网融资模式正在逐渐雄起。互联网金融可以高效合理地完成分析与筛选互联网社交平台上的市场资金数据资源，能够有效地提高信息资源利用效率和降低数据搜集与分析成本。互联网金融可以通过网络化的方式来进行相关资金风险评估和数据信息处理，避免或减少资金需求双方的市场信息不对称概率。另外，互联网融资平台上的各类资金参与者较多，根据互联网大数据分析后的资金供需双方具有高度的匹配性，主要体现在资金期限、规模大小、风险分担、资产形态等方面，如此可以极大地提高融资有效度、减少交易成本。

一方面，基于强大的云计算与大数据技术等能力，互联网融资渠道能够有效地解决中小企业与资金所有者双方不对称的资金信息问题，与此同时凭借互联网技术的便捷性与高效性，互联网融资大幅地提升了每笔融资贷款的流程效率，缩

---

① 戴国强，方鹏飞. 监管创新、利率市场化与互联网金融 [J]. 现代经济讨论，2014 (7).

短贷款环节,最终减少了贷款融资的总成本,因此在解决中小企业融资困难的问题上,互联网融资模式有着无可比拟的独特之处。另一方面,随着互联网技术与互联网金融模式的迅速涌现,传统商业银行也纷纷拓展自身的互联网金融业务,增强信息化时代的市场竞争力。

总体来说,互联网金融融资具有以下特点:

1. 解决信息不对称。通常,有两大层面的缘由造成融资双方的信息不对称问题:一方面是中小企业对于商业银行,担保公司、小贷,基金信托等;另一方面是金融机构或者个人投资者缺乏深入了解与熟悉中小企业,也无从知道需要融资资金且资信良好的中小企业,这也关联于融资金融机构与个人投资者的专业程度不高等原因。这些原因都造成金融机构与个人投资者在寻求中小企业融资信息上所耗费的成本惊人,这也是金融机构难以大规模地开展中小企业融资项目的主要原因。而互联网资金投融资模式可以轻易地解决上述问题且拥有明显的融资信息发布优势,互联网平台能够全面及时地展示资金所有方、中小企业,以及客户经理等相关资料信息,为广大中小企业提供了大量资金信息资源。互联网金融机构通常通过网络平台收集大量中小企业资金需求、信用等级、盈利情况等相关数据,大数据与云计算技术保证了信息处理与分析的能力。同时,平台可以利用获取的中小企业销售情况、资金汇款情况,对其进行相关处理后能够得到判断企业信用状况及还款能力的指标,使原来存在的信息不对称问题得到很好的解决。

2. 避免了信贷配给。在我国现有的金融制度体系与固定利率模式下,商业银行为了防范风险,将部分中小企业所存在的超额资金需求拒之门外,这就是所谓的市场信贷配给。出于风险防范,商业银行财务的措施通常是紧缩信贷供给和提高利率,由此带来严重的道德风险和逆向选择,更大程度上恶化中小企业的融资环境。另外,从整体经济环境趋势与走向而言,随着利率上升与社会投资的减少,经济风险与经济衰退也更加严重,进一步地加重信贷配给现象,从而形成恶性循环。原因在于两大方面:一方面,中小企业平台数据分析与资信等级测定是互联网金融融资模式下做出贷款决定的重要标准与技术准则。这种数据技术处理模式与资信等级的判别方式很难形成中小企业信贷配给状况。另一方面,电商融资、众筹融资模式,以及P2P模式等互联网融资平台充分地提供给资金供求双方资金信息渠道,这种平台由于互联网优势的存在,所发布的资金信息具有便捷高效、公开透明的特征。根据自身风险承受能力与资金规模能力,资金所有者会恰当地作出资金需求方融资选择,所以互联网融资模式下可以避免信贷配给问题。

3. 显著降低贷款成本。与以往传统的投融资媒介,如商业银行、基金信托及中小贷款公司相对比,互联网融资平台可以帮助企业融资项目避免与节省大部分的额外费用。举例来说，互联网融资平台一般不包括传统融资模式所需的资料费、手续费、交通费，甚至灰色费用等，并且因为互联网承担了大部分企业项目的前期融资流程与工作，此举大大地节省了企业融资的时间和精力。互联网平台的信息公布与标准化流程也给予融资企业清晰明确的融资操作与步骤，企业可以毫无障碍地填写项目融资所需的资料和高效便捷地上传材料。与此同时，互联网平台的前期工作也可以为金融机构带来诸多的便利，资料准备与申请等工作互联网化可以减少相应工作量，从而提高资金方的效率，减少资金方的费用支出。如今互联网融资平台大都设定如上所述的前期功能，就像中小企业在阿里巴巴信贷平台上填写相应的企业信息和资料，并完成相关证件的上传工作。阿里巴巴信贷平台拥有完备的投融资双方信息资源，提供精细化项目融资流程服务。另外，互联网融资平台拥有另一大资源信息分析利器，也就是"大数据"的优势，互联网融资平台利用自身存储的大量企业客户资源信息，通过现代化高精密的云计算技术分析海量的企业信息，高效的数据分析挖掘技术使得中小企业等资金需求者的信息得以清晰体现，免去了以往信贷的线下与实地调查模式，此举又可以很大程度上降低交易成本。

三、互联网金融对增加居民财产收入的绩效

"党的十七大"和"党的十八大"报告相继提出"增加居民财产性收入"，财产性收入已逐渐成为城乡居民收入的重要组成部分。居民财产性收入主要是通过交易、出租财产权或进行财产营运所获得的利息、股息、红利、租金、专利收入、财产增值、出让收益等。

在传统金融时代，许多居民采取定期存款的方式来使资金获取收益。也不乏有许多私人集资和贷款，但就合法渠道来说，居民户获取财产性收入的渠道相对较少。互联网金融兴起后，P2P贷款模式、"余额宝"模式和众筹融资模式等在很大程度上拓宽了居民资金合法交易的渠道，而且其便利性今非昔比。

余额宝自2013年6月诞生以来，一年后规模超过5000亿元，用户数量超过8100万，成功跻身全球十大基金。作为一支基于互联网创新的T+0货币基金，余额宝在安全性和流动性上的表现与活期存款接近，在收益性上的表现相对优异，造成了大量的储户"存款搬家"。央行数据显示，2013年10月，全国个人活期存款骤降9168亿元，当时宝宝类产品的收益率正逐步走高，其中大量的短期存款被各类"宝宝们"分流稀释。目前，余额宝管理的资金总量占银行存款达0.5%。这样的野蛮生长给金融改革注入了新的活力，也为居民户的资金财产收入加砖添瓦。

P2P 贷款模式也相对较好地解决了以往非法私人集资、私人贷款的行为，私人投资者可以通过 P2P 平台，把自己的闲散资金贷出去，当收回本金的同时，也获得一定的利息。来自融 360 的数据显示，2014 年 P2P 平台增至 1983 家，全年成交规模为 3291.94 亿元，较 2013 年增长 268.83%，月复合增长率 12.5%，2015 年全年交易规模达 9823 亿元。P2P 平台对于资金的配置是富有效率的，它撮合居民的闲散资金贷给许多需要融资的中小微企业，这无疑是共赢的。

当然目前 P2P 出问题的平台很多，但是投资者可以通过监管机构对平台的信用评级，以及平台的规模或其所属的母公司来判断平台的安全性。如陆金所，它是平安集团旗下的一个子公司，资本雄厚，信用评级较高，安全系数较高。

第四节 互联网金融竞争的规制与反垄断

一、巨头纷纷布局互联网金融领域

以百度、阿里、腾讯、京东等为代表的互联网科技公司结合自身优势，逐步将金融深度植入各类生活场景之中，如百度的流量延伸、腾讯的社交金融、阿里的长尾用户，这些产品在提升用户体验的同时，也在不断构筑各家的闭环生态系统。京东、小米、360 也连续发力众筹、支付、贷款等金融板块，展现出进军互联网金融领域的强大决心。

传统金融机构平安集团等也主动出击，积极布局互联网金融，希望利用互联网的优势超越其他大型金融集团；传统实业万达集团亦欲在 BAT 的夹缝中撕开一道口子，为线下体验式消费提供综合金融服务。

在跑马圈地的过程中，各家不仅迅速地抢占牌照资源、流量资源，也注重在相关的领域与传统金融机构和相互之间展开战略合作，如百度与中信银行成立百信银行，腾讯与阿里、平安联合成立了首家互联网保险公司——众安在线，这在巩固各自竞争优势的同时，也让互联网金融投资领域精彩纷呈。在这些巨头集团如火如荼竞争的同时，我们也能从巨头们的布局中看到，因为竞争，巨头间势必拉帮结派形成利益集团，瓜分市场份额。

1. 百度在互联网金融领域布局。百度是全球最大的互联网入口之一，拥有超过 6 亿用户和 14 款用户过亿的移动 App。同时，百度拥有海量互联网数据，并能基于强大的云计算能力、领先的人工智能与大数据技术，实现数据挖掘与智能化处理。此外，百度还是中国增速最快的服务交易平台，涵盖旅游、餐饮、出行、医疗、教育等丰富的消费场景，本身也孕育出大量小额、高频、碎片化的保险保障需求。随着"互联网＋金融"模式的快速兴起，百度利用自身的资源优势，不断布局互联网金融领域，并在支付、理财、消费金融等领域快速崛起。

以资产端、运营端、资金端、基础服务为一体的百度金融生态圈，从支持、指引、服务、供给多个角度构建起百度金融发展的大环境。各类金融机构、类金融机构及服务机构参与到百度金融的发展建设中来，集中于资产服务、增信服务的机构占据了生态体系的绝大比例。在资产端，百度旗下有百度有钱和百度小贷；在资金端，百度旗下有百度财富、百度金融、百信银行、百度钱包；在金融布局方面，百度分别与国金证券和安联保险，成立了大数据基金和百安保险。

2. 阿里巴巴在互联网金融领域布局。阿里巴巴集团致力为全球所有人创造便捷的网上交易渠道。提供多元化的互联网业务，涵盖 B2B 贸易、个人零售、支付、企业管理软件和生活分类信息等服务范畴。业务和关联公司的业务包括：淘宝网、天猫、聚划算、全球速卖通、阿里巴巴国际交易市场、1688、阿里妈妈、阿里云、蚂蚁金服、菜鸟网络等。2014 年 9 月 19 日，阿里巴巴集团在纽约证券交易所正式挂牌上市。

蚂蚁金融服务集团于 2014 年 10 月 16 日正式成立，专注于服务小微企业与普通消费者，是阿里巴巴集团多项业务中的重要一环。蚂蚁金服旗下业务包括支付宝、芝麻信用、蚂蚁聚宝、网商银行、蚂蚁小贷、蚂蚁金融云、余额宝、招财宝、蚂蚁花呗等。蚂蚁金服自成立起便明确走平台化道路，将开放云计算、大数据和信用体系等底层平台，推动移动金融服务在三四线城市和农村的普及。

3. 腾讯在互联网金融领域布局。腾讯金融业务布局在 2015 年发生重大改变，取消了此前以财付通为主体构建的金融业务架构，全部划入新的"支付基础平台与金融应用"线下。腾讯以"连接一切"为终极战略目标，业务定位倾向于打造开放平台，发挥"连接器"作用，故其金融业务多为渠道、流量入口、平台等模式，强调合作共生。

以 2005 年 9 月财付通成立为标志，腾讯进军金融领域已有 10 年之久。以往腾讯对金融业务的战略定位是抢占渠道、流量入口，以合作的方式做大渠道和入口，这种打法有利于发挥腾讯的传统资源优势，但是缺乏一以贯之的产品开发和真正的市场占有率。随着时间推移，腾讯金融"全牌照"布局逐步完成，在完成金融生态闭环建设后，腾讯金融未来的关键在于自身数据资源的挖掘及应用场景的搭建。

4. 京东在互联网金融领域布局。独立于 2013 年 10 月的京东金融，在不到两年时间内以极其迅猛的速度完成布局，俨然已有互联网金融大鳄之势。目前，京东金融已建立七大业务板块，陆续推出服务 B 端的投融资（网商贷、京保贝、京小贷）、众筹等；在 C 端，则推出白条（京东白条、京东钢镚）、众筹（产品众筹、股权众筹、轻众筹）、理财等。

在牌照方面，京东已拿下支付、小贷、保理、基金销售支付结算等多张金融牌照，其余的如征信等各种牌照"京东金融亦在积极申请之中"。

5. 小米在互联网金融领域布局。小米科技创办于 2010 年 4 月，被大家熟知的是小米手机、小米电视、小米盒子。实际上，这只是小米科技的一部分，而小米科技又只是小米公司旗下的众多子公司之一。小米公司旗下包括多家公司，除小米科技外，还有小米通信、小米电子软件、小米支付、小米移动软件、小米软件技术、小米数码科技等至少 7 家公司。

继 2014 年的快速扩张和发展，2015 年小米不但在手机、数码、智能家居、医疗健康等实体领域实现了跨越式发展，而且在支付、基金、众筹、证券等互联网金融领域快速布局、不断完善小米生态体系。

6. 奇虎360在互联网金融领域布局。奇虎 360 科技有限公司创立于 2005 年 9 月，是中国领先的互联网和手机安全产品及服务供应商。致力于提供高品质的免费安全服务，旗下有 360 安全卫士、360 杀毒、360 安全浏览器、360 手机卫士、好搜搜索、360 儿童卫士等系列产品。2011 年 3 月 30 日，奇虎 360 公司正式在美国纽交所挂牌交易。

与其他巨头相比，奇虎 360 在互联网金融领域进行布局的主要优势是其各版块平台的安全性。360 推出的支付、理财、众筹产品都是主打安全。此外，360 掌握的流量和大数据是其第二大优势，而金融是一个很好的变现渠道。360 目前拥有 5 亿 PC 用户和 7 亿手机用户，平均导航 1.33 亿，搜索占有 33% 的市场。凭借这些资源优势，360 足以在互联网金融有一番作为。目前，360 集团已经提交了第三方支付牌照申请，360 你财富已经通过中国基金业协会的私募基金备案，并正在申请基金销售牌照。此外，奇虎 360 对消费金融牌照和互联网保险经纪牌照等领域也会进行布局。

7. 平安集团在互联网金融领域布局。中国平安保险（集团）股份有限公司于 1988 年诞生于深圳，是中国第一家股份制保险企业，至今已发展成为集保险、银行、投资三大主营业务为一体、核心金融与互联网金融业务并行发展的个人金融生活服务集团之一。

平安集团旗下子公司包括平安寿险、平安产险、平安养老险、平安健康险、平安银行、平安证券、平安信托，平安大华基金等，涵盖金融业各个领域，已发展成为中国少数能为客户同时提供保险、银行及投资等全方位金融产品和服务的金融企业之一。此外，在互联网金融业务方面，集团已布局了陆金所、万里通、车市、房市、支付、移动社交金融门户等业务，互联网金融业务高速增长，截至2015年6月底，总用户规模达1.67亿户。

8. 万达集团在互联网金融领域布局。万达集团创立于1988年，形成商业、文化、金融三大产业集团，2015年资产6340亿元，收入2901亿元。万达商业是世界最大的不动产企业，世界最大的五星级酒店业主，万达商业拥有全国唯一的商业规划研究院、酒店设计研究院、全国性的商业地产建设和管理团队，形成商业地产的完整产业链和企业的核心竞争优势；万达文化集团是中国最大的文化企业、世界最大的电影院线运营商，世界最大的体育公司，旗下包括影视、体育、旅游、儿童娱乐4家公司；万达金融集团旗下拥有网络金融、投资、保险等公司，为商家和消费者提供一站式创新金融服务，2015年收入209亿元。

二、互联网金融竞争的规制

互联网金融虽然具有促进金融市场竞争和破除金融垄断的功能，但这个功能的实现还需以法律的有效规范为前提。从法律的角度看，规范互联网金融市场上的竞争行为要把握以下方面：

一是规范互联网金融的市场进入和退出。就市场进入而言，2013年《关于金融支持经济结构调整和转型升级的指导意见》对民间金融机构持开放态度，这就为互联网金融的蓬勃发展提供了政策支持。但在具体细节上，仍需进一步完善。例如，要根据风险划分商品类别并设置不同的行业和投资者准入门槛及监管标准。对于申办互联网金融业务的企业要求具有防止篡改交易信息、泄露信息及维护业务系统安全的关键技术。就市场退出而言，应明确互联网金融企业退出的条件、程序、监管主体等内容。

二是规范互联网金融企业的市场竞争行为。伴随互联网金融的蓬勃发展，互联网金融市场上也出现了一些反竞争行为，如虚假宣传行为、垄断协议行为等。这些行为影响了金融消费者和相关金融主体的利益，甚至可能影响金融秩序和国家的金融利益，因此需要对互联网金融市场的反竞争行为进行规范。规范互联网金融企业的反竞争行为除了加强行业监管外，还应当加强反竞争规制，通过行政罚款、行为禁令、资格禁止、市场禁入等手段遏止互联网金融企业的反竞争行为，维护良好的金融竞争环境。

三是加快利率市场化步伐。只有信用价格由市场来决定，才能适应复杂多变的金融市场要求。也只有推动利率市场化才能打破银行的垄断，促进金融自由化的发展。虽然我国已进行了利率市场化改革并进入了最后冲刺阶段，但利率改革受到许多复杂因素的影响。因此，利率市场化改革必须依靠法律制度的安排，确定利率市场化的合法性，形成科学和统一的利率市场化制度，使之成为所有金融机构共同遵守的准则，真正推动金融市场的公平竞争。

三、互联网金融市场垄断的表现与特点

"十三五"规划明确提出"规范发展互联网金融"，这既为互联网金融的发展提供了政策支持，也明确了目前互联网金融的野蛮发展方式不可持续。互联网金融充分利用大数据和互联网技术，为众多经济主体提供金融服务，这对于发展普惠金融、加大对实体经济的支持发挥了很大的作用。互联网金融企业在打破现有金融供给垄断局面的同时，自身也具有垄断的潜质，且在国内外有初步的表现。为充分利用互联网金融的优势推动经济社会发展，有必要利用既有的金融业发展管理经验，尽早谋划互联网金融发展的规制方案，特别是要减少或者避免金融供给垄断，提高各类经济主体金融服务的可得性，提高金融消费者的消费者剩余。

互联网金融企业易于在短期内形成垄断，但其垄断优势也易于被模仿。互联网金融经营模式灵活，创新速度较快，如果真正具有优势、客户体验满意度好的创新产品能够推向市场，会在短期内形成垄断。如2013年阿里巴巴支付宝与天弘基金合作的余额宝，作为一种货币基金，其较商业银行活期存款收益高，较商业银行定期存款和固定期限理财产品流动性高，并且支付宝配套了便捷灵活的转账支付服务，在推向市场后用户数量和规模快速扩大。2013年6月13日余额宝上线后，到当年11月14日用户数近3000万户，规模超过1000亿元，直接导致天弘增利宝成为国内首支突破千亿元的基金。不仅如此，截至2015年3月底，余额宝的规模达7117.24亿元，在全球货币基金中排名第二。之后因为余额宝收益降低等因素，2015年第二季度余额宝的规模缩减约1000亿元，但其上线不足两年却拥有了1.8亿的活跃粉丝用户，这是传统金融产品所无法企及的。再如，P2P行业垄断的情况也很明显。2015年前9个月，国内3000多家网贷平台累计放贷5957.83亿元，其中放贷排名前100家的平台成交额占比超过60%。国外的P2P借贷平台也呈现出较高的垄断特点，P2P借贷平台在美国出现至今尚不足10年，但快速形成了垄断，市场基本由Prosper和LendingClub两家公司垄断。

互联网金融企业一般是跨界经营，垄断具有跨行业的特点。一方面，互联网金融企业的跨行业垄断表现为互联网金融企业多开展金融混业经营，通过互联网将银行、证券、投资、保险等相关业务整合起来，其混业经营特点突出。如蚂蚁金融服务集团成立后，旗下的业务不仅涵盖商业银行的支付结算、小额信贷、理

财等，而且投资国泰产险，甚至是申请设立浙江互联网金融资产交易中心，以及宣布推出专门面向金融行业的云计算服务。另一方面，互联网金融企业的垄断表现为互联网金融企业开展跨金融行业和非金融行业的经营。如果说蚂蚁金融服务集团目前主要在金融行业开展混业经营，那么第三方支付平台为充分发挥其平台优势，增加客户黏性，往往提供支付结算之外的话费充值等日常生活服务，则是进行跨界经营。电商、实体投资机构投资互联网金融，也都是跨行业的。国内较早且较多从事互联网金融业务的阿里巴巴、银联商务、苏宁、百度、腾讯、京东等机构，垄断特点突出，且都拥有庞大的客户群体或者强大的营销渠道，可以有效推动其投资的互联网金融企业在短期内形成垄断优势。

四、互联网金融市场垄断产生的原因

1. 供给方面垄断的原因。首先，互联网金融企业专注于在特定细分市场领域提供金融服务，为其垄断创造了良好的外部条件。一方面，从市场环境看，互联网金融的细分领域较多，每个领域都有较大的市场空间，易于在细分领域形成垄断态势。如阿里巴巴支付宝在2013年6月针对个人客户推出余额宝后，银联商务当年10月即针对银联商务体系合作的企业商户推出天天富互联网金融理财平台，其都是试图在细分市场领域开展金融服务。另一方面，互联网金融具有较高的信息处理能力，且对个体信用信息掌握较多，能够进行金融产品的差异化定制，实现金融产品的差异化供给。而产品的差异化正是形成垄断的必要条件之一，因此差异化金融产品的供给导致互联网金融企业形成垄断。

其次，互联网金融企业固有的特点有利于促成垄断。第一，互联网金融企业大多具有从事信息科技的背景，金融服务的互联网化特点突出，而互联网企业大鱼吃小鱼、快鱼吃慢鱼的特点突出，在某些领域领先一步就可以通吃整个市场，易于促成其垄断经营。第二，互联网金融企业经营过程中对技术依赖较多，人力投入较少，不仅成本较低，而且在大规模企业兼并的过程中更不容易出现文化冲突问题，有利于合并后的机构快速整合，提高整体效能。第三，无论是传统金融还是互联网金融，其经营中都严重依赖于渠道建设，互联网金融的渠道建成后，其多个产品共用渠道时成本弱可加性的特点更加突出。第四，在互联网金融领域，受网络外部性的影响，单个金融产品对消费者的价值会随着其他金融消费者人数的上升而递增，从而决定了互联网金融企业在推出金融产品时不仅考虑产品本身的性能，还考虑受众是否广泛，这是互联网金融企业垄断的内在原因。

2. 需求方面垄断的原因。从金融需求方来看，目前国内的金融服务需求综合化、个性化特点突出，并且金融消费者也注重个人的金融服务满意度，从而为互联网金融企业的垄断创造了需求条件。

首先，互联网金融企业可以有效满足客户的综合化服务需求。国内经济仍处于转型期，新的经济业态需要新的金融服务，而且是结构更加复杂、服务内涵更多的金融服务。同时，为了追求服务的便捷性，客户在提出金融服务需求时还伴有非金融服务需求，需要一揽子的综合服务平台。互联网金融机构往往具有实体企业或电商企业投资背景，且目前面临的外部监管较少，相关业务之间能很好地叠加，其可以有效提供金融和非金融的一揽子服务，从而满足客户的综合化服务需求并吸引客户。

其次，互联网金融企业可以有效满足客户的个性化服务需求。与传统金融机构相比，互联网金融机构的产品设计更加灵活多样，而且互联网企业本身经营模式灵活，金融产品和服务中的技术运用较多，在不需要过多增加成本的情况下，就可以根据客户的需求提供个性化的服务。同时，互联网金融企业通过互联网渠道销售产品，基本不受时间和空间限制，也可以大大降低消费者的搜寻成本，使得个性化金融服务需求更容易得到满足。

再次，互联网金融企业可以有效提高客户的体验满意度。在互联网领域，网络价值以客户数量平方的速度增长。互联网金融企业可以有效满足客户的综合化和个性化等服务需求，从而提高客户的体验满意度，而客户的体验满意度提高后，会有较强的示范作用，引导更多的客户使用互联网金融产品，最终在客户数量和产品价值之间形成正反馈机制，推动互联网金融企业扩大规模。同时，互联网金融服务大多通过网络渠道实现，这不仅降低了客户获取金融服务的成本，也降低了客户在不同互联网金融机构间转移账户的成本。客户如果对某个互联网金融机构的产品有较高的体验满意度，其可以通过网络渠道便捷地转移账户，从而增加体验满意度较高的互联网金融企业的客户数量，推动其形成垄断。

3. 供求综合垄断的原因。首先，互联网金融有效缩减了金融供求双方间的距离，不仅金融供求双方间的信息不对称可以有效减少，而且双方可以通过互联网渠道实现便捷交易，从而推动互联网金融企业做大做强。如互联网金融企业利用网络信息技术，可以方便地为客户直接推荐产品，从而吸引客户的关注。其次，互联网金融企业运用信息技术提供金融服务，在有效减少人工和物理网点投入的同时，也有效减少了金融供求双方人员的直接接触，而金融行业又是信誉发挥作用比较强的行业，人员接触较少时客户更愿意选择信誉较好的龙头企业，从而推动信誉较好的互联网金融企业持续做大。也就是说，对于互联网金融服务，客户多少会有种没有人与人面对面办理业务实在的感觉，因而信任感较低，为了弥补信任感方面的不足便更多地使用信誉好的龙头企业的服务。再次，互联网金融解决了供求双方的信息不对称和交易成本问题，金融民主化的特点更加突出，也为金融供求双方相互选择提供了便利。

五、互联网金融市场上企业垄断的规制

互联网金融企业能够提供更加丰富多样的金融服务，满足客户的多样化金融服务需求，这非常值得肯定，但互联网金融企业在提供金融服务的过程中具有形成垄断的潜质，在现实的金融服务中已经有所表现，并且自然垄断的特点更加突出，因而有必要对互联网金融企业的垄断进行规制。

1. 规制的主要思想和原则。互联网金融具有传统金融所不具备的优势，符合未来的发展方向，在国内的发展尚处于起步阶段，发展潜力巨大，而金融业又事关国家经济的稳定，是现代经济的核心，因此在对互联网金融企业的垄断进行规制时，需要坚持的主导思想是：一方面，充分尊重互联网金融的行业特点，维护互联网金融企业的创新活力，为其发展营造相对宽松的政策环境；另一方面，也要充分尊重金融发展规律，坚持互联网金融的本质仍是金融的理念，重视风险管理，坚守不发生系统性风险的底线。

在规制原则方面，对互联网金融企业，一是要做好分类规制。互联网金融种类较多，对第三方支付、P2P、众筹等不同的互联网金融领域要采取不同的规制方式。第三方支付特别是移动支付、网上支付填补了支付体系的空白，也是电子商务发展的刚性需求，可以多观察，不宜有太多的行政干预。P2P借贷平台可以根据不同的经营模式采取不同的规制方式，主要从事供求撮合的要予以规范，涉及非法集资或者吸储等违法经营的要依法取缔。众筹在我国运营尚待进一步观察，可以主要采用外围观察和原则性规范。二是要对准入和退出进行全流程的规制。三是要加强信息披露，缓解或者降低信息不对称，保护消费者的合法权益。

2. 规制的范围及目的。对于互联网金融企业的投资主体、经营范围、业务模式等进行界定，明确互联网金融的业务边界。在对互联网金融企业的准入和退出明确标准的基础上，充分发挥市场的作用，营造公平的竞争环境，保障进入互联网金融领域的机会公平，通过潜在进入者来制衡既有的互联网金融企业，减少垄断行为发生。

在这一过程中要特别注意，为互联网金融企业设置准入门槛，其目的不是开展特许经营或者牌照经营导致人为垄断，而是既要有准入条件明确企业不能随便投资互联网金融，不能假借互联网金融开展非法的金融活动，保障互联网金融企业合规合法经营。

3. 规制的机构和具体操作。在规制的机构和具体操作方面，主要是从金融

监管方面考虑。从监管机构方面看，短期主要是根据监管机构的职能，将互联网金融企业纳入监管范围。长期则是结合监管框架改革，设置专门的互联网金融企业监管机构。根据十八届五中全会"改革并完善适应现代金融市场发展的金融监管框架"的改革思路，充分考虑互联网金融企业的垄断潜质，设置单独的互联网金融监管机构，提高监管效率，创新监管方式，实施有效监管。鉴于互联网金融与实体经济及实业产业跨界融合的特点突出，在具体开展垄断规制时需要充分考虑国家发改委的反垄断管理职能。

从监管操作方面看，一是要对互联网金融企业的混业经营进行统一监管，按照金融混业经营的发展方向，从以机构监管为主转向以功能监管为主，进而主要利用功能监管并兼顾机构监管，减少金融监管的盲区；二是要结合互联网金融企业的成本结构特点制定监管措施。互联网金融企业的技术投入较多，而人力投入较少，这意味着其成本结构中的固定成本较多，增加金融供给的边际成本相对较低，更有为抢揽客户而增加金融供给量、采取价格竞争的冲动，因而要采取措施，防止互联网金融企业为垄断市场而采取阻止进入定价策略。

第 六 章

互联网金融产业园建设与生态系统

自2013年8月北京石景山区开始打造互联网金融产业园区以来,北京海淀区、上海黄浦区、天津开发区、深圳福田、罗湖、南山三区,南京秦淮区等地密集公布互联网金融产业园区的规划。2014年,贵阳、武汉、昆明、西安、成都、郑州、廊坊等地也相继筹备互联网金融产业园区。2015年以来,全国各地建设互联网金融产业园区的热潮持续升温。互联网金融产业园区的发展可以在政府、龙头企业的推动下快速带动互联网金融产业的发展,但如果没有对互联网金融产业园区一个准确定位、科学布局,产业园区也会带来一些后遗症,并将影响到互联网金融产业园区的健康持续发展。因此,今后在互联网金融产业园区建设上有必要处理好政府、企业与社会等之间的多重关系,以确保互联网金融产业园区在产业发展和对经济结构提升等方面的良好作用。

第一节 我国互联网金融产业园区发展情况

2013年以来,随着互联网金融的持续快速发展,全国掀起了一股建立互联网金融产业园区的浪潮。据《财经国家周刊》记者所做的不完全统计,在2014年至少有20多个地方政府已经推出或正在筹备推出互联网金融产业园,包括北京、上海、深圳、广州等互联网金融发达的城市,也包括一些具备一定IT技术和金融基础的杭州、南京、天津、武汉等城市,贵阳、昆明、大连、成都、赣南、泉州、郑州、西安、佛山、鄂尔多斯等城市也参与进来。①

一、互联网金融产业园区建设概况

通过对 2013 年至今所建立或筹备建立的互联网金融产业园区的梳理，大致可以将互联网金融产业园区在全国的发展分为两个阶段。

（一）互联网金融产业园区的初步建设阶段

2013 年下半年至 2014 年 3 月期间，为我国互联网金融产业园区初步筹建和建设阶段。在这一阶段，在各级政府的引导下，互联网金融产业园区的建设或筹建主要在北上广深这样的一线发达城市铺开。此时，受园区建设经验等限制，和对互联网金融特性的了解不深，各地的产业园区建设中受互联网金融企业的认同度存在较大差异，尚未形成入驻潮。

2013 年 8 月 30 日，北京市石景山区召开国家服务业综合改革试点区——互联网金融产业基地揭牌新闻发布会，宣布建立北京互联网金融产业园基地，由此在北京和全国拉开了互联网金融产业园区建设的序幕。作为北京市首个互联网金融产业基地，该区依托中关村科技园区石景山园的西山汇、北 I 区和新首钢高端产业综合服务区的部分区域，构建起一个建筑规模达 20 万平方米的互联网金融产业基地。2013 年 9 月 7 日，上海市首批试点的互联网金融产业园区——宏慧盟智园正式挂牌。针对入驻企业的运作特点，园区不但引入了移动、电信、联通等三大运营商，以满足网络需求，而且还对电力进行了增容，以满足用电需求，从而为园区建设铺垫了良好的技术等基础设施条件，以吸引互联网金融企业的入驻。之后，北京的互联网金融产业园区又取得了新的进展。2013 年 12 月 13 日，中关村互联网金融产业园一期暨宝蓝金园国际中心开园仪式按期举行，其中江川金融、国金租赁、马可金融等 3 家机构成功入驻。宝蓝金园国际中心是中关村互联网金融产业园的一期，总建筑面积约 4 万平方米，地上四层，地下一层。

此外，天津开发区、南京秦淮区等也都密集公布了互联网金融发展的扶持政策及产业园区规划情况（见表 6-1），有的城市甚至配套了相应的行业协会及人才培养计划，以此推动互联网金融产业园区建设。

---

① 互联网金融产业园虚火 [J]. 国家财经周刊，2014.

表6-1　　　　　2014年3月以前设立的互联网金融产业园区

地点	时间	互联网金融产业园区名
北京	2013年8月	石景山区互联网金融产业基地
	2013年12月	中关村互联网金融产业园
天津	2014年2月	天津开发区
上海	2013年9月	宏慧盟智园
江苏	2014年3月	南京互联网金融中心

（二）互联网金融产业园区建设的渐趋形成阶段

2014年至今，是互联网金融产业园区建设渐趋形成和深化阶段。在这一时期，发端于北上广等一线城市的互联网金融产业园区建设持续发酵，其浪潮迅速席卷二三线城市，几乎覆盖了东部各省市，并快速扩展至中西部城市，成为推动我国经济发展的一个重要力量。

为加快推进贵阳金融业发展，贵阳市编制了《贵阳市科技金融与互联网金融发展规划（2014~2017年）》，规划建设贵阳互联网金融产业园，努力吸引和带动互联网金融企业落户贵阳，全力打造互联网金融企业聚集区，致力将贵阳建设成为"西部科技金融创新城市和互联网金融创新城市"。在有利的政策引导下，贵阳互联网金融产业园揭牌仪式于2014年5月28日在贵阳国际会议展览中心登录大厅举行。2014年6月22日，在"2014华中互联网金融发展高峰论坛"上，武汉中央商务区（又称"武汉CBD"）被武汉市人民政府正式批准为"华中互联网金融产业基地"。为了吸引互联网金融企业的入驻，武汉市根据金融改革创新总体建设初步规划，对入驻"华中互联网金融产业基地"的企业给予一系列优惠政策。

2015年2月5日，全国首个互联网金融大厦在杭州落成，并举办互联网金融产业园开园仪式，挖财作为代表企业首批入驻，由此标志着杭州朝全国互联网金融中心的方向又迈出了坚实的一步。2015年8月，杭州市西溪谷被市政府授予"杭州互联网金融集聚区"的称号，成为杭州首个被市政府授予称号的区域。该金融集聚区建设目标是依托已建、在建、规划建设的重大金融项目，形成互联网金融上下游产业链，产生集聚和辐射效应，成为长三角南翼区域金融中心的主引擎，打造国内外互联网金融产业发展的集聚区和示范区。

与此同时，昆明、西安、成都、廊坊等地筹备的互联网金融产业园也蓄势待发（见表6-2）。至此，在短短的两三年间，各地互联网金融产业园区陆续兴建，其中很多已经或正在招商入驻，互联网金融产业园区初具规模，发展的优势和局限都在暴露。

除了表 6-2 列出的外，河南、甘肃、陕西等省也公布了建立互联网金融产业园区的计划，并颁布了相应的政策和法规，由此可见，在不久的未来互联网金融产业园区的建设必将席卷全国。

表 6-2 　　2014 年 3 月至 2016 年 1 月建立的互联网金融产业园区

地点	时　　间	互联网金融产业园区名
上海	2014 年 10 月	虹桥互联网金融财富天地
	2014 年末	张江互联网金融园
	2015 年 4 月	浦东新区新兴金融启航基地
	2015 年 6 月	上海嘉定全通金融谷
	2015 年 7 月	陆家嘴新兴金融产业园
深圳	2014 年 5 月	深圳福田国际互联网金融产业园
		深圳南山国际互联网金融产业园
		深圳罗湖国际互联网金融产业园
贵州	2014 年 5 月	贵阳互联网金融产业园
湖北	2014 年 6 月	华中互联网金融产业基地
山东	2014 年 7 月	青岛互联网金融产业园
湖南	2014 年 10 月	长沙市芙蓉区互联网金融创新（长沙）试验区
重庆	2015 年 1 月	耀凯合金（重庆首个互联网金融产业园）
浙江	2015 年 2 月	杭州互联网金融大厦
	2015 年 7 月	西溪谷互联网金融集聚区
广东	2015 年 3 月	广州互联网金融产业园
云南	2015 年 3 月	云南省互联网金融中心
辽宁	2015 年 4 月	东北亚互联网金融总部基地
广西	2015 年 7 月	南宁市互联网金融产业基地
江西	2015 年 8 月	互联网+金融支付服务基地
四川	2015 年 11 月	天府互联网金融产业园
河北	2015 年 12 月	中关村互联网金融服务中心河北中心
福建	2016 年 1 月	厦门市互联网金融园区

（三）互联网金融产业园区建设对互联网金融发展的作用

互联网金融产业园区自2013年8月在北京石景山区开始设立以来，至今已经遍布全国重要的经济城镇。显然，产业园区的建立无疑对互联网金融产业和所在地的经济发展起到巨大的促进、规范作用。

1. 有利于互联网金融产业规模效应的形成。同传统产业相似的是，互联网金融产业聚集时，同样也会产生相当的集聚效应，聚集的企业可以形成规模优势。供方规模经济与互联网的对接，使信息、知识、技术等要素超越传统经济中局限在资本与劳动力等要素，打破了边际成本递增、边际收益递减的传统经济学规律。这些信息经济时代的新要素能够零成本地复制与应用，随着其投入的增多，产出增多，供方的成本与收益就分别呈现出递减与递增态势。[1]

显然，互联网金融产业园区的设立很大程度上是为了彰显互联网金融的集聚效应。大多数互联网金融产业园区在发展之初就为自身规划了一定的发展方向。如上海张江互联网金融园明确自己的发展方向是"做后台"，也就是主要做大数据中心的集聚中心；石景山区互联网金融产业园区的定位是以大数据为基础、两大组团为核心的新型互联网金融产业园区；而天津互联网金融产业园区的吸引对象则明确为具有发展潜力的互联网金融企业、数据公司还有电商企业。

在明确了产业园区发展方向的同时，园区主办方在招商入驻的时候也依据自己的规划而对互联网金融企业有所遴选。大致发展方向接近，使得入园企业有一定的业务关联性，或者是上下游间的关系，又或者是同环节间的关系。上下游间可以形成合作，同环节细分之下也可以形成差异化竞争。同园区企业间资源共享、互通有无、优势互补、合作竞争，极有可能形成园区内部产业链和生态系统，提高整个互联网金融产业园区的竞争力和影响力，达到壮大互联网金融企业的目的。

不仅如此，将互联网金融企业聚集在同一个园区内，还能方便这些互联网金融企业彼此间的交流。互联网金融是一个新兴的产业，在大众对互联网金融产业了解尚少的情况下，拥有丰富经验和敏锐嗅觉的仍是这些同行。这样一来，同行间的密切交流和相互扶持就显得至关重要。众多企业在互联网金融热点问题的探讨过程中，各抒己见，激烈的争论又能从中碰撞出思维的火花，或许就能产生创新的灵感，带来一次飞跃。企业老板在与其他企业老板交流的过程中，也可以自审自己的企业发展，甚至可以向对方讨教，询问客观的评价。这些都有利于一个

---

[1] 汪炜，郑扬扬. 互联网金融发展的经济学理论基础[J]. 经济问题探索，2015（6）.

企业自我诊断，趋利避害，在发展上少走弯路。

2. 有利于互联网金融行业的规范与监管。在互联网金融产业园区建设上，有些地方政府更多地想要将民间金融阳光化，借助互联网金融平台的设立来规范民间借贷，促进小贷公司等的健康发展。如广州民间金融街的改造，温州、佛山等地对互联网金融的重视，以及谋而未成的鄂尔多斯互联网金融产业园建设，大都是出于该角度的考量。①

当然，将互联网金融企业都集聚到同一个园区，自然是便于政府的统一监管。首先，经过层层筛选，符合要求的企业才能获得入园资格。互联网金融企业驻园之后还要接受园区的中期检查，违规的企业随时可能被驱逐出园区，如此一来便明显起到了控制风险的作用。以上海市黄浦区的宏慧盟智园为例，该园区在招商时死守合规线，对申请入驻的企业股东背景、管理团队情况、商业模式、收入来源等各个层面都严格把关，将风险遏制在襁褓之中。该园区对道德低下的企业"零容忍"的同时，也高度关注互联网金融企业所面临的运营风险、技术风险和市场风险，针对行业发展中的共性问题，提出防范指导意见。在统一、严格的管理之下，园区内互联网金融企业行为自然得以规范。其次，将互联网企业纳入园区，其实园区内企业之间也会形成互相监管的关系。相比起政府自上而下的监管，园区内企业之间相互监督往往能发现更多从政府视角所难以监测到的问题，而多了一层威慑，很多互联网金融企业也会更加自觉地遵守规范，不打擦边球。

其实，互联网金融产业园区的设立，还有利于整个互联网金融行业的规范。事实上，互联网金融发展刚刚起步，很多方面的规范都还不足。企业发展时容易踩红线，也容易耍滑打擦边球。建立互联网金融产业园区，产业园区本身就是一个标志，标志着园区内企业的安全可靠，也标志着该行业规范应向园区内企业看齐。自然而然的，在市场的洗牌之中，行业中一些非法的、打擦边球的企业，会被淘汰。同时，也有可能会被政府取缔。

此外，互联网金融产业园区的建设在促进互联网金融发展的同时，也有利于其他实体经济的发展，在深层次上实现社会经济结构的转型，大大提升产业链的附加值。

二、互联网金融产业园区建设特征

纵观互联网金融产业园区仅3年来的发展历程，我们不难从中发现一些共

---

① 王丽娟. 地方抢食互联网金融[J]. 财经国家周刊, 2014.

性。根据这些共性，明显可以整理出互联网金融产业园区发展中所表现出的三点特征。

(一) 遵循传统产业园区建园思路

从已建的各家互联网金融产业园区来看，很容易发现很多地方政府所设立的互联网金融产业园区是以房地产开发商的名义在推动。例如，上海嘉定区的互联网金融产业基地是由上海金融谷搭建的；云南互联网金融产业园项目的主发起方也是当地一家知名房地产企业；北京海淀区互联网金融中心也是由一个五星级酒店项目改造而成的。事实上，房地产行业是互联网金融产业园的积极推动者，甚至有的互联网金融产业园就是房地产公司做的。而先建立好楼盘，再吸引企业入驻，似乎是招商入园难以摆脱的传统思路。传统产业园区是按照这样的路径走来的，互联网金融产业园区也争相效仿。于是，我国绝大多数互联网金融产业园区都遵循着传统而相似的发展路径——先圈定土地楼盘建设产业园区，再吸引互联网金融企业入驻。

不仅如此，在产业园区的招商宣传上，园区运营方的卖点也大都是从传统产业园区的招商角度出发，强调其实体物理条件的优越性。如中关村互联网金融产业园区在其宣传中就强调该产业园区隶属四季青商圈，毗邻中关村商业区，距三环、四环等交通路网都十分便捷，周边配套成熟完善等。又如虹桥互联网金融财富天地，在招商中同样强调其将是长宁未来的新地标，是一个全新的集办公、酒店、会展、商业于一体的城市综合体项目，首期空间约5万平方米，被划分为两个区域，其中一个提供给成长型企业，配有宽敞的会议中心、商务酒店；另一个提供给成熟总部型企业，绿化良好，环境秀美……再如嘉定工业区互联网金融产业基地，该产业基地整个占地约66.67万平方米，规划面积87万平方米，由2大板块、一个园区构成，已经完成的一期建筑风格属于独幢办公别墅，共有30栋，是一个非常大的建设项目。

从互联网金融产业园区规划建设伊始，园区主办方就理所当然地将重点放在诸如自家产业园区占地多少万平方米，地理位置多么优越繁华，周围交通多么便利等实体物理条件上。之后的招商宣传重点，同样放在这些硬件设施和条件上。作为园区主办方，自然期望能依托这些优越的条件以吸引到互联网金融企业的入驻。然而，互联网金融企业毕竟不同于传统金融企业和其他产业，互联网金融企业基本上不奢求建筑设施等条件，更多依靠互联网、通信等技术设施，而很多园区主办方显然还没能真正关注到互联网金融企业的发展需求，一味地以传统思路来考量互联网金融企业，这样一来，园区的发展自然就会出现一些增高互联网金融企业聚集的成本等问题。

（二）互联网金融产业链尚未定型

互联网金融自2013年发端以来，到现在其产业链尚未完整形成。银行和银联、非银行金融机构、互联网企业或电商平台、第三方支付机构、互联网软硬件和周边设备供应商、网络运营商等各相关利益主体组合在一起，共同为消费者创造价值。产业链内部的专业化分工可以大大提高效率，扩大价值增值流量；而合作是产业链中各个价值增值环节得以"链接"和连续的必要条件，产业链各方共同完成互联网金融产品和服务向最终需求者的让渡或转移，从而支持和推动了互联网金融业的发展。[①]

互联网金融快速发展，使人们的生活、生产等方式发生了深刻地变革，互联网金融消费者的需求也因此而变得更加多样化。在此过程中，互联网金融产业自然会受到其需求的影响而不断调整，产业链中会有上下游加强合作，也会有各环节内部的激烈竞争、优胜劣汰，甚至还可能会存在上下游之间的激烈竞争、吞并扩张。由此，互联网金融产业链可能会因为消费者的新增需求而对供应链进行补充，从而形成新的环节；也有可能在磨合中缩短供应链，剪除或者合并固有的环节。在当前这个产业链尚不稳定的阶段，企业之间的优胜劣汰、吞并洗牌会异常猛烈，对于互联网金融企业来说，如何迅速把握乃至预测互联网金融发展的风向，及时调整自身适应需求，在洗牌中存活下来就显得至关重要。为此，互联网金融企业的各个模式如果能够利用好互联网金融产业园区建设的有利条件，形成一个产业龙头为核心，构建起一个相对完整的互联网金融产业链，就能增强行业的实力，推进创新的进程。

（三）互联网金融产业园区的宣传效应与民众认知不足

互联网金融火爆发展，事实上对于广大人民群众而言，这个产业仍然知之甚少、理解相对狭隘。很多老百姓对于互联网金融的认知可能仅仅停留在网上银行、第三方支付这样的程度而已。但事实上，互联网金融是指以依托于支付、云计算、社交网络以及搜索引擎等互联网工具，视线资金融通、支付和信息中介等业务的一种新兴金融。其不仅仅是互联网和金融的简单结合，而是涵盖了多个方面。公众对于互联网金融的狭隘理解，自然会阻碍互联网金融的蓬勃发展。

---

① 严圣阳. 互联网金融产业链问题及整合对策 [J]. 金融经济（理论版），2014（10）.

在公众不了解互联网金融的基础上，互联网金融自身的安全性引发的公众恐惧也是阻碍互联网金融产业发展的因素。对互联网金融行业缺乏了解的公众，在从各种报道中不断获取"互联网金融不安全"这样的负面信息之后，很容易对互联网金融整个行业产生一种错误的感觉。例如，遇到新闻上报道支付宝诈骗，很多人就会觉得支付宝不安全，进而立刻解绑银行卡，甚至停用软件。有些消费者认为只要沾上互联网金融就不安全。这样深埋在心中的观念，如果不能改变，显然会对互联网金融的发展产生阻碍。公众对于互联网金融的负面消息是敏感的，而互联网金融企业因此遭受的损失则是巨大的。

再加上很多人到现在都无法改变"眼见为实"的观念，因此互联网金融上的虚拟产品，在实际的推广中也遇到不少困难。公众在担心安全性之余，见到实物才能安心，认为实物才能创造价值的观念仍在作祟。以上种种公众在认知互联网金融上的落后和匮乏使得互联网金融产品的推广和资金的获得都遇到一定的困难。对此，互联网金融产业园区的建设，就能大大提升民众对依托线上办理业务的互联网金融企业有个更加直观的理念，促使互联网金融深入到民众观念之中，起到一个良好的宣传效应。

三、互联网金融产业园区建设的发展趋势

互联网金融产业园区的建设尽管从首家设立至 2016 年 1 月还不到 3 年时间，但其发展极为迅速，目前已经遍布全国 2/3 的省市。在此过程，互联网金融产业园区的建设仍然还存在某些不足，但它们的优势相当明显，已经对所在地区的经济结构转型、经济的持续发展产生了重大的推动作用。

（一）互联网金融产业园区的建设将进一步深化

伴随"互联网＋"和"大众创业、万众创新"的精神在全国的推广，必然引发新一轮的创新浪潮。在此背景下，如何利用创新来推动经济的增长和结构的转型，就成为各地政府要加以关注的焦点。在此过程中，如何更有效地利用互联网金融来化解资金等要素困境，又是其中的题中之意。而从之前已经设立互联网金融产业园区的地区来看，互联网金融与其他实体经济之间初步形成了一个互相支撑的良性循环。这点，在杭州、上海、深圳等地的互联网金融产业园区所在地完全表现出来。互联网金融利用大数据、云计算等技术优势，以产业龙头为支撑，打造一个完整的产业链金融，以此破解中小企业、高新技术等领域的融资困境，为"大众创业、万众创新"和供给侧结构性改革等插上翅膀；同时，互联网金融与广大民众的生活联系起来，大力发展互联网理财与互联网消费金融，使

广大民众不再受制于银行、证券、保险等传统金融组织服务的不足和覆盖率偏小的局限,让广大民众真正享受到财富收益的好处和满足生活日益多样化的需求[①]。显然,为了更有利地促进互联网金融产业与实体经济之间的良好发展,各地政府必然会对互联网金融产业园区中展现出的不和谐之处加以改进,并进一步深化其对社会经济的发展功能。

(二)互联网金融产业园区建设的进一步覆盖

伴随互联网金融的明确定位和规范管理,互联网金融所引致的普惠趋向将会更加有利于社会经济的发展和金融服务面的扩张,必然会大大缓解金融供需之间的矛盾。基于此,各地对互联网金融的重视仍将持续下去。为此,各级政府在促进互联网金融发展的同时,便于对互联网金融业务的管理和风险的防范,必然会吸收已有区域建设互联网金融产业园区的经验,放大所在地的互联网金融聚集而形成的规模效应,由此引致已有互联网金融产业园区的进一步规范,而没有设立互联网金融产业园区的地区加快其园区的建设和覆盖步伐。同时,全国各个地方的互联网金融产业园区也必然会进一步加大合作,加强彼此之间的联系。

第二节 互联网金融产业园区的发展模式

纵观全国各家互联网金融产业园区,不难发现各地互联网金融产业园区在形成过程中所遵循的路径不尽相同。在这些互联网金融产业园区中,有直接由政府牵头,吸引互联网金融企业集聚而形成的互联网金融产业园区;也有产业发展后自然集聚从而形成的互联网金融产业园区;还有产业先在一定程度上发展,再由政府引导而建立的互联网金融产业园区。联系传统产业园区的开发模式,我们可将这些互联网金融产业园区的发展模式大致划分为以下三种类型:自上而下、自下而上和混合。

一、自上而下模式

自上而下开发模式是产业园区开发最传统的模式,带有较强的政府战略导向和计划扶植色彩,多用于贯彻落实国家区域发展战略和地方规划,主要分为由政

---

① 兰日旭.互联网金融:现状、趋势与区域发展[N].天津日报(理论版),2016-01-18.

府直接投资建设和依据国家和地方政策设立两类。[1] 不少省市领导对互联网金融的认识比较早，积极主动地筹划互联网金融产业的发展规划，形成从上而下的推动力。[2] 在长期产业园区建设的路径依赖下，自上而下型互联网金融产业园区应运而生，其中以北京市石景山区互联网金融产业园区、中关村互联网金融产业园区和贵阳互联网金融产业园区最具代表性。

专栏6-1　北京市石景山区互联网金融产业园区建设

北京市石景山区互联网金融产业园区的建立，是在中关村管委会和北京市金融局的大力支持和指导下，由石景山区政府承担组建的以大数据为基础、两大组团为核心的新型互联网金融产业园区。在该园区的揭牌仪式上，发布了《石景山区支持互联网金融产业发展办法（暂行）》，旨在发挥政府引导园区基金的杠杆作用，吸引社会资本共同参与发起设立互联网金融产业投资基金，扶持互联网金融产业发展，加快培育龙头企业。在该办法指引下，在政策支持措施方面，石景山区设立了互联网金融产业发展专项资金，每年安排1亿元，用于支持互联网金融产业基地建设、完善互联网金融基础配套设施、奖励对互联网金融创新有重要贡献的杰出人才和核心骨干。此外，该区还给予入园互联网金融企业金融创新资金、房租补贴、一次性开办补贴等一系列优惠政策。在保障机制方面，石景山区从人才、服务等多个方面着手，为入园互联网金融企业提供一系列保障。如在人才方面，石景山区在北京市金融工作局的支持指导下，联合清华大学五道口金融学院等国内知名院校共同开办北京互联网金融研究院，加快培养互联网金融人才，提升互联网金融人才可持续发展能力。此外，石景山区还支持互联网金融重点企业享受北京市和石景山区人才服务政策，具体包括高端人才落户、医疗、子女教育、人事档案管理、职称评定、社会保障手续办理等专业化服务。又如在服务方面，石景山区支持加强互联网金融统计服务，建立石景山区金融信息数据库，互联网金融企业与商业银行、保险等机构的网上业务接口，实现网上供需信息的实时对接。石景山区还支持建立完善的互联网金融中介服务体系，营造良好的互联网金融发展生态环境。同时，石景山区还进一步优化政府服务环境，建立有关部门共同参与的互联网金融联动工作机制，建立金融监管部门和行业主管部门的沟通会商机制；支持符合条件的互联网金融企业获得各类行业准入许可；支

---

[1] 李颖. 新型城镇化背景下产业园区开发模式及创新路径研究 [J]. 经济研究参考，2015（20）.
[2] 王丽娟. 地方抢食互联网金融 [J]. 财经国家周刊，2014.

持互联网金融产业基地企业申报国家服务业综合改革试点区项目，鼓励企业承担相关产业平台建设任务。提供互联网金融企业在发展过程中需要的行政支持和协调服务，从搭建服务平台、创新服务方式等方面加强组织实施。不仅如此，石景山区政府还与首钢总公司共同设立总规模为3亿元的互联网金融产业投资资金，专门投资于初创期和成长期的企业。该区还加大力度支持面向互联网金融企业的孵化机构发展，根据其服务能力、管理面积、孵化企业数量和效果等情况，给予适当资金补贴。传统金融机构向互联网化升级，也将得到政府的支持。银行、证券、保险、融资担保、小额贷款等金融机构积极探索开展互联网金融业务，全面提升传统金融的服务深度和广度，推出受金融业界和金融消费者肯定的重大创新产品、技术和服务，经认定后都将给予奖励。

此外，石景山区还重点集聚两大产业组团：一是以促进传统金融机构互联网化升级的产业组团，致力于吸引传统金融机构的电子、信息、数据事业部，以及网络银证保等服务业态；二是以创新型互联网金融服务为主的产业组团，则吸引互联网非银行金融机构、金融服务公司、物联网供应链金融、小额信贷、金融产品垂直搜索与销售等为代表的专业化互联网金融机构。

石景山区互联网金融产业园区作为由政府主导的自上而下模式的典例，在园区的定位和发展上有着非常明确的目标——以大数据为基础、两大组团为核心。作为该产业园的龙头企业——中国保险信息技术管理有限责任公司自从入驻园区以后，就积极推进全国保险数据平台落户石景山，并以此为基础建设大数据开发中心、云计算基地，集中各类信息处理公司、中间信息服务商等数据处理业态，为互联网金融企业的发展夯实了技术基础。

与石景山区互联网金融产业园区相似，中关村互联网金融产业园区和贵阳互联网金融产业园区均是由所在地政府牵头建立，并希望能借此吸引和带动互联网金融企业落户，打造互联网金融企业聚集区，以此改变未来的产业格局，使之成为经济结构调整和新兴产业发展的重要力量。中关村互联网金融产业园区将重点聚集互联网金融研发、培训、研究院、实验室及重要的宣传展示机构，致力于通过互联网金融发展，大力度改进、改善中关村中小企业融资问题，创造出更多的互联网金融模式和新的金融机构，聚集互联网金融研究院、行业协会和全业态的互联网金融企业，打造完整的互联网金融产业链；而贵州省委、省政府则是明确将大数据产业定位为贵阳互联网金融产业园区发展的主攻方向，借此希望偏居西南地区的贵阳市能够牢牢抓住互联网金融业发展的历史性机遇，创新金融产品，建设多层次资本市场，提升面向中、小企业的金融支撑力，实施"创新驱动"

战略、发展大数据产业。

总体而言，自上而下的互联网金融产业园区，相对缺乏实质性的龙头企业。产业园区的发展方向完全由政府确定，园区内企业由政府筛选、接受政府的引导并接受其监管。在互联网金融产业园区的发展过程中，政府起到了发号施令指引方向的作用，入园企业较为零散，企业间的合作联盟很少，企业力量尚显不足。

二、自下而上模式

自下而上是一种遵循市场机制的产业集聚模式，企业主体地位得到比较充分的体现。该模式一般由一个地区众多中小企业集聚形成，在具体做法上又可分为企业自然形成产业集聚、龙头企业带动配套企业转入和联盟式产业集群等三个类别。[1] 在我国现有的互联网金融产业园区中，杭州互联网金融产业园区是该模式的典型代表。

专栏6-2　杭州互联网金融产业园区建设

杭州的民营企业相对发达，市场竞争较为充分。依托电子商务领域积累的优势，杭州在互联网金融领域很快就建立起领先全国的优势，构建起一个较好的生态体系规模。2013年互联网金融在我国爆发式增长以来，杭州互联网金融的发展就走在全国前列。阿里巴巴推出的"余额宝"牵手天弘基金以来，不到1个月的时间，其资金规模就超过百亿，客户数超过400万户。由此，引爆了互联网金融的革命。余额宝的成功，掀起了杭州互联网金融的高潮，围绕阿里巴巴这一领军企业，挖财、爱学贷、蚂蚁金服、铜板街、51信用卡、盈盈理财、数米基金网等互联网金融企业形成的互联网产业链群聚显现，构成了一个全新的互联网金融生态圈。以阿里巴巴为核心吸引着大批互联网金融企业，自然形成集聚，杭州西溪谷互联网金融产业集聚区的建立水到渠成。借助阿里支付宝、网商银行等重点互联网金融企业的入驻，西溪谷吸引杭州乃至全国的优秀互联网金融企业大批入驻，从而形成一个互联网金融产业集聚区。在这一互联网金融产业园区中，涵盖了电商结算业务、小微贷款业务、类余额宝业务、网络债权融资、网络股权融资、互联网金融交易平台、互联网金融后台服务、网上自由贸易区和跨境电商金融业务等八大重点细分业务。2015年以来，在互联网金融产业方面，西溪谷新增阿里巴巴关联企业4家、浙大关联企业5家、社会资源招商9家。挖财、爱学

---

[1] 李颖. 新型城镇化背景下产业园区开发模式及创新路径研究 [N]. 经济研究参考，2015 (20).

贷等知名新兴互联网金融企业也准备入驻西溪谷核心区域——浙大科技园。从浙大科技园，到阿里支付宝，到各类社会资源全面入驻，西溪谷金融产业集聚主攻方向即"服务阿里系，盯紧浙大系，引进社会系"。

作为自下而上型产业集聚模式的典范，我们不难看出在阿里巴巴这一龙头企业的引领性作用。在这一聚集过程中，各个互联网金融产业都是围绕阿里巴巴展开集聚，进而形成互联网金融集聚区。很明显，自下而上型产业集聚模式对当地互联网金融业已有的发展程度要求较高。既需要有龙头企业的带动，也需要其他企业的蓬勃发展及相互合作。一般而言，互联网金融产业园区围绕龙头企业的发展而形成聚集，企业主导角色鲜明，主动性较强；而政府的主要作用不再是制定发展目标，而是更多地提供服务、监管和支持。

三、混合型模式

混合型，本质上是自上而下与自下而上模式的结合。它的最大优势在于当园区开发一方由于缺乏某种资源难以持续园区建设时，能够通过与其他开发方合作的方式获取所需资源，从而完成产业园区的一级二级建设开发、招商引资、平台建设全流程业务，可分为政府与企业合作建设、政府与开发商合作建设和政产学研资合作打造综合平台三类。[①] 在互联网金融产业园区的发展上，混合型模式一般体现在互联网金融产业获得一定程度的自由发展之后，再由政府进行集聚、引导，规避风险，以确保园区的良好发展。在我国，上海互联网金融产业园区、深圳互联网金融产业园区和武汉互联网金融产业园区是混合型模式的代表。

专栏6-3 上海市互联网金融产业园区建设

在上海，近一两年已经先后建立了多家互联网金融产业园区及基地。2014年12月17日，在上海互联网金融产业基地合作共建推进会上，上海市推出了黄浦宏慧盟智园互联网金融产业园、浦东新区新兴金融启航基地、长宁虹桥互联网金融财富天地、张江互联网金融园、嘉定工业区互联网金融产业基地等5家已具备一定条件、积累一定基础的互联网金融产业基地，以吸引、集聚和服务互联网金融企业。宏慧盟智园是上海市首批试点的互联网金融产业园，截至2014年年底，园区招商率已达到95%以上，涵盖网络支付、移动支付、P2P、众筹、大数

---

① 李颖. 新型城镇化背景下产业园区开发模式及创新路径研究［J］. 经济研究参考，2015（20）.

据征信等几乎全业态的互联网企业，总数50余家，成长态势良好。

浦东新区新兴金融启航基地的目标是吸引40家互联网金融企业以发展互联网金融、对冲基金等新兴业态。目前该基地建设的主要合作方是上海创业接力科技金融公司，通过和创业接力集团大学生基金会合作，为园区内初创的互联网金融企业提供融资、场地等方面的扶持，发掘互联网金融的新兴力量。跟许多互联网金融产业园区一样，该园区带有孵化功能，园区方希望投资和孵化连在一起，以此形成放大效应。

张江互联网金融园的定位是成为金融机构的"大脑"——数据中心的聚集区。截至2014年底，已有交通银行、中国人寿、上海农商银行等25家有牌照的金融机构的数据中心或后台运营中心，落户在张江互联网金融园。这样，就使这一园区成为全国银行机构数据中心和后台密度最高的地方。张江互联网金融基地处于市郊结合部或近郊，商务成本适中，力图在前期基础上吸引一些初具品牌的P2P、第三方支付、传统金融机构的互联网金融部门，以及一些网上小贷等企业互联网金融机构入驻。

长宁虹桥互联网金融财富天地位居虹桥临空经济园区内，本身已经汇聚了一大批像携程旅行网、晨讯科技等有影有响力的企业。为此，在开始招租短短1个月内，便与30余家企业达成了入驻意向，其中办好注册的企业已有10家，不乏像银联支付、联信财富、心跳投资等知名企业。与前述四个互联网金融产业基地相比，虹桥的财富天地在传统信息产业上具有明显的优势，在开园之初长宁便已集聚了一大批与信息服务业相关知名企业，为财富天地的后天发展打下了良好基础。

与前述四家互联网金融产业基地由政府投资运作不同，嘉定工业区互联网金融产业基地是由两家企业作为投资运营主体，展开园区建设和招商的。嘉定工业区互联网金融产业基地位于嘉定北部，已经完成的一期建筑是由30栋独幢办公别墅构成。整个产业基地占地约66.67万平方米，规划面积87万平方米，由两大板块、一个园区构成。目前该基地尚处于基础建设阶段，已经注册的企业不多。其未来发展重点是希望能打造成一个金融服务外包基地，与浦东张江形成错位竞争。

通过对上海市上述五家互联网金融产业基地的简单介绍，我们明显可以看出：这些互联网金融产业基地及园区本身已经有了一定程度的发展，之后才由政府从中挑选出一些发展较好的来统一推出。获得政府认定的这5家互联网金融产业基地还共同签署了"上海互联网金融产业基地联盟协议"，希望在政府的监

管、引导之下获得更好更快发展。在这些互联网金融产业园区中，企业本身主体色彩较为鲜明，政府接手主要是为了更好地监管、扶持，以及在需要的情况下加以引导。

武汉华中互联网金融产业基地同样也是混合型发展模式的代表。作为中部重镇，武汉在中国经济发展中发挥着越来越重要的作用，已经成为华中地区的金融中心。目前，已有多家全国性金融机构在武汉设立后台服务中心，数量比肩北京、上海等一线城市。武汉互联网金融的快速发展，为互联网金融产业园区的构建夯实了基础。目前，武汉不仅成立了华中互联网金融产业基地，还打造了中部首条民间金融街，建成了全国第一家民间资本服务中心、全国第一家民间金融联盟、全国第一家网络公益平台等，以此促进金融创新和民间金融阳光化。[①] 为了加强风险防范、维护消费者权益，一起好金融、长投在线等6家P2P网贷平台企业自发成立了P2P行业联盟组织——"常青盟"。联盟成员建立同业互助保障基金，以应对成员可能出现的流动性风险，保障投资人利益，提高武汉区域互联网金融企业风险化解能力，打造武汉互联网金融联盟的诚信品牌。在未来，经过内部整合，常青盟还可能会吸纳更多公司加入，对所有的联盟企业进行征信，并借此促成常青盟本身对互联网金融企业的拓展。由此可见，武汉互联网金融产业园区的发展，除由政府牵头、支持外，与这些互联网金融企业的努力同样密不可分。园区企业不局限于只关注自身当下的发展，还希望能与园区内其他企业协同合作、优势互补，形成生态产业链，以便在将来能拥有更强的竞争力。互联网企业与政府间，也积极沟通，寻求帮助的同时也主动接受监管，听取政府意见，以求良好健康发展，共同推动武汉市互联网金融产业的发展。

总的来说，混合型互联网金融产业园区模式，缺乏真正的龙头企业，故需要由政府来进行方向性的牵引。当然，在园区内互联网金融企业也拥有一定的实力，彼此联合起来之后具有一定的推动力，会形成一些联盟。政府和企业联盟两股力量共同支撑着园区发展。彼此势力较为均衡，彼此之间约束和促进。比起自上而下型互联网金融产业园区，混合型互联网金融产业园区的互联网金融企业有着更高的自由度和主体意识；而与自下而上型互联网金融产业园区相比，混合型互联网金融产业园区的互联网金融企业又能得到政府的更多引导和协助。

---

① 华中互联网金融基地落户武汉一周年记 [N]. 长江商报，2015-06-05.

第三节 互联网金融产业园区存在的问题

互联网金融席卷全国,互联网金融产业园区在全国井喷式的发展,北上广深,包括经济发展相对滞后的二三线城市,都兴起一股建设互联网金融产业园区的热潮。如今互联网金融产业园区已经遍及中国东部地区各省市,并快速蔓延到中西部地区。互联网金融产业园区建设热潮的背后,也潜藏着很多风险和隐患。下面将从政府、企业和社会三大主体来分析我国互联网金融产业园区在发展中存在的问题。

一、政府层面的问题

在自上而下型、混合型和自下而上型这三种互联网金融产业园区发展模式中,政府都扮演着一定的角色,在自上而下型中表现最强,在混合型中次之,在自下而上型中相对较弱。当然,不管采取哪种模式,政府都在互联网金融产业园区的规划定位,资金、政策支持,监督管理等方面发挥着重要作用。

(一)定位不明确

对互联网金融产业园区的规划定位方面来说,自北京市石景山区建立了我国首个互联网金融产业园区以来,不少省市地方政府争相效仿,纷纷建立自己的互联网金融产业园区,期望能以此增加税收,带动地方经济,促进产业结构转型,等等。如此定位显然把握了经济发展的趋势,迎合了时代潮流,但如果缺乏互联网金融的基础,仅仅凭借政府的引导来建立互联网金融产业园区、出台一些相关政策,并不可能真正达到促进互联网金融发展的目的,更不可能带动地方经济的改革和发展。因此,在我国互联网金融产业园区的发展中,地方政府面临的首要问题就是定位不明确,具有盲目设立互联网金融产业园区的动机。

互联网金融产业园区发展,与当地中小企业的活跃程度、经济发展水平和民众的收入等因素密切相关。像北上广深一线城市的互联网金融本来就比较发达,杭州、武汉这样的二线城市互联网金融方面较为活跃,建立互联网金融产业园区,具有相当的基础,在招商方面也有一定的吸附力。以杭州市为例,杭州本身就有阿里巴巴这样的行业巨头,又有一批像恒生电子、网盛科技、同花顺等上市企业,具有良好的互联网金融发展土壤,聚集了不少中小企业。根据艾瑞咨询发布的《2014年中国生活理财移动App行业研究报告》，国内生活理财类App的排名中，排名前6的App，包括综合排名第一的挖财在内，杭州共有四款App入围，可见其互联网金融活跃和发达程度。因此，无论是杭州互联网金融大厦，还是西溪谷互联网金融集聚区，在建立之后都能迅速吸引到挖财、蚂蚁金服、爱学贷等互联网金融企业入驻。只有吸引到互联网金融企业，才算是完成了互联网金融产业园建设的第一步；而事实上，还有很多正在建设或筹备建设的互联网金融产业园区其实是缺乏发展的客观条件。

许多二三线城市本身缺乏互联网金融产业基础，互联网金融企业活跃度低，适合的招商对象少，但盲目追求互联网金融产业园区建设的浪潮，不顾自身的经济结构、发展实际，一窝蜂地建立互联网金融产业园区，结果却只能是一个概念炒作，少有互联网金融企业入驻，根本无法提供建立互联网金融产业园区应有的助益，最终沦为面子工程。既浪费了人力、物力、财力，还可能带来一些不良的后遗症。

（二）传统的办园思路

当然，即便是那些互联网金融已经具备一定基础的地区，仍然存在互联网金融产业园区遇冷的现象。这点正如前述所论及的互联网金融产业园区建设中的传统办园思维，由此造成了供求错位、园区遇冷。

正如前述，与传统的产业园发展思路一样，互联网金融产业园区仍主打地产牌、区位等要素。如此一来，互联网金融产业园区在某种意义上便有了被做成商业地产的嫌疑。而对于互联网金融企业来说，如果互联网金融产业园区纯粹是"卖房子"或者"租房子"，那对他们而言自然就难以形成吸引力。毕竟，互联网金融企业的业务主要是线上来完成的，对实体物理条件要求不高，而很多产业园又主要是房地产开发项目，像电力、网络等配套建设方面又跟不上企业要求，再加上比较昂贵的房租等成本。政府尽管出台了一些相关政策在房租上给予优惠，还有发展专项资金、扶持金等措施，但对于不少中小型互联网金融企业而言，成本依旧过高，缺乏入园动力。

就传统产业园区而言，其设立能实现对土地、建筑等的再利用，甚至可以带动区域经济的发展，但是对于已经跨越了时空间障碍的互联网金融来讲，传统产业园区的理论是否还适用于互联网金融产业园区建设难以界定。互联网金融只要一个平台就可以辐射全国，显然其目标群体、运作模式等与传统金融机构完全不同。当这些互联网金融企业已经摆脱了地域限制的时候，地方政府仍旧考虑着要将他们圈养在一个产业园区里发展，重新局限于地域之内，这样的思路恐怕本身就不合理。忽略了互联网金融企业与传统金融企业的区别，不论地方政府如何宣传其互联网金融产业园区地段之繁华、交通之便利、大牌企业之多、政府资源之丰厚，只要开出的条件不能真正打动那些互联网金融企业入驻，那就是毫无意义的。

（三）监管难度高

让许多互联网金融企业有所犹豫的，除了园区开出的条件不够吸引、无法看到入园后良好的发展前景外，还有入园后企业所面临的监管问题。对地方政府而言，监管入园企业显然是其重要职责之一，但实际执行起来却困难颇多。由此引出政府在互联网金融产业园区发展中所面临的监管难度高，过松则加大风险，过紧又扼杀其成长。

既想发展互联网金融产业，又要控制风险，政府在积极招商的同时，也严格把关入园企业，力图将风险遏制在襁褓之中。在互联网金融企业的入驻审批上，往往是先经过园区运营方的筛选，再由政府相关单位进行评审，最终合格的才能入园。待企业入驻园区后，其真正意义上的监管才开始。政府将互联网金融企业都纳入园区，确实在某种意义上便于统一管理，但由于互联网金融是新兴产业，未来走势尚不明确，相关政策有待完善，很多界限还很模糊，各种监管具体实施起来都缺乏一个标准。地方政府一方面想要园区内互联网金融企业实现创新，蓬勃发展；另一方面又担心园区内企业会触及红线，违法经营。创新是动力，但同时创新必定伴随着风险，于是地方政府在面对互联网金融创新的时候，在监管上就容易陷入两难的境地。如何在创新与安全之间做到平衡，对地方政府而言将是巨大的考验。

此外，园区内还可能存在运营方与企业勾结，合伙骗取政府资金之类的行为，对于政府监管而言，同样也是难点。

二、企业层面的问题

企业作为互联网金融产业园区的主体，始终是互联网金融产业园区发展的核心力量。园区内企业能否健康繁荣发展，直接关系到互联网金融产业园区的兴衰。

（一）互联网金融企业的人才匮乏

互联网金融是一个新兴业态，横跨了金融与互联网两个行业，所以互联网金融这个产业面临着优秀人才等要素稀缺的困境。在大学里，金融是热门的专业方向，互联网也同样，但能够将二者兼顾的人，却是少数。互联网金融刚刚兴起，对互联网金融人才有着巨大需求。单纯的金融人才加上单纯的互联网金融人才的合作，显然不足以满足互联网金融发展的人才需求，对互联网和金融双双精通的人才的强烈需求是大势所趋。尽管各地政府出台相关政策，对互联网金融人才有着许多优惠措施，但优秀人才稀少，供不应求。即便北京市石景山区已经前瞻性地联合清华大学五道口金融学院等国内知名院校，共同开办北京互联网金融研究院，加快培养互联网金融人才。但毕竟人才的培养需要时间，短时间内互联网金融人才的缺口难以补上，甚至在互联网金融快速发展的局势下还可能会越拉越大。显然，人才的稀缺，很有可能会阻碍互联网金融企业的发展。由社会培育人才需要时间，急于发展的互联网金融企业未必能等得及，但由企业自身来招聘员工并对其进行提升培训同样也需要时间和金钱成本。对企业来讲，如何低成本、高速度地补上人才这个缺口，是一个不小的考验。

（二）互联网金融企业发展的制度困境

除去人才方面的因素，一个企业成功与否，离不开企业对商机的把握。但所谓的商机，不仅仅是拥有敏锐的前瞻性就能足够的，它更与企业发展的制度环境息息相关。当前困扰着很多互联网金融企业发展的政策制度不明确，互联网金融创新难以展开。如在武汉的互联网金融产业园建设中，武汉曾有几名互联网金融企业老板想筹办股权众筹平台，已有基金入驻，但这几名老板跑了近半年，工商部门就是不批执照，理由是被困在"经营范围"上。①

类似武汉这样的困境，在互联网金融产业园发展过程中，其实并不鲜见，也着实阻碍了不少企业。由于互联网金融近两年才发展起来，与之相关的工商注册、经营监管规则、税收政策等诸多方面尚不明确，这给互联网金融企业的实际发展带来了相当多的麻烦。诸多不明确的态度，相对不清晰的界限，使得互联网金融企业想要创新，却在当前的政策下经营难以拿到执照；想要推出创新的互联网金融产品，又担心产品推出后很可能会面临着随时被取缔的风险。在这诸多不安定的因素下，互联网金融企业的成长可谓束手束脚。如此一来，互联网金融企业自然就难以迈开步子迅速发展。

此外，很多互联网金融企业入园后，除了得到一些政策优惠和资金支持外，没能抓住互联网金融产业园区所能带来的其他福利。互联网金融产业园区的设立

---

① 华中互联网金融基地落户武汉一周年记［N］．长江商报，2015－06－05．

不但为了企业间能有更好的沟通交流、互惠合作，达到集聚效应，而且还具有形成相应的产业链和生态圈。然而遗憾的是，目前大多数入园企业看得还不够长远，尚处在只顾自身经营发展的阶段，忽略了互联网金融产业园区内企业联盟优势互补所能为企业未来发展所带来的助益。尤其是一些入驻企业实力偏弱的互联网金融产业园区，如果不能做到联合，不具备足够的竞争力，在面对巨头的强势挑战时，很快就会败下阵来。而能形成生态产业链或是生态产业圈的互联网金融产业园区，则更容易保持源源不断的活力，持续运转下去。在这样一个发展过程中，互联网金融企业也将经历轮轮"洗牌"，其中一些企业可能因为实力过弱、缺乏远见等原因，很快就会被淘汰出局。如何在这一场场洗牌之中屹立不倒，同样是互联网金融企业所面临的难题。

（三）互联网金融企业本身的问题

2013年以来，互联网金融鱼龙混杂，很大一部分带有以前民间借贷网络化的色彩。自然，这些企业一开始就有很强的吸金目的，而不是真正要推动互联网金融发展的。因此，当各地政府纷纷加大对互联网金融扶持、建设互联网金融产业园区之际，很大一部分加入到园区的互联网金融企业则抓住政策优惠的条件，大量骗取政策资金、办公用房租金减免等各项福利；而一旦政府加大对互联网金融的规制，这些企业就纷纷跑路。由此，它们不但欺骗了广大消费者的利益，而且还给正常经营的互联网金融企业和政府政策带来众多的负面影响。

三、社会层面的问题

社会是互联网金融产业发展所面向的大环境，这片土壤决定着互联网金融产业发展的方向及兴衰。如何在这片土壤里扎根，如何更好地从中汲取"养分"，无疑是每个互联网金融企业必须全面考衡的事情。在实际运行的过程中，"养分"的供给与需求却存在着不对称性。

所谓"养分"，最简单来讲，就是资金。从社会方面来看，公众对互联网金融这一新兴业态还缺乏足够了解，甚至由于一些负面报道还将产生对互联网金融"妖魔化"的嫌疑。社会的误解使得互联网金融企业在发展过程中难以获得支持。投资者拿着资金，互联网金融企业需要资金，但双方却难以实现对接。再加上前段时间二维码支付、虚拟信用卡的暂停、网上转账额度的下调等事件，更使得投资者看互联网金融如同雾里看花、摸不清其发展方向，更有甚者，甚至怀疑政府对互联网金融态度的改变。对于互联网金融产业的未来走向不确定，投资者自然不敢也不会将钱投进互联网金融企业。而互联网金融企业在此情况下对自身的辩解和宣传就显得十分微弱,难以还给互联网金融产业一个阳光正面的形象。互联网金融企业的声音和诉求传递不出去,社会上投资者的资金吸引不进来,如何让两者实现对接,供求达到平衡,正视互联网金融产业,是值得整个社会思考的问题。

中国目前社会诚信体系和征信体系尚不完善,这也成为互联网金融企业发展的障碍。互联网金融的良好发展是需要建立在安全、信用的基础之上。但是中国目前还没有完善的个人信用信息体系,信用信息共享机制很不完善,安全性和可靠性更难以保证。即便是在政府的协助和支持下,互联网金融企业想要获取这些数据仍旧很困难。如在武汉民间金融街,人行武汉分行的征信已经切入,下一步再切入到产业基地不是难事。但是目前的人行武汉分行的征信只有人行一家,没有工商、税务及房地产部门的数据,这对不少涉及车、房等业务的互联网金融企业而言,是一大硬伤。因为涉及不同的部分,有的部门垂直管理,即便是武汉市金融办出面协调,实际操作起来也存在不少困难。[①] 在政府的协助下互联网金融企业仍旧难以获得所需的征信数据,但是由互联网金融企业自身去征信则意味着更加高昂的成本。征信的问题若得不到解决,互联网金融产业的发展就会始终处于风险与压力之下。

第四节　互联网金融产业园区发展的对策

上节我们从政府、企业、社会三个层面入手分析了互联网金融产业园区发展中所遇到的一些问题,事实上这其中的很多问题之间都是盘根错节,想要彻底解决它们,仅靠一方力量远远不够。本节我们仍将从这三个层面出发,给出一些解决问题的对策。

一、政府层面的对策

就政府而言,想要倾尽全力促进当地企业发展,改善产业结构,带动区域经济发展的出发点自然是好的,但不宜盲目追求热潮,仅仅是为了跟风就设立自己的互联网金融产业园区。上面提到,并非所有的省市以其目前的条件都适合建立互联网金融产业园区,建立互联网产业园区更不意味着就能带动区域经济,增加

---

① 华中互联网金融基地落户武汉一周年记 [N]. 长江商报, 2015 – 06 – 05.

收入。因此，政府在决定设立互联网金融产业园区之前，一定要慎重考虑以下一些问题：设立互联网金融产业园区是希望从中得到什么好处？设立互联网产业园区实际上能带来什么好处？设立的互联网金融产业园区所能带来的好处能否达到预期？

（一）立足已有基础，明确园区定位

政府需要明确的是，当客观分析之后确定互联网金融产业园区所带来的好处并不如预期时，政府需要有拒绝跟风的勇气，需要坚定果断地停下从众的步伐，不要只是为了所谓的政绩和噱头，就建立一个名为"××互联网金融产业园区"的面子工程。倘若该省市真的具备建立互联网金融产业园区的条件，在牵头建立互联网金融产业园区之后，政府所面临的最重要的问题自然就是招商入驻。上文中曾不止一次提到，我国互联网金融产业园区的发展仍旧遵从传统产业园区的发展思路，缺乏从互联网金融产业本身出发所应有的考量。因此，政府若是想要将互联网金融企业招进产业园，仅仅从互联网金融产业园区的实体物理条件出发是远远不够的，更应该尊重互联网金融企业，不主观臆断，关注到互联网金融企业发展真正的需求。

单单是新的办公园区，并不一定能吸引企业入驻，关键取决于有无产业生态体系、配套完善的功能支撑。例如，互联网金融企业发展最依赖互联网，因此对于网络环境、设备有着较高的要求，所以电力、网络等方面的保障和优惠，对于很多互联网金融企业而言远比办公室的宽敞舒适来得重要得多。在这一点上，上海市黄浦区宏慧盟智园、张江互联网金融园就做得比较好。宏慧盟智园为了满足园区入驻企业对于宽带网络、电力供应的需求，该区不仅引入移动、电信、联通三大运营商以满足网络需求，还对电力进行了增容。而张江互联网金融园为了保障园区的电力供应，则实行双回路供电，2条22万伏的电路拉进园区实现连续不间断供应；园区内同样3家电信运营商都有，基地设在哪里，其基础设施就配套跟到哪里；最重要的是，该园区还特别设置了专门的监控系统，且和警方系统打通，还有专门24小时巡逻的安防队，来保障园区内金融机构数据中心的安全。

对于实体物理环境要求不高的互联网金融企业来说，搬入互联网金融产业园区对他们而言往往意味着高昂的租金。即便政府开出各种房租上的优惠条件来吸引企业入驻，但如果没有其他能打动互联网金融企业的有利因素，这些互联网金融企业是缺乏入园动力的。而能吸引到互联网金融企业入园的条件，除了园区内的资金、政策扶持外，很大程度上也与园区能为互联网金融企业提供的企业资源

有关。很多互联网金融企业所服务的目标群体是中小企业,因此政府在进行招商时,不必一直强调周边有多少大企业甚至国际企业,而应该从互联网金融企业真正的目标需求出发,将产业园区自身的条件向这些互联网金融企业所期望的理想条件靠拢,当产业园区能真正提供给互联网金融企业所想要的资源时,这些互联网金融企业自然会聚集起来,主动进入产业园区。

(二) 明确政府引导者角色

作为引导者,政府需要加强与企业间的交流,真正地了解其运营中的困难并努力为其解决。在沟通交流的过程中,对企业的平等、尊重非常重要,政府需要放下姿态,积极主动地为企业提供帮助。在这一点上,武汉市华中互联网金融产业基地做得不错。在该园区落户武汉中央商务区后,基地建设工作领导小组随之组建,由江汉区区长挂帅,辖区税务、工商、公安、金融办、经济发展局等部门参加,对入驻产业基地的互联网金融企业进行调查摸底、征求意见等,有针对性地提供服务。如园区无公交的问题,江汉区立即与武汉市公交集团协调沟通,并以江汉区政府承担部分亏损运营费用为条件,开通了区域短途公交360路。同时,武汉市金融办还组织企业与第三方机构,如网贷天眼等进行业务切磋,定期、不定期举办沙龙,让互联网金融企业聚集在一起进行信息经验交流,互通有无,实现资源共享。为了及时快速掌握互联网金融行业动态,方便引导武汉的企业,武汉市金融办还以一名处长私人名义在网上创办了"金融会客厅",吸引了多个省市的互联网金融企业前端人物加入。这些行业大佬几乎每天都在上面针对诸如产品设计、资金托管、行业走势等某一热点问题发表自己的观点。武汉市金融办的工作人员则能及时掌握这些观点和信息,既方便自己了解业界实时动态,帮助掌握好监管尺度,同时也可以传达给企业,让企业自行掌握是否调整经营等,裨益颇多。武汉市政府还积极促成园区内企业对接,力求能在园区内形成生态产业链,带动整个园区的发展。[①]

武汉市互联网金融的蓬勃发展与其政府对人才的珍惜、对企业的支持密不可分。其他地方政府则可以向武汉市江汉区政府学习:一是负责互联网金融产业基地的建设监管的工作小组,应涵盖司法、公安、工商、税务等多个互联网金融产业发展中可能涉及的部门成员,这样一来,互联网金融企业发展遇到问题时,小组能够综合多方面情况,多方协作,予以解决,既保证互联网金融企业不会触及任何一方的红线,也方便从各个方面都给予互联网金融企业发展上的支持与协

---

① 华中互联网金融基地落户武汉一周年记 [N]. 长江商报, 2015 – 06 – 05.

助。二是政府可以为企业搭建一个企业与企业、企业与专家交流的平台,方便企业获取业界实时动态、前沿观点,时时进步、刻刻自省,有利于企业的更好发展。三是政府应该鼓励、促成园区内互联网金融企业彼此间的联盟、对接、合作,这样有利于形成生态产业链,可以使互联网金融产业园区发挥集聚效应,更具有竞争力。

(三) 明确政府的监管权责

作为监督者,政府当前最紧迫的还是应该出台互联网金融行业规范,给予互联网金融产业制度上的约束和保障。在没有明确的政策导向情况下,不论是政府相关部门还是互联网金融企业都会显得迷茫。政府相关部门害怕承担责任而不敢给互联网金融企业的发展开绿灯,而互联网金融企业也担心自己发展会在模糊地带撞红线而束手束脚,这样一来,一个明确的政策显得非常必要。总的来说,政府在对于互联网金融产业的政策支持上,应该以放松、鼓励为主。支持互联网金融发展,允许互联网金融犯错,给予互联网金融纠错的机会,这些适当的松绑和宽容,对于一个新生产业而言,是非常必要的。如武汉市的《关于促进互联网金融产业创新发展的实施意见》,其放宽了互联网金融的工商注册,在经营监管的规则上也有重大突破,除了政策松绑外,政府还将在基础平台建设上加大投入,进行环境基础建设。[①] 在法律、道德等原则性问题上,政府不应该做出任何让步,应该进一步严打严抓,控制互联网金融发展中的风险。一个产业,在其初生阶段就做好规范,对其今后的健康发展是非常有利的。通过严格的规范为互联网金融产业保障良好的声誉,有利于社会对于该产业的好评,能为该产业在将来吸引更多来自社会的资金和帮扶。

但事实上,想要做到既遏制互联网金融发展风险又不扼杀互联网金融创新性,难度极高。作为政府,在互联网金融发展的问题上并非万能,前景难以预测、产品也难以判定,政府也有着其自身的盲区和局限性。在这样的情况下,政府最好具体问题具体分析,每一个企业的情况都是个例,每一个企业都当作特殊情况去对待解决,切不可一竿子打死。用一条标准去衡量多样化的互联网金融,其结果自然会是扼杀掉互联网金融的创新与活力。

此外,政府还应该在互联网金融的人才培养上有所助益。不论是互联网还是金融,这两个专业本身就已经对人才有较高的要求。互联网金融是两者有机结合的新兴业态,自然对人才的要求更高。可惜的是,当前互联网金融人才极度稀

---

① 华中互联网金融基地落户武汉一周年记 [N]. 长江商报, 2015 - 06 - 05.

缺。仅仅靠企业的培训远远不够，需要政府力量的干预，定向为互联网金融培养人才。像石景山区那样，联合如清华大学五道口金融学院等国内知名院校共同开办北京互联网金融研究院，加快培养互联网金融人才，固然是好方法。但长期来看，如果能将互联网金融人才从小开始培育，与互联网金融形成产业性联系，显然能为互联网金融提供更加稳定优质的人才保障。

二、企业层面的对策

从互联网金融企业的角度来说，围绕企业自始至终的问题其实就是如何让它持续健康快速地发展。

（一）人才培养与职责明确

人才短缺是横亘在互联网金融企业中的最大问题。即便由政府出面鼓励倡导，人才的培养也需要一定的时间，在此之前的缓冲期，互联网金融企业自身需要有一定的人才培养能力。当然，互联网金融企业大可不必将每一个员工都培养为互联网金融能力兼备的高精尖人才，只要合理分配工作任务，将互联网金融工作合理划分，互联网人才金融人才各司其职，高精尖的互联网金融人才只要很少的几个作为主心骨，支撑企业的发展方向及战略，短期之内的应对并不成问题。

（二）处理好与园区各方之间的关系

互联网金融企业既然选择了迁入互联网金融产业园区，那么企业就应该最大程度地抓住互联网金融产业园区所能带给企业的好处。除了那些园区所提出的资金支持、政策保障外，互联网金融企业更应该把握住的是互联网金融产业园区所能产生的集聚效应。既然入了园，园内一切资源都应该尽可能地利用，除了园区内的硬件保障，企业更应该将园区内的友邻企业当作优质资源，有机会多多交流、相互探讨学习，相信可以从这些交流中获得不少启示。如果园区还额外地为园内企业举办沙龙、论坛等交流联谊活动，企业更应该积极参加，这是获得企业资源、专家意见的大好机会。把握住互联网金融发展的方向，有利于互联网金融企业更好地发展。除去相互间的交流学习外，互联网金融企业之间也应该逐渐培养出联合协作的合作意识，园区内的互联网金融企业往往有着不同的优势，有的是资金、有的是创意、有的是管理……彼此之间其实可以优势互补，协同竞争，有的甚至还可以对接成为生态产业链。在这样的情况下，互联网金融企业要做的是，放下孤军奋战的心态，寻求园区内企业联合，一致对外，共同形成竞争力量。此外，互联网金融企业还可以形成行业联盟，如此一来能更好地整合资源，增强影响力，为自己的发展争取到更多的关注、资源和主动权。

互联网金融企业入园之后，还需增强与园区内相关负责的政府部门和园区运营方的交流。在大多数情况下，政府、园区运营方与互联网金融企业有着一致的利益，都希望园区内企业能够得到最好的发展。因此在互联网金融企业发展受阻的时候，可以积极寻求这两方的帮助。另外，互联网金融企业不应该畏惧监管，而应该积极接受政府部门的监管，互联网金融创新时，可能会遇到监管过严难以迈开手脚的情况。这种情况下，企业最优先的选择不是抵触政府的监管，更不是就此放弃，如果坚信自家产品、服务并未触及底线，企业应该选择争取。毕竟，政府部门监管的目的始终是为了互联网金融产业的健康发展。因此，互联网金融企业应当给予政府更多的信任，相信其公正性，也相信其对自己发展的支持。如果能够让政府看到企业互联网自身金融创新上的潜力，消除政府对于其创新产品的疑惑、不安，相信政府会予以企业鼎力支持，在政策上适当调整，给企业更宽松的发展环境。

（三）维护好企业的良好形象

面对社会方面对于互联网金融行业的误解，互联网金融企业还是应该对自身行为多加规范，清除那些不良经营的企业，尽量避免发生一些影响企业声誉、安全性的事件，共同维护互联网金融业的良好形象。此外，互联网金融企业也要思考如何宣传、推广互联网金融，将互联网金融知识科普给公众，除去公众思想上对于互联网金融的误解与恐惧，还互联网金融一个阳光正面的形象。

三、社会层面的对策

从社会方面来讲，要想促进互联网金融产业园区的发展，首先还是应该为互联网金融产业营造一个包容的环境。当前互联网金融产业的发展确实还处于比较混乱的阶段，行业规范不足，风险事件时有发生。但社会应当明确的是，互联网金融毕竟是一个会改变我们生活的具有影响力和发展前景的产业。对于新生的产业来讲，社会应当宽容，应当给这个产业犯错纠错的机会，也应该给这个产业自我调整的时间。希望社会能在舆论上对互联网金融企业的发展给予更多的正面的鼓励。

除了态度之外，社会能给予互联网金融产业最大最直接的支持是资金。前文中也提到过，互联网金融企业和社会资金的对接存在着明显的不对称性。为了满足互联网金融产业的发展需要，社会方面应该在投资、融资方面给予互联网企业更多支持。同时，社会方面应该加紧完善社会征信系统。有了完善的个人征信系统，互联网金融企业接入之后，可以大大降低互联网金融产业的运营成本。同时，个人和企业征信系统的完善，也有利于控制互联网金融发展过程中的风险。

第 七 章

互联网金融生态系统的风险控制

随着互联网技术与金融的加速融合，互联网金融对传统金融体系的系统性影响开始显现。从当前金融业竞争格局看，金融生态系统的三个核心要素——金融生态物种、金融生态环境和金融生态规则正在发生明显变化。从系统论和金融稳定的视角看，互联网背景下形成的新金融生态系统面临很多风险因素，主要涉及操作风险、制度风险、机构风险、市场风险和信息风险。而新金融生态系统意味着新平衡，但在当前深化金融改革和互联网金融不断创新的大趋势下，新系统应建立全面的风险管理体系，以维护和促进金融生态系统的稳定。

第一节 互联网金融生态系统的风险来源

学者认为互联网金融不仅具有互联网风险和金融风险，还兼具两者属性耦合的风险，使风险的触发条件、发生概率、损失程度都发生变化，同时产生了跨界风险，即互联网金融的跨业务、跨经营的风险。金融风险的种类与传统金融面临的金融风险大体相同，不同点为风险的比重有所变化。总之，互联网金融综合了互联网和金融的"基因"，面临着两者的风险，但互联网金融的运行平台和运行结构都发生了变化，不同的平台面临的风险也有所区别，下面将从行业和系统两个维度来分析互联网金融的风险。

互联网金融的互联网风险主要为互联网技术本身所带来的风险。互联网金融面临着传统金融中比重较小的操作风险，即因计算机操作或者业务人员错误操作

第七章 互联网金融生态系统的风险控制

引发的损失的可能性变大。互联网风险主要可分为系统性安全风险和技术风险。系统安全性风险为计算机系统本身的加密技术漏洞产生的损失，如黑客攻击、病毒侵袭或 TCP/IP 协议的安全缺陷。技术风险则分为技术选择风险和技术支持风险。技术选择风险即在克服计算机系统漏洞时由于技术选择错误造成的损失；技术支持风险为互联网金融在进行业务操作时，对于一些专业性要求，技术支持不到位产生的损失。

从行业的维度看，互联网金融平台基本运营模式可分为第三方支付、互联网理财、P2P 平台以及众筹，因其运作方式和结构不同，面临的风险种类和权重也有所区别。

第三方支付在我国产生于 1999 年，是利用互联网技术进行网络支付或移动支付。支付清算是金融的基础功能，互联网金融第三方支付的便捷、简单和低成本，形成了对传统金融机构最大的颠覆和冲击，而风险发生了变化，主要为技术安全风险。因第三方支付为使用 PC 终端或移动设备如手机进行实时支付，只要在支付界面输入动态验证码即可，一旦出现木马病毒侵袭，个人的所有支付信息将完全呈现在黑客的电脑中，第三方支付所连接的银行卡也会遭受资金的损失；再者，第三方支付存在洗钱的犯罪风险，其中支付宝主要服务于电商平台，客户首先将钱款支付到第三方支付平台，当收到货物时，第三方会将客户的钱款交付给供货商或者店家，那么交易过程中都无法核实客户真实身份，从而洗钱分子借虚拟账户造假的身份来进行洗钱等犯罪活动。

互联网理财是指借助互联网渠道进行理财产品销售的平台，如以余额宝为代表的"宝宝类"产品和依托微信平台的理财通等。互联网理财的运作模式是吸收大量用户的小额资金，不仅使用户能够使零散资金收取利息，也能够随时支取，将小额资金汇集成资金池，其中大部分资金保守的投向风险程度较低的协议存款中，获取利差收益，完全是获取中国现阶段利率非市场化的收益，那么相应的风险即为政策风险和市场风险。一旦政府取消协议存款中的政策优惠，将无利可图，或者市场宏观环境变差，必须进行利率调整来激活整个经济体，利率会调整到相对较低的水平来获取流动性，提高经济的活力，那么获取利率收益的产品会遭受损失。除此之外，互联网理财产品的流动性风险比较突出，由于将资金存入如余额宝类的理财产品的群体更多的为风险保守型投资者，更加关心资金的安全性，一旦货币基金出现收益下降或者负面信息，投资者会提取资金来保证本金的安全，当大多数人竞相提款时，理财平台易出现流动性危机。

P2P 平台为小微企业和个人提供了新的融资渠道，是开拓"长尾市场"的体现，是普惠性的体现。2015 年，P2P 行业问题平台逐渐增加，究其原因：

（1）监管不到位，准入无门槛，监管主体不明确，基本处于"监管真空"。（2）互联网金融风险与传统金融风险传递效应，因2014年底至2015年出现的股市牛市，平台的部分资金追逐风险利润，当股市出现千股跌停等牛市消退时，资金无法收回，平台出现提现困难甚至跑路，从风险层面上来说为传统风险引发的互联网金融风险。（3）由于P2P平台多成立于2014年初，并且基本上是以两年为还款周期，2015年出现提现困难、跑路或停业，有可能成为常态。

P2P平台面向的群体是个人或者小微企业，客户本身的特点就是信用记录匮乏，难以借助传统金融机构进行融资，面临着信用风险。信用风险是对借款者的还款意愿和还款能力的考察，P2P平台虽可借助互联网的大数据和云计算技术，从海量的数据提取有价值的信息，但是否一劳永逸，能否有效地评估出借款者的信用水平仍值得商榷。从现阶段而言，小型P2P机构借助第三方评估机构对借款者进行评估和定价，大型的P2P平台机构则在内部构造信用评估模型，得出信用评分，如芝麻信用。我们不能忽略其中最重要的问题是数据问题，对于个人而言，由于中国个人征信行业起步较晚，尚未形成比较健全的信用体系，从数据采集到模型评估各环节都存在问题，现仅有中央个人征信数据库是面向全社会群体的数据库，虽已准备对8家民营机构发放个人征信牌照，但数据毕竟涉及个人隐私，因此数据有限且不能够进行整合。由于P2P平台的从业人员的金融知识匮乏，专业素质较低，常会出现错误操作，导致操作风险。众筹是基于发起人的创意来筹集资金，众筹成功会进行物品回报或者股权回报。

众筹面临着非法集资和知识产权受侵害的风险。根据《最高人民法院关于审理非法集资刑事案件具体应用法律若干问题的解释》第1条，非法集资应该同时满足四个条件：（1）未经有关部门依法批准或借用合法经营的形式吸收资金；（2）通过媒体、推介会、传单、手机短信等途径向社会公开宣传；（3）承诺在一定期限内以货币、实物、股权等方式还本复息或者给付回报；（4）向社会公众即社会不特定对象吸收资金。虽众筹符合非法集资的构成要件，但不构成"非法集资"的实质条件，并且众筹能够促进创新。众筹的发起人将自己的创意放在公众平台上，来吸引投资者的兴趣，这表示创意人的关键创意会展示给投资人，从而给了不法分子窃取创意和知识产权的机会，使发起者蒙受损失。

从系统的维度看，互联网金融平台的风险呈现新特征。首先，互联网金融的运作模式具有行业跨界和业务跨界的特征，从而使风险融合跨界复杂。如华夏基金与微信推出的理财通，是社交平台与基金公司的跨行业融合，平安集团的互联网金融业务涉及保险、理财和证券等。其次，风险具有虚拟性，因互联网金融是借助互联网技术的虚拟空间进行交易，克服了地域限制、信息垄断等，代替了传统的面对面进行业务，带来方便的同时，使风险出现了高度虚拟化的特征。再次，风险具有传染性，互联网技术的信息传播速度非常快，构成复杂的传播网络，一旦某一环节出现问题，将波及全身，甚至引发系统性风险。互联网金融作为金融系统中重要的部分，我们在厘清互联网金融平台风险和风险特征的基础上，需探究其是否易引发系统性风险。2014 年 3 月，《政府工作报告》指出："促进互联网金融健康发展，完善金融监管协调机制，密切监测跨境资本流动，守住不发生系统性和区域性金融风险的底线"，基于此，因互联网金融因与虚拟经济和实体经济联系紧密，需进行风险的控制，严防发生系统性风险。

郑联盛（2014）指出，目前互联网金融的风险是可控的，不会发生系统性风险，并从三个角度进行了说明。一是互联网金融带来的是思维和理念的创新，业务的金融实质没有改变；二是互联网金融规模相对于整个金融业来说不算大，不足以产生实质性的影响；三是互联网金融监管已经初见成效，正在逐步消灭"灰色地带"。系统性风险为一家或者几家金融机构倒闭导致的风险在金融系统中进行传播，导致整个金融系统甚至实体经济发生损失或崩塌。

互联网金融风险对系统性风险的传导机制因时间和空间上的连锁反应，传导机制复杂。简单列举两个典型的传导路径：（1）以 P2P 平台为例，P2P 平台因对借款人信用评估错误，出现逆向选择，发生信用风险，借款人的借款无法按时归还，可能导致投资人提现困难，发生流动性风险，一旦信息传播，投资者出现恐慌，造成大规模的挤兑，将出现危机。（2）以互联网理财产品为例，当宏观环境状况变差，央行通过降息来刺激经济，降低的利率会进一步榨取理财产品的收益，可能面临投资者的大部分赎回，出现流动性风险，进一步引发系统性风险。

第二节　互联网金融生态系统的风险控制立体构架

互联网金融生态系统涉及的生态物种包括平台、行业协会、政府三类，所涉及的风险分为个体风险、行业风险、系统风险三类。物种之间相互影响，风险也彼此传导，因此对互联网生态系统的风险控制并非从单一方面控制风险就能够维护整个系统的稳定状态，而是对不同物种采取不同的风险控制手段，借助物种之间的相互制约、相助作用，通过社会舆论润滑、引导作用，让物种之间、物种与系统之间达到一种稳定平衡的状态。风险控制的立体架构如图 7-1 所示。

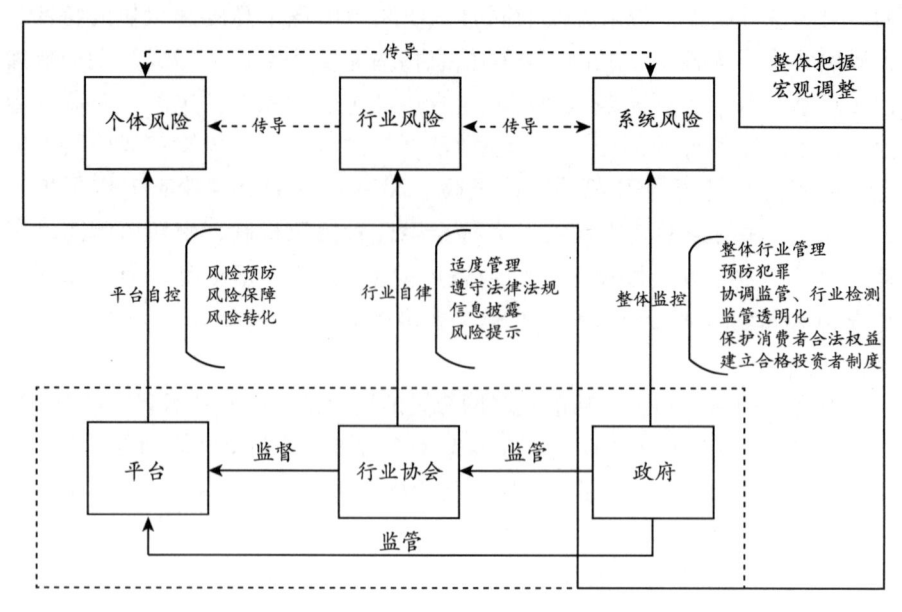

图 7-1　风险控制立体架构

一、平台自控

互联网金融平台是整个生态系统最基本的构成单位，也是金融风险的源头所在，因此做好平台自控、从风险源头监控风险、预警风险，提高互联网金融平台的风险控制能力是互联网金融生态系统的第一道屏障，是维护生态系统稳定运行的基础，平台应从以下几个方面做好平台自控工作。

第一，风险预防。首先，建立完备的贷款信息调研体系，设立专门的贷前调研部门，按照规范合理的流程对申请贷款的企业或个人展开调查、严谨分析，确认贷款用户还款渠道，评估还贷能力；其次，健全信用评级体系，构建信用评级模型，利用大数据工具对项目和用户的资信水平进行分析，确认贷款期限与额度；同时，遵守各项法律法规，保护客户信息安全，履行信息披露义务，落实用户资金第三方存管制度。

第二，风险保障。要增强贷款审查人员、检查人员责任意识，健全贷款的审查审批决策制度，形成审贷分离、相互制约的贷款发放制度；引入第三方律师事务所对平台贷款全部项目全程跟踪调查，规范贷款发放过程中的法律过程，做到法律零风险，保障平台上展示债权的真实性；实行用户资金的第三方托管，防止违规担保、违规建立资金池的情况发生。

第三，风险转化。首先，对风险较大的项目实行重点监控，监控项目的进展情况，力求将项目风险降到最低；其次，分散平台风险，多元化引入平台放款项目分散风险；再次，及时处理不良资产；最后，加强与资产管理公司等不良资产处理机构的合作，及时处理不良债权，加快资金回流，保证平台流动性。

二、行业自律

在中国，新兴的互联网金融行业中，行业协会也呈现百花齐放的状态。2016年3月25日，央行牵头成立的中国互联网金融协会在上海正式成立。现有的行业协会包括作为其他行业协会分支的中国互联网协会互联网金融工作委员会、中国支付清算协会互联网金融专业委员会等，还有北京市网贷行业协会、中关村互联网金融行业协会、广东互联网金融协会等，另有互联网金融企业自行组织成立的中国互联网金融行业协会、互联网金融千人会等。

行业协会作为一个非政府机构，对一个行业的监督和管理主要是通过行业的自律实现的。在新兴的互联网行业中，行业协会应该做好的工作包括：规范企业的进入和退出、促进互联网金融行业的信息流通、进行风险预警、对消费者进行保护。

（一）制定企业进入、退出行业规范

行业准入资格是把控互联网金融平台质量和防范互联网金融风险的前置关卡。中国互联网金融行业的现状就是进入该行业的要求很低。上海在2013年的上海金融信息服务业年度峰会暨上海互联网金融高峰论坛上发布了首个《网络借贷行业准入标准》。之后银监会也尝试对P2P行业设置一定程度的行政准入门槛。但一方面已发布的准入标准只针对小部分企业；另一方面行政机构的介入只是试探性的，没有形成一个正式的准入标准。对众筹平台的行业规范还要更加落后于P2P平台。因此对于行业协会来说，设置金融互联网行业的准入标准是一项必要而且紧急的工作。一方面可以提升行业内互联网金融企业的资质；另一方面也能在很大程度上规避企业之间的恶性竞争，激励互联网金融企业进行相互监督，提升自身的审慎性。互联网金融行业的准入标准需要对资本金、高管人员资质、公司风险防控体系、资金管理、IT技术等方面设置门槛。

由于互联网金融相比传统金融具有很多互联网特性，一个互联网金融企业的破产将会具有极大的传染性，牵连与它联系密切的其他公司。所以，事先对退出机制进行设计在互联网金融行业是非常重要的。行业协会在设计退出机制时要力求将企业的破产影响限制在很小的范围内，不要引发"多米诺骨牌"效应。

（二）促进互联网金融行业的信息流通

信息流通不仅仅局限于行业内，也包括互联网金融行业对外的交流。

首先，行业内存在的信息不对称问题。这不仅包括债务人刻意提供虚假消息，还包括平台企业隐瞒其真实的信息。为了促进本行业的信息透明化，行业协会应该建立起信息披露机制。信息披露并不要求企业将其所有信息都披露出来，这也是不可能做到的。一个健全的信息披露机制综合考虑了行业发展的现状和未来发展前景，平衡了信息的私密性和信息对称之间的矛盾，协调了各互联网企业的利益和消费者的利益。行业协会在设计信息披露机制时还应考虑国家的政策导向，引导行业内企业就信息披露的具体内容和频率等达成共识。

在具体操作中，需要考虑三个问题：信息来源、披露标准和披露渠道。首先行业协会建立的信息披露机制要求的是企业对其产品、资金管理等信息进行披露，所以信息来源于互联网金融企业。企业必须保证向外公开的信息是真实有效的。然后企业按照什么样的标准进行信息的披露，这在一个行业内应该是被统一要求的。对于不同类别的平台，具体内容可能不太一样，但要求对一些能影响投资者决策的关键信息的披露是完整的。对一个P2P平台企业来说，它应该明确债权债务归属，对利率、债务期限和一些潜在风险进行披露。对一个众筹平台企业来说，它应该对项目风险、资金投向、投资期限等信息进行披露。最后建立一个信息发布平台，在这个平台上汇集行业内所有企业披露的信息。一方面方便消费者的查询；另一方面也方便行业协会进行监督。

其次，协会还应该促进本行业与其他行业进行信息的交流和沟通合作。任何行业都不可能封闭式地发展。由行业协会牵头进行行业间的合作，能够在很大程度上减少交易成本。例如，互联网金融行业需要加强同互联网行业的联系和合作，运用最先进的互联网技术为其服务。有这种诉求的互联网金融企业不止一两个，因此行业协会间的沟通是必须的，也是更有效率的。

再次，协会应该促进互联网金融行业的信息更快更准确地流向政府，只有这样政府才能根据行业的现实情况制订合理的政策和法规。

（三）风险预警

行业协会要充分利用自身的大数据优势，对互联网平台尤其是资金运转等相关信息进行监测、处理和分析，这是风险预警机制建立的基础。互联网金融行业风险预警机制的建立可以借鉴传统金融机构进行风险监测预警系统设计的经验。

首先是建立风险预警指标体系。在传统金融行业，经常用资本金水平、资本金变化量、企业资产与负债结构变化等微观指标，还有 GDP、投资、消费、通胀等的变化这些宏观指标来构建一个风险预警的指标体系。具体来说，有 Hardy、Hermosillo 等人设计的一些金融预警指标体系，这对于互联网金融行业风险预警指标体系的构建具有指导性意义。

其次是选择一个预测风险的方法。包括 Kaminsky 等人的信号预测法、Frankel 和 Rose 等人使用的概率单位模型、Sachs 等人的横截面回归方法等，都可供参考。

（四）对消费者进行保护

行业协会对互联网金融消费者的保护包括两个方面：一是保障消费者基本的消费权益，即资产安全、对产品的知情权、对产品的自主选择权、公平交易权等，这一部分实际上同加强企业与消费者的信息交流是分不开的。二是由于互联网金融的互联网性质延伸的消费者权利，即隐私权和信息安全保护，这一部分同促进网络技术发展是分不开的。除此之外，行业协会还需要对互联网金融消费者进行必要的知识普及，不仅要保证消费者了解基本的金融知识，还需要引导消费者正视金融风险的存在，认识到"高收益也将伴随高风险"的规律。

中国的行业协会还处于一个发展阶段，这个发展的过程并不是隔离的，而是需要依赖法律制度，行业内的征信体系共同发展。所以互联网金融行业协会的发展，也促进着金融法律法规及金融行业征信体系的发展。它们共同作用与互联网金融企业，为其营造一个健康的成长环境。

三、政府层面的监管

《关于促进互联网金融健康发展的指导意见》明确了不同业态的监管部门，确定了监管责任。中国人民银行、银监会、证监会及保监会仍然对其负责监管的业务类型履行监管责任，人民银行负责监督包括第三方支付在内的线上支付业务；银监会负责监督包括 P2P 在内的互联网贷款、互联网信托及互联网金融消费业务；证监会负责监督众筹融资和互联网基金销售；保监会监督互联网保险。

（一）建立健全互联网金融监管法律法规体系

建立健全互联网金融监管法律法规体系是政府监管的制度基础。现有《银行法》、《证券法》、《保险法》等法律都是基于传统金融业务而制定，并不能完全适应互联网金融的发展，结合目前我国关于互联网金融法律法规现状，考虑国外相关的法律建设，我国应该做好互联网金融法律的顶层设计，健全互联网金融监管的法律法规体系。

通过2015年发布的《关于促进互联网金融健康发展的指导意见》和管理办法看出，相比于传统金融，互联网金融仍处于发展阶段，并未成熟，但其涉及的领域较广，缺少直接对应的法律法规，使得难以成为体系，而且法规或管理办法的发布主体也呈现多样化，从中央到地方，及相关行业协会，都是法规或管理办法的发布主体，这也导致难以形成有效的覆盖面广的法律体系。

结合我国现在的法律体系，考虑国外相关互联网金融立法的经验，我国应尽快开展互联网金融领域的立法工作，加强互联网金融立法的顶层设计，明确各互联网金融机构的性质、经营范围，明确资金进入与退出的规则。针对不同业务类型建立相应的法律法规，同时要建立互联网金融业务准入标准和退出机制，按照标准对现有的互联网金融机构进行清理，对不符合标准、风险较高的平台要坚决予以关闭。还要制定互联网金融行业规范，推动建立相关的互联网金融行业协会制定行业规则、规范，共同引导互联网金融行业的健康发展。

（二）协调监管和行业监测

财政部负责互联网金融从业机构的财务监管，提早发现从业机构可能存在的财务风险。人民银行、银监会、证监会和保监会负责行业发展监测，既从宏观上把握行业整体动向，也从不同业态的发展中及时发现潜在风险，人民银行会同有关部门建立互联网金融数据监测体系，积极反馈信息，总结现存政府层面的监管短板，为调整监管政策提出建议。政府各监管部门之间，实现统计数据及信息的共享。为了做好行业监测，政府部门需要完善对互联网金融机构的风险防范机制。

1. 加强对互联网金融机构压力测试。对于互联网金融机构进行定期的压力测试，模拟发生一定的系统风险，看互联网金融机构的应付机制，通过压力测试的办法揭示风险存在的可能性，由此来加强相关企业内部风险控制。同时要制定一套风险等级判定，依据企业压力测试的结果向消费者公布企业防御风险的等级，对于风险防御力低的企业还要有一定的惩戒机制。

2. 加强互联网金融机构信息披露。互联网金融受众群体广泛，借助互联网，其宣传比传统金融广很多，针对现在已经出现的互联网金融企业误导或过分宣传的现象，应该要求明确规定资金投向和产品标的，进一步完善信息披露制度，保证信息披露及时、真实。一方面，建立黑名单制度，尤其是借款人信用、用户黑名单信息的披露；另一方面，披露企业相关信息，包括企业是否有明确制定的规则，日常运行是否按照规则进行，各项收费是否公开、透明，是否定期披露经营数据,与投资者资金相关的财务数据披露足够等。建立统一的信息披露平台,提升信息披露的质量,及时了解企业的行为,实现有效率、低成本的监督,利用企业报送上的数据进行统计、测算监测企业的整体性情况,在这样开放的信息披露机制之下,平台进行违规经营的难度显著增加,而监督方的负担大大降低。

(三) 保护消费者合法权益

人民银行、银监会、证监会、保监会将会出台细化政策,在培养互联网金融消费者风险意识、保护消费者个人信息安全、规范产品购买合同、免责条款披露,预防产品不是宣传和捆绑销售等方面作出规定。同时构建立体、多元的纠纷解决机制,线上线下多渠道解决在互联网金融产品中产生的纠纷,最大限度地保护消费者的合法权益。

1. 加强互联网金融消费者的风险教育。政府应该加强互联网金融消费者的风险教育,加强相关互联网金融知识的宣讲,可以通过网络、电视、报纸等形式宣传,使普通大众能够更好地了解其业务范围及运行情况,消除对互联网金融业的偏见;向普通大众介绍不法分子如何利用互联网金融欺骗、盗取消费者资金,提醒公众不要轻易的点击陌生的短信、邮件和网站,加强消费者账号密码的保护意识。同时,引导消费者关注互联网金融产品,使消费者意识到互联网金融风险的客观存在,引导消费者以一种更加理性的态度看待互联网金融风险。通过对消费者的风险教育,有利于提升消费者的安全防范意识,从而有效提高互联网金融的整体风险防范能力。

2. 加强互联网金融消费者信息保护。在互联网高速发展的时代,个人信息特别容易受到侵犯,关于个人信息泄露的报道也屡见不鲜。在互联网金融领域包含了许多重要的金融信息,一旦泄露,可能对消费者产生巨大的影响,所以互联网加强金融消费者的隐私权保护非常重要。互联网金融机构应在征得消费者同意的前提下,才能对其个人信息进行收集整理,并告知消费者所收集信息方式、用途等。如果未经消费者同意,互联网金融机构不得收集和使用互联网金融用户的个人信息。互联网金融机构不得收集服务需要之外的用户个人信息,并且互联网金融机构不能通过虚假宣传欺骗、误导消费者。

3. 完善互联网金融纠纷解决机制。互联网金融消费者首先应该明确自己有哪些权利是受法律保护的,合法权益受到损害时,可以向互联网金融产品销售者或服务者要求进行相关赔偿。通过网络渠道提供证券、保险、银行等金融服务的金融机构,应向投资者提供金融机构的实体经营地址等联系方式,以及相应的产品风险警示信息。类金融机构不能提供相关营业信息的,一旦投资者利益受损,则有权向网络交易服务商要求相关赔偿；互联网金融机构明知服务提供商利用其平台进行非法行为的，若未能采取必要措施制止的，则该互联网金融机构应依法承担连带责任。

（四）建立合格投资者制度

建立合理制度提高互联网金融投资者的准入门槛，可能的标准包括，资产规模、收入、风险识别能力及风险承担能力等方面。通过提高投资者准入门槛，提高互联网金融行业投资者的自我保护能力，使风险接受能力不同的投资者，可以进入预期能力匹配的领域，从而降低互联网金融行业的整体风险，也可以说合格投资者制度是对不成熟投资者的一种保护机制。为此，政府应加快互联网金融征信系统建设。

1. 拓宽征信信息采集范围。就目前来看，委托贷款信息、证券与保险信用信息、P2P信息尚未完全纳入征信系统，公司债信息尚未纳入征信系统，小额贷款公司、融资性担保公司、资产管理公司和融资租赁公司尚未全部接入征信系统，所以要加强互联网金融领域的征信系统建设，拓宽征信信息的采集范围，特别是要将P2P信息、公司债信息纳入征信系统，将从事贷款和融资的互联网金融企业接入征信系统，从更加开放的角度调整征信系统的战略规划与布局，探索采集互联网金融领域的信贷信息，提供更加便捷的征信服务。

2. 建立互联网金融大数据征信。互联网金融与传统金融最大的不同就在于前者依托于互联网的发展，一定程度上降低了交易成本。在互联网与金融结合的过程中，产生了大量的数据，互联网金融大数据征信就是基于不同类型的数据对用户的行为习惯进行综合性的分析，依据大数据建立针对该主体的模型，然后得到其信用特征，从而得到更加精确的信用评估结果。互联网金融大数据征信所使用的数据除了包括传统的金融数据外，还包括基于互联网产生的消费数据、生活数据和社交数据。这种大数据征信是按需进行的征信调查，在征得调查主体同意的前提下，根据所得数据建立相关模型，得出信用报告，供决策参考。

3. 完善互联网金融信用跟踪及反馈机制。为了追踪互联网金融主体信用信息的变化情况，需要实现信用的动态跟踪与反馈。互联网金融信用动态跟踪与反馈系统对互联网金融信用主体，进行信用信息重复采集，并将互联网金融交易主体的相关信息传递到相关系统，进行信用评估与查询，从而为互联网金融主体的信用评级与信用查询提供数据来源。

同时，要健全失信联合惩戒机制，加大对失信主体的惩罚力度，通过公开披露、业内通报批评、强化行政监管性约束等惩戒措施，使得社会、行业协会、政府三方合力对失信主体形成威慑；另外，要加快建立守信激励机制，对守信主体予以优惠措施并加大表彰和宣传的力度，鼓励守信行为；此外，还可以依托信用信息平台，实现信用信息在各部门、各领域、各地区的共享，实现信用奖惩联动，进一步拉大失信主体和守信主体的反差，使得守信激励机制和失信惩戒机制的作用进一步扩大化，让失信者无法生存，从而形成诚实守信的氛围和环境。

（五）预防和打击犯罪

人民银行、银监会、证监会、保监会、工业和信息化部、公安部、国家互联网信息办公室分别负责对相关从业机构进行监管，以保证从业机构提高信息技术水平，保证客户信息、交易信息等关键资料安全，防止非法泄露信息，信息盗取造成的市场不正当竞争，公安部负责打击互联网犯罪；在打击经济犯罪方面，首先应依靠行业自律，自觉杜绝违规自建资金池现象，禁止为违法收入提供洗钱渠道，防止其他经济犯罪形式发生，中国人民银行履行对从业机构洗钱行为对监督和管理义务，公安部负责配合打击犯罪。

（六）监管透明化

客户资金第三方存管互联网金融从业机构资金应该交由符合资质的商业银行保管，客户资金与从业机构自有资金分账户管理，客户账户需经第三方独立审计，并应向客户公开审计结果，这样可以防止从业机构利用客户资金自建资金池，从事非法集资活动。人民银行经由商业银行可以掌握互联网金融从业机构资金持有情况，通过接收托管的机构对从业机构客户资金情况进行监测，通过额度、变动时间、转移路径等方面，核实从业机构业务开展情况，更加全面地搜集我国金融体系信息，预防影子银行可能引发的系统性金融风险的风险。

四、舆论监督

首先，新闻媒体应通过舆论导向促进互联行业健康持续发展，在充分调查的基础之上，基于客观事实对正在发生的互联网金融时间进行彻底的跟踪报道和解读，利用新闻媒体的公信力对互联网金融行业发展过程中暴露出来的问题严肃曝光，让新生的互联网金融从业机构在媒体的放大镜作用下更加自律，促进行业适度调整朝着更加合理的方向发展。

其次，新闻媒体要支持互联网金融企业肩负起社会责任，积极开展行业自律活动，发挥新闻媒体自身优势在公众、从业企业、政府监管部门之间的润滑剂和桥梁作用。促进互联网金融履行社会责任，开展行业自律，致力于增进企业与政府部门公众之间的交流，为引导互联网金融企业履行社会职责，在经济转型的关键时期，优化资源配置，带动实体产业健康发展。

第三节　建立完善的风险防范体系

互联网金融形成的生态系统需要各个个体在各司其职的基础上，相互制约、相互合作，有效控制风险。在本章的第一节已经指出互联网金融的风险可分为金融风险及互联网风险。金融风险可分为信用风险、市场风险和流动性风险；互联网风险主要可分为系统性安全风险和技术风险。市场风险与流动性风险的防范并不容易，而系统性安全风险及技术风险都属于平台的运营风险，因此本小节从信用风险及运营风险两个维度上建立风险防范体系。

一、风险防范体系第一道防线：平台自控

（一）平台信用风险的来源

互联网金融借贷双方的交易过程在时间、空间上的分离，导致了信用风险。信用风险在多种互联网金融平台中均有体现，如网贷、众筹、三方支付及网上银行等。互联网金融的信用风险产生的原因是多方面的，主要包括：

（1）由于征信体系构建的不完善等原因，对交易双方都缺少足够的信用评价数据。这使得交易双方对彼此的信息没有充分的了解，并且没有量化的方式对对方的信用加以衡量和判断。这就使得在交易发生前，交易双方无法更好地自主匹配。例如，网贷P2P，大多数情况下，借贷双方只能通过网络信息来判断是否交易，这种判断的准确度对信息的依赖性极强，很大概率上存在偏差。此外，信息不对称导致"逆向选择"和"道德风险"问题。信用差的借款人违约的概率很大，因此对利率敏感度低，可能在高利率下仍然愿意借款。而放款人由于信息不对称并不能有效地甄别出信用差的借款人，很可能与他们发生交易，这必然会导致信用风险的增加。

（2）互联网金融交易过程的实现主要依靠互联网技术，这种信贷行为没有实物抵押或担保，这更加剧了互联网金融交易整个过程的风险强度。投资者并不十分清楚资金投资的风险大小及收益率是否有保障，甚至不完全清楚投资标的或项目。一旦资金投资的后续运作出现问题，投资者的利益无法保障，并且我国目前对这一情况的权责没有法律规定和约束，这就使得互联网金融的风险进一步暴

露。另外，互联网中的技术失误也为互联网的金融交易带来系统性风险。

（3）金融行业和互联网行业都是高风险行业，二者的融合带来的风险必定更大。互联网大量的用户使用非实名注册，伪造、盗用信息的情况也经常发生。传统金融行业本身就存在信息披露不完全、信息不对称等问题，互联网的这种虚拟性和自由性更增加了互联网金融的信用风险。

(二) 不同互联网金融模式信用风险分析

以 P2P 网络贷款、众筹、第三方支付和网上银行为例，具体分析互联网金融信用风险的来源和防范方法。

1. P2P 网络贷款。P2P 的信用风险主要指，在无抵押无担保模式下，P2P 网络贷款的贷款人未能按期还本付息而给借款人带来经济利益的损失。道德风险是信用风险的重要来源，对于 P2P 这种信用贷款而言，借贷双方信息不对称使得借款人掌握更多信息而处于有利地位，从而引发道德风险和逆向选择。P2P 贷款的信用分析与借款者的偿还能力息息相关，大多数 P2P 网络贷款的借款人属于中小企业经营者或个人借款者，因而经营管理水平相对较低，内部控制制度不够完善，企业抗风险能力差，公司经营失败的风险较高，从而造成 P2P 网络贷款的信用风险较高。

P2P 网贷平台风险评级是 P2P 平台交易的重要安全保障，它以用户利益为目标导向，从用户角度出发，帮用户辨识 P2P 网贷平台的风险。以客观的数据为出发点，避免人为打分和设定权重所带来的主观判断。以客观为主、主观为辅的统计机制进行风险评级的计算实现。例如，运用层次分析法和主成分分析法，通过主成分分析得出指标权重，对层次分析模型进行权重赋值。此外，在评级过程中还应加入 IT 安全指标。互联网金融整个体系都是构建在 IT 系统和互联网上，比传统的金融业务风险敞口更大。

2. 众筹。众筹融资参与主体包括项目发起人、众筹平台和投资人，其具体流程如图 7-2 所示。

图 7-2 众筹融资参与主体及权利义务关系

众筹的信用风险包括平台信用风险和项目信用风险,平台信用风险的传导机制如图7-3所示。

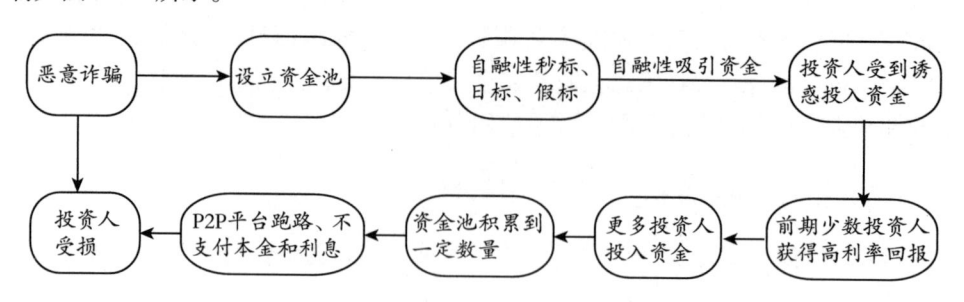

```
恶意诈骗 → 设立资金池 → 自融性秒标、日标、假标 → 自融性吸引资金 → 投资人受到诱惑投入资金
                                                                                ↓
投资人受损 ← P2P平台跑路、不支付本金和利息 ← 资金池积累到一定数量 ← 更多投资人投入资金 ← 前期少数投资人获得高利率回报
```

图7-3 众筹平台信用风险传导机制

项目信用分析包括发起人和项目本身两个方面。发起人信用直接决定项目信用违约风险高低。目前,众筹融资平台对于项目发起人信息进行审核,其真实性没有专业的信用评级机构评估,风险信息无法全面获得。我国信用体系发展落后,获得项目发起人的历史信用记录比较困难,导致众筹平台无法客观评价项目发起人信用。通过众筹融资的项目多数是开发阶段或试验阶段的产品,技术本身不成熟、持续竞争力有待市场检验。如果项目无法达到预期的效果,就无法获得预期收益,投资者将会蒙受损失。此外,由于缺乏法律对众筹资金使用进行约束,对于项目融资的资金是否真正用于项目开发运营,投资者难以实施有效监控。

防范众筹的信用风险,应建立有针对性的法律法规与监管体系,完善众筹融资业务的政策环境。加快征信体系的构建,完善信用审核机制。改变众筹融资平台的盈利模式,以降低众筹平台信用风险。可通过会费、平台广告费、信息咨询、增值服务等多种方式相结合的盈利模式,如举办论坛、信用风险识别等相关专业知识培训等方式,提供增值服务,在获得收益同时也提升市场参与者信用风险管理能力,促进行业健康发展。

3. 第三方支付。电子商务的发展促进了在线支付的繁荣,我国信用体系的缺失使得具有中介担保性质的第三方支付迅速发展起来,成为网上支付的主要支付模式。第三方支付的信用中介只是以自身信用为担保,这是一种商业信用,风险系数很高。第三方支付机构的信用无人担保,一旦第三方支付机构发生危机,破产倒闭,由此引发的一系列问题无人承担责任,可见第三方支付潜藏着巨大的信用风险。第三方支付的信用风险主要有以下两个来源:

(1)交易双方引发的信用风险。交易双方的买卖、支付、结算行为均通过互联网实现,即网上支付是基于一个虚拟的空间,参与双方的诚信度与网络信息的披露高度相关。然而，我国信用信息披露制度的缺失、社会诚信观念的缺乏都引发了巨大的信用风险。第三方支付一定程度上消除了来自买卖双方的信用风险，但目前交易的流程使得信用风险依然存在，网上交易的流程如图7-4所示。

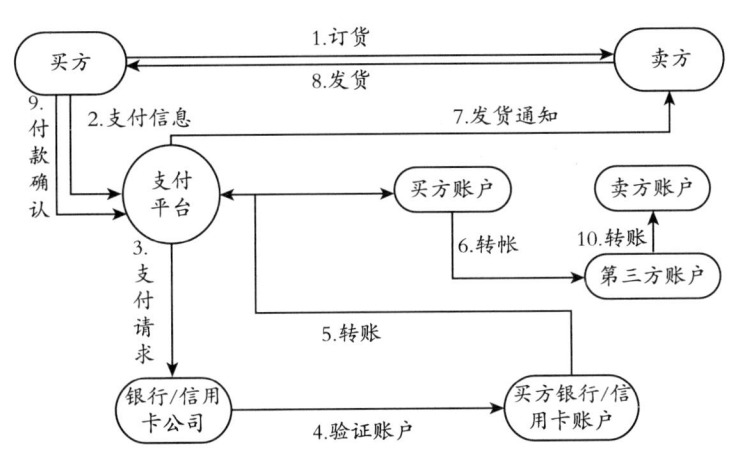

图7-4 网上交易流程

在实际交易中，并不是严格按照这个流程进行的。如果用户收货后不自行确认付款，系统在交易时间截止时可自动确认付款。有些不法卖家可能欺骗要求买家先确认付款后不发货，给买方带来损失。或者消费者收货后选择退货，如果商家的发货凭证丢失或没有及时出示给第三方支付平台，卖方就会受到损失。因此，这种交易流程的设计给有心欺诈的不法分子可乘之机。

由交易双方引发的信用风险可以通过物流部门与第三方平台的合作来防范。具体地，物流部门将商品送达买方时，若买方对商品满意，则反馈给物流部门，第三方平台在收到物流部门的反馈和卖方的发货号，并且二者相匹配的情况下才付款给卖方。买方要求退货时，第三方平台收到物流部门反馈的退货信息和卖方的退货号，二者匹配时方可退款给买方。这样第三方支付对交易双方都有较强的控制力，从而降低信用风险。

（2）第三方平台自身引发的信用风险。作为交易中介的第三方支付平台从事资金吸储并形成大量的资金沉淀，沉淀资金主要包括交易过程中的在途资金和交易前后暂存在平台中的资金。为保证交易的安全性，第三方支付中规定只有当买家反馈确认收货后，系统才把货款打到卖家账户，这就使得资金在第三方平台中有一段停留期。此外，买家还会把资金存放在第三方平台中，基于此形成的沉淀资金规模也是十分巨大的。第三方平台自身的信用无法保障，并且处于不受监管的状态，沉淀资金有被另作他用的风险。

第三方支付平台的信用风险可通过与保险担保相结合的方法来防范，由于第三方支付平台的疏忽或错误引起交易双方的损失时，保险公司依具体情况代支付平台在保险金额内进行赔偿。这样既降低了支付平台的经营风险，同时也使客户的损失有所保障。

4. 网上银行。网上银行又叫网络银行，主要是指在互联网上建立网站，通过互联网向客户提供开户、销户、信息查询、对账、网上支付、转账、信贷、投资理财等传统金融服务的银行。

网上银行是基于网络的虚拟银行，客户不需要与银行有实际接触，这给银行识别客户身份、信用情况造成很大困难。银行通过既定的程序对客户进行信用评估，而我国信用体系发展相对落后，个人信用信息披露很不充分，民众对信用危机不够重视，网上信用评估程序不完善，导致网上信用评估不准确，网上银行因此面临的信用风险比传统银行要大很多。此外，网上银行采用的是不可视的货币交易，很多个人和企业用户对该支付方式的信用度偏低，进而导致违约情况严重。网上银行的业务以互联网技术为依托核心，若银行内部的操作失误，技术故障等导致交易暂停或延后，客户可能会对银行的信用失去信心，使银行利益受损。

网上银行信用风险的防范，一方面，有赖于信用体系的完善和政府部门的大力监管。个人和企业信用信息的系统化对网上银行健康发展意义重大，可以大大提高网上银行对客户的甄别能力，为银行降低来自客户的信用风险。政府部门应完善市场准入、退出准则，严格规范审批制度。对银行和用户制定权责分明的法律法规。另一方面，网上银行以客户为中心，增强创新能力。应该以客户需求为前提，提供全面的网上银行服务。以客户价值为前提，实行不同定价策略。提升业务水平，保障网络技术安全稳定发展。

（三）平台信用风险防范措施

解决互联网金融平台的信用风险需要从风险来源处着手：

1. 建立基于大数据的互联网征信系统。相比于美国，中国的个人征信系统是相当落后的，应加快建立统一的征信系统，实现全社会信用信息的收集、分类、匹配和数据化处理。并建设统一的征信数据调用和查询体系。在数据系统完善的基础上，利用互联网征信系统的数据，通过实证分析和研究，建立有效的信用评级制度。例如，可以通过互联网金融消费者的个体特征变量及消费行为信息，利用统计综合评价的方法构建合理的信用评价模型。同样，也可以利用借款人的信息对其信用进行评价。信用评级是解决互联网金融市场信息不对称问题的重要方法之一。同时，也可以为互联网金融产品的市场定价提供极为重要的参考依据。通过构建的信用评价制度，互联网金融消费者可以更为全面具体地了解融资方的经营状况和服务水平，从而对是否投资做出合理的判断。在这种制度下，互联网金融企业会不断改善自身的经营管理来提高自身的信用级别。

2. 完善法律惩戒和监管措施。要尽快完善互联网金融的法律制度，例如，加快建立并完善针对P2P网络借贷行业、第三方支付机构、众筹融资等互联网金融监管的法律法规及相关细则。提高互联网金融企业的准入门槛，从源头上降低信用风险的发生。应以金融消费者权益保障作为立法与监管的基本宗旨，突破权力主导和机构监管的传统思维，明确金融监管者的主要任务是平衡互联网金融经营者和金融消费者的权利与义务，设置权责分明的法律体制。此外，应制定专项针对互联网金融犯罪相契合的法律，可考虑将个人数据信息与财产权挂钩，使受害人可以获得更多的财务赔偿；建立互联网金融投资者投诉受理渠道，切实提高受害人通过司法保护个人信息的动力和能力，对恶意欺诈行为进行严惩。2015年7月18日，中国人民银行、工业和信息化部、公安部、财政部、国家工商总局、国务院法制办、中国银行业监督管理委员会、中国证券监督管理委员会、中国保险监督管理委员会、国家互联网信息办公室联合印发了《关于促进互联网金融健康发展的指导意见》，该指导意见表明了政府对互联网金融的鼓励创新的态度，依照"依法监管、适度监管、分类监管、协同监管、创新监管"的原则，划分了不同互联金融业态的监管范围，明确了不同业态的监管部门，确定了监管责任。这对互联网金融的监管是一个突破和进步，具有极其重要的现实意义。

3. 加强行业自律。当前，政府监管的措施法规并没有细化，这就需要行业发挥作用。行业可通过协会、组织的形式进行行业内的监管和自律。通互联网金融公司必须遵守现有的法律法规以及协会内的规章制度，通过这种方式对互联网金融公司进行一定约束。近两年，互联网金融快速发展的同时，一些行业协会、联盟等也逐渐组织起来。2014年12月，翼龙贷、冠群驰骋、团贷网、信通中国、钱先生、民信贷等10家互联网金融企业发起成立"互联金融企业自律联盟"。该联盟旨在相互学习交流，努力实现政、产、学、研的互动。2015年9月29日，浙江大学互联网金融研究院、蚂蚁金服、浙商银行共同发起组建"浙江互联金融联盟"。该联盟希望完善浙江省互联网金融生态圈。2015年10月30日，融360联合12家互联金融企业共同发起了"OLA在线贷款联盟"，该联盟旨在推动信贷在线化的进程。这些行业联盟的成立和发展使得互联网金融的发展进步更加规范有序。

4. 提高互联网金融的安全技术，确保信息的准确性和真实性。首先，应建立安全可靠的网站认证体系,保证网站的真实性。可以利用银行较为成熟的网络身份认证系统,在此基础上进一步完善互联网金融认证体系。其次,应大力发展互联网金融交易的硬件设备,发展具有自主知识产权的信息技术设备,提高计算机系统的技术水平和重要设备的安全防御能力,防止客户资料泄露、客户资金被盗用等来自网络技术的恶意攻击事件发生。此外,还应采用安全监测和安全控件等方式保证互联网金融交易过程稳定进行。在互联网金融业务是引入电子签名和认证等技术,以确保交易参与各方信息的真实性。

二、平台的运营风险防控

互联网金融平台是互联网金融运行的载体。平台运营风险是互联网金融风险的重要来源。杨玉波、胡啸兵(2015)认为典型的平台组织有三个层次:一是数据层;二是由交易规则、安全规则、管理规则、运营规则构成的规则层;三是面向客户服务的应用层。平台的运营风险就与这三个层次相关,包括源自数据层的信息泄露的风险和源自规则层的制度风险,最后这些风险都会在应用层表现出来。

(一)数据层

1. 风险来源。数据层主要包含了互联网金融企业对基础数据的搜集和处理分析,源自数据层最主要的风险是信息泄露风险。信息泄露的风险对于所有互联网金融平台都是存在的。主要有三方面因素影响信息安全:网络技术漏洞、平台系统漏洞、企业管理漏洞。

互联网金融是以网络技术为依托的,网络技术是金融平台的根基。一方面计算机是网络技术的载体,计算机系统本身存在安全缺陷。中国金融认证中心信息安全实验室主任高志民在参加"2014中国互联网金融发展圆桌会议"时表示,开放式的网络通信系统、不完善的密钥管理及加密技术、TCP/IP 协议的安全性缺陷、计算机病毒、黑客攻击等都能引起系统性安全风险[①]。另一方面,网络系统是非常复杂的,恶意程序、钓鱼网站等能够利用一些漏洞来欺瞒网络消费者。

由于互联网存在系统性的安全风险,互联网金融企业就必须克服计算机系统的漏洞。但一旦企业选择了错误的技术,或者技术人员对平台系统的专业技术支持不到位时,就可能引发信息泄露风险。互联网金融的一个重要特征是客户(包括企业和个人)的重要信息和交易行为被金融企业大量收集。如果互联网金融企

---

① 王虎云. 三大风险威胁互联网金融安全[J]. 金融世界,2014(9):45.

业没能够完善自身的平台信息管理系统，对这些信息做足够的防护，网站就有可能因为系统错误或被黑客攻击发生信息泄露事件。2014年3月携程被曝出"支付漏洞"，大量用户的身份信息和银行卡信息被违规记录下来，这些信息一旦被泄露，就会危及用户的财产安全。

忽视企业内部的信息安全管理，也使互联网金融信息安全受到威胁。对于互联网金融企业来说，要克服的不仅有技术难题，还有员工管理难题。企业内部人员能接触到通过系统收集到的客户信息，企业员工也可能成为信息扩散的源头。

信息安全问题不仅是关系到客户隐私和财产的问题，同时也关系到互联网金融企业的健康发展。如果这个问题不能得到解决，市场将会对互联网金融企业失去信心。

2. 风险管理。互联网金融企业防范信息泄露风险需要从源头上保护信息安全。一方面可以从企业的内部的信息管理人员入手；另一方面就是要保障网络平台系统安全。首先，要从战略层面重视信息安全工作。谢尔曼（2014）认为，互联网金融企业要从战略的高度重视信息安全问题，统筹规划信息安全与金融安全的风险控制。企业应当在职能部门和营运部门设立专门的组织机构进行信息管理，要重视对信息管理人员的培训工作，管理职责需要细化分工，增加员工的责任感。其次，在技术层面上保证网络系统的安全性。一方面是要积极应对层出不穷的仿冒网站和恶意App等，加强网络平台自身的防伪能力；另一方面是要加大自主研发力度，降低对国外IT技术的依赖，加快重要硬软件自主化进程。再次，应增强网络用户的信息安全意识。网络金融机构应该将信息安全的宣传教育工作做好，强调自身网络平台的防伪特性，引导客户科学使用互联网金融平台。

（二）规则层与应用层

"没有规矩，不成方圆"。一个互联网金融平台的正常运作背后一定有一系列规章制度来指导。如果互联网金融企业制定的规则是不合理的或是有漏洞的，将会在其平台的运营上面表现出来，引发制度风险。

1. 管理风险的来源。由管理制度设计问题引起的管理风险主要包括员工管理风险和资金管理风险。员工是一个企业最基础的组成部分，也是能够影响公司发展的关键部分。在具备互联网特性的互联网金融行业，员工的低责任感将会对平台的运作产生极大的影响。一个环节出错可能会引起整个系统的崩溃。例如，技术人员如果操作失误，很可能形成系统漏洞；信息管理人员如果责任感不强，很可能泄露客户信息。

资本运作是一个金融企业的核心所在。互联网金融企业对资金的管理是否科学合理将会影响到消费者对其的信心。资金管理的难度在于资金池。从平台运营的角度，希望有资金池。在平台的运作中，存在两对矛盾：（1）缺乏信任和安全感的投资人偏好短期项目，而真实的借款项目期限又往往较长；（2）借款项目的增长是没有规律的，而资金的增长相对平缓。为了平衡这两对矛盾，平台期望通过资金池来调配资金，实现期限错配。否则平台很难从中赢利。

资金池模式也是银行理财采取的主要模式，互联网金融公司运用时却易出现道德风险。这主要是因为互联网金融平台上资金没有受到监督，客户也缺乏信心。当资金池形成，而资金没有受到监督时，金融公司与客户是信息不对称的双方，客户很难知晓自身的投资是否投向标的资产，金融公司可能为了满足私欲盗取或挪用客户资金。另外，客户处于信息弱势时，任何风吹草动都可能使他们撤回投资，甚至发生挤兑，造成金融公司资金链断裂，提现困难。

2. 操作风险的来源。由运营规则、交易规则等引起的操作风险，因为平台的类型不同而有所差别。分别对众筹平台、P2P 网贷平台和第三方支付平台进行阐述。

（1）众筹平台。众筹平台的基本运营流程如图 7-5 所示。

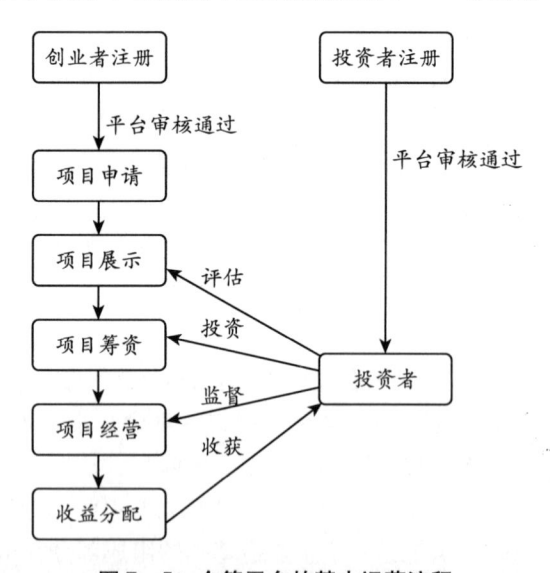

图 7-5 众筹平台的基本运营流程

在众筹平台的运营过程中，审核的规则、投资的模式等都会直接影响项目的收益。如果这些规则和模式的选择没有经过精心设计，也会引发问题。

对投资者低审核标准带来风险。由于众筹平台上的项目都来自处于种子期的企业，这些项目本身存在较大风险。如果注册标准低，投资者本身不具备专业的分析能力、风险承受能力，很可能因此蒙受损失。同时对于需要筹资的企业而言，投资者的审查也是非常重要的。因为他们面临着项目详细资料泄露的风险，对投资者的高标准审核才能保证项目具体内容的安全。对于众筹平台自身而言，对投资者不完善的审核也将给它带来风险——信息泄露的可能性将使企业和经验丰富的投资者望而却步。

项目审核隐藏风险。从平台对企业项目的审核角度看，各个平台都有自己的一套标准，整个审核的过程是不透明的并且没有受到有效监督，投资者无法得知通过审核的项目是否真的有潜质。而通常情况下，平台的服务协议中都有一些针对审核的免责条款，也就是说平台不对项目信息的真实性有效性负责。那么平台对于项目的审核真的是公正的吗？众筹平台也在权衡利弊，它们对于一个项目前景的判断并非为了投资者的利益，而是更多考虑了自身企业的得失。在免责的情况下，它们很可能为了自身的利益放弃消费者的利益。

"领投+跟投"模式风险。"领投+跟投"模式是目前多数众筹平台采取的投资模式，要求领投人具有较高的专业素质和丰富的投资经验，而跟投人往往跟着他们选择投资的项目。领投人一定是根据项目的前景作出投资判断的吗？这是无法保证的。领投人因为其在这个模式中的地位受到关注。不仅跟投人想要搭便车获得更高的投资收益，想要集资的企业也争相与其沟通，甚至进行利益交换。这就导致领投人和跟投人处于信息不对称的境地，跟投人在信息方面具有劣势。一旦领投人是由于项目前景之外的原因选择投资标的，这将很难被跟投人知晓，会给跟投人带来巨大风险。

（2）P2P网贷平台。网贷平台存在四种基本模式：信息中介模式，如图7-6（a）；平台合作模式，如图7-6（b）；债权转让模式，如图7-6（c）；担保抵押模式，如图7-6（d）。

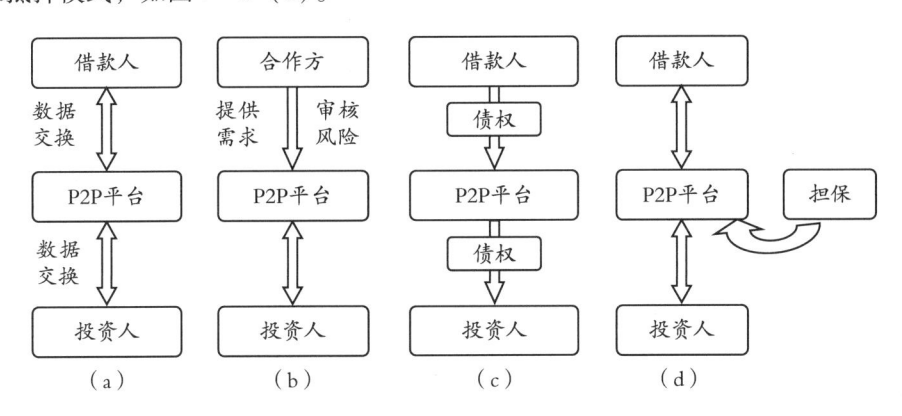

图7-6 网贷平台存在四种基本模式

在网贷平台的运营过程中，关于数据交换、债权交易、合作、担保的规则会影响到整个平台的运作。

借款人信息失真的风险。网贷平台一般是根据借款人提交的信息，形成对借款人的基本印象和判断。如果网贷平台没有相关的审查规则，形成一系列审核的标准，将很难保证借款人信息的真实性，可能会出现违约风险。

利益被合作方侵蚀的风险。当网贷平台同小贷公司、第三方支付平台或者担保公司进行合作时，分工的合作可以充分发挥各方的优势，提高工作效率，也能降低资金管理的风险。但问题在于多方利益的分配。如果网贷平台没有以自身优势增加合作的砝码，它的利益很可能被其合作方侵蚀。

债权转让的风险。在债权转让模式中，网贷平台在线下获取债权。一方面，线下交易可以使平台对借款者进行更严格的审查；另一方面，业务员为了获得更高的业绩或非法收入而降低对借款者审查的标准。究竟是好是坏不得而知，因为平台获取债权的过程是不透明的。当这些债权进入网贷市场时，投资者也不知道债权的质量是高是低，投资的风险也因此增大了。

（3）第三方支付平台。第三方支付平台实际上就是一个托管的平台，其运作的流程如图7-7所示。

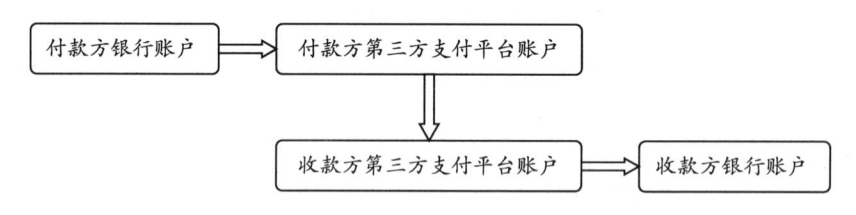

```
付款方银行账户 ──▶ 付款方第三方支付平台账户
                           │
                           ▼
收款方第三方支付平台账户 ──▶ 收款方银行账户
```

图7-7 第三方支付平台运作流程

这个运营模式的风险在于第三方支付平台账户的开通标准非常低。不法分子可以利用这一点进行洗钱。尤其在第三方支付平台应用很广的电商行业，只要客户确认收货，第三方支付平台就会将锁定的钱汇入卖家的账户中。在这个过程中，构造虚假身份信息获取第三方支付平台的账户是比较容易的（相对于在银行开户而言）。

3. 风险控制。第一，互联网金融企业需要重视对企业员工的管理。一部好的员工管理制度是进行员工管理的基础，其中应该包括对员工职责义务的说明，一套完整的奖惩规则，等等。当然，好的制度还需要好的执行力，只有方方面面地落实管理规则，才能培养员工的责任感，才能达到管理员工的目的。

第二，科学管理资金。互联网金融企业管理资金的模式不同，投资者对其的信心也有差异。互联网金融平台想要降低资金管理风险，增强自身的市场信心，就要加强对投资者资金的管理监督。现有做法包括网贷平台和众筹平台同第三方支付平台进行合作，第三方支付平台作为监督方向投资者负责；或者互联网金融平台可以选择银行进行资金托管，这是投资者更为信赖的模式。2015 年 7 月 18 日发布的《关于促进互联网金融健康发展的指导意见》中明确要求"建立客户资金第三方存管制度。除另有规定外，要求从业机构应当选择符合条件的银行业金融机构作为资金存管机构，对客户资金进行管理和监督。"政府对互联网金融行业的资金管理要求越来越严格，一方面给投资者服下定心丸，另一方面也有利于这个行业的健康发展。

第三，分类管控。如图 7 - 8 所示，不同类型的平台运营模式有其具体的特点，对互联网金融平台运营风险的防控措施也应该细化。第三方支付平台应该着重管理资金的流动情况，而 P2P 网贷平台和众筹平台则应该对资金的汇聚和管理做要求。

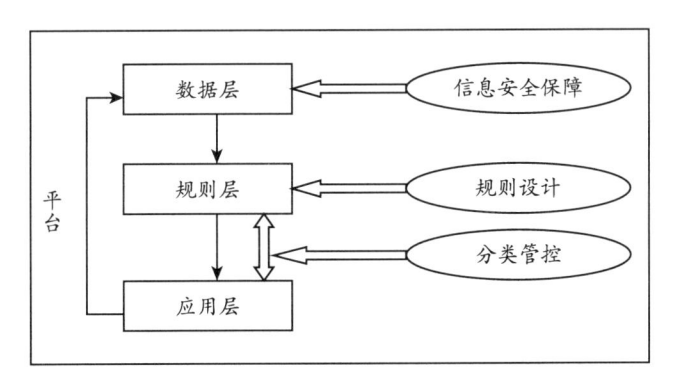

图 7 - 8 平台运营风险管理

第四节 建立互联网金融的数字化监管系统

互联网金融是以云计算、大数据、移动支付、搜索引擎为代表的互联网高新技术与传统金融业态的有机结合，是基于互联网实现资源配置与优化的全新金融发展模式与金融创新。一方面，互联网金融服务没有脱离金融的本质，因而具有传统金融产品的信用风险、流动性风险、操作风险及市场风险；另一方面，互联网金融是传统金融通过互联网技术在理念、思维、流程及业务等方面的延伸、升级与创新，具有来源于互联网的风险，包括网络安全风险、网络信息滥用风险和声誉风险。互联网金融作为新鲜事物，有其独特的发展规律和风险特征，互联网金融的监管应在传统的金融监管和风险管理框架下，充分利用互联网技术，建立互联网金融生态背景下的数字化监管系统。

一、什么是数字化监管系统

所谓数字化监管系统，是以大数据、云计算为技术基础，以标准化的监管数据库为依托，通过接入互联网金融平台的后台端口，采集相关的平台和产品数据，构建对金融平台业务全生命周期的互联网监管大数据系统，从而完成"活数据"动态监管。建立数字化监管系统，将改变目前"人工报数"的被动监管、事后监管格局，实现实时监管、行为监管和功能监管。监管数据实时更新，从而造假成本增加，这将极大提高政府或者行业监管的有效性。互联网金融生态背景下的数字监管系统，不仅适用于P2P类机构，还应适用于小贷公司、担保公司等其他新型金融机构。

构建于传统金融之上的金融监管技术已经不适应金融新生态，实现大数据背景下风险防控体系需要整个互联网金融行业满足三个必要条件：其一，监管的分布化和动态化。以属地、业务、机构等为导向的监管将会逐渐弱化，协会和监管层针对数据及数据背后所代表的行为进行监管。其二，监管数据治理规范化。大数据治理是大数据分析的基础，是数字化监管的前提。数据治理包括数据标准、数据质量、数据安全、数据架构，制订关于数据获取、处理、共享和使用的管理规则，以及为了做好这些工作所必需的保障机制，如政策、组织、流程、技术等方面。其三，监管的协同化。随着互联网金融渗透率提升，金融和非金融机构的边界变得越来越模糊，货币形态数字化、金融业务互联化、金融服务移动化、金融产品混业化等趋势越来越明显。这种变化将促使互联网金融监管者必须跨界协同，中央政府、司法部门、监管机构、地方政府、行业协会、新闻媒体、互联网企业自身和国际社会等，上下联动、跨界合作、协调共治。

充分利用大数据，建立互联网金融的数字化监管体系，就是构建基于大数据的"四个体系一个机制"联动的数字化监管系统：监测预警体系、信息披露体系、大数据征信体系和社会评价体系，加上数据共享机制。

二、监测预警体系

目前，我国金融监管存在的一个技术问题是，没有形成有效的金融风险监测、评价、预警和防范体系，缺乏一整套系统性的统计调查、风险预警、处置、缓冲、补救机制。互联网金融风险的预警体系的建立，应根植于互联网中的大数据，结合传统的金融风险分析方法，利用统计、计算机、数据挖掘、人工智能等手段，从数据的海洋中甄别、判断互联网金融中潜在的风险；并且还能通过数据掌握客户动态，企业经营环节中可能出现的金融风险，从而提高企业经营管理效益。构建互联网金融风险监测和预警的三级模型体系：平台自控监测体系、行业协会监测体系、监管机构监测体系。即风险监测和预警的微观、中观和宏观层面，其实施的主体分别是互联网金融机构或者平台，互联网行业协会以及国家监管部门。此外，还应建立消费者层面的风险监测体系，平台层面的风险监测体系，系统风险监测的理论模型体系。

互联网金融风险监测和预警体系建设应符合以下的原则：

（1）系统性原则。互联网金融风险预警体系是针对互联网金融风险的监测、预测、预警的系统，是一个大的体系，必须涵盖互联网金融活动的全过程。必须考虑到互联网金融活动中的每个参与者，包括金融服务、金融产品的提供者，中介机构、用户，以及政府、监管机构等；还须考虑各种交易行为，甚至民众舆论动向。同时，还需兼顾国家宏观经济运行情况、经济指标、行业发展情况等。

（2）时效性原则。由于互联网金融数据具有高速、变化的特点，说明实时处理分析的重要性，目的就是实时防范和减少金融风险，及时识别、判断金融风险，及时对风险进行预测和响应，在时间上要连续，在内容上要连贯和可比。

（3）可操作性原则。在数据的收集、管理时，要有利于风险的识别、判断、预测；在系统的构建时，要结合符合公司实际情况，简单、可靠、易行；在数据分析过程中，选取的指标、统计方法、相关判别准则要易于分析、有利于操作。不仅能快速地识别、判断、预测风险，做出预警，还能辨别风险的源头。

（4）科学性。设计过程中应尽量考虑采用可量化的指标，同时也要设置一定的定性指标，以进一步系统地反映定量指标所不能表征的金融风险。对于定性指标也要给出准确的判断标准，尽可能避免人为因素的误导，确保评价结果的科学性、合理性和准确性。

（5）弹性原则。系统的设计应兼容既有金融风险预警系统，保证企业正常运营的前提下，随着时间的推移，对系统进行不断改进和完善。

判断和识别金融风险是建立金融风险监测和预警体系的核心问题。金融风险的评价方法有定性分析和定量分析，定性分析是对风险的描述性评价，通常采用的方法是风险图法。定量分析是对风险的度量，多从灵敏度和波动性两个角度分析。能够用于互联网金融风险评估的方法有综合指数法、早期预警技术、网络模型法、在险价值以及预期损失法，具体的、传统的风险评估方法主要是沿着综合指数法和早期的预警方法两条技术路线展开，基本思想就是选定预警指标、设定评价指数、确定指标阀值，一旦评价指数高于阀值，就表示金融风险过高，处于危机时期。

三、信息披露体系

我国信息披露主要是证券市场中上市公司的信息公开，《公司法》、《证券法》等法律、法规和规章明确了信息披露义务人信息披露的内容、范围、义务和责任等。在证券市场上，信息披露制度是强制性要求，并且随着金融业务创新步伐的加快，银行、保险等金融行业信息披露的重要性也逐步显现，信息公开透明是金融业健康有序发展必不可少的条件。

互联网金融的繁荣催生了网贷的繁荣，但是相对于传统金融市场的较为成熟的信息披露制度，P2P网贷平台、众筹等缺乏规范性和有效性。通过充分、合理的信息披露，降低网贷业务的信息不对称性，引导形成公平、公开的市场环境，保护投资人权益，势在必行。

信息披露体系应该包括四个层面：会计、审计、征信、法律等机构的信息披露；平台的信息披露，包括特定情况下债务人和投资者的信息披露；行业协会的信息披露；监管层的信息披露。对于P2P网贷行业，信息披露应聚焦以下三个方面：一是实现资金运作透明，通过第三方资金托管，有效隔离平台自有资金与借贷业务资金，防止平台自融；二是实现P2P业务透明，在兼顾融资者隐私保护的前提下，面向投资者充分、合理地披露融资者、融资项目信息，减少投融资双方信息不对称；三是实现网贷平台透明，以统一的口径，向监管层披露平台风险管理体系和核心运营信息，减少平台与监管方之间的信息不对称，为监管层从防范系统性风险的角度开展对金融消费者保护创造必要条件。

信息披露体系的建立应该是政府和行业协会联合推动，互联网金融机构，以及社会其他相关机构积极参与。有关监管部门可以建立统一的信息披露平台，一方面披露政策法规和监管动态；另一方面要求所有被监管对象需要按规定定期将运营信息按照统一的格式录入系统，监管系统对信息进行统一存储，并向投资者公布必要信息。

四、大数据征信体系

征信行业也已经进入互联网时代，基于大数据的征信技术正在逐步成熟。互联网征信的关键就是大数据在征信方面的应用。由表7-1可知，相比于传统征信，它覆盖的范围比传统征信更广，可以对没有信贷记录的人进行评价；数据来源更加丰富，包含社交数据、支付数据、物流数据等，维度更多；应用也不仅仅局限于金融领域，可广泛用于商业领域。

表 7-1　　　　　　　　传统征信与互联网征信的对比

对比项	传统的信用风险评估体系	基于大数据的信用风险评估体系
代表企业	美国个人消费信用评估公司（FairIsaac Company，FICO）	阿里巴巴蚂蚁金融服务集团旗下芝麻信用管理有限公司
服务人群	有丰富信贷记录的金融消费者	缺乏或者没有信贷记录的金融消费者
数据格式	结构化数据	结构化数据 + 大量非结构化数据
数据类型	信贷数据	信贷数据、购物数据、社交数据、网络数据等
理论基础	逻辑回归	机器学习，建立并修正模型
变量特征	还款记录、金融和贷款类型	传统还款数据、购物类型、收货地址、有无爱心捐赠等网络上的行为
数据来源	银行提交给第三方的数据和银行当地数据	阿里体系内的数据 + 外部合作机构的数据 + 用户个人主动提供的数据
变量个数	15~30（变量库 400~1000）	多达上万个
征信模型	FICO 信用评分模型	大数据征信模型

大数据的挖掘是从海量、不完全的、有噪声的、模糊的、随机的大型数据库中发现隐含在其中有价值的、潜在有用的信息和知识的过程，也是一种决策支持过程。大数据技术的意义在于通过对数据的处理分析，提升数据价值。目前，常用的技术有人工智能、机器学习、模式学习、统计学等。通过对数据高度自动化地分析，无论与信用关联强还是弱的数据都可以进行挖掘，发现潜在的信息。

大数据征信的流程主要分为：首先，征信主体在确定客户或者自身的数据需求之后，制订数据采集计划，通过多种途径在适度的范围内采集信息，并兼顾数据的可用性和规模。其次，进行数据分析，在分析之前必须保证数据来源的可信性及数据的准确性，分析方法则为：数据挖掘技术，即通过机器学习，不断总结各个变量之间的内在关系，得出多达几千万的变量，从而完整精确地对一个客户进行描述；统计分析技术，即关联分析、分类分析、预测分析、时间序列分析、神经网络分析等对征信数据进行全方位分析，并将分析获得的综合信息用于不同的目的。而传统的数据分析过程，采取较少数据变量，进行逻辑回归，即找出主要的因子变量，虽依靠的数据量较少，但对数据的准确性要求非常高。进行数据分析后，对结果进行整合和梳理，形成信用报告供互联网金融平台或机构使用。

要建立完善的大数据信用评价机制，还需要解决法律问题与信息共享问题。关于法律问题，用户信息的获取是否侵犯用户隐私，什么样的数据允许被采用，还需要从法律角度上进行探讨，完善法律法规。关于共享机制，政府掌握有公信力数据、互联网公司掌握有社交数据、支付数据，不同公司有不同的数据源，对这些数据进行共享和整合极有利于用户的信用评价。

五、社会评价体系

建设社会评价体系，是实施数字化监管的重要手段。通过社会舆论对不同的互联网金融平台进行评价与监督，可以弥补政府监管与行业监管的不足，更加具有实时性和有效性。动用社会力量对互联网金融平台、互联网金融产品进行评价，强化对互联网金融实时有效的监管、信息披露和诚信系统建设、信息安全方面监管的社会共治。

社会评价体系的构成主要有三个方面：用户互动评价、研究机构和中介组织等第三方机构评价、媒体舆论监督体系。

在互联网经济飞速发展的今天，用户评价已经成为平台和产品信息不可缺少的内容，其重要程度甚至超过产品介绍本身。互联网金融产品的用户评价包括产品的风险与收益特征、是否细分客户需求发布有针对性的产品、服务是否到位、风险提示是否明确、是否有其他增值服务，等等。对用户反馈可以通过关键词自动智能分类，建立模型归纳共性问题，分析热词等方法进行快速有效地分析。通过用户评价，可以对不同互联网金融平台与产品有更加客观且详尽的了解。以此可以对平台起到监督与督促的作用，对产品和平台的不足有及时反映。

权威评级机构出台的评级报告也有利于行业的监管。一方面，为政府监管提供依据；另一方面，为投资者提供了重要参考，从市场的角度对平台起到监管作用。目前 P2P 网贷风险评价体系主要有中国社科院和金牛理财网联合发布的 P2P 网贷评价体系、大公国际公布的互联网网贷平台黑名单及预警名单、融 360 联合中国人民大学发布的网贷评级报告等几种模式。不过以上几种方式多为主观打分，我们还可以采用主成分分析法（PCA）和层次分析法（AHP）两种方法对评分方式进行量化，建立更加客观的评分机制。如图 7-9 所示，第一步建立实践调研机制，以充分了解平台实际运营。第二步确定指标体系，根据金融理论及 P2P 平台的主要风险特质，构建标准化的指标体系。第三步进行风险定量分析，综合主成分分析方法和层次分析法，两类统计模型，得到最终的平台评级。第四步，采用历史数据分析方法，针对问题平台进行历史数据分析，找到跑路或问题平台的核心风险指标或风险特征。最后采取负面平台否决机制，筛选影响平台风险的重要指标，对超警戒线的平台实施一票否决制。

```
实地调研机制 → 确定指标体系 → 风险定量分析 → 历史数据分析法 → 确定平台否决机制
```

图 7-9　权威机构评价流程

媒体舆论监督体系也是推动互联网金融发展的重要力量。新闻媒体行业应当客观公正地对互联网金融事件进行报道和解读，同时可利用媒体优势做行业调研，为投资者和互联网金融公司搭建交流的平台。媒体舆论监督的重点在于确保报道的真实性和客观性，只有在保证以上两点的基础上，媒体评价才有其意义。

六、数据共享机制

将分散、孤立的各类信息变成网络化的信息资源，将众多"孤岛式"的信息系统进行整合，实现信息在不同层次、不同部门之间快捷流通和共享，是探索实行"互联网+监管"模式亟待解决的问题。数据共享是指不同终端通过网络共同管理、分享服务器的数据信息，包括建立数据标准化体系、建立数据安全保护体系、建立分级数据共享机制三重任务。数据标准化体系的设计目标是规范、标准、可控、支持高效数据处理和深层数据分析的数据结构，以及稳定、统一的数据应用体系及管理架构。可被用于助力互联网金融风险控制的数据来源有：互联网金融平台和互联网金融产品的信息；互联网金融协会披露的信息；电商大数据；信用卡类大数据；社交网站大数据；小额贷款类大数据；央行征信中心和银行等金融机构的信贷数据；第三方支付大数据；水、电、煤气、物业费等生活服务类网站大数据；工商、公安、司法、个人税收、养老基金、社保等非金融数据；平台从业人员信息，等等。

图 7-10 是一个兼顾基于中央数据库的集成和基于数据交换界面的集成化信息系统。从结构上动态的信息分享成了 m→1→n（m 个部门的金融信息汇总到统一的一个信息共享系统，然后被 n 个不同金融监管部门所使用）的关系结构，其数据来源是 P2P 网贷平台、众筹平台等新兴的互联网行业部门，以及传统金融机构业务部门。

这类信息共享系统的优点是：首先，从系统运行成本和效率的角度看，各金融机构通过不同的网络方式将金融机构部门所需要的数据以统一的数据格式，发送到统一的金融监管信息库或信息共享平台；金融监管部门对金融机构的非现场监管数据可从金融监管信息库提取，由于数据是集中采集和处理的，这便于实现数据的共享，减少中间环节，降低采集和使用金融信息数据的成本，提高金融信息的使用效率。其次，提高了金融信息的一致性和准确性，减少金融机构对数据造假的可能性。由于对金融信息采取集中采集和处理，避免了不同金融监管部门对同一金融业务部门金融数据的重复采集，从而可保证金融信息的一致性。另外，在基于集成的金融监管信息系统的金融组织机构中，金融信息采集处于金融业务部门和金融监管部门之间，它可以独立出来形成单独的组织机构，专门负责提供金融信息，由于该组织机构处于中立地位，与金融业务部门和金融监管部门之间没有任何的利益冲突，从而可最大限度地保证金融信息的准确性。再次，从系统灵活性和相应的组织机构变动成本考虑，由于本系统是基于我国当前的金融监管组织结构现状，因而在实施中具有较低的监管组织变动成本，同时系统又能机动灵活地适应未来金融业务和金融机构的变化。无论互联网金融业务如何创新和未来金融组织机构如何变化，对金融监管信息系统的影响均可降低到最低限度。

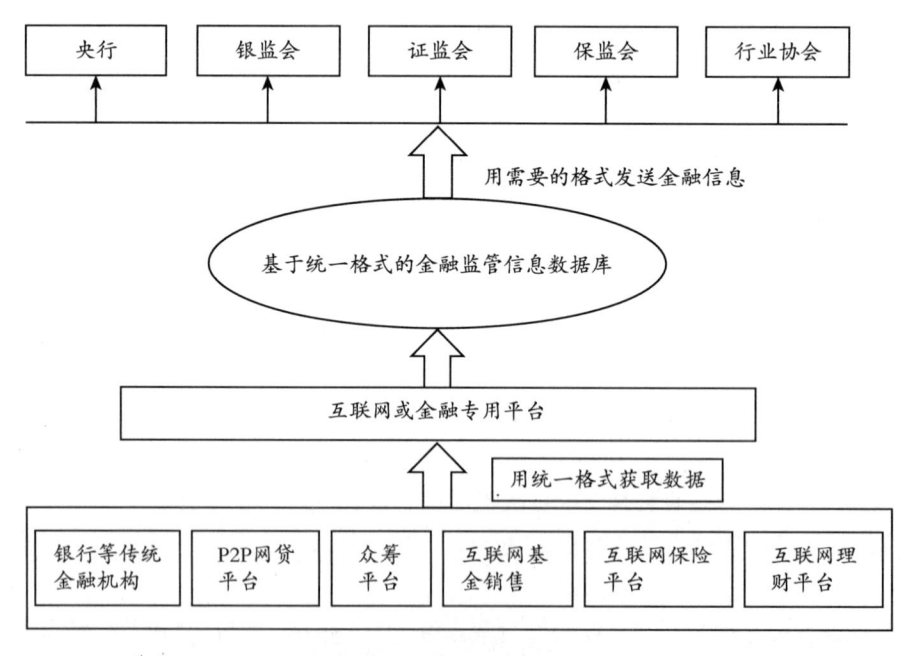

图 7-10 动态数据共享机制

在以上标准化数据库的基础之上建立"数据共享"的协调机制，建立互联网金融平台、互联网金融行业协会、政府金融监管部门，以及社会公众的联合协作和信息共享。各方都记录着关于交易主体或者融资者的数字信息，尽可能地将数据整合在一起，有利于评价其整体的信用水平。互联网金融平台和互联网行业协会之间的信息共享,可以防止相同的融资者在不同的平台上故意同时融资形成恶意违约行为;政府监管部门同互联网金融平台或者行业协会之间的信息共享,可以帮助监管部门从宏观上监测互联网金融体系的风险,约束互联网金融平台以抢占用户为目的的肆意扩张;同时,互联网金融平台也可以利用金融监管部门的数据库,如央行的个人征信数据库,来核查融资用户的信息,预防风险的发生。社会公众在网络上的评价,以及第三方机构提供的互联网融资平台信息,也能够帮助互联网金融额投资者和监管主体判断融资平台的风险。在数据共享的基础上,还可以统筹中央与地方监管协调的新格局,采用中央与地方共建的方式,由中央财政资金与地方财政配套完成,并建立分级数据共享。

随着互联网技术的发展与运用,数字化监管势在必行。大数据是提高政府治理能力的重要手段,建立多层级的信息披露体系、统一的信用信息共享交换平台,建立健全守信激励机制、失信联合惩戒机制,构建政府和社会互动的信息采集、共享和应用机制,形成政府信息与社会信息交互融合的大数据资源,构建互联网金融的数字化监管系统,让互联网金融监管动态、实时、无缝对接。但是在数字化监管系统之上,还需实行行业自律管理为主的监管体系,才能既做到监管到位,又为金融创新留下空间。

第八章

2015年中国P2P网贷平台风险评级监测报告

从2007年中国第一家P2P网贷平台——拍拍贷在上海成立以来，至2015年12月底，中国P2P平台的数量已经达到3858家，行业交易规模也迅猛增加，2015年全年的累计成交量达到9823.04亿元，历史累计成交量达到了13652.21亿元。然而，在P2P网贷行业快速发展的同时，出现圈钱跑路、提现困难、融资诈骗等问题的P2P平台也在逐年的增长。这些跑路平台的出现严重地影响了投资者对于P2P行业的信心，从而极大地阻碍了P2P网贷行业的健康发展，也反映了网贷平台在经营模式、风控管理、行业自律等方面存在着缺陷与不规范的地方。因此，如何多维度探索评估P2P网贷平台的风险，也成为行业关注的重点。

第一节 我国P2P网贷行业的发展现状

近年来网络借贷平台发展非常迅速，不论是从数量上来说，还是从交易规模来说，都呈现出井喷式的增长。总体来说，2015年我国P2P网贷行业呈现出快速增长的趋势。无论是从平台数量还是成交量，或者是参与P2P业务的用户人数，都显示出2015年的我国P2P网贷行业相较去年而言，有一个较大幅度的增长。虽然在1~2月，由于股市的好行情导致成交量环比略微有些下降，但是在后面的月份里，成交量都以环比较高的比率增长。本小节将以描述性统计分析的方法对网贷行业的基本情况进行分析。

一、2015 年全国 P2P 网贷行业概况分析

在 1 月，我国 P2P 网贷行业的当月成交量为 357.82 亿元，而到了 12 月，当月成交量则增长至 1337.48 亿元，相较 1 月而言增长了 273.8%。由图 8-1 可以看出，2015 年，我国 P2P 网贷行业的当月成交量呈现出一个上升趋势，仅在 2 月有一个小幅回落，并且在其他月份增速较快。

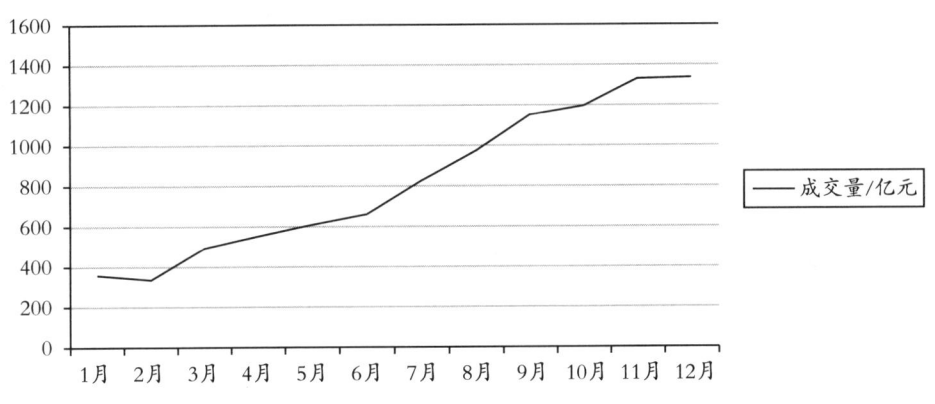

图 8-1 2015 年我国 P2P 网贷行业的当月成交量

资料来源：网贷之家。

在 1 月，运营平台的数量为 2063 家，而到了 12 月，累计运营平台的数量则增长至 3858 家，相比 1 月净增加了 1795 家，增长了 87%。由图 8-2 可以看出，

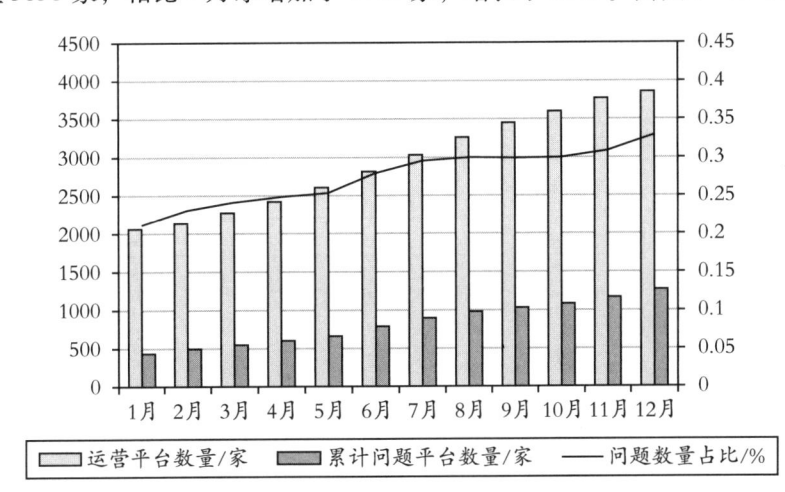

图 8-2 2015 年我国 P2P 网贷行业的平台数量

资料来源：网贷之家。

从 1~12 月，运营平台的数量在 6 月、7 月、8 月的增速较慢，大约以每月增加 200 家平台的速率增长；而累计问题平台数量则从 1 月的 436 家增长至 1269 家，并且也在 6 月、7 月、8 月三个月份的增速较快；而从问题数量占比可以看出，问题平台占比在 20%~30%，并在 2015 年上半年期间呈现出稳步增长的趋势，7 月以后，问题平台数量占比稳定在 30%，并在 12 月有一个小幅度的上升。由此可见，问题平台在 P2P 网贷行业是一个普遍的现象，因此，为 P2P 网贷平台进行风险评级迫在眉睫。

在 1 月，当月投资人数为 88.22 万人，到 12 月当月投资人数增长至 298.02 万人，增长了 237.8%；当月借款人数则从 1 月的 19.1 万人增长至 78.49 万人，增长了 310.9%。由图 8-3 可以看出，投资人数的增幅相较借款人数而言，幅度较大，当月投资人数与成交量相似，在 2 月有一个小小的回落接着大幅上升，说明利用 P2P 网贷来理财的用户越来越多，也说明大众对于 P2P 行业的认可度一直在提升；而借款人数虽有增幅，却并不是十分大，而且在绝对值上与投资人有一定的差距，在 10 月这个差距达到最大值为 189.25 万人，由此说明，P2P 的借款的集中度比投资的集中度高很多。

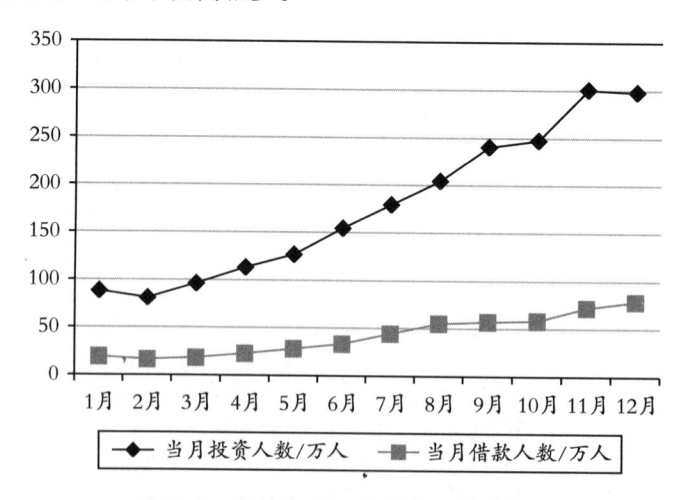

图 8-3　2015 年 P2P 网贷行业借贷人数

资料来源：网贷之家。

二、五种类型网贷平台的定性分析

从 P2P 平台的背景出发，大致可以将网贷平台分成五种类型：银行系 P2P 平台、国资系 P2P 平台、上市公司系 P2P 平台、风投系 P2P 平台、民营系 P2P

平台。五种类型的 P2P 平台的主要优势与劣势如表 8-1 所示。

表 8-1　　　　　　　五大类型 P2P 网贷平台的优劣势

平台类型	优势	劣势
银行系 P2P 平台	资金充足、系统严谨、风险低	收益率低、市场化程度不够
国资系 P2P 平台	偿付能力有保障、专业模式	缺乏互联网精神、投资门槛高
上市公司系 P2P 平台	资金较充足、供应链金融体系	易受市场波动、系统不够严谨
风投系 P2P 平台	风险与收益均衡、前景好、金融创新	易注重规模拓展而忽视风险控制
民营系 P2P 平台	收益率高、互联网思维、投资门槛低	风险高

银行系 P2P 平台中比较有代表性的有平安银行的陆金所、招商银行的小企业 e 家、民生银行的民生易贷、包商银行的小马 bank、兰州银行"e 融 e 贷"等。银行系 P2P 平台以银行为背景，主要优势一共有三点：首先，银行拥有的资金充足，能够维持高流动性；其次，银行系 P2P 平台的借贷方一般来源于原来银行的中小企业用户，因此相对来说项目来源方面风险会较低一些；再次，银行的风险系统严谨，风险控制能力较强，可以通过银行系统进入央行征信数据库，在较短的时间内掌握借款人的信用情况，从而大大降低了风险。但是传统的银行风控管理模式也就是利用抵押物来控制风险的方法对于 P2P 网贷行业太过狭窄。除此以外，与其他类型的 P2P 网贷平台相比，银行系的 P2P 的收益率偏低。并且，很多传统商业银行只是将互联网看作是一个销售渠道，银行系 P2P 平台创新能力、市场化运作机制都不够完善。

国资系 P2P 平台中比较有代表性的有开鑫贷、贷贷兴融、博金贷等。国资系 P2P 平台以国有企业为背景，所拥有的优势有以下两个方面：第一，国有企业为背景股东，偿付能力相对来说比较有保障，平台的可信赖度有所增加；第二，国资系 P2P 平台传承了国有企业规范的业务模式以及专业的工作方式。但是国资系 P2P 缺乏互联网创新精神，业务与传统的信贷业务相差无几。此外，国资系的平台一般投资门槛比较高，起投金额相较其他类型平台而言较高。并且，国资系 P2P 平台多为企业信用贷，业务比较谨慎，层层控制的细致机制影响平台效率。

上市公司系 P2P 平台中比较有代表性的有前海理想金融、珠宝贷、银湖网等。上市公司系 P2P 平台以上市公司为背景股东，所具有的优势主要有三点：第一，上市公司资金实力雄厚，有能力来维持资金链；第二，上市公司的产业涵盖范围较广，可以根据产业链上下游打造出一个供应链金融体系；第三，上市公司涉足 P2P 板块对自己的市值等其他方面也有益，因此这是一个双赢的局面。但是上市公司实力的稳定性有待商榷，其市值易受市场波动的影响，变数较大。除此以外，上市公司的供应链采用上下游企业可能导致审核不够严谨从而加大风险。

风投系 P2P 平台中比较有代表性的平台是 ppmoney、团贷网、有利网、拍拍贷等。风投系 P2P 平台是指获得过风险投资的网贷平台，截至 2015 年 10 月底，在全国范围内，一共有 66 家平台获得过风投。风投系的 P2P 平台所具有的优势主要为以下三点：第一，相较国资系与银行系的平台而言，风投系的背景没有那么强大，但是将受益与风险放在一起考虑，风投系便有了优势；第二，风险投资的资金注入也加强了平台的资金实力，能够为平台的进一步发展提供硬件上的支持，也就是说风投系的网贷平台有一个相对来说比较好的前景；第三，风投系的平台更具有金融创新基因，业务更加多样化，借款的集中度也会低一些。虽然可以肯定的是风险投资对于平台来说是一件喜事，但是能否利用好这一件喜事却是不肯定的，也许 P2P 平台会只关注经营规模的扩大，而忽视风险控制的重要性。并且，风投系的平台还会出现自融、关联融等问题。

民营系 P2P 平台中比较有代表性的平台是红岭创投、你我贷、财富中国等。民营系 P2P 平台并不具有任何背景，但民营系是平台数量最多而且起步也是最早的类型，民营系平台所具有的优势主要体现在以下两点：第一，投资收益率高，虽然今年 P2P 网贷行业的收益率有所下降，但是民营系的投资收益率居高不下，均处在年化 15% ~20%；第二，此类平台的投资门槛低，一般情况下 50 元起投，还有很多并未设限；第三，此类平台有着强大的互联网思维，有较强的金融创新能力，客户群覆盖面非常广泛。但是，民营系的网贷平台鱼龙混杂，跑路平台全都来自于民营系 P2P 平台。

三、五种类型网贷平台的定量分析

截至 2015 年 12 月底，我国 P2P 网贷行业五种类型网贷平台数量如图 8 - 4 所示。由图 8 - 4 可以看出，银行系的 P2P 网贷平台非常少仅有 13 家，占比 1% 都不到；国资系平台、上市公司系平台，以及风投系平台这三种类型的平台数量相差不大；而民营系的平台数量达 2417 家，远远超过其他的平台，占比高达 95.6%。有些平台不仅仅属于一种类型，例如，陆金所既是银行系也是上市公司系，楚金所既是国资系也是上市公司系，等等。

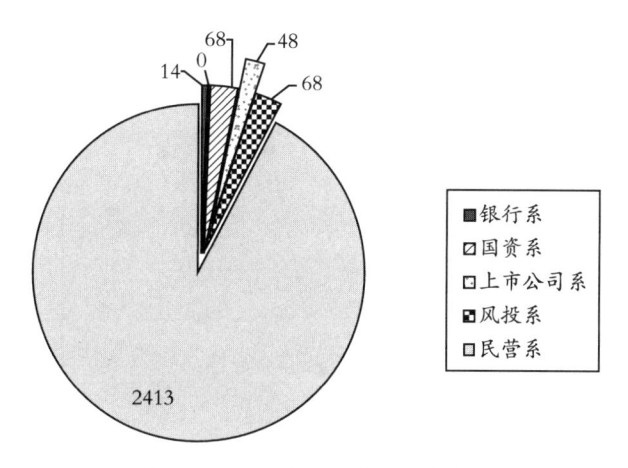

图 8-4　2015 年五大类型平台数量

资料来源：网贷之家。

图 8-5 表示的是五大类型平台在 2015 年每个月的交易量情况，由图 8-5 可以发现，民营系的平台交易量远高于其他类型的平台交易量，且其增长的绝对值是最大的，由 1 月的 256.8 亿元增长至 770.8 亿元，净增长 514 亿元；但是从增幅的角度上来说，银行的增幅是最大的，增长率为 909.7%。由图 8-6 五大类型平台的平台平均交易量可以看出，民营系的平台平均交易量在这一年里几乎没有什么变化，因此，民营系平台的总交易量的增加值几乎来源于民营系平台数量的增加；而银行系的平台平均交易量在 8 月、9 月两个月份有一个很大的增幅；

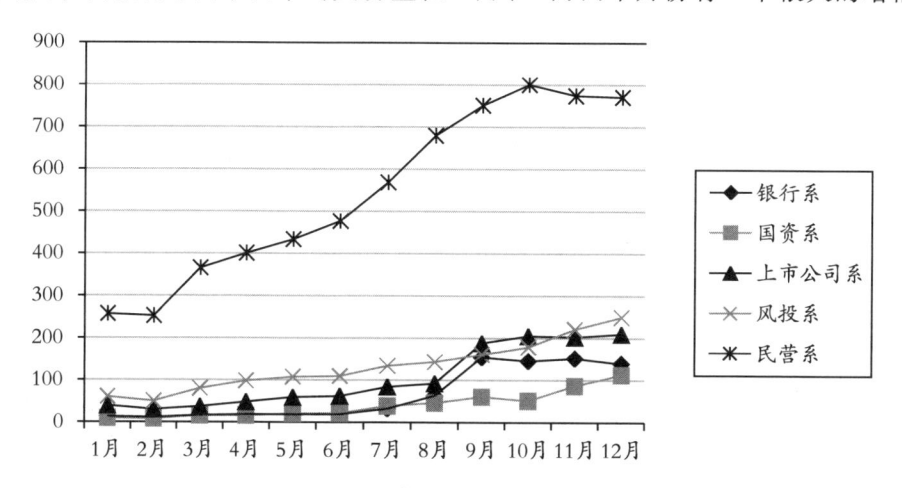

图 8-5　2015 年五大类型平台的交易量

资料来源：网贷之家。

上市公司系的平台平均交易量的增速也在8月、9月有所加快。

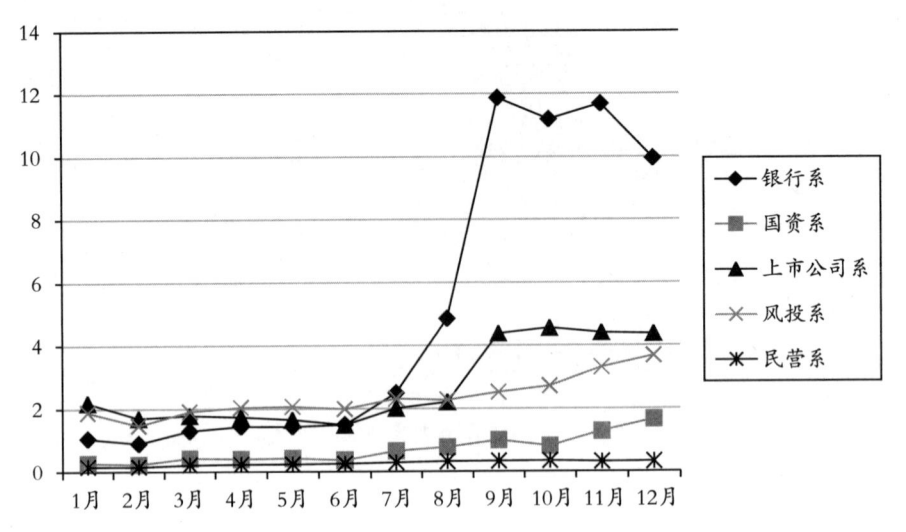

图8-6　2015年五大类型平台的平台平均交易量

资料来源：网贷之家。

从综合利率的角度看，由图8-7可以看出，银行系的平台投资收益率最低，只有5.35%；民营系的平台投资收益率最高为13.61%；综合全国来看，全国的平均收益率由于民营系平台的数量众多因此靠近民营系的平均收益率，为12.45%。

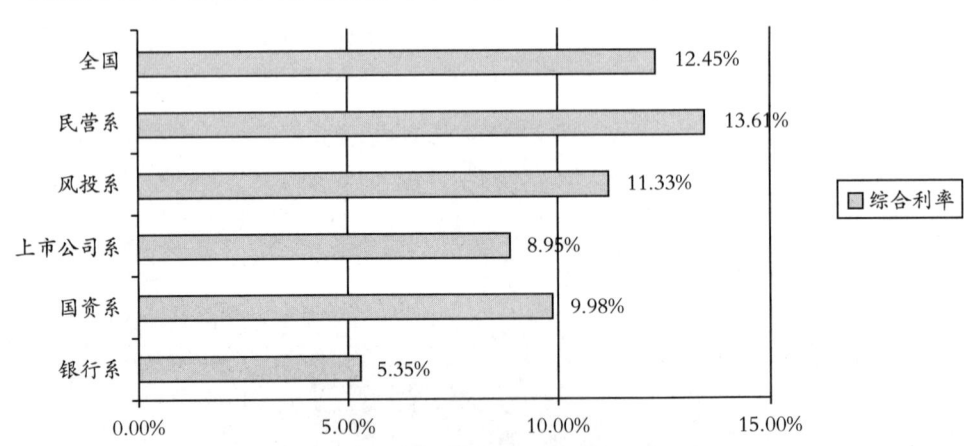

图8-7　2015年五大类型平台的综合平均利率

资料来源：网贷之家。

从平台的借贷人数角度看，与成交量相似，民营系的投资人数与借贷人数远

第八章 2015年中国P2P网贷平台风险评级监测报告

远高于其他类型的平台，侧面说明民营系网贷平台用户涵盖面非常广泛。从平台平均的角度看，由图8-8可以发现，五大类型的网贷平台以及全国的平均平台当月投资人数的变化趋势相似，都在6月和9月之间有一个较大的增幅，这与股市6月份开始的震荡行情应该是分不开的。图8-9表示的是2015年五大类型平台的平均平台当月借款人数，有图可以发现借款人数与投资人数的变化并十分不

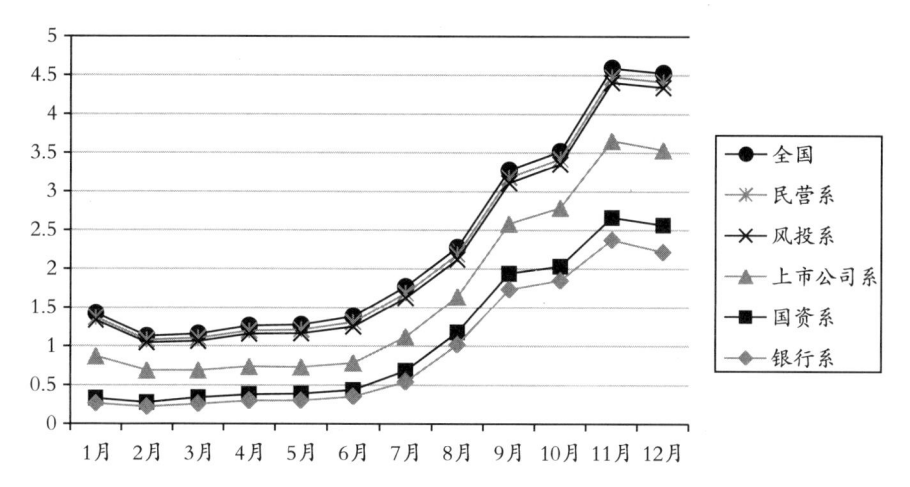

图8-8 五大类型网贷平台与全国平均平台人数变化趋势

资料来源：网贷之家。

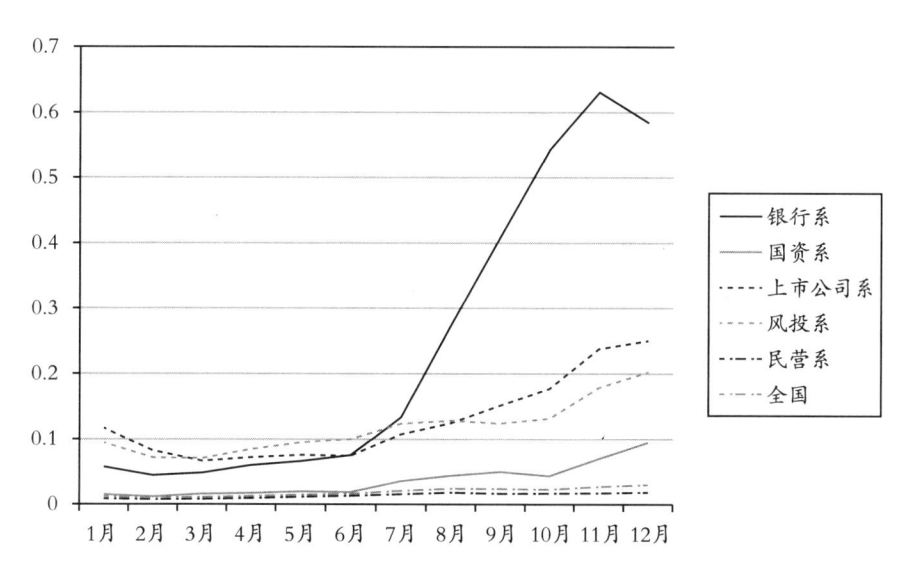

图8-9 2015年五大类型平台的平均平台当月借款人数

资料来源：网贷之家。

一致，虽然所有类型的平台在 8 月、9 月两个月的增速都变大了，但是，银行系的平台变化非常大，与投资人数的变化有区别。

对于银行系、国资系、上市公司系 P2P 网贷平台而言，既有资金优势也有运营限制。而对于民营草根系 P2P 网贷平台而言，在没有雄厚资本实力的情况下，如何在竞争激烈的环境中生存下去是其不得不面对的一道难题。2015 年作为互联网金融监管元年，《关于促进互联网金融健康发展的指导意见》等法律法规的颁布，也是对 P2P 行业在互联网金融的肯定。P2P 平台唯有利用好自身资源，充分发挥互联网优势，做好金融服务和风险控制，民营系 P2P 平台才能在互联网金融时代脱颖而出。

第二节　2015 年中国 P2P 网贷平台综合评价体系

仅仅从宏观上分离的看一些指标来对 P2P 网贷行业的评价是远远不够的；而对于网贷平台来说，如果不将平台放在一起进行综合评价，那么对于平台的认知是片面的。因此，本书将采用 PCA（Principal Component Analysis，主成分分析法）及 AHP（Analytic Hierarchy Process，层次分析法）分析方法来构建 P2P 网贷平台综合评价体系。

一、数据获取及平台选取

评级数据主要来源于网贷之家等网贷网站所公布的数据，以及 P2P 网贷平台官方定期公布的数据等，对于某些不能获取的变量数据的部分，联系对应的网贷平台进行征询。由于网贷平台数量众多，并且鱼龙混杂、良莠不齐，因此对平台进行初步的筛选是十分有必要的。

本书设定了四项基本的筛选原则：

（1）投资利率超过国家基准贷款利率 4 倍以上的平台不予评级。国家相关法律规定，民间借贷利率高于国家基准贷款利率 4 倍以上的，法律不予保护。

（2）运营时间未满 1 年的不予评级。运营时间过短的平台尚未步入正轨，容易出现各种风险问题。

（3）出现了重大的风险问题并且并没有充足的风险补救措施的平台。

（4）通过各种渠道依然无法获取所需数据的平台不予评级。

二、指标选取

根据合理性、科学性及可操作性原则，本书从平台规模、运营保障、透明度、背景保障及IT安全五个方面尽量构建既符合P2P网贷行业的基本内涵，又体现我国P2P网贷平台发展情况的评价指标体系。具体的指标如表8-2所示。

表8-2　　　　　　　　P2P网贷平台评级数据指标体系

一级指标	二级指标	三级指标
平台综合风险A	平台规模B1	成交量C1
		投资人数C2
		借款人数C3
		借款标数C4
		累计还款金额C5
		注册资金C6
		人均借款金额C7
		人均投资金额C8
		投资借款人标数C9
	运营保障B2	前十大借款人待还金额占比D1
		运营时间D2
		未来60天还款金额D3
		资金杠杆D4
		平台总行业投资风险值D5
	透明度B3	综合信息透明度E1
		媒体曝光量E2
	背景保障B4	股东注册资本F1
		托管类型F2
		担保类型F3
		担保公司数量F4
		抵押物类型F5
		风险准备金覆盖率F6
	IT安全B5	曾出现信息安全漏洞数量G1
		曾出现安全漏洞危害程度、影响范围G2
		曾出现漏洞的应急响应情况G3
		是否使用https、是否强制使用G4
		登录认证，验证码机制，找回密码机制是否健全G5
		是否启用CSRF Token，是否能防止反射型注入攻击G6
		是否能正确过滤XSS攻击G7
		是否能拦截SQL注入等数据库攻击G8
		网站语言，代码框架G9
		服务器所在G10
		系统后台是否对外公开可以访问，靠密码保护G11

(1) 平台规模：网贷平台的规模综合体现了平台的基本情况，反映了平台的业务能力。此维度包含了 9 个指标：成交量、投资人数、借款人数、借款标数、累计还款金额、注册资金、人均借款金额、人均投资金额、投资借款人标数。

成交量：平台的借贷成交的金额。

投资人数：投资平台的标的人数总和。

借款人数：与平台签订协议，在平台上借款的人数总和。

借款标数：平台在其官网上发布的标的总数。

累计还款金额：自平台成立起到截止日期，平台累计还给投资用户的金额。

注册资金：平台所属公司注册时的注册资金。

人均借款金额：成交量/借款人数。

人均投资金额：成交量/投资人数。

投资借款人标数：投资用户投资的标数总和。

(2) 运营保障：运营保障这个维度在一定程度上度量了平台出现风险的概率，也就是反映了平台的运营安全。此维度包含了 5 个指标：前十大借款人待还金额占比、运营时间、未来 60 天还款金额、资金杠杆、平台总行业投资风险值。

前十大借款人待还金额占比：借款金额排名前 10 的借款人在总的借款金额中的占比。

运营时间：平台从注册时间到截止日期的时间，以月为单位。

未来 60 天还款金额：在截止日期时，未来 60 天内，平台还需要还给投资用户的金额。

资金杠杆：平台的负债比。

平台总行业投资风险值：行业所涉及的行业相应的有一定的风险值，将风险值加权出来得出平台总行业投资风险值。

(3) 透明度：透明度这个维度体现了平台的信息披露情况。此维度包含了两个指标：综合信息透明度、媒体曝光量。

综合信息透明度：平台对标的信息披露程度，包括借款人信息、标的信息等。

媒体曝光量：平台被媒体曝光的程度。

(4) 背景保障：背景保障这个维度体现平台的背景实力，也就是说在一定程度上说明了平台抵御风险的能力。此维度包含了 6 个指标：股东注册资本、托管类型、担保类型、担保公司数量、抵押物类型、风险准备金覆盖率。

股东注册资本：股东对于平台投资的资金。

托管类型：平台业务资金的管理方。一般可分为第三方托管、银行托管及自己管理三种类型。

担保类型：平台或平台项目的担保方。一般可分为上市公司型、国企型及民营型。

担保公司数量：平台或平台项目的担保方数量。

抵押物类型：平台项目的抵押物。一般只有抵押标才有抵押物，主要有的是车、房，还有票据等。

风险准备金覆盖率：风险准备金是指平台为可能发生的风险而准备的一笔资金，风险准备金覆盖率是指风险准备金在累计待还金额中的占比。

（5）IT安全：IT安全这个维度体现了公司的技术安全。这个指标的数值是由科技公司提供的。

曾出现信息安全漏洞数量：出现信息漏洞的次数，此指标衡量了平台过去的IT安全情况。

曾出现安全漏洞危害程度、影响范围：问题不同的严重程度反映了平台安全的不同程度。

曾出现漏洞的应急响应情况：平台的应急措施显示出平台的IT总体水平。

是否使用https、是否强制使用、是否使用https反映出平台最基础的安全水平。

登录认证，验证码机制，找回密码机制是否健全：这个指标反映了平台是否存在用户信息漏洞。

是否启用CSRF Token，是否能防止反射型注入攻击：此指标反映了平台的可攻击程度。

是否能正确过滤XSS攻击：此指标反映了平台的抗攻击能力。

是否能拦截SQL注入等数据库攻击：此指标反映了平台保护客户信息的能力。

网站语言，代码框架：此指标反映了平台IT的综合实力。

服务器所在：服务器所在地与公司地址是否一致反映了平台的可信赖程度。

系统后台是否对外公开可以访问，靠密码保护：此指标反映的平台的公开化程度。

三、方法选取

P2P网贷平台涉及了很多方面，其综合实力是通过诸多方面反映出来的，想要较为全面地对其做出评价，单一的指标描述是不能达到人们的要求，也不能指导人们做出合理的比较判断。因此有必要选择一个合适的多指标评价方法。本书采用了主成分分析法及层次分析法。

主成分分析法是指从研究指标相关矩阵内部的依赖关系出发，把一些信息重叠、具有错综复杂关系的变量归结为少数几个不相关的综合因子的一种多元统计分析方法。基本思想是：根据相关性大小把变量分组，使得同组内的变量之间相关性较高，但不同组的变量不相关或相关性较低，每组变量代表一个基本结构——公共因子。

层次分析法是指将一个复杂的多目标决策问题作为一个系统，将目标分解为多个目标或准则，进而分解为多指标（或准则、约束）的若干层次，通过定性指标模糊量化方法算出层次单排序（权数）和总排序，以作为目标（多指标）、多方案优化决策的系统方法。

四、建立模型

本章在平台筛选的原则上，根据借款人数与投资人数之和排序，选取了前200家网贷平台，进行实证分析。实证分析的时间跨度为2015年1月至2015年12月。在获取数据以后对数据进行标准化处理，消除量纲。处理数据后分别使用层次分析法及主成分分析法建立模型。将两种方法得到的二级指标得分及一级指标得分进行10分化处理，然后对两种方法得出的二级指标及一级指标加权平均得出最终的二级指标得分及一级指标得分。

在综合评价体系中，平台规模、透明度及背景保障三个维度对最终得分是一个正向作用，因此10分化处理过程为：

$$S_{ij} = 10 * \frac{x_{ij} - \min(x_{ij})}{\max(x_{ij}) - \min(x_{ij})}$$

而IT风险值与运营保障两个维度对最终得分是一个负向作用，它们的10分化处理过程为：

$$S_{ij} = 10 * \frac{\max(x_{ij}) - x_{ij}}{\max(x_{ij}) - \min(x_{ij})}$$

主成分分析建模过程：
（1）得到各变量相关系数矩阵。
（2）求出相关系数矩阵的特征根及相应的特征向量。
（3）用原始变量矩阵乘以特征向量矩阵则得到各个平台的因子得分。
（4）特征值与总特征值的比值为该因子的权重，将占比前80%的因子得分加权得出最后得分。

层次分析法建模过程：

（1）构建判断矩阵。由于建模过程有 1 个一级指标，5 个二级指标，因此需要构建 6 个判断矩阵。

（2）通过 CI、CR 准则进行一致性检验。其中 CI 趋于 0 则一致，CR 小于 0.1 则一致；λ 为判断矩阵的最大特征值；RI 值如表 8-3 所示。

$$CI = \frac{\lambda - n}{n - 1} \qquad CR = \frac{CI}{RI}$$

表 8-3　　　　　　　　　　　　RI 值

n	1	2	3	4	5	6	7	8	9
RI	0	0	0.58	0.9	1.12	1.24	1.32	1.41	1.45

（3）将判断矩阵归一化，得出权重。

五、结果分析

2015 年 P2P 网贷平台的综合评价结果如表 8-4 显示，本书展示了前 30 家平台的各维度得分以及平台综合风险得分。

表 8-4　　　　　　2015 年我国 P2P 网贷平台前 30 家平台

名次	平台名称	平台规模	运营保障	透明度	背景保障	IT 风险值	平台综合风险
1	陆金所	10	6.02	4.32	4.78	8.8	9
2	拍拍贷	4.3	6.46	7.36	2.18	7.5	8.19
3	人人贷	4.5	6.47	6.91	6.87	7.1	8.18
4	有利网	4.6	6.3	6.58	6.9	8.5	8.17
5	你我贷	6.7	6.6	8.04	6.72	7.7	8.09
6	人人聚财	3.5	5.82	5.56	6.76	8.4	8.03
7	宜人贷	5.3	6.11	5.57	6.9	7	7.83
8	积木盒子	1.8	6.38	9	8.76	9	7.65
9	红岭创投	4.4	5.46	5.75	6.83	8	7.64

续表

名次	平台名称	平台规模	运营保障	透明度	背景保障	IT风险值	平台综合风险
10	爱钱进	4.2	6.48	1.73	6.72	8.6	7.54
11	投哪网	1.5	5.53	6.91	6.83	8.4	7.42
12	开鑫贷	2.1	5.17	7.62	4.83	8.4	7.41
13	口贷网	1.1	4.84	6.39	9	6.7	7.38
14	银客网	1.4	4.97	6.68	6.83	7	7.23
15	PPmoney	2.3	5.42	5.3	1.11	8.7	7.19
16	财富中国	1.8	6.24	2.24	2.35	7.4	7.14
17	银湖网	1.2	5.12	7.84	4.35	8.6	7.09
18	爱投资	1.9	4.68	6.81	0.18	7.4	7.03
19	团贷网	1.3	6.02	2.67	4.21	7.2	7.01
20	财加	0.8	5.83	8.17	2.24	7.2	7.0
21	金信网	3.2	5.87	4.09	2.35	6.4	6.98
22	前海理想金融	1.1	5.91	7.86	2.04	6.4	6.95
23	小牛在线	3.6	5.91	4.46	2.35	8.4	6.87
24	微贷网	1.8	5.9	4.11	0.11	6	6.79
25	网利宝	1.1	5.55	7.6	2.35	8.2	6.73
26	付融宝	1.3	5.95	6.45	2.42	8.3	6.71
27	贷贷兴隆	1.3	5.88	5.64	2.04	7.3	6.7
28	德众金融	2.1	4.83	4.35	4.28	6.6	6.64
29	融通资产	0.9	3.95	7.99	9	6.6	6.62
30	众信金融	2	3.71	6.61	4.52	7.6	6.59

从平台的综合风险来看，前30家平台的综合得分分布在6.59~9。从排名前10名平台的类型来看，大多数平台属于民营系平台和风投系平台，并没有出现国资系平台。陆金所属于上市公司系及银行系平台；拍拍贷、人人贷、人人聚财、有利网及爱钱进属于风投系平台；你我贷、宜人贷、积木盒子及红岭创投属于民营系平台。由此也可以发现，虽然国资系、银行系及上市公司的背景更有保障一点，但是民营平台依然可以利用自身金融创新等优势来得到大众的认可。

从平台规模维度看，前 30 家平台的规模相距较大，其中陆金所的较高为 10 分，而融通资产仅有 0.9 分；从平台运营保障维度来看，前 30 家平台的分数都不算太高，分数分布在 3.71~6.6，由此说明各个平台要注意各方面的风险防范问题；从平台透明度维度看，口贷网与融通资产的透明度比较高，达到 9 分，并且这两个平台都是国资系平台，再观察其他国资系平台如开鑫贷、贷贷兴隆等发现国资系平台的透明度都较高；从平台 IT 风险值维度来看，前 30 家的平台的 IT 风险值都高于 6 分，由此说明各平台的 IT 方面还是比较好的。

六、评级现有问题

虽然已经本着科学性、合理性的原则来构建综合评价体系，但是不可避免的是由于可操作性，导致现有的综合评价体系还有一些欠缺。

一方面，数据来源均是采用搜索引擎在各平台官方网站抓取，对于网站抓取不到的数据无法进行分析。另外，自动抓取可能会出现部分平台的数据无法获得的情况，对于这种情况，采取数据征询的方式向企业直接征询相关数据，然后对平台提供的数据进行交叉验证，尽量确保数据的准确性，但其中仍会存在不够准确的现象，对于评级结果可能会有一定影响。

另一方面，针对相同的数据指标，各家平台可能会存在统计口径不一致的情况，或相同数据在统计上存在偏离，数据分析过程中可能会出现一定程度的偏差。

第三节 案例：积木盒子的风险管理

到目前为止，P2P 网贷行业已经有 2520 家，每家平台的背景、项目类型、担保方式、贷前贷后管理等各有不同，但是在运营方式上大同小异。积木盒子作为一个民营系平台，业务类型及担保类型比较能代表大部分的网贷平台，因此本小节采用了积木盒子作为案例来详细研究一个 P2P 网贷平台的各方面情况。

一、基本情况

积木盒子隶属北京乐融多源信息技术有限公司，注册资金 1 亿元（2015 年 4 月更改为 2 亿元）。平台主要提供平均年化 7%~12% 的稳健型理财产品。积木盒子利用互联网信息技术，将有融资需求的借款人和有富余理财资金的投资人进行在线信息配对，帮助投资人寻找到风险收益均衡，并向借款人和投资人提供后续的贷中、贷后服务。

二、项目概况

积木盒子上线2年累计放贷金额一共约92亿元，截至2015年7月底已还本金64亿元，累计待还为28亿元。从投资期限的角度来看，积木盒子短期项目占大多数。由图8-10可以发现，投资期限为0~3个月占比最高，约为47%；而9个月以上投资期限的项目则仅占3%。

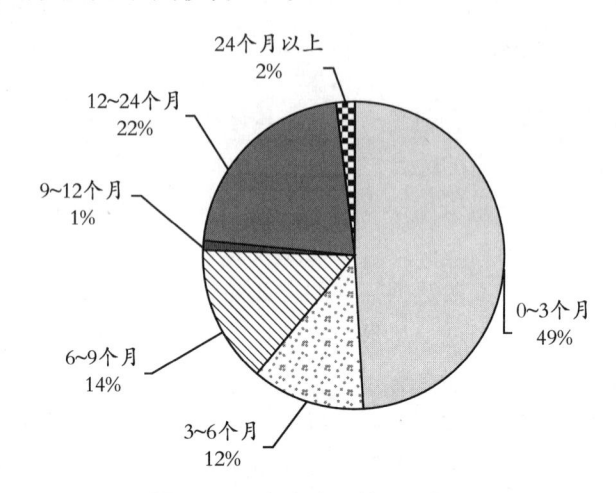

图8-10 积木盒子的项目期限

资料来源：积木盒子官网。

从项目的地域分布角度来看，由图8-11可知，浙江、北京、云南三省占比较大，合计占总融资额的73%，项目地区分散度不高，容易受到地域经济波动影响。

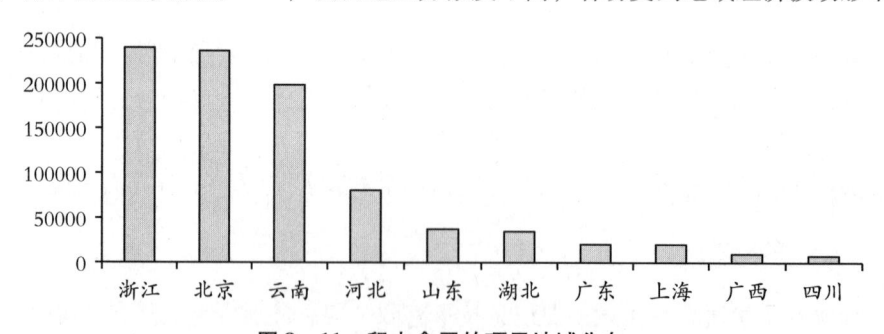

图8-11 积木盒子的项目地域分布

资料来源：积木盒子官网。

从项目类型的角度来看,积木盒子的业务分为企业经营贷、车贷、房贷及零售贷。由图 8-12 可以看出,积木盒子的业务类型中企业经营贷占比最高,但并没有比车辆周转贷的占比高很多。

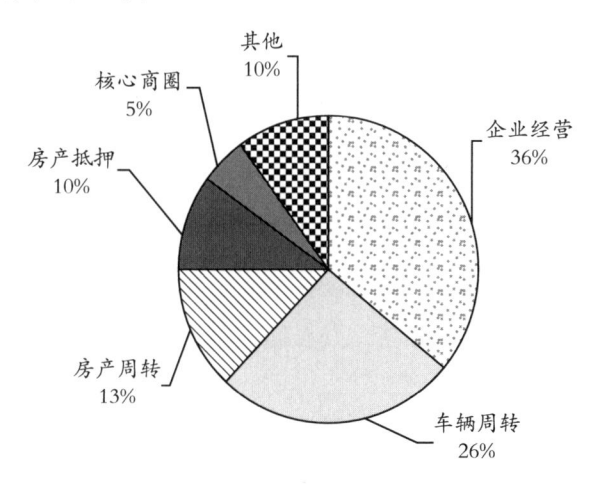

图 8-12　积木盒子的项目类型分布

资料来源:积木盒子官网。

1. 企业经营贷。企业经营贷是公司的主要业务,在所有业务中的比重约为 43%。企业经营贷涉及的行业分布大致如下:制造业占比约为 50%,贸易占比约为 40%,其他行业占比约为 10%(包括农业、养殖业等),与银行贷款行业分布类似。企业经营贷不涉及房地产行业,相比银行来说风险更低。从地域上来看,云南的企业比较多,目前在贷金额约为 6 亿~7 亿元。

企业经营贷主要来源为担保公司推荐,积木盒子线下风控团队去企业实地尽调,审批通过后在募集期满放款前再进行监控考察,确定无误后放款,视项目情况每半年或一年进行贷后审查。

2. 车房贷。汽车周转贷占比约为 26%。该类业务的特点是从申请到放款,手续便捷,速度较快。而客户在银行抵押借款办理手续烦琐,需要很长时间审核。因此该业务发展空间很大。目前的开展方式是与车商合作,所有的车贷都是质押方式,同时派专人进行出入库管理,确保了抵押品的真实可靠性。

房产抵押贷与周转贷:此类业务占比约为 21%。从抵押物性质来说,房屋的变现速度相对较慢,而且抵押过程中不确定因素较多。房贷的特点是每一笔的放贷额度较高,出现违约后损失也较大。公司解决此类问题的方法是采用合作机构推荐的方式,所有合作机构均承诺发生逾期立即回购。该方法一方面提升了合作机构细心审查项目的动机,使风险在源头上得到了控制;另一方面将违约风险转移给了合作公司,降低了自身的偿债要求。

3. 零售贷。零售业务占比约为10%。该业务可分为线上自营模式与线下店面模式。线上自营模式以"读秒"项目为主。所谓"读秒"即为自然人提供的无抵押无担保的个人短期小额信用贷款,全程线上申请、自动审批、快速放款。线下店面模式则是通过线下的实体店铺的方式挖掘潜在客户。线下机构现场收集、审核资料,然后提交总部。该类业务审核主要采用主观方法,依据之前的经验。零售贷业务的特点是客户分散度大,单笔贷款额度小,因此每笔违约对于整体的影响都非常小。

整体来看,积木盒子采用的业务模式都是安全性比较高的方式。企业贷方面,合作公司回购的方式可以很大程度的过滤掉风险偏高的项目,并且降低了流动性差的问题;零售贷贷款额度小,客户分散度高,使得零售业务的风险可以得到有效控制。

三、贷前贷后管理

1. 贷前管理。积木盒子贷前管理最主要的工作是现场尽职调查。另外,还利用大数据方法,在网络上搜集借款人信用相关的信息、舆情,并将之与尽调结合起来,综合评定。放款之前,再次审核包括舆情在内的各类信息,防止意外发生。

对于不同的业务来源,积木盒子采用不同的审查方式。现分别进行简述:

(1)企业经营贷。企业经营贷方面,管理方法分为两部分:审查、评级。审查部分包括财务报表、相关资料等审查。评级部分采用定量定性结合方式,比例约为30%的经验模型和70%的定性分析。定量分析包括财务报表核实等,比较看重现金流入、存货等。

(2)周转抵押贷。周转抵押贷可分为房贷和车贷。管理的重点有两部分:归属权确认和估值。归属确认主要是对相关资料进行审核,并且以房产证做抵押或者车做质押。估值则是请专业的公司来做。所有渠道业务均采取同推荐公司平行审核的方式,即双方同时审核,只要有一方持否定意见,则此项目不予通过。

(3)零售业务。零售业务包括传统和创新业务。传统业务方面,主要采用线下实体店面的方式开展。在银行类似打分方式的基础上,新加入一些新兴的信用数据来做评分,(如芝麻信用),然后再将线下的信用模型结合起来综合评定。方法是采用主观为主,客观为辅,更多的依据之前的经验。创新的业务方面采用线上的方式。该类业务审核依据信用模型,输入数据可以直接出结果,方便快捷。

第八章　2015年中国P2P网贷平台风险评级监测报告

2. 贷后管理。贷后管理分为两部分，一部分为一般贷后管理，另一部分为逾期债权催收与处置。

一般贷后管理可分为两方面。一方面是对融资企业的监控；另一方面是抵押物的管理。监控方面，重点监控包括经营情况、财务状况、股东变更、舆情等。针对不同行业的企业，根据其特点，按照不同的频率复查，向企业了解新情况，出现问题及时处理。抵押物管理方面主要是针对车贷。所有的车贷都是质押方式，公司对于库存有比较严格的监管，委派专员到现场进行管理，并且留存记录。

逾期债权催收与处置分为两步。第一步是先由专业的催收团队对逾期拖欠的客户进行提醒、督促、催收，直至引导其结清欠款账款。对于每个催收专员，专门制定催收业绩指标。第二步是逾期债权处置，将不良资产的最大化回收或变现。

四、保障措施

积木盒子的保障方式包括担保公司担保、穹顶计划和保证金互助金垫付三种。各保障方式比例大致为穹顶计划26%，担保66%，其他8%。图8-13表示的是各保障方式占比。

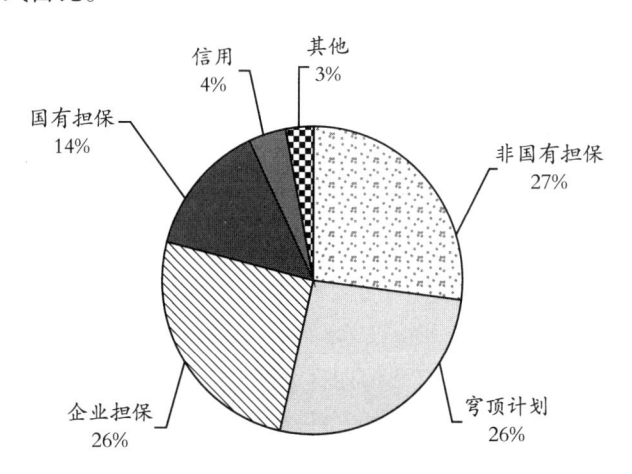

图8-13　积木盒子各保障方式占比

资料来源：积木盒子官网。

1. 担保方式。积木盒子采用与多家担保、小贷公司合作的方式。该方式可以充分分散风险，任意一家担保公司出问题，都不至于对整体保障水平造成过大影响。积木盒子对于合作公司有比较严格的筛选。合作企业总体经营稳健，并且承诺逾期当日代偿。目前合作的主要企业简介与承保情况如表8-5所示。

表8-5　　　　　　　　　积木盒子的担保公司情况

名称	注册资本/亿元	资质	承保金额/万元
山东省再担保集团	11	省级国企，融资担保	18450
云南中铭融资担保有限公司	3.1	融资担保	3158
云南金控	1.18	提供融资服务	16008
湖北省担保集团有限责任公司	30	省级国企，融资担保	15067
云南世银投融资担保有限公司	2.1	融资担保	17420
合道融通信息服务（北京）有限公司	0.125	咨询、管理、调查	10982
河北融投担保集团有限公司	40	省级国企，融资担保	15500

河北融投于今年4月出现危机，目前已经停止所有业务。河北融投所担保的业务为15500万元，占总待还金额28亿元的5.54%，对整体保障能力影响有限。同时据积木盒子透露，他们通过河北融投担保的项目自身的资金链并未出现问题，目前已由贷款企业自行还款，不涉及担保公司垫付。

2. 穹顶计划。积木盒子和多家第三方机构及融资人合作设立逾期债权收购储备资金，这笔资金被用来收购未来所有参与穹顶计划的发生逾期或违约的项目资产。穹顶计划实施初期，由首家参与计划的第三方机构先行支付额度为人民币1亿元的保证金来保证计划的顺利运行，在此基础上积木盒子建立逾期债权收购储备资金的机制，引入多家其他第三方机构，以及部分融资人的资金进入穹顶计划扩充资金储备范畴，拓宽资金收纳渠道的同时将储备资金维持在高于历史逾期率的水平之上，以便足额覆盖逾期项目。穹顶计划的资金具体数额，会定期以银行资信证明的方式在网上进行披露，以供投资人监督。

截至2015年8月31日，穹顶计划额度约为12300万元，所覆盖的贷款额为164458万元，覆盖率为7.39%。而平台披露的违约率还不到1%。

3. 保证金与互助金。保证金：对不同的产品设计不同的保证金要求，种类包括担保机构保证金、镑客保证金、核心企业保证金等。为实现投资人能第一时间实现债权，积木盒子依据对各方的考察与评估结果要求部分担保机构、积木镑客、部分核心企业缴纳一定比例或金额的保证金，以便在融资人未能及时履行债务的情形下及时启动代偿。同时，上述保证金由第三方进行监管并接受权威机构审计，确保资金安全，并且为投资人提供还款保障。

互助金：根据产品设计要求融资人基于其融资金额的一定比例提取风险互助金，并由第三方进行监管。风险互助金制度是公司整合融资人资源为投资人提供的附加的还款保障，该笔资金系平台融资人之间建立的风险保障机制，在出现风险事项且担保公司及保证金均不能及时足额代偿的情形下启用，确保投资人本金及收益可即时收回。

由图8-14可以发现，保证金在2015年3月之前保持平缓增长，从2015年3月到2015年4月间，河北融投4月初爆发危机，保证金从7663万元迅速增加到17521万元，之后有缓慢降至15884万元。

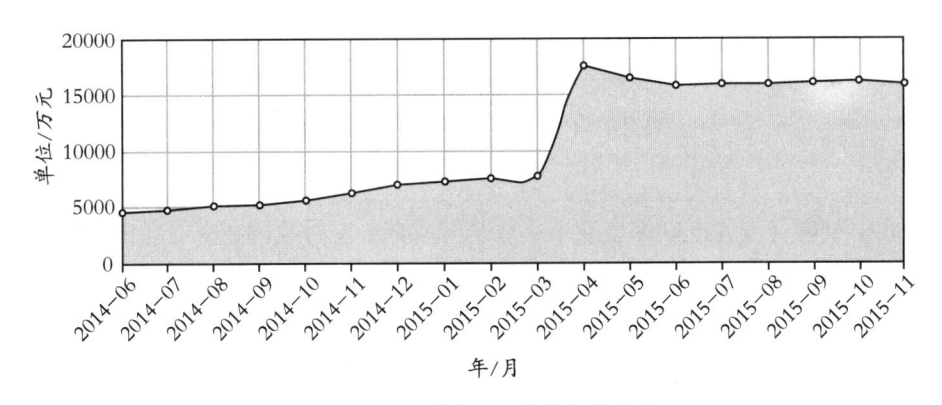

图8-14 积木盒子平台保证金变化

资料来源：积木盒子官网。

综合来看，积木盒子在风险控制方面做得比较扎实。首先，项目入口端把控很严，有专业的团队、规范的流程。其次，贷后管理细致，定时的对已贷款企业进行检查，发现问题及时解决。再次，保障手段多样，使得公司难以覆盖损失的可能性降到最低。通过这些措施，既能将违约发生的可能性降低，又能在发生违约的情况下，将风险最大程度地化解、分散，极大地提高了公司的抗风险能力。

五、资金托管

资金托管作为网贷行业生态体系建设中最重要的一环，在传统的第三方支付机构之外，商业银行业开始涉足。2015年7月2日，积木盒子资金托管由第三方支付机构汇付天下改为民生银行，并且已经与民生银行达成战略合作协议。根据协议，民生银行将为公司推出涵盖融资、结算、资本运作、信息咨询、理财等多层面、全方位的综合金融服务方案。目前，用户在积木盒子上的资金交易通道已全部切换至民生银行，用户绑卡、充值、投资、提现等资金操作，均会在民生银行网站上进行。与第三方支付机构相比，相似的是资金流转不会经过平台，平台也不会有任何权限去支配资金，但是第三方支付机构只是理论上可以隔离用户资金和平台自有资金，但是在执行上全凭平台的自觉，平台仍然可以随意挪用、提现用户的资金。因此，银行作为资金托管机构升级了P2P平台的资金保障，实名验证以及对交易行为的监控，将确保平台资金与用户资金的隔离，防范出现资金池与资金挪用。积木盒子魏伟认为，当前P2P面临的风险主要是道德风险、流动性风险、政策风险及信用风险，这一举动能够基本解决道德风险和流动性风险，并显著降低政策性风险。

第四节　研究结论与建议

P2P网贷行业是互联网金融中重要的组成部分，对我国金融行业的发展有着不可忽视的作用。但目前我们国家的网贷行业虽然处于发展当中，但各个方面的体系还不够规范，问题平台不断出现。本章主要从实证方面对我国P2P网贷行业及网贷平台进行了研究，并得出一些结论与建议。

一、研究结论

本章描述了我国P2P网贷行业发展概况、建立了综合评价体系，评价了P2P网贷平台的综合发展实力，以及用案例（积木盒子）来具体看一个网贷平台的概况，得出以下几点结论：

1. 我国P2P网贷行业处于快速发展当中。从平台数量的角度来说，由于网贷行业的行业壁垒并不高，进入我国P2P网贷行业的企业越来越多，而且还呈现一种一直增长的趋势；从借贷人数的角度说，由于投资理念在我国人民心中越来越深，投资网贷平台虽有一定的风险，但也能收获到较高的收益率，因此网贷行业不失为一个好的投资选择，而对于贷款的人来说，银行的贷款手续麻烦而又苛刻，而网贷平台的利率虽高，但却能快速地解决一时缺乏资金的燃眉之急，因此选择网贷平台贷款也是一个双赢的局面；从成交量的角度来说，我国人民参与P2P网贷行业的交易越来越频繁，网贷作为一种投资方式已经得到了大众的认可。

2. 我国P2P网贷行业的类型多样化。网贷平台以民营系平台居多，且综合发展实力好的平台以民营系平台和风投系平台居多。这与我国以公有制为主体，多种所有制共同发展的基本制度密切相关。我国处在社会主义初级发展阶段，各种所有制企业共生共长，有助于我国的经济发展。P2P 网贷行业也是一样，以国资系平台、银行系平台为主体，其他风投系平台、上市公司系平台、民营系平台共同发展，并且仅从数量上来说，民营系平台应该占比最大，这样才能更好地形成行业竞争，鼓励行业创新，有益于整个行业的发展，进而促进互联网金融的发展，影响整个金融行业的格局。

3. 我国 P2P 网贷行业的行业利率水平总体趋于走低。相对于前几年大多数网贷平台的高利率来说，今年的行业利率水平开始曾现出一个往下的趋势，利率在 10% ~ 15% 的平台居多。虽然还是有部分平台基于吸引客户的目的采用高利率的引客方式，但从长期来看，保持一个合理区间的利率将是保证平台持久运营的一个重要方面。

4. 问题平台依然存在。问题平台的存在一直是 P2P 网贷行业高风险的主要原因，而今年每个月依旧有问题平台的不断出现。问题平台出现的问题类型主要是经侦介入、提现困难、停业、跑路，纵观每个月的问题平台情况，会发现跑路平台总是居多。这与 P2P 行业的进入壁垒不高不无联系，虽然较低的进入壁垒有助于行业的繁荣发展，但是从另外一个角度说，也会促使很多投机的人利用这一点来损人利己，获取自身利益。

5. 各个网贷平台的风险防范意识还有待加强。从综合评价体系中的运营安全可以发现，各个平台都存在着较高的发生风险的概率。运营安全主要包括了前十大借款人待还金额占比、运营时间、未来 60 天还款金额、资金杠杆和平台总行业投资风险值五个指标。前十大借款人待还金额占比表明了平台借款项目的集中度，太过集中的话，容易发生牵一发而动全身的问题，因此应该尽量降低借款集中度，未来 60 天还款金额、资金杠杆，以及平台总行业投资风险值与平台自身的运营发展策略密切相关，但是平台应该在注重自身发展的同时，考虑到风险控制的重要性。

二、建议

针对我国 P2P 网贷行业的发展情况及发展中可能遇到的一些问题，本书提出以下几点建议：

1. 从国家的角度来说，要建立健全适应 P2P 网贷行业发展的体制、机制，加强监管，立法保护。由于我国长期重视发展工业而忽略了金融行业的发展，因此在体制上需要改善，使金融行业能够得到更好的发展，进而使 P2P 网贷行业能够得到很好的发展。要从我国的经济水平、地理环境和地域优势出发结合国际经验，建立起适合我国发展的体制。要结合理论和实际，不断完善工作手段和方法，加强产业政策与行业管理政策的融合，使我国的P2P网贷行业得到发展。

2. 从行业的角度来说，要增强行业自律。行业自律包括两个方面：一方面是行业内对国家法律、法规、政策的遵守和贯彻；另一方面是行业内的行规行约制约自己的行为。也就是说行业要严格执行相关的法律、法规；严格制定和认真执行行规行约；向客户提供优质、规范服务；维护本行业和企业的利益，避免恶性竞争，维护本行业持续健康的发展。由于我国P2P网贷行业的最近几年才起步，网贷协会也还在发展当中，所以在行业自律方面还有很多需要补全和完善的地方。

3. 从评级方的角度来说，对网贷平台进行评级的一方需要保持客观公正。由于网贷平台鱼龙混杂，参差不齐，因此对网贷平台进行评级有助于投资人更加理智客观地选择平台进行投资，进而使行业内平台优胜劣汰，促进行业的健康发展。由于各种各样的原因可能使评级方会遇到一些问题，如数据获取的问题或者数据获取有误、不全等问题，但是除了这些客观的原因以外，也有可能出现某些评级方为了自身利益或者为了某些关系而使评价结果不够客观、公正，进而影响投资用户对于一个平台实力的判断，这会使得行业的发展进入不健康的轨道当中。

4. 从平台的角度来说，网贷平台注重控制风险、金融创新。对于一个网贷平台来说最重要的就是控制风险，在控制风险的基础上扩大规模、拓展业务才是一个平台应该走的发展之路。控制风险需要再贷前尽职调查，贷中认真核查，贷后时刻复查，在传统控制风险的方法基础上，利用大数据技术，降低经济成本以及时间成本。除了控制风险之外，金融创新也同样重要，若一味地只发展传统业务，那么终将会淹没在历史的洪流中，只有不断创新，才能有机会在历史的长河中站稳脚跟。

5. 从用户的角度来说，用户需要全面考虑、谨慎投资。用户的谨慎投资不仅对于自身的资金安全有益，也有助于P2P网贷行业的健康发展。

第九章

营造创新的互联网金融生态系统

在稳定、成熟的传统金融市场中,金融与非金融企业的行为往往都可预测,且绝大多数风险都在控制体系的可控范围之内。互联网金融产业作为新兴产业,着力点在于开拓未被发掘的用户需求,采取蓝海战略,面对的是以往未被重视的小微企业和个人投资者,必将冲破许多原有的传统理念束缚,以前的管理、理念、模式都需要积极调整,以促进创新型互联网金融生态系统的形成。营造创新的互联网金融生态系统,规范发展互联网金融已经成为业内人士共同的期盼。营造创新的互联网金融生态系统需要相关利益方的努力,包括政策和法律法规顶层设计层面的制度安排,行业自律,社会共治,平台创新和自控。

第一节 创新互联网金融健康发展的政策环境

2015年1月4日,李克强总理在考察深圳前海微众银行时指出:"政府要为互联网金融企业创造良好的发展环境,让你们有'舒适度',不再被绑住手脚。"央行等10部委颁布的《关于促进互联网金融健康发展的指导意见》及陆续出台的实施办法,为互联网金融健康发展构建创新的政策生态环境。互联网金融发展需要什么样的政策环境?如何创新互联网金融健康发展的政策环境?针对这两个问题,笔者认为,互联网金融政策必须具有前瞻性、包容性、创新性、系统性。

一、保持发展互联网金融的先进理念

规范发展互联网金融,应该体现绿色金融、公益金融、普惠金融、共享金融

的理念。

1. 绿色金融。绿色金融（green finance）又称环境金融、可持续金融，研究如何使用多样化的金融工具来保护环境，保护生物多样性。为了促进环境资源保护与经济协调发展，互联网金融在经营活动中要体现"绿色"和环保意识，即在投融资行为中要注重对环境污染的治理及对生态环境的保护，通过投融资行为对社会资源的引导作用，促进经济的可持续发展与生态的协调[1]；互联网金融要保持可持续发展，避免注重短期利益的过度投机行为。

2. 公益金融。公益金融（Social Finance），又称社会金融，是一种区别于传统金融模式的新型投资及财富管理方式。公益金融区别于传统的商业金融，更强调社会责任、社会价值和社会影响力。具体而言，包括公益创投、公益信托、小额借贷、社会效益债券、社会价值投资、互联网公益众筹等产品创新。公益金融在组织上既可采取公司形式，也可采取社会组织形式。[2] 互联网金融要注重公益性，注重在产生经济回报的同时也为社会带来福祉，如提升环境质量、帮助残障人士就业等。

3. 普惠金融。普惠金融概念来源于英文"inclusive financial system"，也译作包容性金融，是联合国系统率先在宣传2005小额信贷年时广泛运用的词汇。其基本含义是：能有效、全方位地为社会所有阶层和群体提供服务的金融体系。主要包括四个方面的内容：一是家庭和企业以合理的成本获取较广泛的金融服务；二是金融机构稳健，要求内控严密，接受市场监督及健全的审慎监管；三是金融业实现可持续发展，确保长期提供金融服务；四是增强金融服务竞争性，为消费者提供多样化的选择。互联网金融是国家大力发展"普惠金融"的重要组成部分。

4. 共享金融。共享金融的概念来自于共享经济。所谓共享金融，就是通过大数据支持下的技术手段和金融产品及服务创新，构建以资源共享、要素共享、利益共享为特征的金融模式，努力实现金融资源更加有效、公平配置，从而在促使现代金融均衡发展和显现消费者主权的同时，更好地服务于共享经济模式壮大与经济社会可持续发展。[3] 互联网金融只是共享金融在当前特定历史阶段的具体表现形式，共享金融是互联网金融发展的最终归宿。

除了以上四种理念，还存在着消费金融、道德金融、文化金融等金融理念，值得一提的是蚂蚁金服集团提出的"小确幸"金融理念。什么是"小确幸"金

---

[1] 雷利钧，高红山. 绿色金融文献综述：理论研究、实践的现状及趋势 [J]. 投资研究, 2009 (3).
[2] 周凌一，李勇. 公益金融：概念、体系及其功能 [J]. 中国非盈利评论, 2015 (2).
[3] 杨涛. 新金融的崛起 [J]. 当代金融家, 2015 (10).

融呢？蚂蚁金服集团CEO彭蕾在人民日报发表题为《互联网金融不止于"向钱看"》的文章，文章指出互联网上的金融创新，就是做微小而美好的，有安全感、信赖感和幸福感的金融，让每个人、每个小企业都可以在金融的帮助下实现自己的梦想，而不是变成金融的奴隶。纵观以上几种金融发展理念，我们可以发现，先进的金融理念都是互相包容、合作共赢的金融理念。

笔者认为，互联网金融的金融本质是没有变的，互联网只是金融活动的载体，所以不能离开金融的本质来谈金融理念。什么是金融本质呢？金融的本质就是为发展实体经济进行资金的融通，资金的需求者可以获得资金，资金的供给者通过提供资金获益。过去几十年里，中小企业作为资金的需求者得不到资金的供给，资金的供给者找不得合适的投资机会，这样供需不对等违背了金融的本质。所以，无论是绿色金融、公益金融、普惠金融、共享金融，还是蚂蚁金服的"小确幸"金融都是围绕着金融的本质而提出的金融理念。保持发展互联网金融的先进理念就需要保持互联网金融为投资者和筹资者搭好桥、牵好线，满足不同资金需求者的融资需求和资金供给者的投资需求，实现金融的公平原则。

二、夯实互联网金融发展的基础设施

互联网金融在融资效率高、成本低、覆盖面广等方面存在着比较优势，如何让这些优势成为核心竞争力成为各互联网金融企业的发力点呢？2014年9月4日下午，波士顿咨询公司（BCG）首度发布关于中国互联网金融的报告——《互联网金融生态系统2020：新动力、新格局、新战略》（下称《报告》）。《报告》称，互联网金融将在一定程度上改变金融行业的竞争格局和制胜要素。《报告》作者之一何大勇表示，对场景的争夺战已经很激烈，但远未停止，而基础设施可能是下一步的焦点。[①] 全国第一家互联网银行行长曹彤认为基础设施是互联网金融的首要挑战，如果我们不能成功跨越互联网金融的基础设施建设这道栏，那么互联网金融将很难成为承载重大社会意义的全新金融模式。

那么到底什么是互联网金融基础设施呢？互联网金融基础设施指为互联网金融企业为互联网金融消费者提供金融产品和服务的互联网工程设施，是用于确保互联网金融企业和互联网金融消费者交易正常进行的服务系统，主要包括金融组织体系、金融服务体系、金融环境保障体系和金融交易体系。在金融基础设施建设的大环境下，互联网金融基础设施要做到"硬件不软、软件更硬"。

1. 加快建设征信体系。征信体系是互联网金融发展的重要基础设施。尽管

---

① 侯美丽. 互联网金融争夺战：基础设施是下一个焦点 [N]. 中国经济时报, 2014-09-05.

《指导意见》中提出了"推动符合条件的相关从业机构接入金融信用信息基础数据库"的有利消息,意味着互联网金融企业有可能接入人民银行征信系统采集互联网信用信息,但有关互联网金融机构如何接入与接入资格的规定并未出台,未来征信系统的正规化管理是由政府全权进行还是有私人企业的参与还不得而知。

征信系统是专业化的、独立的第三方机构(目前是中国人民银行),为企业和个人建立信用档案和基础数据库,依法采集、客观记录企业和个人的信用信息,并依法对外提供企业和个人的信用报告的系统。征信体系的重要性主要体现在,第一,征信数据支撑互联网金融发展;第二,有助于防范互联网金融风险;第三,互联网金融征信的探索有利于传统征信业务创新;第四,有助于在更大范围内促进全社会形成良好的信用环境。①

打造良好的信用环境。首先,要构建科学合理的信息共享机制。各金融机构应形成合力,共享欺诈数据,或开发相关反欺诈模型。通过信用信息共享机制提高信息的广度和深度,增加信息的多样性和准确性,使互联网金融主体相关信用问题可以被观察,被评估,降低信息不对称,降低交易成本,以此来降低互联网金融发展的信用风险。其次,政府牵头或者通过独立第三方来建设征信机构能更好地促进全国征信体系的发展。建立征信体系应该从两方面入手,一个是企业征信,另一个是政府征信。企业征信要以市场为导向,面向市场需求,开发征信业务,丰富征信产品,提高征信服务水平,形成像美国那样成熟的征信产业。政府要利用自己所掌握的优势信息资源建立征信体系,对于那些不涉及国家秘密,不敏感的信息实行信息共享,主张民间征信与政府征信实行对接,形成统一的征信体系。再次,建立完善的失信惩戒机制和诚信奖励机制。鼓励大众媒体对企业和个人的信用进行监督,通过舆论的方式对失信行为进行谴责,对于诚信行为加以表扬和鼓励;制定相关法律对欺诈行为进行民事或刑事上的惩罚,增加失信成本。

2. 完善互联网金融法治环境。随着金融创新的不断出现,法律还未能跟上金融创新的步伐,存在立法滞后性;有些互联网金融模式出现较早,我国出台的相关法律也比较早,所以有一些法律规定已经不适用今天的情况,需要修改;针对同一互联网金融模式可能存在不同程度的重复立法及立法矛盾;立法观念陈旧。法律是金融监管的基础,是监管的依据,所以完善法律系统,营造适合互联网金融创新的法治环境是当务之急。

首先,在法律上承认互联网金融的地位,制定互联网金融行业的准入门槛,

---

① 杜晓峰. 我国互联网金融征信体系建设研究 [D]. 厦门大学硕士学位论文, 2014.

在互联网金融资本充足率、信息披露、消费者权益保护方面建立相关法律制度，针对不同类型的互联网金融制定不同的法律法规，区别对待。

其次，坚持立法适度原则。互联网金融作为一个新兴行业，存在风险是正常现象，在立法方面不宜管得过严，管得过死，应该坚持适入门槛和资本充足率方面适度降低标准，在金融监管与促进互联网金融创新之间适度原则，底线思维。刘士余（2013）指出，互联网金融有两个底线决不能碰：一是非法吸收公众存款，二是非法集资。在坚持着两个底线的条件下，适度立法，找准平衡点。

再次，加强对互联网金融的知识产权的立法保护。互联网金融之所以能打破传统金融的垄断地位，是因为互联网技术的创新，如大数据和云计算在金融行业的应用。互联网金融是个朝阳产业，具有无限的创新能力，立法部门应该加强对互联网金融知识产权的保护，对于侵犯知识产权，盗取他人劳动成果的行为以严惩，完善专利制度。

最后，加强互联网金融消费者权益的法律保护，提升违法行为的法律成本。互联网时代信息传播速度如此迅速，加大了互联网金融的风险，要通过完善信息披露制度，保护消费者的知情权，在销售互联网金融产品时，要保护消费者的自主选择权、公平交易权等相关权益的保护。只有消费者的权益得到很好的保护，互联网金融的发展才有市场基础。

3. 加强信息基础设施建设。从技术层面看，实施支撑保障互联网金融信用体系的新硬件工程，加强新一代信息基础设施建设，加快核心芯片、高端服务器等研发和云计算、大数据等应用。另外，适应"互联网+"特点，应加大政府部门采购云计算服务力度，创新信贷产品和服务监管。大数据和云计算在互联网金融中起着什么作用？大数据在银行业主要应用包括：第一，客户画像；第二，精准营销；第三，风险管控；第四，运营优化。保险行业运用大数据主要是：第一，精细化营销；第二，精细化运营；第三，欺诈分析。证券行业对大数据的应用主要包括三个方面：第一，股价预测；第二，管理客户关系；第三，投资景气指数。

大数据和云计算是互联网金融发展的技术基础，发展大数据和云计算技术，打好互联网金融发展的技术基础需要从以下几个方面入手。

第一，树立起大数据意识，重视大数据的发展，确定大数据的地位。政府要大力扶持大数据的研究，通过政府购买大数据产品来推动大数据的发展。

第二，鼓励发展大数据产业，对大数据相关产业实行税收减免和财政补贴，注意保护大数据企业的知识产权。积极推动大数据的产业化发展，利用市场的力量，实现大数据资源的优化配置。鼓励大数据企业加大研发力度，开发新产品，研究新问题，形成一批具有实力的大数据企业，带动大数据产业发展。

第三，加大高校对大数据和云计算的研究支持，鼓励企业与学校联合起来，形成产学研一体化，缩短理论到应用的时间。高校与企业的联合，企业为高校提供研究数据和实习场所，同时高校积极研究企业面临的理论技术难题，破除互联网金融发展的技术壁垒。

总之，互联网金融发展的技术基础的巩固和加强，需要政府、企业、高校三方共同的努力，破除阻碍大数据和云计算技术创新发展的机制体制障碍，加快大数据产业化发展。

三、推动互联网金融产业链发展

1985年，哈佛商学院教授迈克尔·波特在《竞争优势》中率先提出产业链的概念。他认为："每一个企业都是在设计、生产、销售、发送和辅助其产品的过程中进行种种活动的集合体。所有这些活动可以用一个价值链来表示。"产业链又称为供应链。互联网金融产业链是通过竞合活动创造价值的互联网金融业中的上下游企业集合体。我国的互联网金融产业价值链已经基本形成，主要包括银行、金融机构、第三方支付企业、互联网企业、移动终端设备制造商、移动运营商、用户等相关利益者，共同为消费者创造价值。图9-1为互联网金融产业链模型。

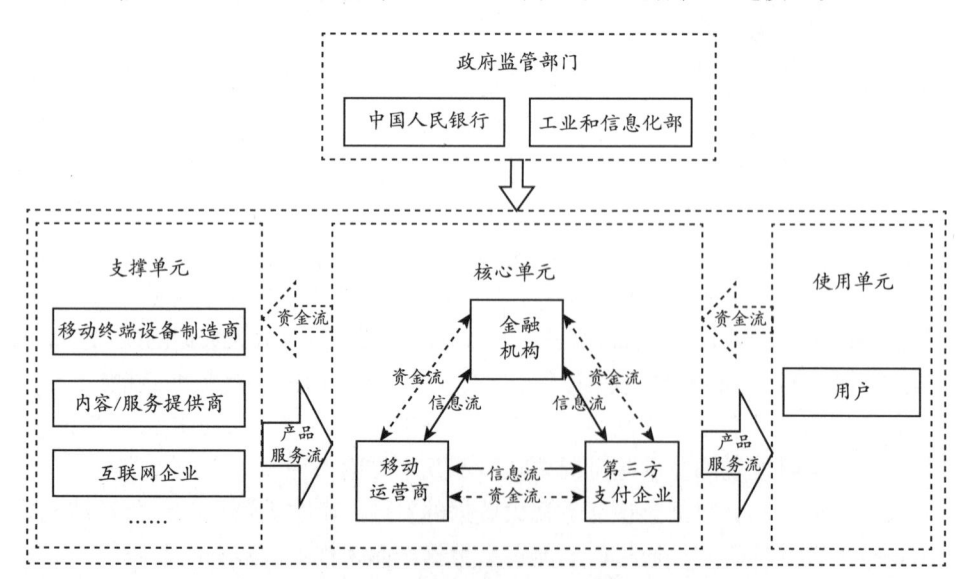

图9-1 互联网金融产业链模型

资料来源：刘以研. 移动金融产业价值链的价值分配研究 [D]. 吉林大学博士论文，2013.

互联网金融渗透传统金融产业的常用方法就是,在传统金融企业用以获取经济利益的领域收取较低费用甚至不收取费用,从而彻底把传统金融企业的客户群带走,继而转化成流量,然后再利用延伸价值链或增值服务来实现盈利。目前,互联网金融产业链结构不完善,同质化竞争严重,缺乏核心竞争力。所以,笔者认为应该从三个方向探索互联网金融商业模式,推动金融产业链发展。

1. 互联网金融超市模式。所谓金融超市,是指将金融机构的各种产品和服务进行有机整合,并通过与保险、证券、评估、抵押登记、公证等多种社会机构和部门协作,向企业或者个人客户提供的一种涵盖众多金融产品与增值服务的一体化经营方式。笔者认为,互联网金融超市就像零售业里的淘宝、京东,服务业里的美团和大众点评一样,而互联网金融超市提供的是金融产品和服务。目前,国内的互联网金融超市包括91金融超市、融360、蚂蚁金服。下面以蚂蚁金服为例介绍互联网金融超市模式,如图9-2所示。

图9-2 蚂蚁金服主要业务

资料来源:蚂蚁金服。

2014年10月16日,阿里小微金融服务集团以蚂蚁金融服务集团的名义正式成立,旗下业务包括支付宝、支付宝钱包、余额宝、招财宝、蚂蚁小贷和网商银行(筹)等,主要业务包括:蚂蚁金服专注于服务小微企业与普通消费者,未来将对所有合作伙伴开放云计算、大数据和市场交易三大平台,建设信用体系,拓展互联网时代的金融新生态。

笔者认为,蚂蚁金服这种通过从电商、生活服务网站、社交网站、文化娱乐网站、物流行业等行业搜集大数据,然后通过大数据分析和云计算技术对搜集的数据进行分析和加工生成征信业务，再通过征信业务去服务互联网金融业务。同时，互联网金融业务的开展搜集了庞大的数据，通过大数据分析和云计算不仅完善了征信业务，还有利于开发新的新的金融产品，为个人和小微企业提供理财和融资业务，资金进入实体经济，从而形成一个完美的产业链。这个产业链囊括了农业、建筑业、制造业、银行业、餐饮业、交通运输业等各种行业，形成了一个完整的经济生态圈。这就是互联网金融超市模式。

2. 供应链金融模式。一个特定商品的供应链，从原材料采购到制成中间及最终产品，最后由销售网络把产品送到消费者手中，将供应商、制造商、分销商、零售商、直到最终用户连成一个整体。供应链金融，简单地说，就是银行将核心企业和上下游企业联系在一起提供灵活运用的金融产品和服务的一种融资模式。

以京东为代表的供应链金融模式是以电商或行业龙头企业为主导的模式。在海量交易数据基础上，作为核心企业，或以信息提供方的身份或以担保方的方式，通过和银行等机构合作，对产业链条中的上下游进行融资的模式。在此合作模式中，京东等龙头企业起到对信息进行确认审核、担保或提供信息的作用，并没有实质上对用户提供资金的融通，这一职责仍旧由银行或别的资金供给方担任。①

供应链金融模式将这一链条上的金融主体联系起来，降低信息不对称，节省交易成本，能够有效地为实体经济注入资金，推动金融服务实体经济的良性循环，在一定程度上解决了上下游中小企业的融资难的问题。推动互联网金融产业链的发展要不断地巩固互联网金融的技术基础，推动互联网金融产业链模式的创新。

3. 互联网+产业+金融的"1+1+1"模式。产业链金融的兴起对于互联网金融的发展大有裨益，很多无法保证资产端的纯互联网金融平台被逐渐淘汰。故产业链金融成为互联网金融发展的关键，产业链金融也成为银行介入互金行业和小微企业的利器，随着监管落地，更是创新了不同的发展模式。产业链金融优势在于专注，专注产业链金融项目的互联网金融服务平台。依托特定领域产业链强大的产业优势，紧扣产融结合战略，与储运有限公司深度携手，为产业链中小微客户的发展，提供良好的金融配套支撑。企业应根据产业链的具体特点，创新产品模式，真实实现资产端与资金供需双方需求，确立行业产业链融资的主导地位。表9-1为阿里集团投资收购的企业。

---

① 解读大数据的平台模式与供应链金融模式［DB/OL］. RFID中国网，2013-10-25.

第九章 营造创新的互联网金融生态系统

表 9-1　　　　　　　　　　　阿里集团投资收购的企业

企业类型	日期	企业名称
搜索引擎	2005.8.14	雅虎中国
	2010.10	搜狗
本地生活	2006.10.26	口碑网
	2011.7.7	美团网
	2013.4.10	快的打车
	2013.5~2014.4	高德地图
电商服务	2009.9.28	中国万网
	2010.1.24	宝尊电商
	2010.6	Vendio
	2013.11	深圳—达通
社交移动端	2011.8	陌陌
	2013.4	新浪微博
	2013.8~2014.6	UC浏览器
	2014.3.20	Tango
文化领域	2013.1.10	虾米音乐
	2013.9.6	新浪视频
	2014.3.11	文化中国
	2014.4.8	华数影视
	2014.4.29	优酷土豆
	2014.6.5	恒大足球
	2014.6.13	21传媒
	2014.8.1	Kabam
金融类	2014.3	天弘基金
	2014.4	恒生电子
物流领域	2007	百世汇通
	2010.3	星晨急便
	2012	日日顺物流
	2013	新加坡邮政

注：本表格根据网上新闻整理。

我国互联网金融起步较晚，互联网金融产业链尚不完善，必须加深产业发展的深度和广度，建立完整的产业链。首先，产业链中的各个企业必须专注于自身核心优势，分工细化，提高专业化程度，加深产业链的深度。依靠新技术，挖掘新渠道，提供更加符合用户需要的创新产品和服务，从而实现更高的价值。其次，互联网金融产业链上游企业通过开拓思维，提供丰富的产品使下游企业的需求得到充分满足，这样就增加了产业链的广度。无论是传统金融机构、第三方支付、电商小贷、互联网企业、P2P网贷平台、众筹，还是移动运营商等，都是互联网金融产业链中不可或缺的价值主体。互联网金融产业链每个节点上的企业都创造了其特殊的价值，它们之间紧密联系，结构合理，充分发挥了产业链整体功能。

互联网金融产业链中在竞争中也加强了相互合作，共生共融，共同创造价值。互联网信息技术发展推动了消费者需求多元化。互联网金融企业基于比较优势找准自身定位，在竞争中谋求合作。随着新技术和新商业模式的产生，互联网金融产业链中各个环节之间的界限逐渐模糊，不论是金融机构还是互联网企业，都跨界提供新的产品和服务，相互融合。多层次的互联网金融产业链中各个企业在竞合共生的环境中谋求突破，优化市场资源配置，以满足用户多元化、个性化需求。产业链内上下游企业通过加深合作，不断推动互联网金融产业链健康发展。

四、建立健全高效的大数据监管

霍学文（2015）认为，风险和信用是金融最重要的两个因素，一个金融企业究竟能够走多远，是基于风险控制的因素。每一个互联网金融企业都需要建成自己完备的风险控制体系，建立公共的大数据平台，互联网云平台将会兴起，大大降低每一个金融消费者获得金融的成本，进而提高整个社会的效率。

"风险控制"可以说是互联网金融的生命。而其中，利用金融行业的大数据进行监管是金融行业日常监管的主要方法。"业务和机构分类+分业监管"为核心的传统金融监管模式，从长期看需要有所突破，迫切需要创新的监管思维和监管模式，建立健全高效的大数据监管，促进数据共享，加强行业风险监测预警。随着互联网金融生态体系的演化，行业自我生长、自我纠错和自我完善的能力越来越强，大数据也将成为核心资产，并重构监管逻辑和监管机制。也就是说，围绕数据的生成、传输和使用等环节，采取实时、互动方式，实现对金融大数据的监管。是谓"大数据监管"。

那么，政府在建立大数据监管方面应该做些什么呢？

首先，政府部门应该进行大数据方面知识的学习，加深对大数据的认识，树立大数据思维。现在已经进入到大数据时代，作为政策制定者的政府，必须紧跟时代步伐，及时充电，这是先进型、学习型政府所必须要做的事。2015年起，大数据将进入2.0时代，其主要特征包括：移动App运营统计分析平台洞察客户，大数据营销平台出现，移动大数据成为基础数据，标签将成为大数据金融的重要武器，用户画像将体现在CRM系统中。①

其次，政府部门应该对大数据予以足够的重视，将其纳入国家战略。大数据可以在众多领域发挥作用，如利用数据实时切脉为企业带来新的价值，消费行为数据和产品运行数据反馈加速产品创新，利用数据提高运营效率，提高营销精准度，提高服务能力和水平，推动制造业服务化，提高社会治理能力。②

再次，为大数据建立共享制度。获得庞大的数据是大数据发挥作用的基础，目前我国跨部门、跨行业的数据共享仍不顺畅，有价值的公共信息资源和商业数据开放程度低，基本处于死锁状态而无法顺畅流动，存在数据孤岛。建议政府制定大数据共享制度，从而形成数据格式、接口、安全、开放的各类规范，为数据安全应用提供保障，促进数据交易。

最后，加强人才培养。目前，我国大数据方面的人才存在这严重供不应求，国家应该鼓励对大数据方面的教育投入，聘请国外相关方面的专家，加强大数据方面研究，培养既懂相关行业知识又精通大数据分析的全面型人才。

互联网企业在大数据监管方面有哪些发挥空间呢？

首先，组建一支专业的队伍。企业要想建立一支有效的大数据监管专业团队是必不可少的，这支队伍里不只需要专业的金融学方面的人才，更需要首席数据官（Chief Data Officer，CDO），以应对日益繁重的数据处理任务。数据科学家，这是团队中的核心人物，需要深厚数学和统计学背景，负责洞察大量的结构、非结构化数据，运用最新技术手段建模，预测未来发展趋势并提出建议。比传统商业分析师掌握更多数据管理软技能，掌握更多技术手段。数据可视化专员，负责将分析结果进行可视化处理，提高信息展示的价值。数据变革专员，协助CDO进行内嵌式数据变革，负责推动成为"以数据为中心的保险公司"的内部流程。数据工程师，IT专员，用来设计和管理IT基础设施与软件，开展数据从获取、清理、整合到治理的工程技术工作。③

其次，加强信用分析模型的研发。中国的信贷审批，或信用风险管理，参差

---

① 大数据进入价值变现的2.0时代［DB/OL］.亿铂客，2015-4-21.
② 陈新河.数据驱动企业信息化进入2.0时代［M］.北京：中国金融出版社，2014.
③ BCG重磅报告：大数据如何推动中国保险业转型［J］.蚂蚁金服评论，2015-08-20.

不齐，从定性判断到简单的量化决策都有，总的来说量化分析不足，而且征信机构的信用评分还未推出。只有加强对量化的信用风险分析技术研发投入，才能真正实现对消费信贷的专业风险管理。同时，值得强调的是，大数据时代，没有现成的免费午餐，数据和模型需要提炼，需要数据科学家的人工参与。对数据的理解和数据挖掘技术的掌握都是建模过程中不能省掉的功课。①

再次，加强风险模型的研发。与传统金融监管一样，风险防范也是互联网金融管理的重点。互联网金融企业应加强对大数据的分析利用，研发出有效的风险监测和风险防范模型，这是大数据在互联网金融领域最重要的运用之一。

很多金融新型机构已经开始有益的尝试。以获得"2015年度互联网金融风控技术创新奖"的星云大数据风控系统为例，技术人员利用时下流行的"大数据"打造一个带有信用分析、评价体系的系统。这一系统利用其自身技术与积累的数据，将每个个体在其社会关系中的角色和关系链进行分析并对结果进行赋值，形成了每个个体相对应的社会关系价值。再结合欺诈、信用等维度，对目标用户进行评分，从而形成一个完整的风险、信用评分体系。

第二节　培育互联网金融健康发展的创业创新环境

互联网金融的发展势头吸引了创业者纷纷投入其中，虽然创业者热情高涨，但是创业过程中存在不少的问题，如缺乏创业资金，没有创业经验，创业项目缺乏核心竞争力，缺乏经营能力等一系列问题，为了解决这些问题，培育互联网金融健康发展的创业创新环境显得尤为必要。

一、培育互联网金融创客空间

"创客"一词来源于英文单词"Maker"，克里斯·安德森在《创客：新工业革命》一书中首次提出，是指出于兴趣与爱好，努力把各种创意转变为现实的人。创客空间是兴趣相投的创客们的聚集平台，是创客们最基本的组织单位，由创客们志愿发起组建。

培育互联网创客空间是解决创客关于创客难题的重要途径。以众创联盟为例来介绍一下互联网金融创客平台。该平台的建立是为了整合国内国外有助于并有力直接推动创业创新的人力资源与科技成果，把科技人才与技术成果源源不断地

---

① 刘新海等．大数据征信的应用和启示：ZestFinance 的基于大数据的信用评估技术［J］．蚂蚁金服评论，2015－06－19．

嫁接到我国数以千万计渴望发展而迫切需要人才与技术的中小微型企业，并重点扶植和对接一批优秀中小微企业，提供以科技创新、转型、技术咨询、人才管理、项目投资等为核心的服务平台，由此实现 1+1>2 的目标与愿景。

互联网金融是一个重要的创业领域，需要这样一个平台来帮助解决创业的相关问题。

首先，鼓励大学生及农村剩余劳动力进行创业，培养"创客型"人才，创办大学生创业"孵化基地"。只有众多的有志创业的人才才能激发创客空间的活力，凝聚创意，众筹智慧，吸引投资者关注。孵化器必须符合经济规律，防范孵化空间泡沫。未来能够生存的非政府孵化器，只有三类。一类是投资导向的孵化器，依托天使和种子投资赚钱和生存。一类是地产商出身的孵化器，它们具有天然的成本与地理优势，无可比拟。一类是大公司沿着生态链搭建的孵化器，它们生存的价值在于为大公司搭建生态链。

其次，加大对众创空间的政策扶持。适应"众创空间"等新型孵化机构集中办公等特点，简化登记手续，为创业企业工商注册提供便利。支持有条件的地方对"众创空间"的房租、宽带网络、公共软件等给予适当补贴，或通过盘活闲置厂房等资源提供成本较低的场所。①

再次，培育创客文化。目前，国内的创新文化氛围和创业生态环境仍不适合创客群体蓬勃发展。要改善创客发展的创新创业生态，须按照创客发展的规律和不同阶段，积极培育创客文化。

最后，完善知识产权保护的相关法律制度。互联网金融企业最大的优势是技术先进性和产品创新性，如果不对他们知识产权加以保护而造成创业者的创意被复制，那么他们在市场上很快就会失去优势，从而不再投资，破坏了创业者的创业热情和创业的生态环境。

二、推动互联网金融生态主体深度融合

里克斯·安德森在《长尾理论》一书中写道："如果你可以大大降低供给与需求的链接成本，那么你能改变的不仅是数字，还有市场的整个内涵。这不仅是一个量的变化，也是质的变化。"而推动互联网金融生态主体深度融合打破信息不对称，就可以大大降低供给与需求的衔接成本。推动互联网金融生态主体深度融合，就要鼓励企业围绕"互联网+实体产业+金融"的结合来开展技术和商业模式的创新。金融最终还是要落脚于实体经济，如"互联网+汽车"、"互联

---

① 李克强. 培育创客文化，让创业创新蔚然成风 [DB/OL]. 央视网，2015-01-28.

网+零售"、"互联网+农业"、"互联网+房地"等。

我们以"互联网+农业+金融"为例来说明互联网生态主体的深度融合（图9-3）。"互联网+农业+金融"的商业模式之农业企业的产业链模式。如大北农集团的"智慧大北农"战略，"智慧大北农"是运用互联网及移动互联网、物联网等先进技术，通过智能化、网络化、终端化的手段，颠覆公司、客户及行业的传统管理、营运及商业模式，构建起无限宽广的网络空间，将公司、员工、事业伙伴、用户、同行紧密融合在一张巨大的网上，倾力打造的一个高科技、互联网化和类金融化的现代农业服务平台。在这个平台上，将整合农村的人流、信息流和商流，为三农提供基于人际沟通、信息服务和电子商务的基础服务，形成一个独具特色的农村PIB新模式。

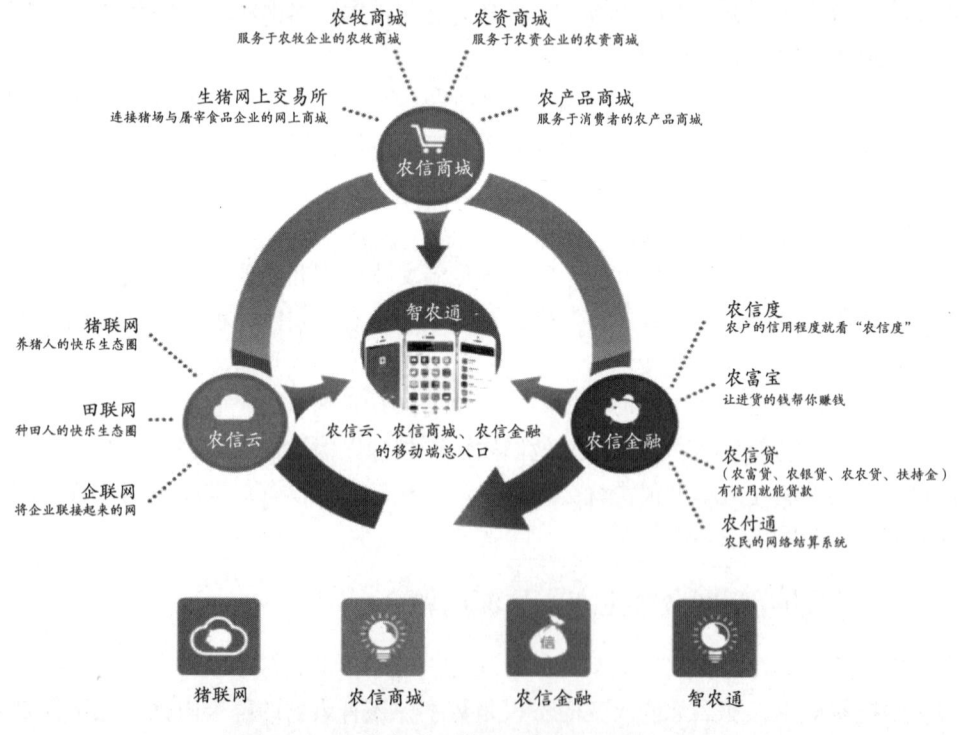

图9-3 大北农"互联网+农业+金融"模式

通过这张网，大北农就掌握了他们的供货商、经销商、消费者的全方位的数据，就相当于有了一个征信系统，然后从建立鸡舍、饲料、兽药、收购提供资金支持，但资金不经过农户，农户只专注于养殖环节。这样不仅能够解决农户创业缺乏资金的困难，还能很好地控制风险。

结合金融发展史来看，任何金融中心的产生都离不开商业的土壤，金融不可能是无源之水、无本之木。传统金融企业是建筑在传统商业基础之上的，而现在的很多互联网金融企业却缺乏商业场景的支撑，所以像银行、拉卡拉甚至包括腾讯都在努力挺进电商，而阿里巴巴及旗下的支付宝已经开始与线下商户联合，形成新型的产业关系。若要进一步地降低成本、获得竞争优势，势必采取一定的纵向一体化，将企业自身的业务从简单的线上金融业务或电商业务拓展到线下的实体产业，围绕"互联网 + 实体产业 + 金融"的结合开展技术创新和商业模式创新。

从政府不断出台的金融、财税改革政策中不难看出，通过鼓励互联网金融平台的发展，惠及扶持中小微企业发展已然成为主旋律，占中国企业总数98%以上的中小微企业之于中国经济发展的重要性可见一斑。而从互联网金融这种轻应用、碎片化、及时性理财的属性来看，相比传统金融机构和渠道而言，互联网金融平台更易受到中小微企业的青睐，也更符合其发展模式和刚性需求。随着移动支付产品推出，这种更便携、更智慧、更具针对性的支付体验已经广泛惠及中小微商户。而这也许正是"互联网 + 实体产业 + 金融"生态圈形成的开始。

三、推动传统金融机构拥抱"互联网+"转型升级

"互联网 +"概念，为各行各业注入创新活力，无论是互联网巨头、实体产业，还是传统金融机构，都需要充分借助互联网方式，重新构建适合自己的商业模式和价值链。只有充分利用自身资源和能力，利用互联网大数据精准定位交易主体，快速、便捷提供产品或服务，并有效控制风险，金融企业才能在未来竞争中占得先机。

传统金融机构转型困难重重，关键在于其传统思维和战略并没有进行彻底的变革。但也有部分传统金融机构突破产业发展瓶颈，成功进入互联网金融领域。这方面，平安做出了较多的探索。平安整体战略可以归纳为"124"，具体来说，"1"是一个目标，即"个人零售综合金融生活服务提供商"；"2"是两个模式，"综合金融 + 互联网"和"互联网 + 综合金融"，即从两个方面进军互联网金融产业；"4"是保险、银行、资产管理和互联网金融四个业务板块。其中，"综合金融 + 互联网"和"互联网 + 综合金融"两个不同的模式常被人们混淆，"综合金融 + 互联网"的核心是"一个客户、多个产品、一站式服务"。这一模式还是传统金融业务，是以金融产品为起点，用互联网手段，帮助线下业务提高效率、降低成本、改善客户体验。如各家银行、保险公司、证券公司利用科技支持业务发展，建立网站，等等。"互联网 + 综合金融"模式的逻辑则是相反的，是从生

活切入到不同服务行业，最后再到金融，将金融服务嵌入生活。重点围绕客户"医、食、住、行、玩"等需求构建生态圈，利用大数据征信、云计算等技术，实现线下到线上的客户迁徙，线上用户从互联网向核心业务的横向迁徙，等等。

互联网金融的发展不断冲击着传统金融机构，迫使传统金融机构不得不面对现实，思考自己的前途。互联网金融给传统金融机构带来的不仅仅是利润上的冲击，更多的是技术、观念上的冲击。

首先，要积极打造互联网金融生态圈。传统金融机构在客户资源、商业信誉、资金运作、项目管理等方面具有天然优势。商业银行以优势金融服务为基础，通过"联盟＋自营"的方式，建设适应客户习惯和网络经济生活特点的"金融＋商务＋消费＋社交"的互联网金融生态圈。金融服务方面以满足各类客户的金融需求为目标，以最佳的客户体验提供集金融资讯、产品销售、理财顾问、客户服务于一体的全方位综合化金融服务；商务服务方面以促进与客户的深度融合为目标，为核心企业和上下游企业提供覆盖销售、采购、融资等配套专业化金融服务；消费服务方面为客户提供信息发布、在线交易、支付结算、融资贷款、资金托管等全方位金融服务；社交服务方面力争与客户建立新型互动关系，把金融服务融入网络社交和网络圈子，让客户感受到金融服务无处不在。最终，互联网金融将建立起以客户为中心，融合商务支持、资金管理、数据支持等新兴服务模式，将以整合便民生活服务提高客户黏稠度，通过互联网为企业客户和个人客户提供全方位一体化的"泛金融"服务。

其次，积极与互联网企业开展竞争合作。互联网时代是一个开放融合的时代，互联网企业在业务响应速度、服务灵活程度等方面具有优势，商业银行可以选择将部分非核心增值服务通过合作外包的形式交由专业的互联网公司运营，服务于银行主营业务发展。对于核心支付业务，商业银行可以有效运用云计算、物联网和智能终端为代表的新技术，按照"便捷、安全、融合"的原则，积极推动支付模式创新，以网络支付和移动支付为突破，重塑银行核心支付地位，建立产业链融资体系。

再次，要积极布局移动金融。移动金融是包含移动银行、移动支付、移动商务和营销服务的综合化服务。移动金融服务则是依托移动终端和移动网络，全面融合移动银行、移动支付和移动商务，为客户提供全方位、多层面、立体化服务的综合服务体系。移动金融是未来客户获取金融服务的主要方式和生活支付的主要手段。移动金融被行业相关方定位为互联网金融的未来战略重点，具有社交、位置移动特性和贴身便捷、随时随地两大优势，移动金融在互联网经济时代呈现出新的特点，商业银行应围绕互联网金融生态圈的移动化不断深化，将移动支付与行业应用深度整合，打造全新移动金融生态圈。

四、建立互联网金融机构人才培训机制与培养体系

互联网金融的发展必然是互联网的技术优势与金融学精髓的结合，将金融业务、网络信息技术、市场营销、法律等多门知识技能集于一体。所以，互联网金融发展迫切需要以下三类人才：既懂金融业务又懂互联网技术的复合型人才；具有创新思维和实践能力的创新型人才；兼备风险意识和法治思维的管理型人才。

《2014年中国互联网行业薪资报告》显示，在行业招聘TOP10中，互联网和金融业的招聘需求分别排名在第一位和第五位。作为新兴行业，首先是人才供给跟不上行业扩张步伐，其次是互联网金融行业既要有互联网思维，又要有扎实的金融基础，短期内，这类复合型人才"一将难求"。

《2015年中国互联网金融市场前景调查报告》显示，仅就江苏省一省为例，据江苏省互联网金融协会调查统计，未来3年内，P2P网贷平台的人才缺口将会达到142万，再加上互联网金融其他六种业态的人才缺乏，全国互联网金融人才缺口将会达到300万左右。调研还发现，江苏省互联网金融人才需求基本与全国互联网金融人才需求一致。未来3年内，互联网金融企业的高管需求率每年在4.2%左右；风控人才的需求率每年在21.1%左右；技术人才需求率在16.4%左右；营销人才需求率在58.3%左右。

建立互联网金融机构人才培训机制和培养体系已经成为政界、商界、学界的共识，这么大的人才缺口究竟靠什么补、如何补成为互联网金融企业的关注焦点。笔者就建立什么样的人才培训机构和培养体系及如何建立展开讨论。

第一，成立互联网金融研究机构，为互联网人才培养提供师资力量。互联网金融作为一个新兴行业，短短10年就遍地开花，国内对这个行业的研究无论在理论方面还是在具体的操作都不是很成熟，需要成立专门的研究机构，加快对互联网金融的研究。建立包括政府官员、学者、互联网金融从业人员在内的研究机构，针对互联网金融的模式、风险防范、法律制定、制度保障、大数据和云计算技术等方面进行研究，形成理论体系，编写互联网金融教材。

第二，充分发挥高校的作用。为了解决互联网金融企业的燃眉之急，设计明确的互联网金融培训体系，培训模式和规范，确立体系化的培训课程，借助比较成熟的互联网金融高校教师或者行业领袖，系统地培养互联网金融专业人才。例如，在基础理论知识的课程中，加大计算机与数学知识的内容比重，设置大数据技术、数据挖掘、网络安全、金融风险评估等课程。在专业课程中相应增加互联网金融相关的课程，如互联网融资与操作实务、信贷与供应链金融、互联网金融

模式和互联网金融营销等课程。同时，课程中还需要增加金融法规方面的内容，让学生了解和把握金融法律，在法律与法规范围内开展互联网金融业务。

第三，开设互联网金融专业，培养适合市场需要的人才。高校作为人才培养的主要单位，要制定互联网金融人才规划。为了适应当前金融发展的需要，培养符合市场需求的互联网金融人才队伍，应对目前开设的金融教育课程进行调整，增加互联网金融的内容。针对互联网金融本身所需要的人才，开设相关课程，如金融学、统计学、计算机编程、数学、金融法学等学科，对互联网金融模式如第三方支付、P2P信贷、互联网保险、众筹等加以学习，掌握互联网金融基础知识，并开发出相关模拟软件进行模拟操作。鼓励学生组成学习小组，探讨互联网金融发展的新现象、新问题，并对互联网金融公司进行实地考察。

第四，鼓励多种形式教学，大力发展"互联网+"教育的在线学习模式。互联网时代的人们完美地阐释了什么叫"秀才不出门，尽知天下事"，办网校，进行远程教学已经成为互联网时代不可缺少的教育模式。互联网教学不仅解决了学生上学的时间距离问题，还能节约教师资源，享受到优秀教师的教育。鼓励互联网金融公司开设互联网金融教学，培养自己的人才储备，同时还可以输出人才。将互联网金融人才培养纳入市场机制，鼓励专业的教育培训机构展开公平竞争。

第五，推动产学研相结合，开展实训式培训。支持互联网金融企业与高校合作，推动产学研相结合培养互联网金融人才模式，形成完整互联网金融人才培育体系。盘活存量人才，2015年全国749万大学毕业生当中，计算机/电子信息类、管理/营销类和经济/金融类毕业生规模达到266万，占35.5%，是一个非常巨大的规模，利用产学研相结合培养互联网金融人才模式，激活这类准互联网金融人才。鼓励专家、企业管理者进入高校授课，培训互联网金融方面的人才。

建立互联网金融人才培训机制和培养体系需要政府、企业、学校等各方共同努力。政府要在财政补贴和税收方面给学校、企业予以支持，支持他们设立专门机构来培养人才，教育机构在学费和学习资源上给学生以优惠；企业要为人才的培养提供便利条件，为学生提供实地学习的场所和实践上的帮助。学校运用优秀的教学资源，深入研究互联网金融，为互联网金融的发展作出理论指导。

五、建立和完善互联网金融中介服务体系

金融中介机构指为金融业提供中介服务的机构，主要包括经济鉴证中介、融资担保中介、金融中介行业协会三类。经济鉴证中介是指利用专业知识技能，对经济组织和经济活动及有关资料进行鉴证或代理委托事项，出具有证明效力的意见或出具证明材料，实行有偿服务并承担法律责任的机构组织。融资担保中介机

构是指具有独立法人实体的、风险共担、利益共享的直接或间接为经济主体融资提供担保服务的机构，主要包括各类融资担保有限公司和中小企业信用担保基金等。金融中介行业协会是指对各类金融中介机构和从业人员的执业行为进行监管和自律的行业组织，如注册会计师协会、资产评估协会、律师协会，等等。①

建立和完善互联网金融中介服务体系，对于互联网金融健康发展，构建和谐的互联网金融生态体系具有至关重要的作用。如何建立和完善互联网金融中介服务体系促进互联网金融生态的建立呢？构建和完善互联网金融中介服务体系就是要构建一个以经济鉴证中介和融资担保中介为主体，加强金融中介协会对金融中介的监督功能的金融中介服务体系。

首先，促进经济鉴证中介的发展，推动经济鉴证中介与互联网金融企业加快合作。促进经济鉴证中介的发展必须要增强经济鉴证中介的独立性，强化其社会功能。完善相关法律，营造公平有序的竞争环境，对于经济鉴证中介组织和人员的违法行为给予严厉的处罚，并通过建立社会监督机制，强化社会监督功能，保持监督渠道的畅通。规范经济鉴证中介的发展，加强诚信体系建设，培育一批诚信经营，业务能力高，行业素质好的经济鉴证中介，以此来带动整个行业的发展。经济鉴证中介是互联网金融发展的润滑剂，要鼓励互联网金融企业通过经济鉴证中介翔实地披露企业信息，提高企业透明度，提升企业信誉，规避信用风险，为企业提供相关法律的帮助，合理规避企业法律风险。

其次，鼓励信誉良好的融资担保机构为互联网金融提供担保。现行的P2P平台担保方式主要是平台自身担保，通过小贷、典当行甚至个人及其他企业担保，独立的第三方融资担保机构。第一种是监管部门所禁止的，第二种并不能使投资者相信他们的担保能力，所以对投资者的吸引力不强，第三种是比较可行的方案。鼓励传统金融机构如中、农、工、建、交五大行，以及各大保险公司拥抱互联网金融，以他们的信用为基础为互联网金融企业进行担保，这不仅为互联网金融发展提供了支持，还为传统金融机构转型升级提供了契机。此外，鼓励互联网金融公司成立存款保险基金来规避互联网金融行业发展的信用风险。

再次，推动金融中介协会发展，充分发挥协会作用。现有行业协会大多由政府职能部门筹办，行使的是政府职能，未能完全体现出行业协会的自治性、中介性。一些行业协会虽由行业内企业发起成立，但有一个政府主管部门，行业的内部管理不同程度地受到主管部门的干预。大多数行业协会的行业会员数不高，目前一般不超过50%，这会导致行业协会代表性的丧失，使行业内的企业缺乏广

---

① 甘勇．关于构建我省金融中介服务体系的思考［J］．新闻天地（论文版），2008（9）：77–78.

泛沟通的可能性和权益保障的公平性，难以产生行业协会应有的"磁场效应"。①针对这些问题，一要减少政府干预，转变政府职能，充分发挥金融中介协会能动性。金融中介协会作为一个民间组织，政府在这其中的角色应该是服务协会，监督协会的发展，协会内部的事情交给协会自己去处理。二要提高金融中介协会水平，吸引更多行业内人士加入行业。会员是行业协会最宝贵的财富，是行业协会发挥作用的基础，吸收尽可能多的会员，并加强对会员的管理，提高会员的业务能力，加强会员的职业道德建设，使每一个会员都能遵守职业道德，为行业发展出谋划策。最后，推进金融中介协会社会责任建设。三要进一步加强金融中介协会的行业自律，提升服务能力。金融中介在互联网金融发展过程中起着举足轻重的作用，所以金融中介协会一定要加强对行业的监督，确保金融中介机构在市场经济中合法经营，诚信经营，维护市场秩序，增进金融中介行业的行业信誉，为行业发展创新服务方式，提高服务质量。

第三节 营造促进互联网金融健康发展的舆论环境

近年来，互联网金融迅速崛起，成为推进我国金融生态变革的重要力量。然而，以 P2P 为代表的互联网金融突飞猛进发展的同时，良莠不齐、鱼龙混杂的行业现象相伴而生。这些互联网金融企业问题仅靠相关部门的监管是远远不够的，互联网金融更需要舆论的积极监督，促进其发展与创新。当然，互联网金融完全摆脱过快扩张的现状，并不是那么容易，需要各方努力，为互联网金融发展营造一个适宜的社会舆论环境。互联网金融属于新生事物，各国都在摸索，相对容忍的社会舆论环境不可或缺，绝不能因为少数网络贷款平台非法经营而全面否定互联网金融巨大价值。特别是在信息飞速传播的当今社会中，各金融公司应该更重视社会舆情发展态势，积极应对社会舆论。

一、互联网金融创新需要适宜的社会舆论环境

从互联网金融风险影响来说明互联网金融需要适宜的社会舆论环境。金融行业本身就是一个高风险的行业，而互联网金融从产生到发展只有短短十几年时间，无论在监管还是在自身风险管控方面都尚不成熟。互联网金融风险对于金融消费者、金融机构和金融行业都存在重大影响，甚至影响到实体经济，进而波及

---

① 刘香，张剑渝. 如何更好发挥行业协会作用 [N]. 光明日报，2015-04-01.

社会政治方面。互联网金融风险对于经济影响的路径是：互联网金融风险→部分经济主体损失→部分经济主体受损的消息在社会上得以传播→受到损失的互联网金融参与者、未受到损失的互联网金融参与者、潜在的互联网金融参与者都对进一步参与互联网金融活动持更加谨慎的态度→本来有利的互联网金融活动减少→社会潜在剩余收益减少社会经济发展受到损害。

互联网金融造成的经济风险会慢慢扩展成不良的社会影响，一是会鼓励社会投机心理，鼓励许多人走上借互联网金融行骗之路，诚实劳动被人视为傻；二是许多上当受骗的人逐渐对于互联网金融甚至整个社会产生极端的负面看法；三是是社会诚信度大大下降，人与人之间更加不信任，使我们的社会更加不和谐；四是使得社会团结更加困难重重，社会离心力加大，社会加剧分裂。社会影响有可能进一步加剧，发展成为政治离心力，使得社会的政治和谐受到损害。① 这一系列影响中，"部分经济主体受损的消息在社会上得以传播"是其中关键的一环，如果这一环能够很好地监管起来，那么互联网金融风险所引起的损失就会大大减少。但这并不是说，对互联网金融的风险加以隐瞒，营造一种互联网金融发展良好的假象，而是说，作为信息传播机构的媒体要如实报道新闻信息，不能夸大其词，造成群众误解。

从舆论的导向作用来说明互联网金融需要适宜的社会舆论环境。根据人民网舆情监测室发布的《互联网金融舆论生态报告》，如图9-4所示。

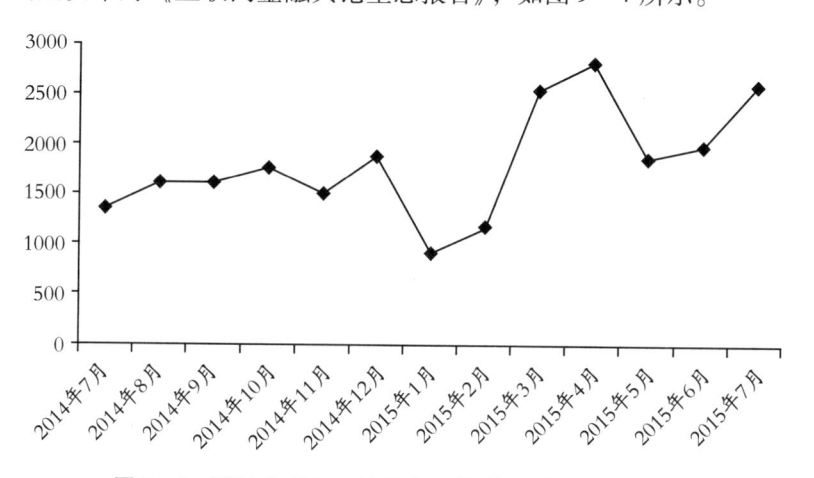

图9-4 2014年7月~2015年7月"P2P"报道量走势

---

① 欧阳日辉，王立勇，王天梅等. 互联网金融监管：自律、包容与创新 [M]. 北京：经济科学出版社，2015.

整体而言，媒体对网贷的报道量在 2015 年上半年明显高于 2014 年下半年。2014 年下半年，网贷行业的报道量波动较缓和，关注点主要在于行业监管、收益和平台跑路等方面。2015 年上半年，网贷行业的报道量波动明显，在 1~2 月走势出现低谷，又在 4 月达到峰值。三四月的舆情波峰，或有两个原因，一是互联网金融的监管政策呼之欲出，二是 3 月 P2P 成交量创历史新高，网贷乱象还成为媒体在 3.15 国际消费者权益日的关注热点。

2014 年 9 月 19 日，阿里巴巴集团于纽约证券交易所正式挂牌上市，一夜之间马云成了家喻户晓的首富。2014 年 10 月，阿里巴巴集团关联公司蚂蚁金融服务集团（前称"小微金融服务集团"）正式成立。由于"首富效应"，马云一直是媒体关注的焦点，而他的阿里巴巴集团也成为媒体竞相热捧的"热词"，虽然蚂蚁金服非常低调，但是也没能阻止媒体对它的好奇和关注。此外，另一家电商巨头京东商城的老板刘强东和太太章泽天的新闻也时常占据娱乐头条，引发媒体和网友们的广泛关注，而京东金融自然也走进大家的视野。

社会的关注度的提高有利于吸引相关专家进入该领域进行研究，为互联网金融的发展提供理论支持；有利于引起相关投资者和创业者进入该领域，为该领域注入资金支持和创新力量；有利于吸引消费者尝试消费，并通过口耳相传或者网络传播，扩大消费群体，为互联网金融发展提供市场支持。而这一切都建立在健康的互联网金融发展的社会舆论的基础上。

从我国互联网舆论自身的特点来说明互联网金融创新需要适宜的社会舆论环境。我国的网络舆论有以下特点：（1）非主流性——浏览者多，参与者少；（2）负面性——批评的多，肯定的少；（3）非理性——情绪宣泄多，理性思考少；（4）从众性——"马太效应"；（5）扩散性——"雪球效应"；（6）逆反性——挑战权威；（7）有组织性——"意见领袖"与"网络推手"；（8）虚拟性——与现实生活的反差。①

2015 年 2 月 3 日，中国互联网络信息中心（CNNIC）在京发布第 35 次《中国互联网络发展状况统计报告》（以下简称《报告》）。《报告》称截至 2014 年 12 月，我国手机网民规模达 5.57 亿人，较 2013 年底增加 5672 万人。网民中使用手机上网人群占比由 2013 年的 81.0% 提升至 85.8%。网民如此之多，网络环境又是如此复杂，网络世界的虚拟性使得许多网民发表言论很难监督，如果因为对现实生活不满等原因，一些不懂互联网金融的人有组织地发表一些恶意攻击互联网金融公司的言论，这些言论通过"雪球效应"和"马太效应"引起社会对

---

① 柯缇祖. 网络舆论特点研究［J］. 红旗文稿，2011（15）.

第九章 营造创新的互联网金融生态系统

互联网金融产生质疑,尽管有相关专家出来辟谣,也会由于网络言论的逆反性起到相反的效果。如果没有良好的社会舆论环境,那么互联网金融创新的健康发展会受到很大的阻碍。

二、构建促进互联网金融发展的舆论引导新格局

作为互联网金融生态主体的重要组成部分,媒体主导的社会舆情也是影响互联网金融发展的重要因素之一。然而,业界对于如何营造一个推动互联网金融健康发展的舆论环境问题研究的较少,往往是媒体根据自身利益引导民众的想法。

互联网金融的风险影响、舆论的作用和网络舆论的特点都说明构建促进互联网金融发展的舆论引导新格局是必要的、必需的。

什么是舆论引导,如何构建舆论引导新格局呢?舆论引导,指运用舆论操纵人们的意识,引导人们的意向,从而控制人们的行为,使他们按照社会管理者制定的路线、方针、规章从事社会活动的传播行为。具体来说,舆论引导包括三方面内容:(1)对当前社会舆论的评价;(2)对当前社会舆论及舆论行为的引导;(3)就某一社会事实制造舆论。

构建互联网金融发展的舆论引导新格局需要从以下几个方面着手:

第一,充分发挥政府在互联网金融发展过程中的宣传作用。政府机构必须认识到舆论引导工作的重要性,做好互联网金融的正面宣传工作。政府应该积极构建舆论宣传平台,通过舆论宣传平台,加大互联网金融的社会宣传力度,与群众在平台上进行交流,传播互联网金融知识和优点,使群众深入了解互联网金融。提高政府宣传人员的素质,发言用词要准确,不使用造成群众误解的词汇。拓宽宣传渠道,及时通过官方渠道纠正社会上非主流媒体或者社交网络上的不实言论。依法打击网络谣言,推进舆论引导法制化进程。对于恶意的网络谣言,故意制造恐慌的行为,要严厉打击,增加犯罪成本。要健全舆论监督机制,加强舆论监督力度,为互联网金融发展宣传扫清障碍。

第二,发挥主流媒体的舆论引导作用。主流媒体一定要秉持新闻及时性、客观性的原则加以报道,还原事实真相,及时扭转舆论导向。提高媒介素养,提升应对水平。互联网时代,舆情应对要注意"快"、"准"、"稳"。特别是一些重大突发事件,事发后的"关键1小时",已成为企业占据有利时机、把握舆论态势的关键节点。同时,也要注意媒介素养的提升和舆情应对经验的积累。

第三,互联网金融公司要重视媒体网络,保持沟通渠道通畅。互联网金融公司相关高层及BD等部门人员需高度重视网络舆情监测与应对,通过各种新闻事件学习、积累、提升媒介素养和应对水平,要注意保持良好态度,勇于担责,多

用事实、多用数据说话。互联网金融企业可综合利用多种媒介平台，实现信息的即时性，努力提升正面影响力。各类金融机构唯有强化互联网思维，适应新兴金融机构即时和海量传播、平等和互动交流的特点，改变单向传播、受众被动接受的方式，注重用户体验，满足受众多样化和个性化的信息需求，充分运用大数据和云计算，重视首发首播，借助商业网站的技术平台，扩大移动终端的覆盖面，同时发挥自身公信力优势和专业优势，才能构建起大媒体平台，真正实现对舆论深入、及时、有效的引导。

第四，要充分发挥互联网行业协会的宣传作用。一是，通过举办公众活动凝聚群众的关注。例如，举办"互联网金融大讲堂""互联网金融知识比赛"等类似活动，增强与群众的互动，使群众加深对互联网金融的认识。二是，宣传互联网金融行业有突出表现的人，来制造关注点。例如，举办互联网金融年度优秀人物评选等活动，使群众透过人物来了解行业。

第五，鼓励群众积极参与到互联网金融这一话题中来。上节提到，我国网络舆论有浏览者多，评论者少的特点，如果我们能采取一些激励措施，使群众积极就互联网金融的相关话题发表自己的看法，如写下自己希望互联网金融在哪方面改进，自己对互联网金融产品的感受等，营造一种活跃的讨论氛围。群众的力量不可小觑，要学会从群众中来，到群众中去。通过积极参与互联网金融的讨论，就会对恶意的网络谣言产生一种"挤出效应"，留下有益的言论，去除不健康言论。

三、搭建互联网金融企业声誉体系

早在20世纪60年代，Macaulay（1963）就从产业组织学的角度指出了企业与顾客重复交易过程中声誉的重要性，但当时研究主要关注企业的品牌形象，集中在企业形象的识别系统和市场定位问题上，并没有提出企业声誉的概念。起初企业声誉的研究并没有引起学界的重视，1983年《财富》杂志首次评选并公布了美国100家"最受欢迎的企业"排名，企业声誉问题才引起了广泛关注。[①] Fombrun和Rindova（1996）给企业声誉所下的定义是："企业声誉是企业过去一切行为及结果的综合体现，这些行为及结果反映了企业向各类利益相关者提供有价值的产出的能力。企业声誉可以用来衡量一个企业在与内部员工及外部利益相关者的关系中所处的相对地位，以及企业的竞争环境和制度环境。"[②]

[①] 郝云宏，张蕾蕾. 持久的竞争优势与战略资源—企业声誉理论研究综述[J]. 江西社会科学，2006（4）.

[②] 邓晓辉. 企业研究新视角：企业声誉理论[J]. 外国经济与管理，2004（6）.

拥有良好声誉的企业对于雇员来说拥有较好的吸引力,能够吸引更多优秀的雇员,为企业发展增加人力资本;对于顾客来说,企业的声誉影响了顾客的决策,增加了顾客的黏性;对于投资者来说,企业声誉代表了企业的盈利能力,企业的利润有了保障,不仅能够降低成本融资还可以吸引到更多投资者;对于政府来说,声誉良好的企业一定是政府税收的重要贡献者,还可以降低收税成本。

当前我国互联网金融市场极不完善,监管缺位,这时候建立良好的信誉体系尤为重要。互联网金融企业一定要重视企业信誉的建立,这不仅关系到企业本身的生死存亡,还关系到整个行业的发展前途。企业声誉的建立是一个长期的过程,为了建立良好的企业声誉体系需要做到以下几点:

1. 建立完善的产权制度。张维迎教授在《市场秩序的信誉基础》中讲到,企业作为信誉载体的一个前提条件是,企业的决策者有实实在在的"赌注"在企业里,从而有积极性维护企业的声誉。如果和尚不能从庙的声誉中得到好处,他为什么要重视庙的声誉呢?如果企业的市场价值与决策者的利益无关,决策者为什么要重视企业的信誉呢?从这个意义上讲,我们可以把企业追求长远利益的积极性归结为产权问题。产权制度的基本功能是给人们提供一个追求长期利益的稳定预期和重复博弈的规则。中国企业不讲信誉的根本原因在于企业的产权不清楚,没有确定的私人所有者。产权不清,人们就无须对自己的行为承担责任,也不可能从企业的信誉获利,自然就没有必要讲信誉。产权就是一种激励措施,应通过制定相关法律,明确产权归属问题,使产权有法律保障。作为一个理性人,人们都是倾向于追求长远利益的,当企业对于自己的资产拥有实实在在的产权的时候,他们就会愿意为企业建立良好的信誉来保障自己的长远利益。明晰互联网金融企业的产权,激励互联网企业建立良好信誉是防范互联网金融风险的重要途径。

2. 对知识产权的保护。声誉的载体是企业的"商标"、"品牌"等代表企业的加强标志。这些标志里蕴含着企业的知识产权,如果不对企业的知识产权加以保护的话,每个人都有使用这些标志的权利,那么顾客、投资者等利益相关者就不能通过这些标志来进行决策,也就不能给企业带来收益,企业就没有动力去建立"商标"、"品牌",从而也就不会去维护自己的声誉。通过对知识产权的保护,使企业通过建立自身声誉而获取相应的报酬,是激励企业建立企业信誉的有效措施。加强互联网金融企业的知识产权保护,是促进互联网金融企业进行创新,建立互联网金融品牌,改变互联网金融产品同质化现象的重要条件。

3. 建立完善的信誉评价体系。国外对企业信誉的评价方法大致有:《财富》杂志的 AMAC(全美最受尊敬的企业)和 GMAC(全球最受尊敬的企业)测评,德国《管理者杂志》的"综合声誉指数"，Gaines Ross 的"企业公正"声誉测评法，企业整体声誉得分——声誉度（corporate reputation quotient，RQ），Manfred 的企业声誉二维模型。以上几种测量声誉的方法设计的指标包括员工质量、管理质量、财务业绩、产品和服务质量、市场领先地位、顾客导向、吸引力、社会责任感、道德行为、创新、工作环境优越及可信赖性等指标。目前，我国测评方法主要是仿照《财富》杂志的 AMAC 测评，这没有实现测评的本土化，需要我们结合国内企业研究出自己的一套测评体系，做到准确估测企业信誉水平。完善的信誉评价体系可以督促企业去争取获得良好的声誉，让每个人都觉得这个评估不是胡乱评的，而是可信的，在社会上形成一种追求良好信誉的风气。

4. 推动互联网企业加大透明度。吴晓求在谈及 P2P 跑路的时候谈到，互联网金融风险之一是透明度的风险，主要从众筹和 P2P 角度来看，支付宝的技术风险不会大于银行卡的支付风险。但是 P2P 和众筹的确有风险，风险在于透明度。它的透明度主要是在于筹资方的透明度必须要披露，也就是 P2P 平台的责任是要为筹资方的信息做充分的准备，必须要把项目的结构披露出来，如果不能披露是有责任的，责任就要把对方的信息非常完整地告诉投资者。此外，2015 年 11 月 13 日，国务院办公厅印发《关于加强金融消费者权益保护工作的指导意见》——金融机构应当以通俗易懂的语言，及时、真实、准确、全面地向金融消费者披露可能影响其决策的信息，充分提示风险，不得发布夸大产品收益、掩饰产品风险等欺诈信息，不得作虚假或引人误解的宣传。互联网金融企业若要增加它的可信度，必须要让人们明白公司的经营状况，让投资者知道它的资金被用到哪里去了，让消费者知道公司产品的优缺点等信息，只有透明，才能方便监管，才能让人们相信。所以说，加大企业透明度是建立企业信誉的重要途径，互联网企业一定要通过各种手段及时地、准确地披露企业信息。这里强调及时和准确，如果不及时，就会延误利益相关者作决策的最佳时机，如果不准确，就会误导利益相关者作出错误决策。

从企业角度出发，互联网金融企业也需要建立相应机制，应对可能出现的信誉风险。一是将加强声誉风险管理提高到战略高度，纳入全面风险管理框架之内，建立健全声誉风险管理机构；二是要制定提升企业声誉的战略规划和行动方案，领导公关危机的处理；三是应监测自身声誉状况，督促声誉管理各项措施的落实；四是明确职责分工，层层落实责任；五是加强声誉风险管理队伍建设，健全新闻发言人、律师等共同组成的团队，对主要媒体、网站进行监测，协调监管机构和主要投资者；六是建立舆情监测、处置、报告制度，明确舆情监测范围，实现舆情分级、分类管理；最重要的是建立声誉风险排查制度，定期对各业务部门、各重点岗位、各业务环节上可能存在的声誉风险隐患进行排查，识别、提炼其中可能导致声誉风险的因素，及时采取防控措施。

四、推动学界深入研究互联网金融

学术研究为互联网发展注入了无限活力，互联网也为学术研究创新提供了广阔空间。经济学术界研究的热点问题往往根植于中国经济的发展阶段和未来方向。2012年起国内互联网金融开始快速发展，"互联网金融"开始变成热门词汇，学术界对互联网金融概念和模式的论述也越来越多。防范金融风险，推动互联网金融健康发展，学界责无旁贷。

目前学界在以下几个方面对互联网金融进行了研究：（1）互联网金融的起源、本质；（2）互联网金融的风险与监管；（3）互联网金融的模式分类；（4）征信体系；（5）大数据技术；（6）互联网金融与传统金融的关系；（7）互联网金融相关法律研究；（8）互联网金融与实体经济；（9）互联网金融在我国快速发展的社会经济背景；（10）其他国家的互联网金融发展状况。

笔者认为，在研究方向上应该从以下几个方面进行：

第一，怎么利用互联网金融打造金融强国。目前，我国已经是世界第二大经济体，但是相比我国经济发展取得的辉煌成绩，金融的发展就相形见绌了。为了建立与经济强国相匹配的金融强国，单靠传统金融的发展是不够的，我们需要立足中国现实，利用我国拥有相对优势的互联网金融来实现金融强国之梦。那么，如何来发展互联网金融，实现弯道超车，实现金融强国的中国梦是互联网金融研究的一个重要方向。

第二，如何利用互联网金融改造金融现状。我国的金融发展一开始就脱离金融的本质，盲目发展，不能有效地为实体经济提供必要的资金支持。银行业过多地将资金借给大型企业，而不管大型企业是什么行业，有无发展前景，直接造成了现如今产能过剩。股市更是一团乱麻，上市审批制度，缺乏做空的价格发现机制，上市公司从来不给股民分红，没有相应的退市制度，这些都导致了股民跟风炒股，庄家操控市场，借壳上市等一系列问题。目前，互联网金融处于发展初期，很多监管政策尚未出台，那么我们必须在互联网金融发展之初就制定尽可能完备的监管系统，而不是在原有系统上的修修补补，用新的监管系统逐渐取代旧的一套系统。

第三，加强大数据技术对互联网金融发展的研究。大数据在互联网金融的发展过程中是核心技术，在征信、产品开发、风险防范方面有着重要的用途，但是在如何利用大数据技术方面仍存在着技术性难题。例如，如何收集数据信息，即使可以收集到信息，面对如此繁杂的社交网络信息，电商网购信息，互联网金融平台信息等众多数据信息，如何设计模型，还有就是数据信息所涉及的信息隐私问题如何解决，这都是大数据技术需要解决的难题，也是摆在学界面前的难题。

第四，加大对互联网金融产品的定价问题的研究。无论是中国还是西方金融发达国家，无论是传统金融还是互联网金融，金融产品定价问题都是金融学界重点研究的问题。虽然互联网金融与传统金融在本质上都属于金融，但是互联网金融产品的交易是通过互联网平台实现的，交易平台覆盖面广，操作简单，这较传统金融节省了人力资本和时间成本，这些因素在定价的时候都是要重新考虑的问题。此外，利用数据进行数据风险定价是互联网金融定价的发展方向，如何进行数据风险定价需要学界以此为努力方向进行研究。

在研究方法上，要坚持理论联系实际，立足中国国情，研究适合中国发展的互联网金融，并随着互联网金融的发展不断改进研究。做研究不能闭门造车，要集思广益，与国外相关领域的学者进行交流，定期举办互联网金融学术大会，营造百家争鸣、百花齐放的互联网金融研究氛围。抓紧时间建立互联网金融数据库，为实证研究提供可用的数据资料，还要利用规范研究方法，对互联网金融的发展提供政策建议。

互联网金融的发展才刚刚开始，未来还有很长的一段路要走，学界任重而道远，我们要早做准备，为互联网金融发展，打造金融强国出谋划策。

附 录

2015 年互联网金融发展大事记

1 月

1月4日　国务院总理李克强视察深圳前海微众银行,见证了我国首家互联网银行的第一笔贷款。李克强总理表示,希望互联网银行用自己的方式来倒推传统金融的改革,同时与传统金融机构融为一体,互相合作。

1月5日　中国人民银行印发《关于做好个人征信业务准备工作的通知》,公布了首批获得个人征信牌照的8家机构名单:腾讯征信有限公司、芝麻信用管理有限公司、深圳前海征信中心股份有限公司、鹏元征信有限公司、中诚信征信有限公司、中智诚征信有限公司、拉卡拉信用管理有限公司、北京华道征信有限公司。央行要求这8家机构做好个人征信业务的准备工作,准备时间为6个月。此前央行已向26家企业发放了企业征信业务牌照。

1月7日　苏宁推出创新金融产品"零钱贷",用户只需开通零钱宝,存入一笔金额自定的理财资金,即可开通零钱贷服务。用户在苏宁商城购物结算时选择使用零钱贷支付后,零钱宝中的等额金钱会被冻结,同时用户会获得30天的免息期。

1月8日　央行召集各大商业银行电子银行部门负责人召开全天会议,讨论商业银行远程开立人民币银行账户的相关事宜,线上发卡有望实现。

1月8日　中信银行与宜信公司签署战略合作协议,双方将在资金结算监督、财富管理、大数据金融云等多个领域达成战略合作。此举意味着商业银行与第三方支付在网贷资金托管领域的争夺正式展开。

1月13日　人民银行印发《关于推动移动金融技术创新健康发展的指导意见》，强调移动金融是丰富金融服务渠道、创新金融产品和服务模式、发展普惠金融的有效途径和方法，并从安全可控、便民利民、继承创新和融合发展四个方面为移动金融技术创新的健康发展指明了方向。

1月19日　由互联网金融千人会（IFC1000）、北京市网贷行业协会和北京亦庄国际投资发展有限公司共同主办、中国人民大学重阳金融研究院等协办的"2014第二届互联网金融全球峰会"在北京召开，本届峰会以"互联网+金融+产业"为主题。

1月20日　银监会宣布进行机构调整，增设银行业普惠金融工作部，负责推进银行业普惠金融工作，融资性担保机构、网贷、小贷等被划归至该部门监管协调。

1月20日　中国证券业协会向投行圈、原始会等8家股权众筹平台下发《关于领取中国证券业协会会员证的通知》。加上此前已经位列协会会员的天使汇，已有9家股权众筹平台成为首批证券业协会会员。

1月21日　大公信用数据有限公司发布了266个网贷平台"黑名单"和676个"预警名单"，这是知名评级机构针对我国互联网金融信用风险发布的首份"黑名单"及"预警名单"。

1月23日　冯仑发起的国内首个类型化社区互联网定制平台万通自由筑屋与众筹网联合宣布签订独家战略合作协议，共建房地产互联网金融平台"众筹筑屋"。

1月23日　第二届中国互联网金融高层论坛暨第八届中国电子金融年会在北京举行。本届年会以"创新·融合·协同——推动互联网金融健康发展"为主题，并发布了《中国互联网金融发展白皮书（2014）》。

1月25日　百度CEO李彦宏在公司年会上表示，百度已经在筹备全新的互联网金融业务，首先会专注于教育贷款。这是百度首次在公司层面明确互联网金融业务的战略。

1月26日　支付宝钱包8.5版本更新上线，推出新春红包，并引入社交功能。用户可通过点击支付宝钱包首页的"新春红包"进入红包页面，红包形式包括个人红包、接龙红包、群红包和面对面红包4种。

1月28日　官方版股权众筹平台"中证众筹平台"正式启动，首批10个股权众筹项目挂牌。该平台依托于机构间私募产品报价与服务系统，打造"为报价系统参与人作为中介机构开展股权众筹业务提供平台外包服务"的公共平台，即"平台的平台"。

1月28日　国内首个第三方个人信用评分"芝麻信用分"开始公测。芝麻信用从用户信用历史、行为偏好、履约能力、身份特质、人脉关系5个维度对用户进行打分，分数与个人信用程度正相关。

1月30日　广州市人民政府办公厅印发《广州市人民政府关于推进互联网金融产业发展的实施意见》，表示广州将力争在3年内建成3~5个各具特色的互联网金融产业基地，集聚一批实力雄厚的互联网金融龙头企业，打造若干个品牌卓越的互联网金融服务平台。

1月31日　金油所金融信息服务（上海）有限公司正式成立上线，成为石化行业首家垂直类P2B公司。

2月

2月2日　浙江正式发布《浙江省促进互联网金融持续健康发展暂行办法》，这是互联网金融行业首个地方法规。《办法》共20条，规范领域覆盖第三方支付、P2P网络借贷、股权众筹融资、金融产品网络销售平台、大数据金融及互联网金融门户等业态。

2月2日　阿里巴巴与Lending Club宣布达成战略合作，美国数百万在中国寻找货源的中小企业，可以由此借贷到运营资金。

2月8日　中国互联网金融行业协会对外发布《2015年至2018年中国互联网金融发展趋势研究报告》。报告指出，中国互联网金融将呈现"国家支持、平台服务范围不断拓宽、逐步形成联盟"等18个发展趋势。

2月9日　上线运营4年多的P2P平台盛融在线在官网发出限制提现公告，称"由于近期新系统上线，并集中出现较多展期，且年关大量提现，造成资金紧张"。零壹财经月度数据报告显示，截至当日，盛融在线有近9亿元的待收余额。

2月10日　百度宣布开放"百度股市通"App公测，应用大数据技术分析股市行情热点，此举标志着百度正式进军互联网证券市场。

2月10日　民生银行正式宣布推出网络交易平台资金托管系统，进入P2P资金托管领域。人人贷、积木盒子、民生易贷与玖富等4家平台成为该系统的首批合作平台。

2月14日　滴滴打车和快的打车联合宣布，将以100%换股的方式正式合并。新公司将实施Co-CEO制度，滴滴打车CEO程维及快的打车CEO吕传伟同时担任联合CEO。两家公司在人员架构上保持不变，业务继续平行发展，并将保留各自的品牌和业务独立性。

2月25日　内蒙君正发布公告称，天弘基金已完成涉及增资扩股的工商变更登记手续，注册资本由1.8亿元人民币增加至5.143亿元人民币。本次增资扩股事项完成后，蚂蚁金服持有51%的股份成为天弘基金第一大股东。

3月

3月2日 新晋央行副行长范一飞、北京市副市长张工等领导莅临中关村互联网金融中心调研，了解中关村科技金融街建设及中关村核心区科技金融、互联网金融工作情况，并实地调研融360及银客网两家企业。

3月5日 国务院总理李克强在政府工作报告中两次提及"互联网金融"，并提出制定"互联网+"行动计划，推动移动互联网、云计算、大数据、物联网等与现代制造业结合，促进电子商务、工业互联网和互联网金融健康发展，引导互联网企业拓展国际市场。

3月11日 银监会普惠金融部紧急召集各地相关监管部门及P2P网贷行业的代表企业在北京举行了闭门会议。会议就P2P网贷行业的管理条例和监管细则进行了讨论，并出具了一份相对完整的P2P监管文件，文件内容包括门槛限制、杠杆比例、资金托管、单笔限额等。

3月14日 由新华网主办、北京市网贷行业协会等协办，以"透明、诚信、责任"为主题的2015首届互联网金融消费者权益保护高峰论坛在中国人民大学举行。

3月16日 陆金所在官方声明中透露，为满足未来业务发展的需要，陆金所将获得新的资金支持，总额达30多亿元人民币，刷新了国内P2P网贷行业的融资记录。

3月17日 小米理财货币基金服务beta版上线，用户可以将钱存在小米钱包应用中赚取利息。同时，小米还在微信公众号"米粒儿"上发布了小米金融的招聘信息，并且称小米金融是小米"最重要的服务之一"。

3月17日 银监会新设的普惠金融部定职能、定机构、定人员编制的"三定"方案已出。其中负责P2P监管的机构命名为"网贷研究处"。

3月18日 中国平安集团宣布，陆金所将纯化其作为金融理财咨询平台的功能，打造为非标金融资产集散地，构建一个开放的交易平台。

3月21日 方兴地产联合淘宝房产上线余额宝购房项目，尝试用互联网方式创新地产销售模式。买房者通过淘宝网支付首付后，首付款将被冻结在余额宝中。在正式交房前或者首付后的3个月，首付款产生的余额宝收益仍归买房人所有。

3月22日 新闻联播以题为《互联网+金融加出融资高效率》，报道时长6

分钟，阐述了近年来互联网金融在我国的迅猛发展。

3月23日　中国工商银行正式发布互联网金融品牌"e-ICBC"，成为国内第一家发布互联网金融品牌的商业银行，全面加快互联网金融战略的实施。

3月24日　拍拍贷发布基于大数据的风控系统"魔镜"，用于预测借款标的风险概率和基于准确风控评级制定风险定价。

3月25日　央行发布的《中国农村金融服务报告2014》指出，下一步要健全公平准入和监管、鼓励创新、完善政策支撑和金融基础设施等措施，不断增强金融体系活力，利用移动通信等先进技术，构建充分竞争、广泛包容的普惠金融体系。

3月26日　博鳌亚洲论坛"互联网金融：自律与监管"分论坛在博鳌亚洲论坛国际会议中心举行。论坛发布的《互联网金融报告2015》指出，P2P网贷的优势源自数据基础，当前中国P2P网贷发展的核心障碍恰恰是征信系统不健全、不开放。

3月31日　京东宣布推出股权众筹平台，采取"领投加跟投"的模式，帮助创业企业解决融资难的问题，并在法律环境允许下，依法合规地帮助更多人分享风险投资的收益。

4月

4月7日　央行叫停P2P信用卡充值业务，关闭第三方支付通道，进一步规范网络借贷。

4月8日　玖富宣布完成1.1亿美元融资，其中2000万美元为老股，其余均为新股，由IDG、SIG等共同投资。

4月13日　中国结算公司取消自然人投资者开立A股账户的一人一户限制，允许自然人投资者根据实际需要开立多个沪、深A股账户及场内封闭式基金账户。这标志着股民一人只能在一个证券公司开户的时代彻底结束，互联网券商时代将加速到来。

4月16日　银监会创新部副主任杨晓军出任中国平安旗下P2P企业陆金所副董事长、党委书记。

4月16日　蚂蚁小贷旗下个人信贷产品"花呗"宣布正式上线，用户开通后将获得1000元至5万元不等的额度，可用于淘宝、天猫平台的购物消费，并具备账单额度查询、还款等功能。

4月20日　光大证券与海航旅游达成战略合作，双方将在股权众筹、大投行业务、市值管理、融资租赁、渠道业务、资产证券化、银证业务等领域开展合作，推动中国旅游业的转型发展。

4月21日　积木盒子宣布完成总金额达8400万美元的C轮融资，由英国天达集团领投。这是天达集团首次涉足中国P2P行业，将利用其在风险控制和财富管理等方面的经验，以及国际化资产配置的优势，帮助积木盒子强化金融资产端的布局。

4月21日　蚂蚁金服旗下的招财宝平台发售全球首个基于电商大数据进行投资的基金"博时招财一号大数据保本基金"，额度40亿元人民币。

4月22日　支付宝总部正式迁址上海浦东陆家嘴软件园，注册资金为10亿元。同时，支付宝的股东由浙江阿里巴巴电子商务有限公司变更为浙江蚂蚁小微金融服务集团有限公司。

4月22日　阿里巴巴集团与新浪微博、蚂蚁金融服务集团共同启动"互联网+城市服务"战略，联合为各地政府提供"智慧城市"的一站式解决方案。政府通过接入城市服务平台，打造手机上的市民之家，可以更加高效、便捷的为居民提供公共服务。

4月23日　苏宁众筹正式上线，涵盖智能硬件、公益、地产、娱乐、影视、文化、农业等多个领域。苏宁将联合线下1600多家门店，在线上平台、线下实体门店同步开展众筹和产品体验。

4月23日　微信支付宣布企业付款功能全面开放，商品退款、抽奖互动等都可通过企业付款完成。商户如需给用户付款，只要登录微信支付商平台即可。

4月28日　处置非法集资部际联席会议办公室联合最高人民法院、公安部、人民银行等11部委在北京召开发布会，指出P2P网络借贷属于信息中介机构，只能进行"点对点"、"个人对个人"的交易撮合，不能充当信用中介，投资者签订借款合同的对象不能是平台本身。

5月

5月5日　平安理财网获得中汇国投和中兴国投千万元A轮投资，并与国美在线等四方代表共同签署"E+O2O"汽车金融产业园战略合作协议，将致力于打造中国首家集互联网、汽车、金融、电商、O2O、智能交互于一身的名车特惠品鉴基地。

5月6日　河北省首家直销银行"河北银行彩虹Bank"正式上线，并同步推出三大板块两大产品，全力打造综合性互联网服务平台，为客户提供跨区域、全天候、零距离的金融服务。

5月7日　鹏博士和若水合投俱乐部共同发起成立"教育创投O2O联盟"平

台，将以 10 亿元资金打造"互联网+教育+协同创业"的商业模式。

5 月 8 日　58 同城对外发布金融发展战略，并推出金融理财品牌"58 钱柜"。"58 钱柜"是 58 金融联合银行、证券、基金、小贷、P2P 等第三方机构，为用户提供高安全系数的理财平台。

5 月 9 日　中国首家定位于互联网初创企业线上天使融资的股权众筹平台"e 人筹"正式上线。"e 人筹"独创"领投+跟投+直投"的众筹模式，并开展战略机构的签约，增加用户对平台的信任度。

5 月 9 日　五粮液集团旗下企业宜宾制药打造的 P2P 平台"万盈金融"正式上线。宜宾制药董事长助理李卫诚表示，"万盈金融"的上线标志着宜宾制药正式完成"互联网+金融+高新医药"的战略布局。

5 月 12 日　互联网金融企业厚泽贷推出全新 P2P 理财产品"财金圈"。该产品首次引入"社交风控"理念，增加了社交风控、粉丝理财和大数据风控管理体系三大特色。

5 月 14 日　P2G 网贷平台大拇哥财富与贵州铜仁市万山区在北京举行战略合作签约仪式，首创"互联网金融+产业发展基金"模式，以 P2G 助力地方经济转型升级。

5 月 18 日　互联网金融创新平台"大王理财"在北京召开"互联网金融 3.0"发布会，并正式对外公布其拟获国泰君安创投量级达数千万元的投资，将致力于打造股票市场互联网投资的新模式。

5 月 21 日　"CIFC2015 中国互联网金融大会春季峰会"在北京成功举办。本次峰会以"互联网金融+乘势而上"作为商讨主题，旨在通过集合多位行业精英的智慧与思考，寻求合作发展的共同体，打造互联网金融合作与共赢的全新业态。

5 月 26 日　以"'互联网+'时代的数据安全与发展"为主题的"2015 贵阳国际大数据产业博览会暨全球大数据时代贵阳峰会"在贵阳隆重开幕。国务院总理李克强发来贺信，国务院副总理马凯出席开幕式并讲话。

5 月 28 日　上市公司精达股份旗下的互联网投融资平台"精融汇"宣布上线，并承诺全部投资项目均投保履约保证保险。"精融汇"也由此成为首家引入履约保证保险的互联网投融资平台。

5 月 28 日　民生电商旗下投融资平台民生易贷正式推出"民生 e 房"业务，并与地产龙头万科合作上线首期项目"万民宝"。"民生 e 房"旨在打破传统房地产行业各环节融资壁垒和短板，以"互联网金融+"手段将开发商、建筑商和置业者进行直接撮合。

5月30日 中国经济体制改革研究会金融新常态课题组与中国（海南）改革发展研究院北京分院共同举办以"中国农村互联网金融"为主题的研讨会，针对"互联网+"时代农村金融改革发展等相关问题进行了深入研讨与交流。

6月

6月4日 中国工商银行正式成立互联网金融营销中心，统筹全行互联网金融业务的营销推广和运营管理。这是国内商业银行成立的第一个互联网金融营销机构。

6月8日 微信正式推出"指纹支付"功能，拓展微信支付的线下市场。用户开通指纹支付功能后，下单后进入支付流程，根据界面提示将手指置于手机指纹识别区，即可实现"秒付"。

6月10日 短融网宣布成立总规模为1亿元的债权劣后基金，主要用于回购和处置逾期资产，确保投资人的本息优先权。这是业界首个为保障投资人本息安全而设立的基金。

6月11日 国务院发布《关于大力推进大众创业万众创新若干政策措施的意见》。《意见》明确指出，要支持互联网金融发展，引导和鼓励众筹融资平台规范发展，开展公开、小额股权众筹融资试点，加强风险控制和规范管理。

6月11日 平安银行推出专项支持"互联网+"创业创新的互联网金融服务"橙e创业易"，旨在为工业互联网的供应、制造、分销全链条多环节的创业创新，以及链条生意的电商化给予全面的金融支持。

6月12日 兴业银行与蚂蚁金服签署战略合作框架协议，双方将在现有业务合作的基础上，将合作范围与深度进一步拓展至渠道互通、业务互补、产品共建、客户共享等具有增值效应的领域。兴业银行由此成为首家与蚂蚁金服签订战略合作协议的商业银行。

6月14日 国内首家P2P第一互动媒体门户网站"网贷工场"在深圳举行上线仪式。"网贷工场"将致力于通过提供专业及时海量的网贷资讯信息，打造国内网络借贷投资最具权威的第三方门户网站。

6月16日 由金融时报社、中央财经大学金融法研究所发起倡议，协同申万宏源、广发资管、易宝支付、民生电商、用友网络、成都数联铭品、无锡金控、建元控股等机构联合发起的中国互联网金融创新研究院在北京成立，并同时举办"中国互联网金融创新论坛"。

6月18日 中国人民银行金融研究所所长、中国人民银行金融研究所互联网金融研究小组组长姚余栋表示，应该按照双向准入原则，考虑允许银行设立或者参与互联网金融子公司，从事 P2P、第三方支付、众筹，甚至电子商务等业务。

6月18日　恒生电子公告其与中国投融资担保有限公司、蚂蚁金服作为主发起人申请设立浙江互联网金融资产交易中心事宜，获得浙江省人民政府批准。这是国内首家互联网金融交易中心。

6月25日　浙江网商银行在杭州正式开业，将按照"小存小贷"模式为小微企业和网络消费者提供有关贸易与生活方面的金融解决方案。至此，我国首批试点的5家民营银行已全部开业，总体运行平稳。

6月28日　P2P平台融资易和广州物流交易所在第四届中国（广州）国际金融交易博览会现场举行签约仪式。根据双方签订的协议，融资易将为广州物流交易所的会员企业解决短期资金周转问题，并推出业内首个针对物流细分市场的理财产品"物流通"。

6月28日　在广州互联网金融协会联合广州e贷、顺顺贷等9家P2P企业举办的"互联网金融2.0时代·创新与自律"论坛上，行业首次发起签署《互联网金融服务规范》。

6月29日　联想控股股份有限公司在香港证券交易所主板挂牌上市，联想控股成员企业之一、国内最大的三农互联网金融平台翼龙贷也登陆香港联交所主板。翼龙贷由此正式成为国内第一家母公司上市的P2P公司。

7月

7月3日　蚂蚁金融服务集团宣布已经完成首轮融资，包括全国社保基金等在内的国内优质投资者成为蚂蚁金服股东。蚂蚁金服总裁井贤栋表示，融资之后蚂蚁金服会继续加大投入，在扩大对国民的服务能力基础上，与国民分享成长价值，成为一家真正的"国民企业"。

7月4日　国务院印发《关于积极推进"互联网＋"行动的指导意见》，协同制造、智慧能源、普惠金融等11个方向被纳为"互联网＋"行动的重点领域，将获得国家层面的推动和支持。此举意味着互联网金融正式升级为国家重点战略。

7月7日　陆家嘴金融城新兴金融产业园·银月创业街区正式揭牌，未来将在陆家嘴金融贸易区管委会的支持下，对接金融城内各方资源，吸引互联网金融、民营金融等初创期的新金融族群入驻，打造陆家嘴创新创业大平台。

7月12日　中国证监会发布《关于清理整顿违法从事证券业务活动的意见》，整治不合规的场外配资行为，包括互联网金融配资。

7月18日　中国人民银行等10部委联合印发了《关于促进互联网金融健康发展的指导意见》，标志着我国互联网金融顶层设计方案的正式出台。指导意见在鼓励创新、明确监管职责和规范互联网金融市场秩序等方面提供了若干意见，确定了P2P网贷行业的中介性质、监管方向和生态环境建设。

7月22日　广东省金融办对外发布《广东省互联网股权众筹试点工作方案》，这是全国首个省级互联网金融股权众筹监管文件。

7月23日　中国互联网络信息中心（CNNIC）发布《第36次中国互联网络发展状况统计报告》。报告显示，我国移动商务类应用发展迅速，互联网应用向提升体验、贴近经济方向靠拢。2015年上半年，手机支付、手机网购、手机旅行预订用户规模半年度增长率分别为26.9%、14.5%和25.0%。

7月25日　中国保监会印发《互联网保险业务监管暂行办法》，对互联网保险经营资质、行业发展等作出界定，其中最受关注的一条当属保险公司可在未设立分公司的省、自治区、直辖市经营人身意外险、定期寿险和普通型终身寿险。这是央行出台互联网金融指导意见之后的首份行业配套文件。

7月29日　阿里巴巴集团宣布对旗下阿里云战略增资60亿元，用于国际业务拓展，云计算、大数据领域基础和前瞻技术的研发，以及DT（数据技术）生态体系的建设。获得战略增资后，阿里云将加速在全球部署下一代的数据中心，开发更加丰富、高性能的计算和数据产品，提供更优质的网络，并在全球寻找更有潜力的DT合作伙伴。

7月29日　"互联网金融规范化创新论坛"在北京举行。此次会议旨在通过共同研讨互联网金融规范创新以及资产证券化对P2P发展的积极意义，提升互联网金融的合规水平，更好地顺应互联网金融发展的大趋势。

7月31日　央行发布《非银行支付机构网络支付业务管理办法（征求意见稿）》。其中指出：支付机构不得为金融机构，以及从事信贷、融资、理财、担保、货币兑换等金融业务的其他机构开立支付账户。

7月31日　为落实国家"互联网+"发展战略，由东北亚万众创科技金融服务（吉林）有限公司打造的万众创金融项目信息展示平台正式上线，成为《促进互联网金融健康发展指导意见》发布后全国首家上线的集综合性、国际性、金融性于一体的众筹平台，也是吉林省首家国有综合性互联网金融众筹平台。

8月

8月6日　最高法发布《最高人民法院关于审理民间借贷案件适用法律若干

问题的规定》，规定民间借贷利率不得超过24%，并进一步明确了P2P平台的"媒介身份"。此外，《规定》中指出的P2P平台作为提供媒介服务的中介平台，无须履行担保责任，被视为P2P行业未来去担保化的重要开端。

8月7日　证监会发布《关于对通过互联网开展股权融资活动的机构进行专项检查的通知》，进一步详细界定了股权众筹的概念，把通过互联网形式进行的非公开股权融资或私募股权投资基金募集的行为，剔除出股权众筹的概念。

8月7日　中国人民银行广州分行发布《关于金融支持广东稳增长调结构的若干意见》，提出了金融业支持广东稳增长、调结构的23项具体措施。《意见》明确指出，支持发展互联网借贷平台和股权众筹平台，并支持融资租赁机构接入人民银行征信中心。

8月10日　大成基金、奇虎360和中证指数公司联合推出"中证360互联网+大数据100指数"，标志着国内首只互联网金融行业大数据指数的诞生。

8月13日　中国平安集团旗下陆金所和前海征信宣布将联手打造P2P行业的"人民公社"，这是业内首个提供全流程、一站式互联网投融资服务的P2P开放平台。

8月15日　国内首个一站式金融信息交易服务平台"票债宝"在上海正式上线，业务涵盖企业融资、票据交易、债券交易等六大板块，致力于实现企业与企业、类金融机构与企业、企业与银行、银行与银行、金融机构与个人的金融需求对接。

8月18日　蚂蚁金融服务集团推出全新的一站式移动理财平台"蚂蚁聚宝"，以独立应用的形式，为大众用户提供简单便捷的理财服务。这是在支付宝以外，蚂蚁金服首次发布新的独立应用。

8月20日　湖北省长江产业投资集团有限公司宣布湖北首个国有独资互联网金融平台"老母鸡"网贷平台正式上线，将致力于运用并引导社会资金推进国家经济结构战略性调整及湖北省长江经济带建设。

8月21日　国资系P2P平台e路同心与中国民生银行正式达成战略合作伙伴关系，民生银行将成为e路同心唯一的资金托管合作银行。e路同心成为国内首家实现交易资金银行全托管的国资系P2P平台，也成为深圳地区首家实现银行资金托管的P2P平台。

8月24日　广东互联网金融协会与信融财富、投哪网等多家知名P2P平台联合发布《广东互联网金融协会网络借贷（P2P）平台信息披露指引（草案）》，要求广东网贷企业按时、按要求面向监管部门和社会公众披露多类业务信息。

8月26日　由青海省养老服务协会主办的"2015移动互联网+金融+养老

模式产业升级实现跨界持续盈利消费养老新模式项目研讨会"召开,标志着"互联网+金融+养老"的全新养老模式在青海落地。

8月27日　多多米互联网金融服务平台与北京天地智慧医疗设备有限公司签署战略合作协议,共同宣布达成"全面战略合作伙伴关系"。这是P2P网贷行业同医疗业的首次深度融合。

9月

9月1日　不良资产处置平台"资产360"宣布完成由源码资本投资的3000万元人民币A轮融资。创始人兼CEO叶海涛表示,资金将主要用于产品服务优化和市场拓展,进一步加大资源整合力度及团队构建。

9月5日　国务院正式对外公布《促进大数据发展行动纲要》,提出政府数据资源共享等10项工程。《纲要》是我国发布的首个大数据国家行动计划,旨在全面推进我国大数据发展和应用,加快建设数据强国。

9月5日　中国邮政集团在官网发布消息,宣布与阿里巴巴旗下的蚂蚁金服达成资本合作,中邮资本将战略投资入股蚂蚁金服。这是中国邮政首次以私募股权的形式开展对外股权投资。

9月7日　国务院办公厅正式对外公布《关于加快融资租赁业发展的指导意见》,全面系统部署加快发展融资租赁业。《意见》提出,支持融资租赁公司与互联网融合发展,加强与银行、保险、信托、基金等金融机构合作,创新商业模式。

9月9日　P2P平台短融网质疑融360的评级资质及评级结果,宣布将起诉融360对其名誉侵权。这是国内首例网贷评级被诉讼案件。

9月11日　中国保监会印发《关于设立保险私募基金有关事项的通知》,明确保险私募基金可以投资互联网金融等符合保险产业链延伸方向的产业或业态。

9月12日　第三届中国互联网金融创新与发展高峰论坛在深圳开幕,互联网金融行业的专家学者以及业内知名人士出席,围绕"产融结合创新,突破资产瓶颈"、"互联网+带来的财富管理革命"、"互联网金融产业链发展"等议题进行了深入探讨。

9月14日　蚂蚁金服发布声明,称与国泰金融控股股份有限公司达成战略合作,拟增资12亿元人民币入股台湾国泰金控在中国大陆的全资财产险子公司国泰财产保险有限责任公司。以此为契机,蚂蚁金服宣布启动"互联网推进器"计划,计划在5年内助力超过1000家金融机构向新金融转型升级。

9月15日　互联网财富管理平台陆金所发布全新开放平台战略规划和品牌

形象，正式披露了陆金所开放平台战略3.0，并启用新域名 lu.com。陆金所董事长计葵生表示，陆金所平台化的最终目标是形成互联网金融生态体系，一站式满足不同用户的不同财富管理需求。

9月15日　A股上市公司瑞茂通入股国内首家大宗商品供应链金融平台中瑞财富，进一步布局"大宗商品+互联网+金融"。

9月25日　人民网舆情监测室发布《互联网金融舆论生态报告》，通过大数据解析第三方支付、余额宝类理财产品、网贷平台与众筹产品的舆情热度和舆论生态情况。

9月25日　团贷网公开宣布，已联合其股东九鼎投资、久奕投资战略控股融金所。这是国内首例P2P行业兼并案例，标志着此前高速发展的P2P行业开始进入整合期。

9月26日　国务院对外公布《关于加快构建大众创业万众创新支撑平台的指导意见》，围绕全面推进众创、积极推广众包、立体实施众扶、稳健发展众筹等提出了13项重点任务，并从营造宽松发展空间、夯实健康发展基础、塑造自律发展机制和构建持续发展环境四个方面提出了17项政策措施。

10月

10月9日　2015中国寿险业10月峰会在深圳召开，中国保监会副主席黄洪在出席会议时表示，中国寿险业必须紧紧拥抱"互联网+"时代，对寿险经营模式进行全流程再造。

10月10日　京东金融对外宣布，其旗下的众筹与白条已实现业务互通，产品众筹平台上的部分产品已可用京东白条完成支付，开创了业界信用众筹的新模式。

10月12日　国家知识产权局、财政部、人力资源社会保障部、中华全国总工会、共青团中央联合制定印发《关于进一步加强知识产权运用和保护助力创新创业的意见》。《意见》提出，要支持互联网知识产权金融发展，鼓励金融机构为创新创业者提供知识产权资产证券化、专利保险等新型金融产品和服务。

10月13日　互联网理财平台人人贷在北京举行成立五周年暨理财端品牌升级发布会，宣布正式推出升级版理财平台Wealth Evolution，同时启用斥资800万美元收购的 we.com 作为官网域名。

10月14日　阿里金融云深圳节点正式开放运营。至此，阿里金融云构建起了能够覆盖全国的金融级云计算网络，形成了金融云集群矩阵，具备三地五中心的容灾能力，可以满足金融用户部署同城双活和异地灾备的架构需求。

10月19日　第六届中英互联网圆桌会议在伦敦正式召开，拉卡拉作为访英企业中互联网金融的行业代表，与英国最大的账单支付公司Allpay Limited签订合作协议，这是中国商务代表团访英期间签订的首单。此次拉卡拉与Allpay Limited公司签约，标志着中国互联网金融企业正式走上国际商贸合作的前台。

10月21日　江苏省互联网金融协会发布《P2P平台企业收费规定指导意见（征求意见稿）》，这是全国范围内首个P2P平台收费标准。

10月21日　由中国社科院国家金融与发展实验室、中国社科院金融研究所、宜信公司联合发起的"《网络借贷借款人信用评分及风险定价》项目启动暨研讨会"在北京举行，与会专家共同探讨了构建互联网网络借贷规范发展体系的议题。

10月24日　2015世界众筹大会在贵阳开幕。大会以"世界为你我众筹——众联、众创、众包、众享，大众创业、万众创新"为主题，旨在搭建一个各行业领筹人、交易商、服务商、天使投资人及广大创客和创业者交流的平台。

10月26日　大唐电信与天津矿产资源交易所就共同建立京津冀"互联网＋金融"创业创新孵化基地签订战略合作协议，这是京津冀地区首家面向互联网金融领域的创业创新孵化基地。

10月29日　央行发布《进一步推进中国（上海）自由贸易试验区金融开放创新试点加快上海国际金融中心建设方案》，提到在风险可控前提下支持互联网金融在自贸试验区创新发展。

10月29日~11月1日　首届全球金融博物馆博览会在北京举办，博览会的主题为"金融启蒙和普惠金融"。

10月31日　央行发布《2015中国网贷运营模式调研报告》，阐述了中国网贷行业的发展状况、运营模式及未来的发展趋势。这是央行相关部门首次针对P2P网贷运营模式出具调研报告。

11月

11月1日　网贷之家发布《中国P2P网贷行业2015年10月月报》。月报显示，随着网贷行业成交量的大幅度增长，历史累计成交量突破万亿元大关，达到10983.49亿元。

11月3日　《中共中央关于制定国民经济和社会发展第十三个五年规划的建议》正式发布，在阐述第三节"坚持创新发展，着力提高发展质量和效益"的第六条"构建发展新体制"时，明确提出"规范发展互联网金融"。这是互联网金融首次被写入国家级发展规划当中。

11月4日 蚂蚁金服宣布将入股德邦证券。继小贷、银行、基金、保险之后,蚂蚁金服又进军证券行业。

11月9日 中央全面深化改革领导小组会议通过了《推进普惠金融发展规划(2016—2020年)》,明确指出未来一段时期内普惠金融是发展方向。这是中共中央通过的我国第一个推进普惠金融发展的规划。

11月9日 蚂蚁金服旗下的网商银行对外宣布,面向农村农户的互联网小额贷款产品"旺农贷"正式上线,将为农村的种养殖者、小微经营者提供无抵押、纯信用的小额贷款服务。"旺农贷"也是网商银行首款专门面向农村市场的金融服务产品。

11月9日 京东金融宣布与全球信息服务公司益博睿共同研究开发在线交易防欺诈系统。这是益博睿公司首次进入中国反欺诈业务领域,并且此次与京东金融的合作是基于其以大数据、厚数据及动态数据为基础的综合性的金融服务及风险管理系统。

11月11日 熙金资本跟投基金众筹项目正式在京东金融的股权众筹平台上线,成为国内首个以跟投基金的身份登陆京东金融私募股权平台的项目。

11月14日 由国务院发展研究中心指导、中国发展出版社主办的"国研智库论坛·互联网+金融峰会"在北京召开,峰会的主题为"崛起——新规背景下的互联网金融成长之路"。

11月18日 百度与中信集团在北京联合宣布,双方达成战略合作,百度与中信集团旗下中信银行发起设立百信银行。这是中国首家由互联网公司与传统银行深度合作、强强联合发起的直销银行,在中国银行业发展过程中具有标志性意义,开创了"金融+互联网"的全新模式。

11月20日 "2016互联网金融消费者权益保护高峰论坛新闻发布会"暨"金融315研讨会"在北京举办。会议就国务院发布的《关于加强金融消费者权益保护工作的指导意见》进行了解读,同时针对互联网金融行业企业社会责任、金融消费者权益保护等话题展开了研讨。

11月27日 由复旦大学中国反洗钱研究中心主办的"2015第二届中国互联网金融反洗钱峰会暨第五届中国反洗钱高峰论坛"在上海举行。蚂蚁金服等多家互联网金融机构在会议上联合发布了反洗钱宣言,将开展合作共同打击金融犯罪。

11月28日 在由中国互联网金融研究院主办的第二届中国互联网金融发展高峰论坛上,中国人民银行调查统计司司长盛松成表示,人民银行已将互联网金融统计纳入金融业综合统计体系。

11月28日　"全球共享金融100人论坛"成立大会在北京举行。中国人民银行金融研究所所长姚余栋在论坛上表示，共享金融是实现普惠金融的可靠路径。

11月30日　蚂蚁金服对外宣布，其联手韩国电信等公司共同发起设立的互联网银行"K Bank"已经获得韩国政府批准筹建。这是韩国政府时隔23年之后首次发放银行牌照，同时也是继印度之后蚂蚁金服参股的第二家互联网银行。

11月30日　浙江大学经济学院互联网金融博士点正式开始招生，这是国内首个互联网金融专业的博士点。

12月

12月1日　网贷之家联合盈灿咨询发布《中国P2P网贷行业2015年11月月报》。月报显示，"双11"当日P2P网贷行业成交量达102.63亿元，同比2014年"双十一"成交量23.46亿元上涨337%，P2P网贷历史单日成交量首次突破百亿大关。

12月1日　支付宝携手存证云在城市服务生活版块正式推出"合同服务"，主要为市民房屋租赁、车位租赁、个人借款提供在线合同签约及司法鉴定服务。此举标志着支付宝全方面布局数字法律及电子证据保全领域。

12月8日　金易融（北京）网络科技有限公司运营的"e租宝"网站以及关联公司在开展互联网金融业务中涉嫌违法经营活动，接受有关部门调查，成为2015年互联网金融行业最大风险事件。

12月9日　蚂蚁金服在台北宣布，支付宝与台湾商户及银行达成合作，目前全台已有百货公司、电信公司、连锁超市等超过3500家商店导入支付宝的扫码支付服务，该服务仅限于大陆旅客使用。

12月11日　江苏省互联网金融协会制定出台《江苏省P2P投资人投资指南》，旨在为投资人提供鉴别劣质平台的基本指导。这是全国首部P2P网贷行业方面的官方指南。

12月12日　中国银联携手20余家商业银行在北京共同发布"云闪付"，开启更加安全、更加便捷的移动支付时代。具备近场支付功能的手机借助"云闪付"，无需联网即可实现线下支付功能。

12月13日　"2015互联网金融生态圈建设高峰论坛暨第四届中国P2P网络借贷行业峰会"在上海国际会议中心举行，会议主题为"开启监管年，共筑生态圈"。

12月16日　第二届世界互联网大会在浙江乌镇举行，大会的主题为"互联互通·共享共治——构建网络空间命运共同体"。国家主席习近平出席大会开幕式并发表主旨演讲,就共同构建网络空间命运共同体提出 5 点主张。

12 月 17 日　支付宝正式上线人脸登录功能,用户可用"刷脸"取代账号密码登录支付宝。支付宝成为中国首个支持人脸登录的 App。

12 月 18 日　深圳市市场监督管理局发布《关于规范投资理财类产品广告发布的通知》,对 P2P 平台、融资租赁平台等推放产品广告作出了规范。

12 月 18 日　中国银联和苹果公司宣布合作,将在中国推出移动支付方案 ApplePay,届时银联持卡人可将其银联卡添加到苹果手机、苹果手表及苹果平板电脑上,进行日常消费。同日,三星电子也宣布跟中国银联达成 SamsungPay 合作。

12 月 18 日　宜信公司旗下 P2P 网贷平台宜人贷正式在纽约证券交易所挂牌交易,以 10 美元每股发行 750 万股美国存托股,成为中国 P2P 网贷在海外上市的第一股。

12 月 20 日　中国国内首个互联网金融发展指数"北京大学互联网金融发展指数"正式发布。这一指数由北京大学互联网金融研究中心发起,联合互联网金融专业智库上海新金融研究院和互联网金融企业蚂蚁金融服务集团共同编制。

12 月 28 日　由银监会会同工业和信息化部、公安部、国家互联网信息办公室等部门研究起草的《网络借贷信息中介机构业务活动管理暂行办法(征求意见稿)》正式发布,明确了 P2P 平台的信息中介定位,设定了 12 条红线,并指出由地方金融办承担具体监管职能。

12 月 28 日　中国人民银行发布《非银行支付机构网络支付业务管理办法》,以小额支付偏重便捷、大额支付偏重安全的思路,将个人网络支付账户分为三类,每类使用支付账户余额付款的交易限额不同。

参 考 文 献

［1］BCG 重磅报告：大数据如何推动中国保险业转型［DB/OL］蚂蚁金服评论，2015-08-20.

［2］波士顿咨询公司. 互联网金融生态系统 2020［R］. BCG 报告，2014.

［3］陈新河. 数据驱动企业信息化进入 2.0 时代［M］. 北京：中国金融出版社，2014.

［4］陈秀梅，程晗. 众筹融资信用风险分析及管理体系构建［J］. 财经问题研究，2014（12）.

［5］陈正翔. 美国互联网金融的监管经验及借鉴［J］. 现代经济信息，2014（8）.

［6］戴国强，方鹏飞. 监管创新、利率市场化与互联网金融［J］. 现代经济讨论，2014（7）.

［7］邓俊豪，张越，何大勇. 回归"价值"本源：金融机构如何驾驭大数据［R］. BCG 报告，2015.

［8］邓俊豪，张越，何大勇. 互联网金融生态圈新生存法则［J］. 商学院，2014（12）.

［9］邓舒仁. 互联网金融监管的国际比较及其启示［J］. 新金融，2015（6）.

［10］邓晓辉. 企业研究新视角：企业声誉理论［J］. 外国经济与管理，2004（6）.

［11］杜晓峰. 我国互联网金融征信体系建设研究［D］. 厦门大学硕士学位论文，2014.

［12］傅平江. 互联网+银行业的实践［J］. 中国金融，2015（23）.

［13］高汉. 互联网金融的发展及其法律监管［J］. 中州学刊. 2014（2）.

［14］格桑央吉. 我国互联网金融存在的问题分析［J］. 经济与社会发展研

究，2014（10）.

［15］宫晓林. 互联网金融模式及对传统银行业的影响［J］. 南方金融，2013（5）.

［16］韩大海、张文瑞、高凤英. 区域金融生态影响区域金融资源配置的机理［J］. 财经研究，2007（4）.

［17］郝云宏，张蕾蕾. 持久的竞争优势与战略资源——企业声誉理论研究综述［J］. 江西社会科学，2006（4）.

［18］侯美丽. 互联网金融争夺战：基础设施是下一个焦点［N］. 中国经济时报，2014 - 09 - 05.

［19］胡剑波，宋帅，石峰. 互联网金融信息安全风险及其防范［J］. 征信，2015（4）.

［20］胡晓军. 中国金融新生态：全面解析互联网金融［M］. 北京：人民邮电出版社，2014.

［21］胡晓军. 中国金融新生态：全面解析互联网金融［M］. 北京：人民邮电出版社. 2014.

［22］华雅琴. 支付清算系统发展的现状与对策［J］. 时代金融，2015（11）.

［23］黄黎敏. 论我国互联网金融风险及其法律规制［J］. 企业导报，2015（4）

［24］黄玺. 互联网金融背景下我国征信业发展的思考［J］. 征信，2014（5）.

［25］黄震，邓建鹏. 互联网金融：法律与风险控制［M］. 北京：机械工业出版社，2014.

［26］黄志凌. 征信体系创新发展［J］. 中国金融，2015（21）.

［27］霍学文. 新金融、新生态：互联网金融的框架分析与创新思考［M］. 北京：中信出版社，2015.

［28］蒋满霖. 中国农村金融生态优化的制度创新研究［M］. 成都：西南交通大学出版社，2012.

［29］九次方大数据研究院报告分析. 探索大数据推动金融体系变革之路［J］. 国际融资，2015（9）.

［30］柯缇祖. 网络舆论特点研究［J］. 红旗文稿，2011（15）.

［31］兰日旭. 互联网金融：现状、趋势与区域发展［N］. 天津日报（理论版），2016 - 01 - 18.

[32] 雷利钧, 高红用. 绿色金融文献综述: 理论研究、实践的现状及趋势 [J]. 投资研究, 2009 (3).

[33] 黎和贵. 区域金融生态环境差异与经济增长效率 [J]. 金融论坛, 2007 (3).

[34] 李麟. 互联网金融生态: 基于生态视角的互联网金融模式创新 [M]. 北京: 中国金融出版社, 2015.

[35] 李敏. 互联网金融对金融生态体系的影响和对策研究 [J]. 上海金融, 2015 (12).

[36] 李沛伦. 网络金融生态圈 [M]. 上海: 复旦大学出版社, 2015.

[37] 李颖. 新型城镇化背景下产业园区开发模式及创新路径研究 [J]. 经济研究参考, 2015 (20).

[38] 李真. 互联网金融征信模式: 经济分析、应用研判与完善框架 [J]. 宁夏社会科学, 2015 (1).

[39] 李振伟, 大数据对银行业的影响及应对建议 [J]. 金融经济, 2015 (8).

[40] 林财钢. 征信概论 [M]. 北京: 中国金融出版社, 2012.

[41] 林钧跃. 征信技术基础 [M]. 北京: 中国人民大学出版社, 2007.

[42] 林平. 大数据背景下加快我国征信市场发展的思考 [J]. 南方金融, 2014 (10).

[43] 刘香, 张剑渝. 如何更好发挥行业协会作用 [N]. 光明日报, 2015-04-01.

[44] 刘新海, 丁伟. 大数据征信应用与启示——以美国互联网金融公司 ZestFinance 为例 [J]. 清华金融评论, 2014 (10).

[45] 刘新海. 阿里巴巴集团的大数据战略与征信实践 [J]. 征信, 2014 (10).

[46] 刘再杰. 《指导意见》的影响与金融资产管理公司的应对策略 [J]. 国际金融, 2015 (10).

[47] 刘再杰. 股权众筹: 发展基础与现实障碍 [J]. 银行家, 2015 (12).

[48] 刘志洋, 汤珂. 互联网金融的风险本质与风险管理 [J]. 探索与争鸣, 2014 (11).

[49] 鲁政委. 互联网金融监管: 美国的经验及其对中国的镜鉴 [J]. 金融市场研究, 2014 (6).

[50] 陆磊, 刘海二. 第三方支付监管的有效性 [J]. 中国金融, 2015

(1).

［51］陆岷峰、史丽霞．互联网金融、金融生态特征与新常态［J］．金融市场研究，2015（5）.

［52］欧阳日辉主编．互联网金融监管：自律、包容与创新［M］．北京：经济科学出版社，2015.

［53］欧阳卫民．非金融机构支付市场监管的基本原则［J］．中国金融，2011（40）.

［54］皮天雷，赵铁．互联网金融：范畴、革新与展望［J］．财经科学，2014（6）.

［55］阙方平．中国金融生态制度变迁研究——金融运行中的矛盾与调和［M］．北京：中国金融出版社，2014.

［56］阙星文．银联 Vs 支付宝线下支付引发"垄断"风波［J］．互联网周刊，2013（9）.

［57］阮晓东．大数据征信，互联网金融发展支点［J］．新经济导刊，2015（7）.

［58］孙宝文主编．互联网金融元年：跨界、变革与融合［M］．北京：经济科学出版社，2015.

［59］陶斐斐．新制度经济学视角下的互联网金融生态［C］．2014 全国金融创新与经济转型博士后学术论坛论文集．2014.

［60］田光宁．互联网金融发展的理论框架与规制约束［J］．宏观经济研究，2014（12）.

［61］汪炜、郑扬扬．互联网金融发展的经济学理论基础［J］．经济问题探索，2015（6）.

［62］王冠．基于用户互联网行为数据的个人征信评估体系分析——以芝麻信用为例［D］．北京交通大学硕士学位论文，2015.

［63］王国刚，张扬．互联网金融之辨析［J］．财贸经济，2015（1）.

［64］王国刚、冯光华．中国地区金融生态环境评价（2013～2014）［M］．北京：社会科学文献出版社，2015.

［65］王虎云．三大风险威胁互联网金融安全［J］．金融世界，2014（9）.

［66］王虎云．三大风险威胁互联网金融安全［J］．金融世界，2014（9）.

［67］王建文，奚方颖．我国网络金融监管制度—现存问题—域外经验与完善方案［J］．法学评论，2014（6）.

［68］王文乐．改善我国农村金融生态环境的路径［J］．企业经济，2012

(4).

[69] 王玉祥等. 众筹金融大时代系列：众筹金融生态［M］. 北京：中信出版社，2015.

[70] 王招治. 互联网金融企业与传统商业银行的合作博弈分析［J］. 海南金融，2015（5）.

[71] 温红钰. P2P网络贷款信用风险研究［D］. 中共中央党校硕士学位论文，2014.

[72] 文庆. 对完善我国保险监管法制体系的探讨［J］. 金融与经济，2005（12）（增刊）.

[73] 吴庆田. 金融效率视角下的农村金融生态环境优化研究［M］. 北京：经济科学出版社，2012.

[74] 吴晓光，陈捷. 第三方支付机构的市场细分浅析［J］. 武汉金融，2011（2）.

[75] 吴晓求. 互联网金融：成长的逻辑［J］. 财贸经济，2015（2）.

[76] 伍艳. 中国区域金融生态与区域金融发展［M］. 北京：中国农业出版社，2010.

[77] 夏政. 基于系统论的互联网金融生态建设［J］. 财经科学，2015（1）.

[78] 小微金融服务集团研究院. 从"园丁式监管"走向"大数据监管"［J］. 新金融评论，2014（2）.

[79] 谢德仁，陈运森. 金融生态环境、产权性质与负债的治理效应［J］. 经济研究，2009（5）.

[80] 谢平，刘海二. 互联网金融的核心：移动支付与第三方支付［J］. 金融前沿，2014（5）.

[81] 谢平，邹传伟，刘海二. 互联网金融监管的必要性与核心原则［J］. 国际金融研究，2014（8）.

[82] 谢平，邹传伟，刘海二. 互联网金融手册［M］. 北京：中国人民大学出版社，2014.

[83] 谢平，邹传伟. 互联网金融模式研究［J］. 金融研究，2012（12）.

[84] 徐诺金. 金融生态论［M］. 北京：中国金融出版社，2007.

[85] 徐勇，刘金弟. 第三方支付信用风险分析及监管机制研究［J］. 科技管理研究，2010（10）.

[86] 许道文，肖晔. 网络金融监管：鼓励创新与防范风险的平衡［J］. 金

融发展评论,2014(11).

[87]闫真宇.关于当前互联网金融风险的若干思考[J].浙江金融,2013(12).

[88]严圣阳.互联网金融生态系统建设探析[J].中国经贸导刊,2014(11).

[89]严圣阳.互联网金融产业链问题及整合对策[J].金融经济(理论版),2014(10).

[90]杨彪.第三方支付市场的发展与监督[J].中国金融,2012(2).

[91]杨彪.中国第三方支付有效监管研究[M].厦门:厦门大学出版社,2013.

[92]杨东,苏伦嘎.股权众筹平台的运营模式及风险防范[J].国家检察官学院学报,2014(4).

[93]杨东.论我国股权众筹监管的困局与出路——以《证券法》修改为背景[J].中国政法大学学报,2015(3).

[94]杨婕.互联网金融背景下P2P网络借贷平台的风险管理研究[D].中南大学硕士学位论文,2013.

[95]杨宁.第三方支付与银行的竞合关系研究[D].江西师范大学硕士学位论文,2014.

[96]杨涛,程炼.把握支付清算创新趋势[J].中国金融,2015(10).

[97]杨涛.新金融的崛起[J].当代金融家,2015(10).

[98]杨小凯.经济学原理[M].北京:中国社会科学出版社,1998.5.

[99]杨翾,彭迪云.美国推进互联网金融健康发展的监管政策及其对我国的启示[J].金融与经济.2014(9).

[100]姚文平.互联网金融[M].北京:中信出版社.2014.

[101]姚耀军,黄林东.浙江金融生态环境质量的区域差异:基于地级市数据的经验分析[J].浙江金融,2011(10).

[102]尹丽雪.浅析互联网金融下央行支付监管[J].财经纵览,2015(20).

[103]于蔚,钱水土.互联网金融监管的国际经验[J].中国金融,2015(1).

[104]翟山鹰.中国金融生态圈——深度揭秘中国金融机构运行内幕[J].中国商业,2016(1).

[105]张飞娟.互联网金融监管探索[J].时代金融,2015(8).

[106] 张静. 移动远程支付的智能终端研究 [D]. 北京交通大学硕士论文, 2013.

[107] 张伟丽. 新形势下我国金融行业的信息安全现状及问题分析 [J]. 武汉金融, 2014 (7).

[108] 张晓朴. 互联网金融监管的原则：探索新金融监管范式 [J]. 金融监管研究, 2014 (2).

[109] 张艳. 商业银行互联网+金融的探索与实践 [J]. 中国信息安全, 2015 (6).

[110] 张玉杰. 互联网金融的发展及法律监管体系的构建 [J]. 哈尔滨师范大学社会科学学报, 2014 (6).

[111] 赵国忻. 浙江民营经济金融生态环境研究 [M]. 北京：中国金融出版社, 2015.

[112] 赵立平、邵挺. 金融生态环境概览：以温州金融生态环境建设为例 [M]. 上海：上海财经大学出版社, 2008.

[113] 赵立志, 朱建明. 互联网金融信息安全问题与对策 [J]. 电子商务, 2014 (12).

[114] 赵璐. 美国互联网金融监管经验研究 [J]. 时代金融, 2015 (9).

[115] 郑联盛. 中国互联网金融：模式、影响、本质与风险 [J]. 国际经济评论, 2014 (5).

后　记

　　"异军突起"的互联网金融已连续3年被写入政府工作报告。从2014年"促进互联网金融健康发展，完善金融监管协调机制"，到2015年"促进互联网金融健康发展"，再到2016年的"规范发展互联网金融，大力发展普惠金融和绿色金融"。互联网金融是未来的发展方向，被纳入国家"十三五"规划，在防范风险的基础上，政府既要对规范的互联网金融平台及模式予以支持，又要对行业乱象打出重拳，促进"互联网金融规范发展"。

　　"监管年"的开启并不意味着"一棒子打死"，而是强调监管和包容并举。科学有效的监管既能够促进互联网金融行业的健康发展和市场创新，又能够有效保护金融消费者合法权益，还要能够防范系统性风险、维护金融秩序、保障金融安全。对于"已知大于未知""未来空间无限"的互联网金融，监管在一定程度上决定互联网金融的未来：监管不力将出现行业泡沫和秩序混乱，监管过度则扼杀了创新。

　　中央财经大学中国互联网经济研究院秉承"开放、平等、协同、共享、创新"的互联网精神，坚持"学术研究要顶天，服务社会要落地"的宗旨，遵循"以项目为纽带，出成果与培养人才并重"的原则，围绕互联网经济理论、互联网金融、电子商务、大数据四个研究方向，组建了30余人的研究团队，参与了国家有关部委相关政策的研究，完成和在研的国家级项目10余项，为企业提供咨询和培训。在孙宝文教授带领下，中国互联网经济研究院力图深入研究互联网经济和金融的理论及实践问题，为我国互联网经济健康发展献智献策。

　　中国互联网经济研究院每年出版《中国互联网金融发展报告》。已经出版《中国互联网金融发展报告（2013）——互联网金融元年：跨界、变革与融合》（经济科学出版社2014年4月版），《中国互联网金融发展报告（2014）——互联网金融监管：自律、包容与创新》（经济科学出版社2015年6月版）。

　　互联网金融发展到现在，如果要持续健康发展，必须着力打造生态系统，这个问题在业界已经开始引起重视，但还没有人系统地研究过这个问题。本年度报告以互联网金融生态为主题，报告撰写历时一年，三易其稿。名誉主编柴跃廷、孙宝文两位教授为研究选题提供了智力支持，主编欧阳日辉构建了研究报告的框架。各章撰写分工如下：第一章，王智慧；第二章，刘再杰、李军伟；第三章，逄金玉、郑聪、刘钰莹、骆雨璇；第四章，何毅、李军伟；第五章，王立勇、窦魁、徐晓莉；第六章，兰日旭、汪菁；第七章，赵宣凯；第八章，苏治、程卓群、赵宣凯；第九章，欧阳日辉、刘洋雪、时晓芳、陶有玮；附录，王一卓、李燕、韩玫、陶有玮、时晓芳、刘洋雪。主编欧阳日辉对初稿和二稿提出了修改意见，各章撰稿者根据修改意见进行了两轮的修订，最后主编完成了统稿和定稿工作。

本报告得到了中央高校基本科研业务费专项资金和北京市教委共建项目经费的支持，同时还得到以下课题的资助：教育部哲学社会科学研究重大课题攻关项目"互联网金融的风险防控与多元化监管模式研究"（项目批准号：15JZD022）；中央财经大学重大科研课题培育项目（基础理论类）"互联网金融的风险及监管研究"（项目批准号：14ZZD008），"虚拟货币的运行规律及对经济系统的影响机理研究"；国家社科基金重点项目"信息网络技术对市场决定资源配置的影响研究"（项目批准号：14AZD118）；中央在京高校重大成果转化项目"面向双轮驱动的北京市科技金融发展战略与实施路径"；国家自然科学基金项目"面向小微企业的电子商务交易平台融资模式与策略研究"（项目批准号：71272234）；2015年北京市教育委员会共建项目"北京市P2P网贷平台风险评级与防范策略研究"。借书稿即将付梓之机，衷心感谢清华大学柴跃廷教授对报告提出的宝贵意见，并欣然为书稿作序；衷心感谢经济科学出版社刁其武先生和侯晓霞女士对报告出版的大力支持。

未来，互联网金融与产业结合将走向理性发展道路。就如非公有制经济从体制外进入体制内，也经历了补充论、重要组成部分、重要力量的过程，互联网金融必将成为我国金融体系的重要组成部分和我国金融体制改革的重要力量。大浪淘沙以后，互联网金融的未来必将与产业结合，成为产业和实体经济发展的"贤内助"，出现金融和产业协同发展的理性局面。互联网金融必将与电子商务和社交网络结合发展，获取数据，成为真正的基于大数据的普惠金融，为中小企业融资和居民增加财产性收入提供新的渠道。

欧阳日辉

2016年3月16日

图书在版编目（CIP）数据

互联网金融生态：互联、竞合与共生／欧阳日辉主编．
—北京：经济科学出版社，2016.5（2017.10 重印）
ISBN 978-7-5141-6904-1

Ⅰ.①互⋯　Ⅱ.①欧⋯　Ⅲ.①互联网络－应用－金融－研究　Ⅳ.①F830.49

中国版本图书馆 CIP 数据核字（2016）第 092465 号

责任编辑：侯晓霞　刘殿和
责任校对：刘　昕
责任印制：李　鹏

互联网金融生态：互联、竞合与共生
主编　欧阳日辉
经济科学出版社出版、发行　新华书店经销
社址：北京市海淀区阜成路甲 28 号　邮编：100142
教材分社电话：010-88191345　发行部电话：010-88191522
网址：www.esp.com.cn
电子邮件：houxiaoxia@esp.com.cn
天猫网店：经济科学出版社旗舰店
网址：http://jjkxcbs.tmall.com
北京季蜂印刷有限公司印装
710×1000　16 开　19.75 印张　360000 字
2016 年 5 月第 1 版　2017 年 10 月第 2 次印刷
ISBN 978-7-5141-6904-1　定价：52.00 元
（图书出现印装问题，本社负责调换。电话：010-88191502）
（版权所有　侵权必究　举报电话：010-88191586
电子邮箱：dbts@esp.com.cn）